»Ich möchte die Männer nicht in Ruhe lassen. Ich will meinen Mitmann ängstigen wie mich selbst, will ihn auffordern, sich mit seinen Fragen und Hoffnungen auseinanderzusetzen«, schreibt Wilfried Wieck. Sein neues Buch bietet eine interessante Analyse des Mannes, der sich als Sohn zwar mit dem Vater identifiziert, aber in einer engen Symbiose mit der Mutter lebt. Die Mutter leistet ihm stillschweigend alle Dienste, verwöhnt ihn, sperrt ihn in ihre Liebe ein. Und der Vater hält den Sohn auf Distanz, ist psychisch und oft auch physisch abwesend. So kommt es zur vielzitierten »Frauensucht«, zu den Problemen des Mannes mit seiner Liebesfähigkeit.
Dabei wollen Söhne ihre Väter. Sie wollen Kontakt zu ihnen, brauchen ihre Gefühle, ihre Gesprächsbereitschaft. Sie wollen Ängste annehmen und Konflikte durchstehen. Diese Forderung an seinen Vater stellt der Sohn ein Leben lang. Und daß sie so selten erfüllt wird, schafft in ihm ein tief empfundenes Gefühl des Ungeliebtseins, der Kränkung und des Unverstandenseins.
Mit produktiven Bezweiflungen und provozierenden Anstößen gelingt es Wilfried Wieck einmal mehr, Unruhe in die eigenen Reihen zu tragen. Ein Buch über die verborgenen Wunden der Männer in unserer Kultur. Für Männer, die einen neuen Umgang mit Gefühlen, die Vatersein und Freundschaft lernen wollen. Und für Frauen, die ihren Söhnen auf andere, befreiende Art begegnen möchten, jenseits von Umklammerung und Überfürsorge.

Wilfried Wieck, geboren 1938 in Berlin, studierte zunächst Mathematik und Physik und promovierte zum Dr. rer. pol. Nach seiner Ausbildung in Tiefenpsychologie, Psychoanalyse und Individualpsychologie und einer weiteren Promotion in diesem Fach führt er seit 1980 zusammen mit seiner Lebensgefährtin Irmgard Hülsemann eine gemeinsame psychologische Praxis in Berlin. Im Fischer Taschenbuch Verlag erschienen die Bestseller »Männer lassen lieben« (Band 4734) und »Wenn Männer lieben lernen« (Band 11095).

Wilfried Wieck

SÖHNE WOLLEN VÄTER

Wider die weibliche
Umklammerung

Fischer Taschenbuch Verlag

Veröffentlicht im Fischer Taschenbuch Verlag GmbH,
Frankfurt am Main, September 1994

Lizenzausgabe mit freundlicher Genehmigung des
Hoffmann und Campe Verlages, Hamburg

Druck und Bindung: Clausen & Bosse, Leck
Printed in Germany
ISBN 3-596-11856-5

Gedruckt auf chlor- und säurefreiem Papier

Gewidmet Simon Lévy –
einem fünfzehnjährigen Freund

INHALT

Erster Teil

SÖHNE WOLLEN VÄTER

Einleitung

Wir leben selbstverständlich immer noch im Patriarchat, einer Zeit, in der ununterbrochen propagiert wird, daß der Mann schon alles täte, was er müßte. Fast alle Medien und die meisten Männer unserer Kultur sind beteiligt an dieser Propaganda für den Mann. Es wird behauptet, die Zeit der Machos sei vorbei. Eine sogenannte Frauenzeitschrift, die, wie wir wissen, immer, außer im Falle der Zeitschrift EMMA von Alice Schwarzer, von Männern herausgegeben und bestimmt wird, hat angeblich herausgefunden, daß drei Viertel der Männer heute überwiegend treu sind, im Haushalt helfen, einen weiblichen Chef ohne Probleme akzeptieren würden. Im Bereich der Liebe sei ihnen Zärtlichkeit wichtig, gegenseitiges Vertrauen, Toleranz und Großzügigkeit, 78 Prozent der Männer finden eine harmonische Partnerschaft wichtiger als alles andere. Heldentum ist nicht mehr gefragt, Härte auch nicht.

Auf der anderen Seite äußern sich Frauen: »Wer einen Mistkerl liebt, ist selber Schuld und darf nicht quängeln«, sagt die niederländische Psychologin Kroonenberg in ihrem Buch »Alle Männer wollen nur das eine«. Wie die beiden Autorinnen Cheryl Benard und Edit Schlaffer plädiert Kroonenberg dafür, Männer nicht mehr umerziehen zu wollen. Frauen sollen sich für ein schönes, unbeschwertes, selbständiges Leben ohne Männer entscheiden.

Aus meiner therapeutischen Praxis und Arbeit mit Männern weiß ich, daß sowohl die übertriebene Propaganda des angeblich schon entwickelten Mannes nicht stimmt, als daß auch die totale Abkehr vom Mann, die manche Frauen propagieren, unaufrichtig ist. Denn auch diese leben oft mit Männern zusammen. Cheryl Benard und Edit Schlaffer zum Beispiel haben Kinder mit Männern, geben aber über ihre Männer keine Auskunft, tun so, als ob sie sich in einem luftleeren Raum über Männer äußern können, dann aber draufhauen.

Wie sind die Männer? Wie stellen sie sich mir vor? Harmlos, wenn man ihnen Anerkennung zollt und sie bejubelt. Abwehrend und gewalttätig, wenn jemand eine Änderung von ihnen fordert und sie kritisiert. So sind die normalen Männer unserer Kultur. Kleinbürger, Großbürger, Proletarier, Akademiker, Arbeiter, alle möglichen Berufe, in dieser Sache geht es durch alle Schichten: Mann ist so richtig, wie Mann ist. Mann muß nicht an sich zweifeln. Mann hat alles gelernt, was Mann braucht. Dabei ist es gänzlich gleichgültig, ob Mann die Bundeswehr bewundert oder die Kriegsdienstverweigerer, ob Mann die Demonstranten beschimpft oder selber bei der Demonstration mitläuft. Mann »thront« irgendwo in jedem Falle, in der Familie, in der Gruppe, in der Partei, im Unternehmen, in der Schule, in der Kanzlei, in der Praxis oder sonstwo. Mann ist borniert. Mann ist ein Spießer, weil Mann nicht wahrhaben will, daß alle Klischees, wie zum Beispiel das Klischee von links und rechts, den Mann überhaupt nicht mehr treffen, sondern daß darauf einzugehen wäre, daß wir Männer es alle nötig haben, die politische Arbeit bei uns selbst zu beginnen, bei unserer Frauenverachtung, der Angewiesenheit auf die Frau, unserem stumpfsinnigen Schweigen, unserer Kraftlosigkeit. Mann sitzt in der Fabrik, in der Chefetage, in der Behörde oder auch in Regierungsämtern, in Redaktionsbüros. Und überall bleibt Mann seinem Motto treu: »Bleibe, wie du bist.« Und: »Versuche nicht, dich selbst zu erkennen.«

Dabei ist es auch völlig gleichgültig, ob Mann Untertanenmentalität verkörpert, Obrigkeitshörigkeit und Antidemokratie, oder ob Mann gegen jedes Sich-Führen-Lassen aufbegehrt, der Obrigkeit jederzeit trotzig widerspricht und Perestroika im

Munde führt. Mann ist geprägt von einem massiven Ekel gegen jegliche Denk- und Gefühlsarbeit an der eigenen Person. Ständig überschätzt Mann seine Kräfte, überfordert sich, greift auf die Ressourcen der Frau zurück, beutet sie aus, und ständig macht Mann seine Gratwanderung: Normalität zum Wahnsinn. Mann ist faul, weil Mann Arbeit an sich selbst scheut, und feige, weil Mann seiner Angst ständig davonläuft, mag Mann dabei unterwürfig oder aufmüpfig sein, konservativ oder sogenannt fortschrittlich, jedenfalls aber ist Mann unwillig, bei sich zu beginnen, wenn der Gedanke der Veränderung, der Revolution, des Wachstums, der Entwicklung, diese Eintagsfliege, einmal stört.

Ich könnte diese Krankheit des Mannseins auch Spiegelphobie nennen: Nicht in den Spiegel sehen, nicht sich selbst anschauen. Unter dieser Spiegelphobie leiden Männer, heute vielleicht besonders. Auch die, die aus den angeblich fortschrittlichen Bewegungen der Arbeiter-, der Studenten-, der Männer-, der Friedensbewegung kommen. Auch sie halten dogmatisch an ihren Fetischen fest, an ihren Posten und Pöstchen, an ihren Autos, ihren Freundinnen, Zweitfrauen. Mann verwöhnt sich, ist emotionslos, über einer mühsam beherrschten, totalen Angstlosigkeit und Aggressionsbereitschaft. Mann ist intellektuell, aber nur, wenn es darum geht, Forderungen, an sich selbst zu arbeiten, zu rationalisieren: Dieses Leiden, dieses weibische Leiden muß Mann sich vom Leibe halten. Und Mann tut dies, indem Mann über Frauen höhnt, über Feministinnen, besonders über Emanzen und über die schlimmste von allen, die inzwischen mit Joachim Fuchsberger scherzt. Mann braucht bei all dem Schwachsinn, den Mann lebt, eben das Gefühl, kräftig und etwas Besonderes zu sein. Natürlich weiß Mann auch meist nicht, daß Mann in all diesem männlichen und männerbestimmten Chaos und Wahnsinn nicht nur Täter bleiben kann, sondern Opfer werden wird. Das aber wehrt Mann auch strikt ab. Mann leugnet, daß Mann nach seiner Niederlage, die unwillkürlich jeden Tag irgendwann erfolgt, wieder einen Tag hat, an dem er seine Frau oder Kinder schikanieren kann. In dieser Selbsterkenntnisverleugnung ist der Mann eine Kulturkatastrophe. Er sonnt sich in der Unfähigkeit zur Selbstkritik. Bei all dem grenzt Mann sich von den Waschlappen ab, die zugeben, von Frauen lernen zu können, von Frauen lernen zu müssen. Mann lebt in Männervereinen, versichert sich gegenseitig, keinen Anlaß zu haben, sich zu ändern. Mann verdient ja auch genug, Mann lebt gut. Mann fristet ein friedliches oder auch aggressives Leben. Mann sonnt sich im Patriarchat, solange diese miese Welt noch hält.

Mir wird immer wieder entgegengehalten, daß die Männer heute nun wirklich schon gar nicht mehr so verwöhnt sind. Und dies kann nur deshalb getan werden, weil die Menschen nicht wissen, was unter Verwöhnung zu verstehen ist. Deshalb mache ich mich daran, sie zu beschreiben.

Männer lassen lieben. Viele Männer wollen von Frauen geliebt werden, ohne diese Frauen zu lieben, ohne überhaupt lieben zu können. Die meisten Frauen lieben Männer, einseitig und angepaßt, ohne Auseinandersetzungen zu riskieren. Sie verweigern sich gewalttätigen Männern nicht, streiten zu wenig produktiv und fordern die Entwicklung des Mannes zum Wachstum, zur männlichen Gegenleistung nicht. Dadurch degeneriert die »Liebe« der Frauen meist zur Verwöhnung der Männer. Das ist ein Grundübel auch der Erziehung im Patriarchat, denn Söhne »wollen« dieselbe Verwöhnung wie ihre Väter. Sie werden aufmüpfig und trotzig, wenn die Väter »besser« behandelt werden als sie selber, jedenfalls sehen sie die offensichtlichen Bevorzugungen der Väter nicht ein.

Wenn der Mann zur Frau sagt, daß er sie liebt, meint mancher, daß er keine Forderungen von ihr spürt bzw. daß er sich ihr gewachsen oder gar überlegen fühlt. Er meint damit, daß sie ihm attraktiv erscheint und daß er sie begehrt. Manche drükken das direkt so aus: Sie lieben, wie sie ihr Hobby, das Auto, das Segeln, den Wein, die fernen Länder lieben. Sie lieben die Frau, wie sie es lieben, es sich gemütlich zu machen, zu rauchen, Fußballspiele zu sehen oder mit ihren Kumpels zusammenzuhocken. Warum nicht auch Frauen so lieben?

Wenn mancher Mann zur Frau sagt, daß er sie liebt, meint er, daß er sie für geeignet hält, ihn zu verwöhnen, und daß er ihr ausdrücklich gestattet, dies in Zukunft auch zu tun. Ohne irgend etwas von ihm zu fordern außer seiner Berufstätigkeit, vor allem nicht seine menschliche Entwicklung, »liebt« sie ihn. Wenn der Mann die Frau »erobert« hat, dann »hat« er sie. Dann ist er in gewissem Sinne »satt«, läßt sich fallen, gibt sich auf. Diese Selbstaufgabe wird durch die Symbiose ermöglicht.

»Unglücklicherweise ist es in der romanischen Kultur immer noch so, daß die Mama alles für ihren Sohn tut, so daß er aufwächst, ohne je auch nur einen Finger für sich selbst gerührt zu haben«, sagt Frau Caradonna, Präsidentin des Hausfrauenbundes in der nördlichen Lombardei.

Können wir deutschen Männer behaupten, das träfe für uns nicht zu? Sind Italiens Männer anders? Sie wollen den italienischen Mann retten, weil die Frauen »auf ihm schon zu lange 'rumgetrampelt haben«, sagt Umberto Gallini, Präsident eines »Nationalen Verbandes zur Rettung des italienischen Mannes«. »Wir hassen die Frauen nicht«, sagt der Fünfundvierzigjährige, »ganz im Gegenteil, aber sie sind gerissen und hinterhältig, während Männer naiv sind... Es ist Zeit, daß wir aufwachen und unsere verlorene Vorherrschaft zurückfinden.« Deutsche Männer sind nicht so sehr viel anders.

Wenn sie zu einem Mann sagt, daß sie ihn liebt, meint manche Frau, daß sie bereit ist, ihre Angst vor ihm zu verdrängen. Daß sie ihn für einigermaßen arbeitsfähig hält, obwohl er ihr ansonsten kindlich erscheint. Sie meint, daß sie dazu bereit ist – im Gegensatz zu ihm ist sie dazu auch in der Lage –, ihn emotional und sozial zu verwöhnen. Sie weiß, daß sie ihn in seiner Unreife festhalten kann und daß sie es sich meist verkneifen muß, seine psychische Entwicklung zu fordern.

Frauen mißbrauchen das Wort Liebe anders als Männer, aber ihre Entwertung der Liebe komplettiert die der Männer nur.

Was ich über Liebe und Verwöhnung sagen will, wird vielen Lesern und Leserinnen nicht akzeptabel erscheinen. Sie werden das Thema als überholt empfinden. Das ist doch alles längst bekannt, werden sie denken.

Das Wort »Liebe« wird überstrapaziert, das Wort »Verwöhnung« verdrängt und tabuisiert. Es scheint unanständig, über Verwöhnung zu sprechen. Allenfalls wird bagatellisiert, auf Randerscheinungen reduziert: Die siebenjährige, von ihren Eltern unaufgeklärte Lisa antwortet mir auf die Frage, was für sie Verwöhnung sei: »Daß man Päckchen (ins Ferienlager) geschickt bekommt, mit Gummibärchen, Safttütchen und Süßigkeiten. Daß man fünfzig Kuscheltiere hat, Barbiepuppen, Schlümpfe usw.«

Daß ihre Verwöhnung vor allem darin besteht, daß ihre Eltern ihr nicht rechtzeitig widersprechen und ihr keine Grenzen setzen, weiß Lisa selbstverständlich nicht. Denn die Eltern wissen es auch nicht.

Das Phänomen der Verwöhnung wird außerdem von betroffenen Eltern durch Widersprüche verdreht, bis es unkenntlich wird. Solche Verschleierung hat Gründe: Viele Männer wollen weiterhin verwöhnt werden und diesen Vorgang »Liebe« nennen dürfen. Sie wollen nicht lieben lernen müssen. Frauen scheuen das lebenslange Ringen mit dem Kindbleiben-Wollen ihrer männlichen Partner. Sie haben Angst vor deren Rückzug und vor der Einsamkeit. Sie verzweifeln wegen der Gewaltanwendung der Männer, die verwöhnt werden wollen. Eine Frau erzählte mir erfreut, auch erstaunt: »Ich sagte ihm, daß ich heute nicht mit ihm schlafen will, und er reagierte eigentlich ganz freundlich.« Diese Frau wunderte sich, weil er normalerweise schmollt und meckert, wenn sie nicht prompt zur Verfügung steht.

Viele Männer ärgerten sich, als ich in meinem Buch »Männer lassen lieben« Männer frauensüchtig nannte. Andere gaben ihre Abhängigkeit zu. Frauen bemängelten, daß ein Mann Frauen Ratschläge geben will. Manche räumten ein, daß der Nerv der weiblichen Resignation getroffen sei.

Weil Liebe ständig mit Verwöhnung verwechselt wird, sollte das Phänomen der Verwöhnung problematisiert werden.

Im Patriarchat ist die aktive weibliche Verwöhnung und das passive männliche Sich-Verwöhnen-Lassen so selbstverständlich, daß niemand bereit sein wird, im Namen der Liebe darauf zu verzichten.

Ich möchte die Kernaussage des Buches »Söhne wollen Väter« mit Hilfe von vier Begriffen beschreiben:

1. Die Mutter lebt in einer *Symbiose* mit ihrem Sohn. Da man unter Symbiose aber normalerweise ein »dauerndes Zusammenleben zweier verschiedenartiger Lebewesen zum beiderseitigen gegenseitigen Nutzen« versteht, muß hinzugefügt werden, daß die Symbiose mit der Mutter für den Sohn keinesfalls immer zu seinem Nutzen geschieht, der Ausdruck Symbiose in diesem Fall also schon fraglich wird.

2. Der Vater lebt in einer lebenslangen *Antibiose* zu seinem Sohn, in einer Art von »dauerndem Voneinander-Fernhalten verschiedenartiger Lebewesen bei gelegentlichen schädlichen Kampfsituationen zwischen ihnen«. Wir haben es hier also mit einer Homophobie zu tun, mit einer Angst vor dem Lebewesen des gleichen Geschlechts, der Angst des Vaters vor seinem Sohn.

3. Im Leben jedes Menschen spielt die *Identifikation* mit anderen Menschen eine große Rolle. Im Leben des Sohnes kommt es zu einer Identifikation mit dem Vater, obwohl der Sohn in einer Symbiose mit seiner Mutter lebt. Diese Symbiose verhindert, daß er sich mit ihr identifizieren kann. Denn sie leistet ihm stillschweigend alle Dienste, von denen sie glaubt, daß er sie braucht. Gerade die Leistung der Mutter bewirkt, daß der Sohn sich nicht um die entsprechenden Fähigkeiten, weiblichen Stärken und Werte bemühen muß. Nun wird er darauf aufmerksam gemacht, daß er sich mit seinem Vater identifizieren soll, so werden soll wie der Vater, etwa im beruflichen Bereich expandieren, nicht zur Verfügung stehen, sich von der Mutter verwöhnen und therapieren lassen und Frauensucht entwickeln soll.

4. Der schwierigste Begriff scheint mir der folgende zu sein,

von dem ich noch nicht weiß, ob *Polarisierung* treffend ist. Es geht um einen Prozeß des Nicht-Identifizierens des Sohnes mit der Mutter. Es bleibt ein ständiger Unterschied durch diese Symbiose. Der Sohn ist in gewissem Sinn das männliche Pendant, das Gegenstück zur Mutter. Ich könnte auch von einer sozialen Ergänzung sprechen. Er darf nicht aktiv danach streben, so zu werden wie seine Mutter, das verhindert die Symbiose, aber auch, daß sein Vater ihm als Vorbild vorgehalten wird und doch abwesend ist, daß der Vater nicht im selben Maße wie die Mutter zur Verfügung steht. Es kommt hier also zu einer sogenannten Negation der weiblichen Werte bei dem Sohn. Oder vielleicht könnte man auch von einer sozialen Komplettierung im Sinne von sozialen Rollen sprechen. Unbewußt setzt sich der Sohn als anders, verschieden zu seiner Mutter. Die Betonung des Andersseins, die Ablehnung der weiblichen Werte und dieses Gegensätzlich-Sein (Polarisierung) bewirkt, daß der Sohn zu wenig weibliche Werte verwirklichen kann und insgesamt ein zu schwächliches Lebewesen ist, welches als Mann immer auf die bestimmte Versorgung durch die Frau angewiesen sein wird.

Bei den meisten Müttern vermissen wir, daß sie ihr Muttersein fundamental in Frage stellen. Mütter haben sehr häufig den Eindruck, daß vor allem Männer es mit ihren Söhnen nicht richtig machen. Frauen schon eher. Diesem Vorurteil entspricht ein ziemlich kompliziertes Bild vom Muttersein. Muttersein ist zwar eine Bürde – dieses Bild haben die meisten Mütter im Gemüt – aber sie zu tragen ist unerläßlich. Sehr selten begegnen wir Frauen, die sich mit diesem Problem schon einmal intensiv auseinandergesetzt haben, vor allem, wenn sie den Sohn zur Welt gebracht haben. Sie gehen davon aus, daß sie es schon irgendwie machen werden. Sie gehen dann außerdem von der Voraussetzung aus, daß Frauen das alles eigentlich schon wissen, was der Sohn braucht, wie er betreut werden muß; sie wissen, wie sie als Mütter zu sein haben.

Das hat aber besonders für den Sohn enorme Konsequenzen.

Er wird dem Vater und anderen Männern häufig nicht anvertraut. Wenn der Vater bereit ist, wenn er sich für seinen Sohn interessiert, wenn er Zeit zur Verfügung stellt, meint die Mutter, daß sie es besser kann, daß der Sohn Schaden nimmt, wenn er viel mit seinem Vater zusammen ist, daß er vielleicht verwahrlost oder daß er andere Probleme aufbauen wird.

Für den Sohn ist der Kontakt zu Mutter und Vater wichtig, wenn er eine Identität aufbauen, wenn Identifikation stattfinden soll. In der Konstellation zwischen symbiotischer Mutter und abwesendem Vater wird vom Sohn verlangt, daß er sich seiner Mutter total anpaßt und ausliefert und daß er ihr gegenüber keine Eigenständigkeit aufbauen kann. Dann aber soll er so werden wie der Vater, sich vom Vater etwas abschauen, und die Mutter weist ihn auch darauf hin. Wenn der Sohn in diese Familie hineingeboren wird, dann vermitteln ihm Mutter und Vater von Anfang an eine deutliche Vorstellung davon, wer er sein soll und wer er werden soll. Der Sohn hat zunächst keine andere Möglichkeit, als die ihm zugeschriebene Identität aufzunehmen, da Vater und Mutter für ihn zunächst die einzige Orientierung in der Realität sind. Und man weist ihm die Männerrolle zu, die darin besteht, sich eng an die Frau anzuschließen und sich alle möglichen Dienstleistungen von der Frau zukommen zu lassen. Der Sohn wird durchaus aktiv, er wählt aus der Menge dessen, was die Mutter verkörpert, diejenigen Teile, die er braucht, formt daraus seine männliche Identität. Dieser Prozeß ist kompliziert und auch mit Schmerzen verbunden, weil er sich nicht in entsprechender Weise mit bestimmten weiblichen Werten identifizieren darf, weil er das nicht üben darf, was die Mutter für ihn sowieso immer leistet, weil er nicht so fühlen darf wie die Mutter und auch nicht so handeln.

Weil er nicht so werden darf wie seine Mutter, kommt es bei ihm zu einer unvollständigen, in gewissem Sinne sogar mißlungenen Identität. Er leidet zum Beispiel unter einem starken Gefühl der Einsamkeit, jedenfalls in Bezug auf seinen Vater und andere männliche Bezugspersonen. Er wird verunsichert und verwirrt, weil er das, was die Mutter verkörpert, tut, denkt und fühlt, nicht im selben Maße für sich erobern darf. Er lebt insgesamt in dieser zwiespältigen Situation nicht glücklich und nicht vollständig, er lebt strenggenommen aus diesem Grunde in einer permanenten brüchigen Identität.

Notwendig wäre also die Herausbildung einer lebenstauglicheren Identität für den Mann, eine Identifikation mit anderen Männern, die bereits stärkere, lebensfreundlichere und weiblichere Werte angenommen haben. Wenn Männer Veränderungen einleiten, werden neue Gefühle entstehen, weibliche Werte werden positiver, männliche negativer empfunden. Ein Freundeskreis zu anderen Männern entsteht und weitet sich aus, die frühere Bezogenheit allein auf Frauen erscheint dem Mann in zunehmendem Maße problematisch. Seine Mutter sieht er mit kritischeren Augen und seinen Vater eventuell mit wohlwollenderen.

Wir Männer haben uns mit unserem Vater identifiziert und durften uns nicht mit der Mutter identifizieren. Und dann kommt der Sohn. Vor der Geburt seines Sohnes hat der sogenannte Vater Kind gespielt, ist er an der Brust der Frau gepäppelt worden, gesättigt gefühlt hat er sich dabei nie. Dann erscheint der Sohn. Jäh erfährt der Vater Entthronung und Entzug, Frauenentzug. Er wird neidisch und eifersüchtig auf die Zuwendung durch die Frau, auf die Verwöhnung, die Bedienung, die jetzt der Sohn erfährt. Der Vater entwickelt Rivalität. Dann fängt er an, den Sohn als Konkurrenten zu empfinden. Dann wird er ihn demütigen, dann wird er besser sein wollen als der Sohn und mit ihm konkurrieren. Er könnte seinen Sohn vielleicht auch mögen, aber er kann nicht um den Sohn kämpfen. Die Mutter ist stärker. Sein Betreiben war ja auch nur halbherzig. Wenn das neugeborene Kind ein Mädchen ist, dann traut sich der Vater schon etwas mehr zu. Um das Mädchen mag er vielleicht sogar mit der Frau konkurrieren, um den Sohn nicht. Auch Homophobie trennt ihn von seinem Sohn.

In seinem Buch »Muttersöhne« spricht Volker Elis Pilgrim

von Männern, die in einer engen Beziehung zu ihren Müttern aufgewachsen sind. Die Väter blieben seelisch verschwommen, oft verschwanden sie. Der Sohn gab seiner Mutter Daseinsberechtigung. Die Frau, die auf einen männlichen Partner schon lange verzichten mußte, würde sich allmählich hineinleben in die Beziehung zu ihrem Sohn. »Der ungünstigen Verteilung des Affekthaushaltes der Mutter ist der Sohn mehr ausgesetzt als die Tochter« (S. 10).

Und Pilgrim weiter: »Die Frau rächt am einzelnen Mann, was ihr die Gesamtheit der Männergesellschaft antut. Und »einzelner« Mann ist auch ihr Sohn, ist jedes Mitglied des männlichen Geschlechts. Der Mangel an Liebe versteckt sich am allermeisten hinter übertriebener Fürsorge. Niemand soll es spüren – besonders Vater und Sohn nicht –, daß die Seele der Frau für den Sohn nicht schwingt, für alles Männliche nicht schwingen kann, solange sie gefesselt ist« (S. 11).

Der Vater hat aufgehört, die Mutter seines Sohnes zu lieben, und er investiert all seine Energie im beruflichen Bereich, im Kampf ums Dasein im feindlichen Männerleben. Die inzwischen ältergewordene Frau stürzt sich auf den Sohn: »Die Gefühle der Frauen, die von den arbeitsabberufenen Männern nicht erwidert werden, richten sich auf die Söhne und bleiben dort hängen« (S. 12).

Etwas später kann ich Pilgrim nicht mehr folgen, wenn er nämlich sagt: »Der Sohn muß auch zur geschlechtlichen Heranbildung diejenige Person benutzen, die anwesend, faßbar und nachahmenswert ist: die Mutter. Die sexuelle Identifikation des Sohnes mit der Mutter macht ihn als Mann gesellschaftlich unmöglich.«

Ich bin der gegenteiligen Meinung, daß der Sohn sich nicht mit der Mutter identifiziert, sondern die Mutter ausbeutet im Sinne der oben beschriebenen Symbiose. Hier wird einmal mehr Symbiose mit Identifikation verwechselt. Das ist auch der Grund, warum ich Volker Elis Pilgrims Ansichten über die Söhne in manchen Punkten nicht teilen kann. Er meint, die Mutterbindung entwickle im Sohn die Machtanfälligkeit und lege seine Neigung für Gewalttaten fest (S. 8). Ich sehe es eher nicht so. Mir scheint es der fehlende Vater zu sein, der verantwortlich ist, und überhaupt die Männergesellschaft, mit der sich zu identifizieren der Sohn aufgefordert wurde. Nicht die vom Mann im Stich gelassene Frau produziert den gewaltanfälligen Sohn, sondern die abwesenden Väter. Und ich kann es nicht sehen, daß Tatkraft und Machtentfaltung des Sohnes aus der Existenz der Mutter ableitbar sind (vgl. S. 12). Nein, sie sind vom Vater abgeguckt. Der Sohn hat sich mit der Gewalt seines Vaters, die sich gegen die Mutter gerichtet hatte, identifiziert, und er hat die Mutter abgewertet. Es scheint mir auch übertrieben, daß der Mutter unterstellt wird, sie könne an der zukünftigen Macht ihres Sohnes Anteil haben. Sie wird nicht Herrin, sie bleibt Dienerin der Männerszene. Der Sohn identifiziert sich mit der Mutter nicht, und so können auch bei ihm nicht im »Vorgang der Mutterimitation die Weichen für Blutrunst und Gewalttat gelegt« werden (S. 15). Es ist eben die Identifikation mit dem Vater, die die Entwicklung und die Entfaltung weiblicher Werte im heranwachsenden Mann verhindert.

Aber der Wunsch von Jungen nach anderen Vätern drückt sich mitunter auch in den Therapiegesprächen von Frauen aus, die Mütter von Söhnen und mit deren Enttäuschung, Wut oder auch Angst konfrontiert sind. So erzählte eine Mutter von zwei Söhnen: »Zum Glück ist mein Ältester schon aus dem Haus. Ich hatte immer gehofft, daß mein Mann mit dem Jüngsten, der jetzt Zwölf ist, eine bessere Beziehung entwickeln würde, aber er ist einfach nicht imstande, mit dem Jungen normal zu sprechen. Wenn er überhaupt Kontakt zu ihm aufnimmt, witzelt er herum oder spricht in einer Kleinkindersprache, mit der mein Sohn überhaupt nichts anfangen kann. Neulich hat er zu mir gesagt: ›Warum macht Papi das? Ich wünsche mir so, daß er einfach mal ganz vernünftig mit mir über Sachen spricht. Ich kann über seine Witze gar nicht lachen.‹ Ich versuche meinem Sohn dann zu erklären, daß sein Vater einfach hilflos ist, daß es ihm schwerfällt, über Gefühle zu sprechen und einfach mal ruhig im Kontakt zu sein. Er ist immer so aktiv. Aber ich weiß nicht, ob das überhaupt richtig ist, denn ich sehe, wie enttäuscht und gekränkt mein Sohn ist. Er nimmt seinen Vater auch nicht mehr ernst.«

Eine andere Frau berichtete ziemlich erschreckt von der Zuspitzung aggressiver Stimmung zwischen ihrem Mann und dem 14jährigen Sohn: »Eigentlich ist mein Mann ziemlich ruhig, aber in der letzten Zeit rastet er immer öfter aus, wenn der Jens nicht sofort das macht, was er will. Ich verstehe das überhaupt nicht. Er läuft dann dunkelrot an und brüllt wie irre Drohungen, daß er dem Jungen alle Knochen im Leibe brechen wird und ähnliches. Neulich kam Jens eine Stunde zu spät nach Hause, da gab es eine Szene, die ich jetzt noch nicht verdaut habe. Er ist auf den Jungen los und hat geschrien: ›Den bringe ich um. Ich schlage dich tot.‹ Jens hat zitternd in seinem Zimmer gesessen und geweint. Ich habe versucht, ihn zu trösten, aber er hat immer wieder gesagt: ›Warum haßt der mich bloß so? Was habe ich ihm denn getan?‹ Natürlich weiß ich, daß mein Mann auch eine sehr schwierige Beziehung zu seinem Vater hatte. Der war sehr gewalttätig, aber darüber mag er nicht sprechen. Ich glaube, er versteht selber nicht, warum ihn der Jens so in Rage bringt. Nur ich stehe immer dazwischen.«

Fast immer wird bei solchen und ähnlichen Schilderungen von »Beziehungsszenen« zwischen Vater und Sohn deutlich, daß die Jungen sich ausschließlich an ihre Mütter wenden, die wiederum auf charakteristische Weise konfliktbeschwichtigend und vermittelnd agieren und nur sehr selten bereit sind, die jeweiligen Väter mit der Forderung zu konfrontieren, eine andere Haltung zu lernen.

Interessant sind in diesem Zusammenhang auch Gespräche, die meine Partnerin Irmgard 1990 in zwei West- und Ostberliner Schulklassen führte. Eine ihrer Fragen an die Kinder, Mädchen und Jungen, lautete: Wenn ihr die Möglichkeit hättet, eure Eltern zu verändern, was würdet ihr euch anders wünschen? Von den insgesamt 18 Jungen, die sich in beiden Klassen zu Wort meldeten, wünschten sich *alle,* daß ihr Vater sich mehr wie die Mutter verhalten solle. Im einzelnen führten sie konkrete Beispiele an: Der Vater solle mehr Zeit für sie haben, weniger arbeiten, Versprechen zuverlässiger einhalten, zuhören können, mehr Verständnis für Schwierigkeiten haben und besser trösten können.

Irmgard machte mich auch auf Biographien von Männern aufmerksam, aus denen ich abschließend zitiere und in denen ebenfalls von schwierigen, mitunter gänzlich gescheiterten Vater-Sohn-Beziehungen die Rede ist, von Sehnsucht der Söhne, ungelebter Liebe und häufig von Haß. So schreibt der amerikanische Autor Paul Bowles, dessen Roman »Himmel über der Wüste« verfilmt wurde, in seinen Lebenserinnerungen »Rastlos« von der unbarmherzigen Strenge seines Vaters, der ihn bereits von seinem vierten Lebensjahr an als »junger Mann« zu bezeichnen pflegte. Er schildert dessen Angewohnheit, ihn bei den Mahlzeiten mit einer großen Leinenserviette ins Gesicht zu schlagen, damit der damals Fünfjährige seine Speisen richtig kauen sollte: »Nicht selten traf sie mein Auge, was nicht nur schmerzhaft, sondern auch erniedrigend war. ›Kau weiter! Kau weiter! Du hast noch keinen Kloß gebildet.‹ Mittlerweile war ich derart durcheinander, daß ich nicht mehr wußte, ob ich kaute oder schluckte.

›Was habe ich dir gesagt? Du sollst doch nicht schlucken!‹

›Ich konnte nichts dafür!‹ Manchmal hatte ich den Kloß noch im Mund, denn ich lernte, ihn unter der Zunge zu behalten, wenn der unwillkürliche Trieb zu schlucken mich überkam, und dann sperrte ich den Mund auf, um ihm zu beweisen, daß ich nicht wirklich ungehorsam gewesen war. Dies wurde regelmäßig als ›unverschämt‹ gerügt und mit neuen Vorwürfen quittiert.«

Aus Bowles wird ein einsamer, merkwürdiger kleiner Junge, der von anderen Kindern regelmäßig verprügelt wird, sich in eine eigene Phantasiewelt zurückzieht und sich selber schwört, daß er den haßerfüllten Kampf mit dem Vater gewinnen muß, um nicht unterzugehen. Er beschreibt eine der typischen Szenen zwischen sich und dem Vater:

»An einem kühlen Julitag war ich aufgestanden und auf Zehenspitzen zur Tür geschlichen, dann hatte ich sie abgeschlossen und mich wieder ins Bett begeben, um zu malen. Plötzlich hörte ich, wie Daddy die Treppe heraufstapfte. Lange bevor ich die Tür erreichte, hatte er versucht sie zu öffnen und sofort begonnen, heftig dagegenzuhämmern. Ich lief hin und drehte den Schlüssel um. Er musterte mich mit zusammengekniffenen Augen.

›Was denkst du dir dabei, die Tür abzuschließen, junger Mann? Was treibst du hier?‹

›Nichts.‹

›Antworte auf meine Frage. Wieso war die Tür verschlossen?‹

›Weil ich etwas gemacht habe, das du nicht sehen solltest.‹

›Ah, so ist das. Was hast du gemacht?‹

›Ich habe Häuser gemalt.‹

›Und deshalb hast du die Tür abgeschlossen?‹ Er schien mir nicht zu glauben.

›Ich habe gedacht, daß du es nicht mögen würdest, wenn ich vor dem Frühstück Häuser male.‹

›Ich verstehe. Und deshalb kriegst du jetzt eine Tracht Prügel, die du so schnell nicht vergessen wirst!‹

Er packte mich, legte mich übers Knie, im Pyjama und mit dem Gesicht auf der Matratze, und fing an, mir den Hintern zu versohlen. Ich lag da und wartete, daß er aufhörte. Als Tempo und Heftigkeit der Schläge nachließen, fragte er: ›Hast du jetzt genug?‹ Ich antwortete nicht, und so drosch er einen Augenblick wütend weiter, ehe er noch einmal fragte: ›Hast du jetzt genug?‹

Ich brachte es einfach nicht fertig, ja zu sagen.

Ich schwieg. ›Antworte!‹ befahl er.

Ich drehte den Kopf zur Seite und schaffte es, hervorzustoßen: ›Ganz wie du meinst!‹, worauf es erst richtig losging.

Als er müde wurde, ließ er von mir ab; ich rollte aufs Bett. ›Und jetzt gibst du mir all deine Notizbücher! Na los, beeil dich.‹ Ich holte sie und legte sie aufs Bett, und er nahm sie mit nach unten. Mutter sagte mir später, ich würde zwei Monate darauf verzichten müssen; das war die kürzeste Strafe, die sie für mich herausschlagen konnte. Ich war ziemlich erleichtert, denn ich hatte erwartet, daß er sie ein für allemal verschwinden lassen würde. Außerdem fühlte ich mich stärker, denn ich hatte gelernt, daß ich nicht weinen mußte, ganz gleich, welche physische Gewalt man mir antat. Das war etwas, das ich bis zu diesem Tag nicht gewußt hatte. Jahrzehnte später, als ich Mutters Tagebücher durchblätterte, fand ich einen Eintrag diesbezüglich. Sie hatte diesen Tag mit folgenden Worten begonnen: ›Claude hat Paul geschlagen. Ergebnis: Verbrachte einen ekelhaften Tag mit schrecklichen Kopfschmerzen.‹

Das war das einzige Mal, daß mein Vater mich schlug. Damit hatten wir eine neue Ebene in der Entwicklung der Feindseligkeiten zwischen uns erreicht. Ich gelobte, mein Leben seinem Untergang zu weihen, und wenn es mein eigenes Verderben bedeuten sollte – eine kindliche Vorstellung, doch eine, die mich noch viele Jahre beschäftigen sollte.«

Auch Ingmar Bergmann, der vielgerühmte, weltbekannte Filmregisseur von Meisterwerken wie »Das Schweigen«, »Schlangenei«, »Szenen einer Ehe« und »Fanny und Alexander«, erzählt in seinen Memoiren über seinen Vater. In Worten, die mit quälender Genauigkeit beschreiben, wie er sich diesem gegenüber als Junge und Heranwachsender gefühlt hat, ist immer noch die Ohnmacht, Wut und Verzweiflung spürbar und das Ringen darum, der Nähe dieses Mannes zu entfliehen:

»An einem stürmischen Wintertag Anfang 1965 rief Mutter im Theater an und erzählte, Vater liege im Krankenhaus und solle wegen einer bösartigen Geschwulst in der Speiseröhre operiert werden. Sie wollte, daß ich ihn besuchte. Ich erwiderte, ich hätte weder Lust noch Zeit; mein Vater und ich hätten uns nichts zu sagen, er sei für mich eine gleichgültige Person, und ich würde ihn mit meinem Besuch an dem eventuellen Totenbett sicher nur erschrecken und verlegen machen. Mutter wurde böse. Sie ließ nicht locker. Ich regte mich ebenfalls auf und verbat mir gefühlsmäßige Erpressung. Diese ewige Erpressung: Dann tu es doch für mich. Mutter wurde wütend und fing an zu weinen. Ich wies darauf hin, daß Tränen auf mich noch nie Eindruck gemacht hätten. Worauf ich den Hörer auf die Gabel knallte.«

Wir erfahren, daß er schließlich doch an das Krankenbett seines Vaters geht, nachdem die Mutter tragischerweise kurz nach dem Telefonat an einer Herzschwäche stirbt, während der Vater noch längere Zeit lebt.

In einer Erinnerung an einen gemeinsamen Ausflug in der Kindheit beschreibt Bergmann seine ambivalenten Gefühle, seine Wut auf den Vater und gleichzeitig die Bereitschaft, diese bei den geringsten Anzeichen von Freundlichkeit fallenzulassen: »Eine Fahrt mit Vater war immer ein riskantes Unternehmen. Man wußte nie, wie es enden würde. Manchmal hatte er den ganzen Tag über gute Laune, manchmal holten die Dämonen den Pastor ein, und dann wurde er wortkarg, verschlossen und reizbar.

Jetzt saß ich auf dem Rand der Fähre, ließ meine Beine im Wasser baumeln und kühlte meine brennenden Fußsohlen und die Mückenstiche an den Fesseln. Plötzlich packte mich jemand an den Schultern und warf mich auf den Rücken. Ich bekam eine kräftige Ohrfeige. Vater war wütend: ›Du weißt, daß ich dir das verboten habe, begreifst du denn nicht, daß du heruntergezogen werden kannst.‹ Noch eine Ohrfeige. Ich weinte nicht, nicht hier vor fremden Menschen. Ich weinte, aber ich haßte: Dieser gottverdammte Rüpel, der immer schlagen muß, ich werde ihn umbringen, ich werde ihm nicht verzeihen, wenn wir nach Hause kommen, werde ich mir eine quälende Todesart ausdenken, er wird um Erbarmen betteln, ich werde ihn vor Entsetzen schreien hören.

Die Flößerstämme stießen krachend zusammen, das Wasser sprudelte, ich stellte mich etwas abseits, aber so, daß man mich sehen konnte. Vater half mit, die Fähre vorwärtszutreiben, schuftete, um das schwere Holzfloß voranzubekommen. Er war auch böse, das konnte ich sehen.

Wir landeten, das Wasser überspülte die Planken, die Karren

fuhren an Land, der Anleger schaukelte und wackelte. Vater verabschiedete sich, es fiel ihm immer leicht, mit jemandem ins Gespräch zu kommen. Die Jungen, die angeln gehen wollten, lächelten schadenfroh und nahmen ihre Angelruten. Das alte Männchen mit der schmutzigen Kuh trottete den Abhang hinauf.

›Komm jetzt, du Dummkopf‹, sagte Vater mit freundlicher Stimme. Ich rührte mich nicht, blickte weg. Es war eine Versuchung, in Tränen auszubrechen, wenn Vater freundlich klang. Er näherte sich und gab mir einen Puff in den Rücken: ›Du verstehst doch, daß ich Angst bekam, du hättest ertrinken können, und niemand hätte etwas gemerkt.‹ Er gab mir noch einen Schubs. Dann nahm er das Fahrrad, führte es über die nassen Planken. Der Fährmann ließ neue Leute an Bord.

Vater streckte seine große Hand aus und griff nach meiner. Meine Wut lief in einer Sekunde aus mir heraus. Er hatte Angst bekommen, das war verständlich. Wenn man Angst bekommt, wird man wütend, das begriff ich. Jetzt war er lieb, er hatte zu hart zugeschlagen, und jetzt tat es ihm leid.«

Von der Bedeutung des Vaters in seinem Leben erzählt auch Kirk Douglas in seinem Buch »Wege zum Ruhm«:

»Ich liebte meinen Vater, aber ich haßte ihn auch. Er war ein Lumpensammler, der mit Pferd und Wagen umherzog, weder lesen noch schreiben konnte. Aber für mich war er groß. Er war stark. Er war ein Mann. Was ich war, wußte ich nicht. Aber ich wollte von ihm anerkannt, auf den Rücken geklopft werden. Abends ging ich an dem Saloon vorbei, dessen Vorhänge vor den hohen Fenstern zugezogen waren, damit kein kleiner Junge hineinspähen konnte. Ich hörte die Stimme meines Vaters da drinnen, wie er seinen trunkenen Kumpanen mit seinem dröhnenden Akzent irgendeine Geschichte aus Rußland erzählte. Ich hörte sie in brüllendes Gelächter ausbrechen. Es war die Welt der Männer. Frauen waren nicht zugelassen, und ich war es auch nicht. Ich wartete darauf, daß mein Vater kam, meine Hand nahm und mich in die Welt der Männer führte.

Eines Abends spielte ich Fangen, stürzte und schlug mit dem Kopf auf. Ich blutete und weinte. Die anderen Kinder hoben mich auf und brachten mich nach Hause. Ich sah hoch und entdeckte meinen Vater, der auf der anderen Straßenseite nach Hause lief. Ich war so froh, Pa zu sehen. Er blickte zu mir herüber und sagte: ›Das kommt davon, wenn man draußen spielt.‹ Ich hätte alles darum gegeben, wenn er nur zu mir herübergekommen wäre, sich heruntergebeugt und gefragt hätte: ›Sohn, wie geht es dir? Alles in Ordnung?‹ Aber dazu war er nicht fähig.

Bei den seltenen Gelegenheiten, wenn mein Vater mit uns aß, saßen wir alle um den Tisch und tranken nach russischer Art Tee – aus Gläsern. Pa hielt das Glas heißen Tee in der Hand, biß ein Stück Zucker ab und schlürfte den Tee hindurch. Er saß mürrisch da – so groß, so stark, so ruhig, und ignorierte uns alle. Je länger ich ihn ansah, desto schwächer kam ich mir vor, bis ich plötzlich das Gefühl hatte zu sterben, wenn ich nicht irgend etwas tat. Ich füllte einen Löffel mit Tee aus meinem Glas. David bot Goliath die Stirn. Meine Schwestern beobachteten mich mit angehaltenem Atem. Ich nahm den Löffel vorsichtig hoch und schnippte den Inhalt über den Tisch – direkt meinem Vater ins Gesicht. Er brüllte auf wie ein Löwe, griff über den Tisch, packte mich und stieß mich durch die Tür ins Nebenzimmer. Ich landete auf einem Bett. Ich möchte gern glauben, daß er wußte, daß es ein Bett war, auf das er mich da warf. Meine Familie, auch meine Mutter, war wie versteinert.

Ich triumphierte. Ich hatte den Tod riskiert und war mit dem Leben davongekommen. Ich denke an diese Begegnung stets als an einen der wichtigsten Momente in meinem Leben zurück. Hätte ich es nicht getan – so kommt es mir vor –, wäre ich in der Masse der Frauen untergegangen, mit denen ich zusammenlebte. Ich wußte, daß mich mein Schnippen des Löffels von meinen Schwestern unterschied. Meine Tat ließ mich anders fühlen – als Mann. In jenem Augenblick wußte er, daß ich da war. Er konnte mich nicht einfach ignorieren. Nie habe ich etwas ähnlich Tapferes in einem meiner Filme getan.«

Douglas erzählt immer wieder von seinen vergeblichen Bemühungen, wenigstens einmal Anerkennung und Zärtlichkeit von seinem Vater zu bekommen. Viel später in seinem Erwachsenenleben, als er bereits ein erfolgreicher Filmschauspieler ist, besucht er seinen Vater und versucht es erneut. Er beschreibt diese Szene:

»Nach einer langen Pause: ›Ich habe einen neuen Film gedreht, Pa.‹

›Yeah?‹

›*Zwischen Frauen und Seilen.*‹

›Yeah.‹

Wieder eine lange Pause. ›Hast du ihn gesehen, Pa?‹

›Yeah.‹

›Hat er dir gefallen?‹

›Yeah.‹

Das war eine ziemlich lange Unterhaltung mit Pa. Er bestellte sich Whiskey und Bier. Ich gab ihm ein wenig Geld und ging. Ich stieg in meine wartende Limousine und sagte dem Fahrer, er solle mich nach Albany fahren.

Jahre später wurde mir erzählt, daß mein Vater sich den Film mit einem seiner Trinkkumpane angesehen hatte. Als ich von meinem Gegner im Ring k. o. geschlagen wurde, verbarg er das Gesicht in den Händen. Gegen Ende des Kampfes, als ich schließlich am Gewinnen war, sprang Pa auf und schrie: ›Issur, gib's ihm! Gib's ihm, Issur!‹

Wenn Pa doch ›Gib's ihm, Issur‹ gesagt hätte, als ich noch ein Kind war. Pa bedeckte seine Augen, als Kirk Douglas in einem Film Ketchup blutete. Aber als Issur wirklich blutend nach Hause getragen wurde, war Pa auf der anderen Straßenseite und schimpfte: ›Das kommt davon, wenn man draußen spielt.‹ Damals hätte er die Augen bedecken sollen. Später erzählten mir viele Leute, wie stolz Pa auf mich gewesen ist. Aber es war zu spät für den liebevollen Klaps auf den Rücken. Pa war inzwischen tot.

Ich war entschlossen, meinen Kindern diese Anerkennung früher zu zeigen. Aber häufig ist das, was wir unseren Kindern geben, nur das, was wir eigentlich selbst brauchen. Und das funktioniert nicht. Ich nahm Eric in Palm Springs in die Sauna mit. Im Prinzip hatten Kinder dort keinen Zutritt, aber ich wollte, daß Eric in einer Welt der Männer war. Ich brauchte das, aber vielleicht war es nicht unbedingt das, was Eric brauchte.

Ich wollte so gern eine echte Beziehung zu Michael und Joel herstellen, die ich bei meinem Vater vermißt hatte. Die Jungen wurden in der Allan Stevenson Privatschule angemeldet. Ich kümmerte mich um ihre Hausaufgaben, schimpfte mit ihnen, wenn sie sie nicht ordentlich erledigten. Ich wollte sie wissen lassen, daß ich mich um sie kümmerte. Dennoch gab es eine Mauer zwischen uns. Vielleicht glaubten sie, ich hätte sie im Stich gelassen. Wir haben nie darüber gesprochen. Es ist schwer, Vater zu sein.«

Von Klaus Mann erfahren wir über seinen Vater Thomas Mann, der bei seinen Kindern nur »der Zauberer« genannt wurde, sehr Anschauliches in seinem Buch »Wendepunkt«.

»Der Vater zum Beispiel kann sehr generös und scherzhaft sein, wenn man auf seine kleinen Schwächen die gebührende Rücksicht nimmt. Er hat etwas gegen schmutzige Fingernägel und kann es nicht leiden, wenn man sich bei Tische des Daumens zum Aufschieben bedient. ›Um Gottes willen, nicht den Daumen!‹ ruft er dann wohl aus und schneidet eine angewiderte Grimasse. ›Wenn schon aufgeschoben werden muß, dann tu's mit der Nasenspitze oder der großen Zehe! Alles ist besser als der abscheuliche Daumen!‹ Seine Aversionen sind meist von dieser irrationalen und schrullenhaften Art. Von neun Uhr morgens bis zwölf Uhr mittags muß man sich still verhalten, weil der Vater arbeitet, und von vier bis fünf Uhr nachmittags hat es im Hause auch wieder leise zu sein: Es ist die Stunde der Siesta. Sein Arbeitszimmer zu betreten, während er dort mysteriös beschäftigt ist, wäre die gräßlichste Blasphemie. Keines von uns Kindern hätte sich dergleichen je in den Sinn kommen lassen. Schon mit geringeren Verfehlungen kann man den Vater erheblich irritieren. Es ist quälend, bei ihm in Ungnade zu sein, obwohl oder gerade weil sein Mißmut sich nicht in lauten Worten zu äußern pflegt. Sein Schweigen ist eindrucksvoller als eine Strafpredigt. Übrigens ist nicht immer leicht vorauszusehen, was er bemerken und wie er reagieren wird. Die Mutter zankt, wenn man Ungezogenheiten begeht – von der Marmelade nascht, die für die Erwachsenen reserviert ist, oder die frisch gewaschene Matrosenbluse mit Tinte beschmiert. Der Vater ist dazu imstande, so eklatante Übeltaten zu ignorieren, während scheinbar ganz harmlose Irrtümer ihn überraschend verdrießen können. Die väterliche Autorität ist unberechenbar.«

Bei Elias Canetti ist im ersten Band seiner Biographie »Die gerettete Zunge« von seiner leidenschaftlichen Liebe zu seinem Vater die Rede. Besonders eindrücklich kommt sie in folgender Szene zum Ausdruck:

»Man fürchtete für mein Leben, und ich lag unter argen Schmerzen viele Wochen lang zu Bett.

Der Vater war damals in England, und das war das Schlimmste für mich. Ich dachte, ich müsse sterben, und rief laut nach ihm, ich jammerte, daß ich ihn nicht wiedersehen würde, das war ärger als die Schmerzen. An diese habe ich keine Erinnerung, ich fühle sie nicht mehr, wohl aber fühle ich noch die verzweifelte Sehnsucht nach meinem Vater. Ich dachte, er wisse nicht, was mir geschehen war, und schrie, als man das Gegenteil beteuerte. ›Warum kommt er nicht? Warum kommt er nicht? Ich will ihn sehen!‹ Vielleicht zögerte man wirklich, vor wenigen Tagen erst war er in Manchester angekommen, wo er unsere Übersiedlung vorbereiten sollte, vielleicht dachte man, mein Zustand würde sich von selber bessern und er müsse nicht auf der Stelle zurück. Aber selbst wenn er es sofort erfahren und sich ohne zu zögern auf den Rückweg gemacht hatte – die Reise war weit, und er konnte nicht gleich da sein. Von einem Tag auf den anderen vertröstete man mich, und als mein Zustand sich verschlechterte, von Stunde zu Stunde. In einer Nacht, man meinte, ich sei endlich eingeschlafen, sprang ich vom Bett und riß mir alles herunter.

Statt vor Schmerzen zu stöhnen, schrie ich nach ihm, ›Cuando viene? Cuando viene?‹ – ›Wann kommt er? Wann kommt er?‹ Die Mutter, der Arzt, alle anderen, die sich um mich bemühten, waren mir gleichgültig, ich sehe sie nicht, ich weiß nicht, was sie unternahmen, es muß in diesen Tagen viele und behutsame Verrichtungen an mir gegeben haben, ich faßte sie nicht auf, ich hatte einen einzigen Gedanken, es war mehr als ein Gedanke, es war die Wunde, in die alles einging: der Vater.

Dann hörte ich seine Stimme, er trat von hinten an mich heran, ich lag auf dem Bauch, er rief leise meinen Namen, er ging ums Bett herum, ich sah ihn, er legte mir leicht die Hand aufs Haar, er war es, und ich hatte keine Schmerzen.

Alles was von diesem Augenblick an geschah, ist mir nur aus Erzählungen bekannt. Die Wunde verwandelte sich in ein Wunder, die Heilung setzte ein, er versprach, nicht mehr fortzugehen, und blieb während der nächsten Wochen. Der Arzt war der Überzeugung, daß ich ohne sein Erscheinen und seine weitere Gegenwart gestorben wäre. Er hatte mich schon aufgegeben, aber doch auf der Rückkehr des Vaters bestanden, seine einzige, nicht sehr sichere Hoffnung. Es war der Arzt, der uns alle drei zur Welt gebracht hatte, und er pflegte später zu sagen, daß von allen Geburten, die er erlebt habe, diese Wiedergeburt die schwerste gewesen sei.«

Zweiter Teil

AUF DER SUCHE NACH MEINEM VATER

Autobiographische Annäherung
an ein verdrängtes Thema

Nach dem Erscheinen von »Männer lassen lieben« 1987 bin ich von verschiedenen, vor allem Frauen gefragt worden: Wo bleibt in diesem Buch eigentlich dein Vater? Du schreibst ausführlich über deine Mutter, es kommt auch vieles als Vorwurf bei uns an. Aber über deinen Vater erfahren wir wenig. Mir wird klar, warum ich damals noch nicht dazu in der Lage war. Jede im Ansatz entstehende Trauer hatte ich verdrängt und auch mit aggressiven Gefühlen überdeckt. Bisher hatte ich mich schon einige Male bemüht, meinen Vater zu verstehen, versöhnen wollte ich mich mit ihm nicht. Ich kannte meinen Vater zunächst überhaupt nicht mehr, habe seine Bedeutung für mich geleugnet und konnte nicht trauern, als er starb.

Bei diesem Buch »Söhne wollen Väter« habe ich eine ganz neue Art von Abwehr gegen Gefühle bei mir festgestellt als bei dem ersten Buch »Männer lassen lieben«. Dort trauerte ich und weinte manchmal über meine Mutter. Jetzt sitze ich hier, habe an diesem Buch oft mit Müdigkeit gekämpft, also eine bestimmte Trauer um meinen Vater verdrängt. Die Wut lag mir näher. Durch die List des Titels »Söhne wollen Väter« habe ich mich selbst an die Notwendigkeit der Trauerarbeit herangeführt.

Wollte Wilfried Wieck wirklich einen Vater? Wie soll ich die These »Söhne wollen Väter« autobiographisch belegen? Ich spürte sofort, daß mich die Beantwortung dieser Frage sehr große Mühe kosten würde.

Also bot Irmgard mir Hilfe an. Sie wollte mit mir darüber sprechen, mir Fragen stellen. Auf ihre erste Frage »Welche Erinnerung hast du an deinen Vater?« fiel mir sofort ein, daß ich mir das im Grunde genommen noch nie überlegt hatte, daß ich nicht spontan antworten kann. In meinen frühesten Kindheitserinnerungen taucht immer nur die Mutter auf. »Welche Bilder steigen dir vom Vater auf? Welche Assoziationen?«

Bruchstücke von Erinnerungen

Wenn mein Vater mir zum Geburtstag gratulierte, kam er mit einem falschen Gesichtsausdruck an. In seinem Gesicht stand, daß er einen Unterschied zu seinen Worten empfand. Er freute sich nicht, er gratulierte, das war eine Pflichtübung. Dieser merkwürdig feierliche Ausdruck im Gesicht, der hat mich geschmerzt.

Mein Vater hat mich nicht geliebt. Ich habe mich von ihm nie geliebt gefühlt. Ich war für ihn ein notwendiges Übel, ein langes Elend. Ich erinnere mich nicht daran, daß er mir Anerkennung ausgesprochen hat. Einmal kam ich in der neunten Klasse, ich war etwa dreizehn Jahre alt, mit einem Zeugnis nach Hause. In diesem standen neun Einsen und zwei Zweien. Ich hatte wohl das beste Zeugnis, war außerdem der Jüngste. Ich kann mich nicht an irgendeine Anerkennung meines Vaters erinnern, nicht einmal an ein Zwei-Mark-Stück oder so etwas.

Hat sich mein Vater überhaupt einmal um mich gekümmert? Ich weiß es nicht. Die Großmutter hat sich um mich gekümmert, auch die beiden Großväter, meine Mutter, meine Schwester. Der Vater scheint nie dagewesen zu sein. Ich habe mich auch nicht auf sein Zurückkommen gefreut. Es war offenbar eine totale Gefühllosigkeit zwischen uns. Der Vater war immer weg.

Nur eine Situation fällt mir ein, wenn ich Interesse hatte, mit ihm Kontakt zu haben, dann mußte ich den Tag oder die Tage abpassen, an denen er nachmittags am runden Wohnzimmertisch saß und Klausuren korrigierte. Er war Dozent an der Ingenieurschule und mußte zensieren. Ich habe dann mit ihm um die Zensuren verhandelt, versucht, sie zu verbessern, was mir manchmal gelang. Das war eine gemeinsame Aktivität, ein Erfolg für mich. Ich saß bei ihm, sah ihm zu, was er schrieb, hatte keine Angst vor ihm. Manchmal hat er statt eine 3 eine 2,4 gegeben oder statt eine 2,6 eine 2. Darin bestanden meine Erfolge mit meinem Vater, die waren für andere, nicht für mich selbst.

Eine Erinnerung, die ich an ihn habe, ist die, daß er mir sagte, er wäre auch gerne so lang wie ich. Das fand ich toll, das hat mich sehr getröstet. Ich war schon als sehr junger Mensch sehr lang gewesen und völlig verzweifelt deswegen. Vater entlastete mich. Wenn mir ein Mißgeschick passierte, war das durchaus wohltuend. Er kam dann oft und sagte »Soll uns im Leben nichts Schlimmeres passieren«.

Niemals hat der Vater mit mir über Politik diskutiert, über Gesellschaft, über Literatur, über Philosophie, über irgendwelche geisteswissenschaftlichen Themen. Er war eben technisch, naturwissenschaftlich orientiert. Das andere fehlte völlig. Mein Vater ist mit mir auch nie zusammen ins Kino gegangen, nie ins Theater, nie ins Konzert, höchstens einmal auf den Abschlußball von seiner Schule, da war ich mit ihm zusammen, auf irgendwelchen Festen der Schule.

Bemerkenswert ist, daß ich nie Wünsche an meinen Vater herangetragen habe. Ich war nicht dazu in der Lage, ihm zu sagen, daß ich mir dies oder jenes von ihm wünsche. Ich bat ihn nicht, ich warb nicht um ihn. Warum konnte ich nicht um ihn werben? Hier ist natürlich die Antwort bei der Mutter zu suchen, die mir offenbar immer vieles von den Augen abgelesen hat. Ich habe nicht gelernt, mit irgendwelchen Anliegen an meinen Vater heranzutreten. Das ist Verwöhnung, die von der Mutter erfolgt, in der Symbiose mit ihr.

Ich erinnere mich daran, wie Irmgard mir vor etwa fünfzehn Jahren den Brief von Franz Kafka an seinen Vater empfohlen hat. Ich habe begonnen, ihn zu lesen, aber nur etwa acht bis zehn Seiten geschafft. Nach ein bis zwei Jahren habe ich wieder den Brief in die Hand genommen, bin dann drei Seiten weitergekommen, habe ihn wieder weggelegt, offenbar aus dieser Gefühlsabwehr von Schmerz und Trauer heraus. Erst nachdem meine Mutter gestorben war, mein Vater war schon etwa 25 Jahre tot, habe ich den Brief von Franz Kafka an seinen Vater bis zum Ende lesen können. Merkwürdigerweise habe ich dann auf Franz Kafka eine Wut bekommen, nicht auf seinen Vater. Kurz vor Ende des Briefes schreibt Kafka eine fiktive Antwort seines Vaters: »Du könntest... antworten: ›Du behauptest, ich mache es mir leicht, wenn ich mein Verhältnis zu Dir einfach durch Dein Verschulden erkläre, ich aber glaube, daß Du trotz äußerlicher Anstrengung es Dir zumindest nicht schwerer, aber viel erträglicher machst. Zuerst lehnst Du jede Schuld und Verantwortung von Dir ab, ... während ich aber dann so offen, wie ich es auch meine, die alleinige Schuld Dir zuschreibe, willst Du gleichzeitig übergescheit und überzärtlich sein und auch mich von jeder Schuld freisprechen. Natürlich gelingt Dir das letztere nur scheinbar..., und es ergibt sich..., daß eigentlich ich der Angreifer gewesen bin, während alles, was Du getrieben hast, nur Selbstwehr war. ...Du hast dreierlei bewiesen. Erstens, daß Du unschuldig, zweitens, daß ich schuldig bin, und drittens, daß Du aus lauter Großartigkeit bereit bist, nicht nur mir zu verzeihen, sondern, was mehr oder weniger ist, auch noch zu beweisen und es selbst glauben zu wollen, daß ich, allerdings entgegen der Wahrheit, auch unschuldig bin.‹« Franz legt seinem Vater weiter in den Mund: »...daß wir miteinander kämpfen, aber es gibt zweierlei Kampf. Den ritterlichen Kampf, wo sich die Kräfte selbständiger Gegner messen, jeder bleibt für sich, verliert für sich, siegt für sich. Und den Kampf des Ungeziefers, welches nicht nur sticht, sondern gleich auch zu seiner Lebenserhaltung das Blut saugt. Das ist ja der eigentliche Berufssoldat, und das bist Du. Lebensuntüchtig bist Du; um es Dir aber darin bequem, sorgenlos und ohne Selbstvorwürfe einrichten zu können, beweist Du, daß ich alle Deine Lebenstüchtigkeit Dir genommen und in meine Tasche gesteckt habe... Ich habe... die Verantwortung. Du aber streckst Dich ruhig aus und läßt Dich, körperlich und geistig, von mir durchs Leben schleifen.«

Das konnte ich nicht lesen, das ging mir zu sehr unter die Haut. Diese Beschimpfung vom Vater konnte ich wahrscheinlich nicht ertragen, deshalb wurde ich auf Franz wütend. Statt mit ihm Mitleid zu haben, habe ich mich geärgert und ihm verübelt, daß er kein gutes Haar an seinem Vater gelassen hat. Weil ich mit mir kein Mitleid hatte, konnte ich auch mit Franz keines haben. Ich laufe ja selber Gefahr, kein gutes Haar an meinem Vater zu lassen, um meine Trauer abzuwehren und meine Schmerzen.

Im Zweifelsfalle entscheide ich mich in schwierigen Situationen auch heute noch für Wut und nicht für Trauer oder Schmerz. Die Konkurrenzgefühle und die Kampfaspekte, die mir Vater angeboten hat, habe ich aufgegriffen, aber keine anderen Gefühle, Schwächegefühle, Einsamkeitsgefühle, Trauergefühle. Der Verlust des Vaters ist nicht an mich herangerückt. Selbst heute denke ich noch manchmal, daß diese Trauer eigentlich überflüssig ist. Kein Bedauern, nur Gefühlsabwehr. Ich wollte nicht zulassen, daß mein Vater eine Bedeutung für mich hat. Ich bin ein Sohn, der keinen Vater hatte und einen wollte. Ich bin ein Sohn, der nicht um seinen Vater ringen konnte. Ich bin ein Sohn, der sich nicht immer wieder liebevoll seinem Vater zugewandt und ihm gesagt hat, daß wir uns brauchen. Ich habe nicht um meinen Vater gerungen. Es wäre möglich gewesen, trotz gegenseitigen Kampfes, trotz Beschimpfungen und Ablehnungen. Aber die Mutter hat es mir verunmöglicht.

Einmal renovierte ich mein Zimmer, kam mit dem Tapezieren ganz gut zurecht. Aber als der Schrank wieder in die Mauernische gestellt werden sollte, bat ich meinen Vater um Hilfe. Dabei hat er sich ungeschickt und tölpelig angestellt und, als er den Schrank mit Gewalt in die Nische hineindrükken wollte, an der rechten Seite die Tapete wieder abgerissen. Da warf ich ihn aus meinem Zimmer. Ich war damals 19 Jahre alt, schrie zum erstenmal lauter als er. Ich wußte genau, daß ich das Renovieren allein besser kann als er.

Dann rannte ich aus der Wohnung, in den nächsten Park, habe dort eine halbe Stunde gesessen und geweint. Mich konnte damals keiner trösten. Ich hatte den Kampf mit dem Vater aufgenommen, hatte mich noch gewalttätiger gezeigt als er. Ich fühlte mich sehr belastet, empfand Mitleid mit ihm, daß ich ihn so attackiert hatte. Andererseits hatte ich aber auch das Gefühl, daß es richtig gewesen war, mich gegen ihn zu wehren. Ich habe mir das nicht übelgenommen. Aber von meinem Mitleid hat er nie erfahren.

Ich frage mich: Was hat mein Vater von mir gewußt? Was hat er über mich gedacht? »Junge, du bist ungeschickt«, hat er manchmal gesagt. Einmal hatte ich einen Zirkelkasten bekommen, einen Zirkel herausgenommen, diesen aufgespreizt, da war der schon kaputt. Ich bin heute noch fest davon überzeugt, daß ich ihn nicht verbogen habe. Mein Vater hat mir unterstellt, ich hätte ihn kaputtgemacht.

Der Mensch war für meinen Vater wie ein Radioapparat, schließlich war er Techniker. »Ein Radioapparat ist doch etwas Tolles, Empfänger und Sender, genau wie der Mensch«, so hat er gesagt.

Manchmal hat er mich irgendwohin mitgenommen. Wir sind dann zum Beispiel Fahrrad gefahren, er hatte irgendwo im Hof bei irgendwelchen Berufskollegen etwas zu tun. Meistens waren das technische Angelegenheiten. Ich wartete dann, fuhr draußen auf der Straße mit meinem Fahrrad herum, bis er wieder herauskam. Oder einmal war ich in Lankwitz mit ihm zusammen zu Besuch bei einer Frau, die auch einen Sohn hatte, der etwa in meinem Alter war. Mit dem sollte ich spielen. Wir spielten dann auch. Nach einiger Zeit kam er heraus, nahm mich wieder mit nach Hause. Ich weiß nicht, warum ich vermute, daß er mit der Frau Sexualität hatte und die beiden Söhne beschäftigt werden mußten. Die Idee finde ich irgendwie naheliegend, kann sie allerdings nicht beweisen.

Hatte mein Vater also gar keine Chance bei mir? Hatte die

Mutter uns derartig auseinandergebracht? Hatte die Mutter mich zu ihrem Verbündeten gemacht und den Vater als Feind hingestellt?

Ja, sie ist gekommen und hat mir gesagt, sie hätte Präservative in seinem Anzug gefunden, ein Beweis, daß er mit irgendwelchen anderen Frauen sexuelle Beziehungen hatte. Ich habe es natürlich geglaubt und nie den Mut aufgebracht, ihn danach zu fragen. Das hatte offenbar die Mutter verhindert, meine Fähigkeit, ihn solch kritische Sachen zu fragen. Und das lange bevor ich selber mit meiner eigenen sexuellen Entwicklung konfrontiert war. Mein Vater hatte offenbar keine Chance bei mir. Er hat mir keine Chance mehr gegeben; das Urteil, das die Mutter über ihn gefällt hatte, war zu meinem geworden.

Einmal hatte ich eine Freundin mit nach Hause gebracht und mit ihr gespielt, Vater war ins Zimmer hereingestürmt. Ich hatte irgendetwas völlig falsch gemacht, was einem Mädchen gegenüber ein Junge nicht machen darf, da hat er mich verprügelt. Da ist er völlig ausgeflippt. Ich bin durch die Luft geflogen.

Er hatte mir Schachspielen beigebracht, als ich etwa neun Jahre alt war. Ich übte, konnte es dann offenbar besser als er. Prompt hatte er keine Lust mehr, mit mir Schach zu spielen. Nach dem ersten Mal, als er verloren hatte, war Schluß.

Hat meine Mutter mir den Zugang zu meinem Vater versperrt? Hat sie verhindert, daß ich intensiver an ihn herankam? Oder warum habe ich solche Fühlhemmungen, wenn ich mich an ihn zu erinnern versuche?

Eine ganz schlimme Erinnerung an ihn war die Situation mit dem Fahrrad. Ich hatte ein neues Fahrrad bekommen, war damit ziemlich schnell. Ich behauptete ihm gegenüber, daß ich von Steglitz, Hindenburgdamm Ecke Schloßstraße, bis zur Glienicker Brücke in dreißig Minuten fahren würde. Er glaubte es nicht »Nein, das schaffst du nie«. Ich sagte »Das werde ich dir beweisen. Ich fahre los, du guckst auf die Uhr. Und wenn ich da bin, rufe ich an.« Ich strampele mich also die dreißig Minuten ab, schaffe es tatsächlich, bis zur Glienicker Brücke zu gelangen, stürze in die dort stehende Telefonzelle und rufe ihn an, sage: »Vater, ich habe es geschafft. Gucke auf die Uhr.« Er antwortete: »Woher weiß ich denn, von wo aus du wirklich anrufst?«

Das war eine der schlimmsten Erfahrungen mit meinem Vater, die ich überhaupt je hatte. Ich habe damals nicht geweint, ich muß das ganz schnell verdrängt haben. Schlimm war nicht nur, daß er mir nicht zutraute, das in dreißig Minuten geschafft zu haben. Das Schlimmste war, daß er mir zutraute, ihn zu belügen. Ich wäre nicht einmal auf die Idee gekommen, einen Menschen in einem solchen Wettbewerb zu belügen. Und ich war so furchtbar enttäuscht vom Vater, daß er mir das zutraute.

Aber ansonsten gab es zwischen mir und meinem Vater häufig Wettbewerbssituationen, einmal dieses Schachspiel oder wir haben zusammen gesessen und Beruferaten gemacht. Das ging darum, Berufe zu raten, die nicht auf -er enden, also nicht Bäcker oder Klempner, sondern wie Pilot, Journalist. Diese Art von Wettbewerb hat manchmal Spaß gemacht. Aber wenn ich mich an so etwas Positives erinnere, dann kommt sofort das Negative wieder, das schlägt sofort wieder durch. Einmal saßen wir bei uns in der Fronhoferstraße in Steglitz in der Küche, und ich habe meiner Großmutter etwas vorgelesen. In der Schule hatte ich für mein Vorlesen immer die besten Zensuren bekommen. Ich war überhaupt der Beste beim Vorlesen gewesen, so hatten die Lehrer gesagt. Und nun sitze ich da mit der Großmutter, und Vater kommt aus seinem Zimmer hereingestürzt und hat furchtbar geschimpft, wie blöde und wie doof ich vorlese. Es war für ihn offenbar unerträglich. In der Schule hatte ich dafür eine Eins bekommen, Vater konnte es nicht ertragen.

Ein Lob bekam ich von ihm kaum. Ich kann mich jedenfalls nicht daran erinnern. Das Lob bestand höchstens darin, daß ich in irgendeiner Sache dann besser war als er. Das Lob für mich war seine Niederlage. Eine makabre Vorstellung.

Einmal habe ich mit meiner Freundin in der Stube getanzt.

Das war wahrscheinlich gerade Silvester oder so etwas. Vater konnte es nicht ertragen. Es war für ihn unerträglich, mich so zu sehen. Dabei habe ich noch nicht einmal den Eindruck, daß er auf mich eifersüchtig war.

Ich hatte das Gefühl, daß die Distanz, die zwischen uns bestand, eine direkte Konkurrenz- und Neidsituation war, keine Eifersucht. Dabei habe ich mir natürlich gewünscht, daß mein Vater irgendwie stolz auf mich war, daß er mich mochte, daß er gute Gefühle mir gegenüber hatte.

An dieser Stelle scheint mir doch durchaus auch eine Bemerkung zu meinen Gefühlen angebracht, die ich während der Auseinandersetzung mit diesem Thema hatte. Ich habe sehr häufig geweint, nicht nur, wenn ich an der Arbeit saß, sondern auch zwischendurch bei allen möglichen Gelegenheiten. Beim Anhören einer Schallplatte von Janis Joplin, morgens kurz nach dem Aufstehen beim Rasieren, ich wußte überhaupt nicht, wie mir geschah. Diese Auseinandersetzung mit dem Vater ist schwierig, heute noch, lange Jahre nach seinem Tod.

Um so mehr wundert es mich, daß ich mich doch auch an tröstliche und angenehme Sachen erinnere. Es gibt viele Erinnerungen, die mich auch heute noch wütend machen, kränken. Groll ist durchaus fühlbar für mich, aber zärtliche Wünsche sind nicht da. Ich kann mich nicht erinnern, daß ich einmal auf ihm herumreiten, in den Arm genommen werden, ihn umarmen oder streicheln wollte. Solche Wünsche sind mir nie gekommen. Vielleicht hätte ich es schön gefunden, wenn er mich in den Arm genommen und Körperkontakt ermöglicht hätte. Söhne wollen zärtliche Väter.

Offenbar habe ich selektiv nur noch festgehalten, was ich nicht gewollt habe. Und ich erinnere mich kaum an seine verläßlichen und versöhnlichen Seiten. Ich hatte nicht um ihn geworben. Ich war der Verwöhnte, ich war in der symbiotischen Beziehung zur Mutter steckengeblieben, wie in einem Gefängnis. Ich habe ihn nicht beansprucht. Ich war ihm eine Last, so denke ich. Aber ob das stimmt, weiß ich nicht. Vielleicht sind alle diese schlechten Erinnerungen, die ich an ihn habe, ein Ausdruck der schlechten Beziehung zwischen ihm und meiner Mutter. Vielleicht war der Kampf in der Familie so stark, daß man gar nicht neutral bleiben konnte.

Ich fand meinen Vater eigentlich nicht häßlich. Im Gegenteil, ich kenne sogar Fotos von ihm, da fand ich ihn sehr hübsch. Mit weißem Anzug, braungebrannt, sah er sehr gut aus. In späteren Jahren allerdings kam er mir eher leblos vor. Sein Gesicht war dann oft unengagiert, fast wie leblos, nicht anziehend, wie wenn jede Lebendigkeit und jedes Feuer aus ihm heraus war. So habe ich ihn in Erinnerung.

Er starb nach einem Herzinfarkt, war ungefähr 51, 52 Jahre alt. Dreizehn Wochen lag er im Krankenhaus, da habe ich ihn noch einmal besucht. Er hatte einen mehrfachen Herzriß. Der Tod vom Vater kam überraschend, für mich jedenfalls. Ich habe nicht gedacht, daß er sterben würde. Aber ich hatte damals überhaupt kein Mitleid mit ihm, habe es heute noch nicht. Ich muß ehrlich sagen, daß mich das ziemlich irritiert. Irgendetwas scheint mir noch zu fehlen.

Als Vater gestorben war, ging die ganze Familie ins Krankenhaus. Ich wurde gefragt »Willst du deinen Vater noch einmal sehen?«, ich habe nein gesagt. Als einziger blieb ich draußen, ich wollte ihn mir nicht mehr anschauen.

Statt dessen fühlte ich mich erleichtert. Ich dachte, jetzt ist dieser widerliche Kerl endlich weg. Meine Mutter würde das Studium bezahlen.

Nach seinem Tod hat sein Freund, Rudolf Ciprian, die Gedenkrede in der Schule gehalten. Er sprach von seinem lieben Freund, dem geachteten und verehrten Dozenten Karl Eugen Wieck, der einer natürlichen Neigung zur Technik folgte. Karl Eugen galt als strebsam, er mußte für seinen Lebensunterhalt selbst einstehen in den Zeiten der Weltwirtschaftskrise und der Arbeitslosigkeit. Da war das schwierig gewesen. Karl Eugen hat seinen Broterwerb als Schlagzeuger einer Unterhaltungs- und Tanzkapelle verdient. Das weiß ich aus der Rede seines Freundes Rudolf bei seinem Begräbnis. Karl Eugen war erst als Konstrukteur tätig gewesen, wurde dann Betriebswirtschaftsingenieur, arbeitete bei der Firma Askania, später bei Siemens und Halske: »Hier wurde er mit wehrwirtschaftlichen Aufgaben betraut, die ihn auf weiten Reisen durch ganz Deutschland in die besetzten Gebiete führten.« Heute wird mir ganz anders, wenn ich das lese.

Sechzehn Jahre hat er als Dozent in der Beuth-Akademie gewirkt. Karl Eugen hatte von der Pike auf gedient, sich selbst zu dem gemacht, was er war, zu einem tüchtigen Ingenieur, zu einem ausgezeichneten Dozenten. Das kann ich mir gar nicht vorstellen. Er hat, so Ciprian weiter, nie aufgehört, an sich zu arbeiten, um sein allgemeines und berufliches Wissen zu erweitern und zu vertiefen. Die Technik, die Betriebswirtschaft war der Sinn seines Lebens: »Stark berührt fühlte er sich von dem tieferen Sinn der Technik, der in der materiellen Freiheit und der schöpferischen Kraft des Menschen besteht. Wer einen Bereich des Technischen zu seinem Berufe erwählt, muß das besitzen, was im Wort Ingenieur anklingt, den scharfsinnigen, erfinderischen und damit schöpferischen Geist.« Schwärmt hier der Freund, übertreibt er nicht, wird hier nicht einer beweihräuchert, der gar nicht so war? Ich weiß es ja nicht. Der Freund Rudolf spricht vom kalkulierenden, spekulierenden und organisierenden Denken des Karl Eugen, der mit großer Liebe auch dem Volkswagen-Werk, diesem Meisterwerk deutscher Ingenieurkunst zugetan war. Und der Freund behauptet, Karl Eugen hat gern gelebt, er war ein lebensbejahender, schaffensfroher Mensch, ausgestattet mit berlinischem Mutterwitz, witzig drastischen Vergleichen. Er konnte lachen und lachen machen.

Ich kann alldem nicht zustimmen, halte es für unwahr. Oder habe ich ein so total falsches Empfinden? »Der Unterricht von Karl Eugen Wieck war immer anregend, lebhaft und von einer vitalen Persönlichkeit getragen.« Zu Hause war er nicht vital, da lag er nachmittags, wenn er aus der Schule gekommen war, stundenlang auf seinem Sofa, schlief oder döste, trat immer die Flucht vor der Familie an, der geniale Techniker. Angeblich hat er auch viel von seinen Studenten verlangt. Ja, so strebsam und fleißig wie er sollten andere auch sein. Und Rudolf Ciprian zum Schluß: »Karl Eugen Wieck hatte einen offenen, geraden Charakter ... Er besaß das, was man Zivilcourage nennt. Zu seinen schönsten Eigenschaften gehörte seine Hilfsbereitschaft ... sie beruhte auf einem warm empfindenden, mitfühlenden Herzen ... Ich bezeuge dies voll Dankbarkeit. Mit ihm ist ein guter Mensch dahingegangen.«

Kann jemand tatsächlich meinen Vater so empfunden haben? Ich wünsche es mir im Grunde nicht einmal, ich glaube es einfach nicht. Warum gönne ich meinem Vater so etwas nicht? Was hat er mir angetan? Was habe ich ihm angetan, was tue ich ihm heute noch an?

Gespräche mit meiner Schwester

Mitleid mit dem Vater fehlt mir, sagt meine Schwester: »Ich habe mich, als ich dein Buch gelesen habe, darüber geärgert, daß du so schlecht über Vater schreibst, daß er sehr schlecht dabei weggekommen ist, daß du nicht mehr Verständnis hattest und hast. So ging es mir beim Lesen. Ich war so enttäuscht. Ich dachte, wie kann man nur, wie kann man nur »so über seinen Vater schreiben«, meint sie. Sie sagt, so schlecht waren doch unsere Eltern gar nicht. Wir sind beide ganz anständige Leute, nicht wahr? Wir haben einen Beruf erlernt, wir haben studiert. Wir hatten immer etwas anzuziehen, obwohl schlimme Zeiten waren. Der Grundstock unserer Erziehung war doch gut. So sind die Erinnerungen meiner Schwester an unsere Kindheit: »Unser Zuhause war unser Nest. Das dürfen wir nicht beschmutzen.« Meine vier Jahre jüngere Schwester Barbara hat eine völlig sichere, unantastbare, unverbrüchliche gute Meinung von beiden Eltern. Bin ich also ein undankbarer, unverbesserlicher Kritiker, ein unbequemer Zeitgenosse, ein unausstehlicher Muffel?

Manchmal frage ich mich, was ich von meinem Vater gewollt hätte und was ich nicht von ihm bekommen habe. Meine

Antwort ist subjektiv, meine Erinnerung an die Kindheit selektiv. Darum habe ich meine Schwester gefragt. Sie kann sich nicht daran erinnern, daß mein Vater mich geschlagen hat. Sie selbst erinnert sich an eine einzige Ohrfeige, und die war aus Versehen, wie sie meint. Sie kann sich aber auch nicht erinnern, daß er mich einmal in den Arm genommen hat.

Dafür aber erinnert sie sich, daß er stolz auf mich war, weil ich in der Schule so gut war. Ja, mir hat er das nicht gesagt. Sie meint, daß es immer hieß: »Wilfried fällt alles leichter. Er braucht nicht so viel zu sitzen und zu büffeln«, sie dagegen wurde kleingemacht. Sie konnte sich angeblich nichts merken, war nicht so gut. Mich hätten die Eltern gelobt, ich sei immer ganz groß und sie ganz klein dagegen gewesen. So drückte sich Barbara aus, aber das ist eine völlig unangebrachte Idealisierung des Sohnes, die schon wieder an Verwöhnung erinnert. Auf meine Bemerkung hin, daß ich mich vom Vater nicht geliebt gefühlt habe, sagt Barbara: »Ich möchte sagen, sie haben uns beide geliebt. Du bist vom Vater geliebt worden, und wir haben beide genausoviel Liebe bekommen, ich mehr vom Vater und du mehr von der Mutter. Ich finde, das ist ein ganz normales Verhältnis. Das erlebt man häufig so.«

Der Schwester hat er erzählt von der Misere mit der Mutter, mit dieser Ehe, daß sie nicht so gut war und daß er sich eine unkompliziertere und fröhlichere Frau gewünscht hätte. Er hätte sich nicht noch einmal so fest an eine Frau binden wollen, würde gerne aus allem rausgekommen sein. Er war sehr unglücklich. Aus Anstand, so sagt die Schwester heute, hätte er alles weitergemacht. Frau und Kinder kann man doch nicht verlassen. Er war sehr unglücklich dabei. Bei seinem Tode sind gleich drei Herzkammern gerissen: »Dieses Unglück, nicht zu wissen, was mache ich noch aus meinem Leben... Vielleicht hätte Vater damals einen guten Psychotherapeuten gebraucht. Bloß das war nicht modern. Er war bestimmt zeitweilig ein recht unglücklicher Mensch und konnte sich allein nicht helfen.« Einmal, am 24. Dezember, hatten sich die Eltern gezankt, und er war ganz verzweifelt und ist mit der Schwester zusammen im Auto weggefahren. Dabei hat er ihr gesagt, daß er am liebsten weg von allem sein, mit ihr nach Österreich gehen würde. Mit ihr könnte man in Ruhe und Frieden leben, er und sie paßten gut zusammen.

Als meine Schwester mir das erzählt, spüre ich deutlich, wie wenig Mitgefühl ich mit ihm entwickeln kann. Hinterher, als ich mir die Notizen noch einmal ansehe, kann ich darüber weinen. Ja, wahrscheinlich hat er wirklich sehr gelitten, und es wäre gut für mich, wenn ich auch Mitleid für ihn aufbrächte. Barbara hält Vater für sehr natürlich und sehr menschlich. Sie hat ihn auch traurig erlebt an diesem Heiligabend. Vater und Tochter sind in der Gegend herumgefahren, oft stehengeblieben, weil er gar nicht mehr fahren konnte. Er war so verzweifelt.

Die Schwester erinnert sich aber auch nicht daran, daß ich meinen Vater irgendwann einmal aggressiv angesprochen hätte, mich wütend gegen ihn gezeigt oder geäußert hätte. Daß er mir Konkurrenz gemacht hätte, Wettbewerbe mit mir hätte herstellen wollen, kann sie nicht bestätigen. Also muß ich mich fragen, ob das nicht auch von mir ausging, ob ich ihm nicht die Konkurrenz angeboten habe. Sie räumt ein, daß er viele Nebenarbeiten hatte, daß er sich um die Kinder wenig gekümmert hat, daß er viel Schlaf brauchte, im Familienleben häufig dann nur am Sonntag da war. Sie glaubt nicht, daß der Vater sich vor seinem Sohn geekelt hat. Aber gute Zensuren waren bei Wilfried immer selbstverständlich.

Sie meint, daß ich meinem Vater innerlich ähnlicher bin, als ich selber denke. Auf meine Rückfrage, was sie damit meint, erwähnt sie seine präzise Art, alles immer haarklein zu erklären, seine Gründlichkeit, seinen Ehrgeiz, wie ich dazu sagen würde. Obwohl, wenn ich heute manchmal die Gesichtszüge meiner Mutter entdecke, wenn ich in den Spiegel schaue – Barbara sieht nur den Vater in mir. Er habe mich geliebt, ich tue ihm Unrecht, wenn ich das nicht sehe. Sie meint, daß wir beide gleich behandelt worden wären. Und auf meine Frage, worin denn die Liebe des Vaters bestand, antwortet sie: »Er hat mit uns beiden Radtouren gemacht, ist mit uns Drachensteigen gegangen. Wir haben Kissenschlachten gemacht. Wir haben uns doch alle unterhalten. Nein, die Eltern hatten uns beide lieb.« Wir können uns beide nicht beklagen, meint Barbara. Es wäre undankbar, jetzt etwas Schlechtes zu sagen. In meinem Buch »Männer lassen lieben« habe ich ihrer Meinung nach sehr viel Schlechtes sowohl über die Mutter als auch über den Vater gesagt. Seine Verzweiflung hätte ich nicht gesehen und würde sie heute noch nicht sehen, meint sie. Während ich es so sehe, daß beide Eltern schwere Versäumnisse zu verantworten hatten, weil in unserer Erziehung vieles falsch gemacht worden ist, meint Barbara: »Ich sage dazu, daß alle Eltern manches falsch machen. Es gibt kein Elternpaar, was in der Kindererziehung hundertprozentig alles richtig macht. Und es gibt nur sehr wenige Ehen, die von Anfang bis Ende gut funktionieren.« Sie fügt hinzu: »Sie hatten beide Schuld, weil ihnen eben keiner geholfen hat. Sie sind beide allein damit nicht fertig geworden ... Aber wir haben darunter nicht gelitten.«

Ja, so kann man das auch sehen. Wir Kinder haben damals mit niemandem über unsere Probleme reden können. Ich wußte überhaupt nicht von dieser Möglichkeit, über diese Dinge zu reden, die mich beschäftigten, meine Schwester auch nicht. Sie sagt: »Wir haben es in der Erziehung nicht mitbekommen, daß man überhaupt über solche Dinge sprechen kann. Weil das nicht modern war.«

Als ich meine Schwester dann nach ihren Gefühlen während dieses Gespräches frage, antwortet sie, daß ihr beide Eltern unheimlich leid tun, daß sie eigentlich traurig ist, daß sie damals noch nicht groß genug war, den beiden zu helfen.

Mir bleibt der Eindruck, daß meine Schwester sich für einen optimistischen, mich für einen pessimistischen, depressiven Menschen hält, der die Welt eher düster sieht. Ich habe ihr gesagt, daß ich dieser Deutung nicht zustimmen kann, daß gerade meine Arbeit von optimistischer Weltsicht zeugt, daß ich nicht soviel Kraft und Arbeit in die Beziehung zu Menschen hineinstecken würde, wenn ich nicht optimistisch wäre. Aber wir können uns an dieser Stelle nicht einigen. Die Kindheit jedenfalls, meint meine Schwester, sehe ich viel zu düster. Und sie fügt hinzu, daß sie auch die Charakterhaltungen, die wir beide entwickelt haben, für Ergebnisse von Vererbung hält. Vater war fröhlicher, sie selbst als seine Tochter auch, Mutter war pessimistisch und depressiv, ich als Sohn habe dies von der Mutter geerbt.

Mir ist durch dieses Gespräch vor allem deutlich geworden, daß ich meine Trauer über die Kindheit nicht zugelassen habe, den Ärger und die Wut eher. Das Gespräch mit meiner Schwester hat mir gewisse Korrekturmöglichkeiten gebracht. Irmgard hat mir dann erzählt, daß sie, als sie an dem Tag, als das Gespräch zwischen Barbara und mir stattfand, nach Hause kam, uns dauernd, viel und laut lachen hörte. Mir war das nicht bewußt gewesen. Ich war auch erstaunt und konnte es zunächst gar nicht glauben. Ich habe dann, nachdem die Gespräche vom Tonband abgeschrieben worden waren, beim Lesen dieses Gespräches mit meiner Schwester viel mit Müdigkeit und Weinen zu tun gehabt. Als Dreiundfünfzigjähriger habe ich offenbar zum erstenmal nach zwanzig Jahren Praxis als Therapeut eine bestimmte Trauer über die Abwesenheit meines Vaters zulassen können.

Ein Gespräch mit Männern

Joachim Parpat, der nach einer gewissen Zeit der psychotherapeutischen Arbeit und Supervision bei mir sich wie ich um den Beginn einer Freundschaft bemüht, kam auf mich zu und machte mir den Vorschlag, bei ihm zu Hause im Kreise von Männern noch ein Gespräch über meinen Vater zu führen.

Ich war für Joachims Anregung sehr dankbar und bat die Männer um Fragen. Sie wiesen mich zunächst auf meine enorme Bemühung um die Anerkennung meines Vaters hin. Die Fahrradepisode hätte gezeigt, daß ich geradezu verzweifelt geackert habe, um meinem Vater gefallen zu können. Ich habe mich abgestrampelt, sagten sie mir, ich habe mich ungeheuer um Anerkennung durch meinen Vater bemüht, wußte nicht, wie ich diese bekommen konnte. Ich konnte gar nicht um ihn werben, ihn nicht um seine Gegenwart bitten, um seine Anerkennung, um seine Zuwendung. Dazu hatte ihn die Mutter offenbar schon zu mies gemacht. Meine Bemühung um meinen Vater war als Kind offenbar versteckt und nicht bewußt gewesen.

Ich hatte immer mit dem Gefühl gelebt, daß er sich eigentlich grausam und lieblos meiner Mutter gegenüber benimmt. Nach dem Gespräch mit meiner Schwester glaube ich das nicht mehr in derselben Intensität, vermisse aber heute, daß es klärende Gespräche zwischen meinem Vater und mir über die Situation in der Familie gegeben hat. Nach meinem Gefühl schlief er zu Hause meistens, interessierte sich vor allem für andere Menschen, für seine Studenten, seine Kollegen, für den Mann an der Tankstelle nebenan und für den, der ihm das Auto reparierte, aber nicht für uns. Sein Auto hat ihn offenbar mehr interessiert als seine Kinder. Ich habe ein schlechtes Vaterbild, ich gebe es zu.

Die Männer fragen mich nach meiner frühesten Kindheitserinnerung. Es fällt mir schwer, die Frage zu beantworten. Scheinbar war immer nur die Mutter da. Doch, da kommt eine Erinnerung. Meine Schwester war geboren, die vier Jahre jüngere Schwester. Wir stehen zusammen im Wohnzimmer, die Eltern wenden sich der Kleinen zu, die auf dem Tisch gewickelt wird, und ich stehe abseits. Aber bei dieser Frage nach der frühesten Kindheitserinnerung erlebe ich wieder eine Blokkade. Ich kann nicht richtig antworten. Die Männer stellen mir Fragen: Hat er mit dir gespielt? Was war, als er nach Hause kam? Oder was war sonntags? Hat er dir eine Gute-Nacht-Geschichte vorgelesen? An dieser Stelle kann ich gar nicht weitersprechen, ich weine, relativ lange, weiß nicht genau, warum. Die Männer fragen mich: Gab es zarte Gefühle deinem Vater gegenüber, die die Mutter kaputt gemacht hat? Ich weiß es nicht.

Sie fragen mich nach Fotos. In einer ruhigen Minute nehme ich mir das alte Fotoalbum vor. Da möchte ich doch einmal nachgucken. Was sehe ich dort?

Im alten Familien-Fotoalbum, das ich inzwischen in meinem Besitz habe, finde ich ein Bild vom März 1939. Ich war also etwa neun Monate alt. Neben diesem Bild steht, Mutter hat es hingeschrieben: »Papa ist glücklich«. Ich sehe meinen Vater, freundlich lächelnd. Er hat mich am Arm gefaßt, ich als Nackedei krabbele auf dem sonnenbeschienenen Tisch herum und sehe eine Glasvase mit Blumen darin, die ich neugierig betrachte. Ein Bild der Zufriedenheit und Heiterkeit. Ich war offenbar auch glücklich.

Ich gehe im Fotoalbum etwas weiter und sehe mich neben meinem Vater im Februar 1939 auf einer Parkbank sitzen. Er hält mich wiederum im Arm, lacht freundlich in die Kamera, ich gucke etwas irritiert. Das dritte Bild ist Ostern 1939 aufgenommen worden. Es zeigt Großvater, Vater und Sohn. Wieder hat der Vater mich auf dem Arm, und ich begucke freundlich interessiert meinen Großvater, der auch freundlich schaut. In weiteren Bildern sehe ich mich mit meinem Vater zusammen in einem Boot. Ich gucke etwas ängstlich. Weitere Bilder vom Muttertag 1940, ich war also fast zwei Jahre alt. »Unterwegs zu Oma« steht neben den Bildern. Der Vater hat mich am Arm, ich bin ein kleiner Stepke und laufe neben ihm her. Er hält Blumen in der Hand. Ein freundliches, friedliches Bild. Und neben dem nächsten Bild steht: »Wilfried will den Papa graulich machen«. Das hieß wahrscheinlich, will ihm Angst machen. »Und alle jubeln, alle lachen«, steht neben dem Bild. Ich bin eigentlich ein hübscher kleiner Kerl. So einen Jungen zu sehen irgendwo auf der Straße, ich würde ihn sehr nett und attraktiv finden. Mich selber habe ich nie so gefunden. Noch einige Bilder tauchen in dem alten Fotoalbum auf, wo ich mit dem Vater zusammen bin. Auf einem hält er seine Hand auf meinem Kopf und streicht mir offenbar die Haare. Ich sehe nicht so ganz zufrieden darauf aus. Auf einem anderen Bild ist er mit mir baden gegangen, wir stehen beide im Wasser. Es sind viele Bilder, wo der Vater sich mir freundlich zugewandt hat. Auf einem sitze ich auf seinem Rücken, wir sind in Göhren an der Ostsee, auf Rügen bei Saßnitz. Mein Vater spielt mit mir, ich sitze auf seinen Knien, auf seinen Unterschenkeln. Er hat mich an den Armen. Und ich lache: Hei-dih, steht neben diesem Bild.

Lassen wir es also gut sein mit den Bildern. Der Vater guckt freundlich, er lächelt oft. Die Bilder strahlen auch Glück und Zufriedenheit, eine gewisse Ängstlichkeit bei mir aus.

Wie kam der Bruch in der Beziehung zwischen Vater und Sohn zustande? Wann geschah dies und wieso?

Die Männer fragen weiter nach positiven Erinnerungen mit meinem Vater. Ich erinnere mich auch. Einmal hat er mir bei Schulaufgaben geholfen, es ging um technisches Zeichnen für das Fach Mathematik. Ich erinnere mich an die Stimmung, sie war wohlwollend, unterstützend, freundlich. Ich war vielleicht zehn oder elf Jahre alt. Er war sehr geduldig mit mir, hat mir alles genau erklärt, hat abgewartet, bis ich selbst damit fertig wurde. Er war nicht kritisch mir gegenüber, hat mich begleitet, hat mich geführt. Eine positive Erinnerung. Ich habe diese Zeichnungen nicht mit zur Schule genommen, die Zensuren wurden vergeben, der Lehrer fragte mich: »Hast du nichts gemacht, Wilfried?« Erst nach langer Zeit brachte ich dann die technischen Zeichnungen mit in die Schule. Es stellte sich heraus, daß der Lehrer sie als die besten aus der Klasse empfand. »Warum hast du die Bilder nicht mit zur Schule genommen?« fragen mich die Männer. Mein Gefühl war, daß es nicht meine Leistung gewesen war, antworte ich, nicht genug meine Leistung, der Vater hat zuviel geholfen. Merkwürdig, damals konnte ich offenbar Hilfe nicht annehmen. Ich hatte das Gefühl, diese Zeichnungen nicht ohne seine Hilfe geschafft zu haben und deshalb nicht zeigen zu dürfen. Dieses Motiv in meinem Leben ist schon frühzeitig verankert: Ich muß alles allein schaffen, sonst ist es keine richtige Leistung. Wie ist das zustande gekommen?

Frühe Kindheitserinnerungen in der Fronhoferstraße Nummer 9. Umzug war 1944 in die Nummer 11. Ich erinnere mich, daß die Nummer 9 ausgebombt war, daß alles in der Wohnung kaputt war. Eine Phosphorbombe hatte die Wände geschwärzt, das Zimmer war schwarz. Der Vater war nicht da. Die Wohnung hatte überhaupt nur zwei Zimmer gehabt. Und ich erinnere mich wieder, ich mußte zum Klo durch den Flur an der Wohnungstür vorbei. Vor dieser Tür hatte ich immer Angst. Nachts hat Vater mich oft aus dem Schlafzimmer, in dem ich schlief, ins große Zimmer getragen. Ich erinnere mich, daß er mir über die Haare gestrichen hat, daß es sehr angenehm für mich war, wenn er dieses tat, ein zärtliches Motiv. Der Körperkontakt mit meinem Vater: eine flüchtige Erinnerung, ein schönes Gefühl, sehr angenehm, sein Geruch, etwas Tabak, etwas Parfüm. Ganz flüchtige Erinnerungen. Ich zeige ihm voll Stolz meine gebauten Sachen. Er hatte sicher auch freundlich reagiert.

Es kommt ein starker Wunsch nach der schönen Situation mit dem Vater zum Ausdruck. Er spielt mit mir, was äußerst selten vorkam. Statt dessen hat er mich frühzeitig schon gestraft, hat den Riemen aus dem Schrank geholt und mich geschlagen. Ich war sieben oder acht Jahre alt, da schlug er mich, weil ich die kleine Anneliese etwas falsch behandelt hatte. Ich flog durch die Gegend. Ich erinnere mich, es war furchtbar. Ich habe aber nie genossen, wenn er weg war. Ich hatte immer Sehnsucht nach seiner Anwesenheit. Wenn er mich auf dem Rücken trug, war das angenehm für mich.

Lutz Räder fragt: »Ins Bett bringen, ans Bett setzen, Gute-Nacht-Geschichte vorlesen, über das Haar streichen, spielen – hat dir das Spaß gemacht, auf den Arm genommen zu werden, Körperkontakt zu haben, angesprochen zu werden?«

Ich weiß es immer noch nicht recht, kann es nicht richtig fühlen. Am Anfang war der Vater anscheinend sehr liebevoll mit mir. Ich habe doch Resterinnerungen daran, daß ich mich mit ihm wohlgefühlt habe. Ich gestatte mir nicht, daß sie breiteren Raum einnehmen. Ich lasse angenehme Erinnerungen kaum zu. Statt Erinnerungen kommen bei mir erst Tränen und Trauer. Und später die Wünsche, die ich mir selber verboten habe.

Vater hatte kein Interesse an mir, Gleichgültigkeit überwog. So war mein Gefühl. Irgendwann muß der Bruch in der Kindheit gewesen sein. Wie ist dieser Bruch zustande gekommen, frage ich mich heute. Vielleicht hatten wir beide, Sohn und Vater, gar keine Chance, füreinander Liebe zu entwickeln. Warum nicht? Die Schwester war mit ihm vertrauter, war wichtiger für ihn. Mutter hatte ihn schlecht gemacht. Ich habe meine Eifersucht meiner Schwester gegenüber verdrängt.

Die Männer fragen mich, ob ich auch wie mein Vater bin. Meine Schwester hat gesagt: Ja, im Logisch-Sein, in Genauigkeit. Ich denke, was die Lebendigkeit, den Humor, die Offenheit und die Kontaktfreudigkeit anbetrifft, die der Kollege beim Tode meines Vaters in der Gedenkrede hervorhebt, war ich wie mein Vater. Aber sehe ich wie mein Vater aus? Meine Schwester meint ja. Heute entdecke ich im Spiegel jedoch meine Mutter. Ich will meine Mutter nicht in mir entdecken, will eigentlich mehr wie der Vater sein. Ich habe offenbar höhere Ansprüche an Liebe als meine Schwester, wenn sie sagt: Wir sind doch geliebt worden von unseren Eltern.

Von einer bestimmten Phase meines Lebens an, nach dem Bruch in der Beziehung zwischen ihm und mir, dem ich jetzt nachspüre, habe ich mich meinem Vater gegenüber abweisend und distanziert verhalten. Ich sage den Männern: »Ich habe das Gefühl, daß er sich vor mir geekelt hat, daß er mich nicht lieben konnte, weil ich für ihn das Muttersöhnchen war, das schwächliche, nervöse, unfähige Kind.«

Ich bekämpfe mich selbst. Helmut Völker wünscht sich die Frage »Wie geht es dir denn, mein Kind?« von seinem Vater oder »Was hast du denn, mein Junge?«. Solche Fragen berühren mich sehr. Joachim Parpat macht mich darauf aufmerksam, daß ich mir noch zu wenig von anderen Männern hole, daß dieses heutige Gespräch vielleicht ein Anfang sein könnte und nicht wieder zehn Jahre vergehen müssen, bis ich mich wieder an sie wende mit der Bitte um ein Gespräch über mich.

Zum Abschluß möchte ich gerne zusammenfassen, welche Gedanken mir gekommen sind bezüglich dieses Bruches. Wie ist der Bruch zwischen einem liebevollen, zugewandten Vater und seinem Sohn entstanden? Mir fallen dazu neun Punkte ein:

1. Der Vater ist abwesend, mit anderen Worten, er ist zu selten da, zuviel außerhalb der Familie. Er ist vielleicht emotional an andere Menschen gebunden und macht zu Hause dicht, kann sich nicht mehr öffnen.

2. Der Sohn wird ein direkter Konkurrent des Vaters, wenn er größer wird, wenn er scheinbar nicht mehr schutzbedürftig ist, wenn der Vater nicht mehr das Gefühl hat, daß er seinen Sohn schützen und behüten muß.

3. Der Vater wird gewalttätig, er fängt an zu strafen, mit dem falschen Menschenbild im Kopf glaubt er in seinen Sohn hineinprügeln zu müssen, was er bei ihm vermißt.

4. Die Mutter indoktriniert den Sohn gegenüber dem Vater, sie ist enttäuscht, deprimiert, fühlt sich einsam und beginnt die Anti-Vater-Propaganda bei dem Sohn, jahrelang immer wieder.

5. Der Sohn ist enttäuscht von seinem Vater und verdrängt seine Vatersehnsucht, er darf nun nicht mehr seine Wünsche nach Trost und Wärme an den Vater herantragen. Er verhält sich distanziert und abweisend gegenüber seinem Vater.

6. Die Schwester ist näher am Vater dran als ihr Bruder, sie darf den Vater umwerben, ihre Werbung kommt beim Vater an. Sie gewinnt den Vater für sich, der Bruder schaut zu, kann den Vater nicht gewinnen und gibt ihn in gewissem Sinn auf.

7. Schließlich war der Vater ganz allein gegen die Mutter und alle Kinder. Der Vater von Rainer Schlömer hat in diesem Zusammenhang gesagt: »Ihr seid alle gegen mich.« Es gab kein Vertrauen mehr zum Sohn, weil bei der Mutter landen würde, was der Vater dem Sohn erzählt.

8. Der Vater entwickelt einen Ekel vor seinem Sohn, weil sein Sohn die verdrängten Schwächeanteile, die er selbst unterdrückt, verkörpert und offen auslebt. Der Vater bekämpft das eigene verdrängte Schwäche- und Kraftlosigkeitsgefühl und

den Wunsch nach Zuwendung und Zärtlichkeit bei seinem Sohn.

9. Der Vater schont die Mutter, weil sie unglücklich ist und klagt, er ihr nicht genügend bietet, vielleicht sogar fremdgeht. Nie erlebt der Sohn, daß der Vater sich gegenüber der Mutter abgrenzt und seine Bedürfnisse ihr gegenüber behauptet.

Dritter Teil

WIE KNABEN ZU MÄNNERN WERDEN

1

Erste Annäherung an einen verdrängten Aspekt der Mannwerdung

»Wenn Du mir nicht erlaubst, daß ich noch aufbleibe, springe ich aus dem Fenster«, sagt der sechsjährige Peter zu seiner Mutter. Sie bekommt Angst, denn er macht Anstalten, klettert auf die Fensterbank. Die Wohnung liegt im siebten Stockwerk. Die Mutter fragt mich, was sie in der Erziehung falsch gemacht hat. Peter wird nicht geschlagen und nicht gedemütigt.

Wir finden zusammen heraus, daß er verwöhnt wird und trotzig reagiert, wenn die Verwöhnung ausbleibt. Dann nämlich will er seine Mutter einschüchtern und erpressen. Als ich vermute, daß sie ihrem Sohn nur das »gibt«, was sie selbst »bekommen« hat, antwortet sie: »Ich habe es im Leben immer schwer gehabt, ich kann doch nicht verwöhnt worden sein.« Der Gedanke, daß sie es schwer hat, weil sie verwöhnt wurde, scheint ihr zunächst abwegig.

»Mami, du bist meine Dienerin«, sagt der zehnjährige Holger zu seiner Mutter. Seine Eltern leben getrennt. Sie kämpfen um den Jungen, auf schwer erkennbare Weise, auch in Holgers Gegenwart. Holger merkt, was da gespielt wird, und mischt mit. Er will Verwöhnung und spielt seine Eltern gegeneinander aus. Die Mutter buhlt um ihren Sohn. Holger hat gemerkt, daß sie sich klein macht, um ihn für sich zu gewinnen, und »genießt« das.

»Das ist für mich ein Traum, daß wir so sitzen ... Ein schon immer geträumter Traum ... So neben dir zu sitzen ... Wozu Worte machen? ... Wozu noch reden? ... Worte machen (wäre) ein armseliges Unternehmen! In der Ewigkeit, da redet man überhaupt nicht mehr ... Man legt den Kopf hintenüber und macht die Augen zu«, sagt Hans, der Verliebte – er ist in den Zwanzigern. Das erste Mal spricht er die Frau an, für die er seit Monaten schwärmt. Bis dahin hatte er das nicht gewagt. Statt dessen schwelgte er tagelang – frohlockend und des Triumphes voll – bei dem Gedanken an ein flüchtiges Lächeln von ihr. Ein Blick, in den er Gleichgültigkeit, sogar Verachtung hineinliest, läßt ihn tagelang grausam leiden. Er handelt nicht. Er erwartet alles von ihr. Seine Not vertraut er niemandem an. Träge und traurig boykottiert er alle Gelegenheiten, etwas zu erleben, etwas zu erfahren, sich wenigstens in die Nähe seiner Clawdia zu begeben.

Peter und Holger kenne ich persönlich. Hans und Clawdia begegneten mir in dem Roman »Der Zauberberg« von Thomas Mann (1875–1955). Umfassend beschrieb ein Menschenkenner das Phänomen der Verwöhnung eines an Tuberkulose erkrankten jungen Mannes, der angesichts der Aufgabe zu lieben, kläglich versagt und nur abwartet. Er lebt in einem weltabgeschiedenen Sanatorium, in welchem die Menschen es aufgeben müssen, ihr Leben eigenverantwortlich zu gestalten. Dieser Mann und das Sanatorium symbolisieren gesellschaftliche Verhältnisse.

Dabei ist Hans Castorp ein durchaus ansprechender junger Mann. Etwas blutarm ist er zunächst, erst später erkrankt er manifest. Er wird nicht nur von Tbc heimgesucht, sondern auch von Apathie und Resignation. Er leidet an seiner Verwöhnung, um genau zu sein. Dösig und verträumt ist er, ein bißchen hohl und eintönig, dafür aber gesund und »richtig« (S. 34) – »darin war er echt, daß er gern gut lebte (und) wie ein schweigerischer Säugling an der Mutterbrust des Lebens derben Genüssen hing« (S. 35). So »trägt« Hans Castorp die »hohe Zivilisation auf seinen Schultern« – gut gebadet wie ein Baby, vom Schneider mit sorgfältiger Wäsche eingekleidet, gepflegt und frisch, geschmückt mit einem Kettenring aus Platin.

Im Gymnasium hat er sich nicht überanstrengt. Er sah gar keinen Grund dazu. Thomas Mann beklagt etwas Typisches, erschrickt »vor seinem (Hans) Schicksal, dem wir eine gewisse überpersönliche Bedeutung zuzuschreiben geneigt sind« (S. 36). Die ganze Epoche schien hoffnungslos, aussichtslos, ratlos. Eine lähmende Zeit, in der die Frage nach dem Sinn des Lebens nicht nur individuell unbeantwortet blieb.

Arbeit ermüdete Hans. Er achtet sie zwar, liebt sie aber nicht. Weil sie ihm nicht bekam: »Angestrengte Arbeit zerrte an seinen Nerven, sie erschöpfte ihn bald, und ganz offen gab er zu, daß er eigentlich viel mehr die freie Zeit liebe, die unbeschwerte« (S. 38). In dieser raucht er. Ein Tag ohne Tabak ist ihm zu schal, »hat man eine gute Zigarre, dann ist man eigentlich geborgen, es kann einem buchstäblich nichts geschehen« (S. 53). So könnte es auch der Konsument von heute ausdrücken, der Hasch, Heroin, Kokain, Fernsehen oder sonst etwas »nimmt«: »Recht gesund fühle ich mich eigentlich nur, wenn ich gar nichts tue« (S. 64).

Konsumenten sind häufig müde. Sie träumen und ängstigen sich. Thomas Manns Schilderung des Prototyps »verwöhnter Mann« gipfelt im eingangs erwähnten Schweigen gegenüber der Frau. Hans war bis über beide Ohren in Clawdia verliebt. Er entwickelte fiebrige Phantasien und erlebte durchdringende Schmerzen der Sehnsucht und Enttäuschung. Bittere Tränen werden vergossen: »Im Hauch ihrer vorübergehenden Person steht er, närrisch vor Glück über das Zusammentreffen und darüber, daß ein Wort ihres Mundes, nämlich das Wort ›Merci‹, ihm direkt und persönlich gegolten« (S. 244 f.).

Ein Männerschicksal der unerkannten Verwöhnung. So gar nicht typisch für uns Männer von heute? Wir schwärmen nicht aus der Ferne. Wir machen die Frauen an. Wir zögern gar nicht, die »Liebste« zu verführen. Wir haben zeitgemäße Methoden, coole, forsche, dynamische. Dafür verweigern wir uns manch anderen Aufgaben: der Selbstverantwortung und der eigenen menschlichen Entwicklung; den emotionalen und sozialen Bedürfnissen der Frau; der Erhaltung des Lebens auf unserem Planeten; der Aufgabe, das Bevatern der Kinder zu lernen. Womöglich können wir uns doch in Hans Castorp erkennen.

Mit Hinweisen auf die verwöhnte Haltung der Männer im Patriarchat werde ich zum »Nestbeschmutzer«. Ich betrete das »Allerheiligste« der Männer, in welchem die Arbeit an der eigenen Person ignoriert, verleugnet, zurückgewiesen wird.

Meine Tochter Katja antwortete auf meine Frage, warum ihrer Ansicht nach das Wort Verwöhnung aus der Psychologie verschwunden sei: »Für die meisten Leute heißt Verwöhnung nichts anderes, als daß Kinder zu wenig geschlagen werden und daß sie zu viel Geld bekommen.« Katja weiß, daß die Psychologie, bisher vor allem Spielzeug der Männer, charakteristische blinde Flecken hat.

Damit will ich nicht behaupten, daß »zu viel Geld« zu erhalten keine Verwöhnung sei. Noch nie hatten Kinder und Jugendliche so viel Geld in den Taschen wie heute. Und noch nie waren die Eltern in solchem Umfang bereit, die Wünsche ihrer Sprößlinge zu erfüllen (STERN, 11. Januar 1990). Diese radikale Wunscherfüllung – ganz allgemein, nicht nur auf Geld bezogen – löst die gefährliche Verwöhnung aus. Eben nicht nur Kaufrausch und Konsum der Kinder sind problematisch, sondern die ganze psychische Haltung ihrer Eltern. Diese gilt es zu verstehen.

Eltern sind stolz darauf, meint der von STERN hinzugezogene Psychologe Walter Hofmann, daß sie ihren Kindern in puncto Geld nichts vorschreiben. Auch er vermag nicht deutlicher zu werden, unsere Generation ist von der Autoritätsdiskussion der sechziger Jahre noch zu stark verunsichert: Eltern sind schwach ihren Kindern gegenüber. Sie entziehen ihnen den nötigen seelischen Halt, die Führung in Situationen, in den Kinder überfordert sind, das vernünftige, aber kräftige Gegenüber. Ich möchte andeuten, welche Folgen das hat, indem ich mich nur auf Sätze beziehe, die im STERN stehen, ohne dort mit den nötigen Kommentaren versehen zu werden.

1. Die Eltern haben zu wenig soziale Autorität und versu-

chen, diesen Mangel mit Geldzuwendungen an die Kinder auszugleichen.

Ich nenne das beim richtigen Namen: Beschwichtigung, Bestechung, Verführung.

2. Kinder lernen früh, das, was sie wollen, durchzusetzen. Der STERN spricht von »selbstbewußt bestimmen«.

Das ist eine Fehleinschätzung, tatsächlich handelt es sich oft um Kinderherrschaft. Einseitige Macht über die Eltern zu haben, bringt Kindern das Gegenteil von Selbstbewußtsein.

3. Eltern wagen Kindern nicht zu sagen: »Das kann ich mir nicht leisten.« Besonders Einzelkinder werden in dieser Weise geschont und »bevorzugt«, weil sie sich besonders stark nur an ihren Eltern orientieren. Hier handelt es sich um eine Schwäche der Eltern, nicht um vernünftige Erziehung mit Einfühlungsvermögen.

4. Wenn die Verwöhnung aufgehoben werden muß, zum Beispiel, weil die Eltern sich – etwa durch Arbeitslosigkeit – einschränken müssen, fühlt sich das Kind im Kreise seiner Altersgenossen an den Rand gedrängt. Es reagiert mit psychischen Störungen, gleitet nicht selten in die Kriminalität ab. Hofmann resümiert: »Das Kind muß lernen, daß es nicht alles haben kann.«

Ich ergänze: Es muß lernen, daß seine Eltern eine gewaltlose, rationale Autorität verkörpern, daß Eltern auch etwas durchsetzen können, daß sie sich nicht beherrschen lassen. Das Kind muß erfahren, daß Eltern und Kinder gleichberechtigt um Entscheidungen ringen, ruhige, besonnene, gegebenenfalls zeitaufwendige Auseinandersetzungen, friedliche, aber konsequente Streitgespräche führen.

Der eingangs erwähnte Holger »genießt« auf seine Art den Kleinmut seiner Mutter. Er will selbstverständlich keine Dienerin, sondern ein selbstbewußtes Gegenüber. Und Peter, der kaum je ein Nein seiner Mutter akzeptiert, hat gemerkt, daß er nur lange und hartnäckig genug trotzen muß, bis sie nachgibt.

Holger und Peter sind unglücklich, weil sie zu viel »Ja« hören und zu wenig »Nein«. Unglückliche Kinder wählen auch nicht mehr den sozialen Umgang, der ihnen guttun würde. Ihre Eltern sind ebenfalls verwöhnt worden von ihren Großeltern, ihr Vater wird heute noch verwöhnt von seiner Frau. Auch die Eltern wurden nicht auf die eigenständige Bewältigung der Schwierigkeiten ihres Lebens vorbereitet. Deshalb behaupte ich, daß sie nicht geliebt wurden. Liebe heißt: Entwicklung von Vertrauen in die Kräfte des heranwachsenden Menschen. »Zuviel« Liebe gibt es nicht. Zuviel Bestätigung, Lob, Entlastung und Aufmerksamkeit bekommen verwöhnte Kinder in Situationen, in denen Auseinandersetzung, Resonanz, Anstrengendürfen und Nicht-im-Mittelpunkt-Stehen realistisch wären.

Verwöhnung ist Gewöhnung an Unselbständigkeit, Nichtgewöhnung an eigenes und selbstverantwortliches Handeln. Das Kind darf nicht lernen, was es zur selbstbestimmten Bewältigung seines Lebens benötigt, zum Beispiel, sich selber Hilfe zu holen von dem oder den Menschen, von dem es die Hilfe will. Es hat auch nicht die Möglichkeit zu lernen, anderen zu helfen. Das verhindern die Eltern. Immer ist ihnen ihr Kind zu langsam, zu ungeschickt oder zu fehlerhaft. So wird dem Kind nicht die gegenseitige tatkräftige Hilfe, sondern die gegenseitige unnötige »Hilfe« zum Lebensprinzip.

Die Mutter weckt ihren Sohn morgens, eine halbe Stunde lang. Immer wieder spricht sie ihn an. Er wacht kurz auf, mault und dreht sich auf die andere Seite. Ihm wird etwas immer wieder gesagt. Einmal, zweimal, dreimal: »Du mußt doch ...!« Er lernt dabei nicht, diese Sache zu erledigen. Er lernt etwas Gefährliches: weghören. »Was diese Person sagt« – denkt er unbewußt – »kann nicht so wichtig sein, sonst würde sie es nicht immer wieder sagen. Wenn sie spricht, werde ich nicht mehr hinhören.« Einmal gesagt wäre genug, jedes zweite Mal ist zuviel.

Nachdem er endlich aufgestanden ist, Mutter hat inzwischen Frühstück gemacht, bittet sie ihn zum Tisch. Er lebt noch in der Stimmung von ganz früher, als sie ihn wiegte, stillte und ihm den Hintern wischte. Heute schlingt er sein Essen hinunter. Manchmal läßt er es einfach stehen. Frühstück wird eine

Sache, die er nicht selber will. Er fühlt sich dazu genötigt, wie gegen seinen Willen. Darum mäkelt er am Essen herum. Bedanken tut er sich grundsätzlich nicht.

Warum läßt sie ihn nicht, bis er selbst beginnt, sein Frühstück zu machen? Warum läßt sie ihn nicht im Bett liegen, bis es ihm unangenehm wird, in der Schule als Schlafmütze zu gelten?

Mütter können es nicht lassen. Auch wenn sie theoretisch schon »wissen«, wie schädlich Verwöhnung ist. Sie teilen dem Sohn seine Zeit ein, machen ihm Vorschläge zur Gestaltung des Tages, erinnern ihn an wichtige Termine. Der Sohn lernt, sich auf die Mutter zu verlassen, darauf zu warten, bis sie ihn »anstößt«. Das ist schlimmer, als hätte er gar nichts gelernt. Alle diese Aktivitäten hätte er selbst unternommen, wenn sie sie ihm nicht abgenommen hätte. Vielleicht erst viel später. Das würde nicht schaden. So aber macht sie die Kleidung sauber, geht einkaufen, macht die Betten, kauft Socken und legt Kleidung zurecht. Wenn er nachmittags oder abends nach Hause kommt, steht das Essen bereit.

Früher tat es die Mutter. Für den sogenannten erwachsenen Mann tut es die Partnerin. Sie verwöhnt ihn, entmündigt ihn aber auch. Er akzeptiert, willig oder widerwillig. Wenn er Sorgen hat, spricht sie ihn an. Sie lernt, seine Stimmungen zu lesen. Er lernt, genauso einfühlsam, diese Stimmung zu mimen, einzuüben, vorzuspielen. Er weiß, wenn er so guckt, dann kommt sie. Er wird durch die Verwöhnung zum Schauspieler erzogen.

Sie schlägt ihm Problemlösungen vor. Er akzeptiert diese nicht. Erst nach langem, zähen Widerstand, der beide viel Kraft kostet, macht er das, was sie vorgeschlagen hat.

Wieder hat er wichtiges Männliches gelernt: Nicht beginnen, über Erlebnisse, Gefühle und Stimmungen zu sprechen. Abwarten, bis eine Frau damit anfängt. Dann kann er zurückweisen, sich belästigt fühlen, mosern. Das gehört zum Liebesspiel des Mannes in dieser Kultur: Immer erst einmal zurückweisen, nein sagen, sich verweigern.

Seine Mutter hat es nie »übers Herz« gebracht, konsequent mit ihm umzugehen, ihn wie einen eigenständigen Menschen zu behandeln. Sie hat sich immer Sorgen um ihn gemacht. Später war sie zu seinen Lehrern gegangen und hatte für ihn um Verständnis geworben. In der Schule wurde weniger verwöhnt als im Elternhaus. Aber immer noch viel zu viel. Dann kümmerte sich die Mutter um eine Lehrstelle oder um einen Studienplatz für ihren Sohn. Alle diese »Hilfe« mußte sie gegen seinen Widerstand leisten. Sie sollte die Verweigerungsversuche des Sohnes ernst nehmen. Eine Mutter hat angeblich alles »aus Liebe« getan. Wer sagt ihr, daß dies keine Liebe, sondern Verwöhnung ist? Sie paßt so gut in das Lebenskonzept der Männer, deshalb erforschen und bedenken Männer Verwöhnung nicht.

Die Mutter kann nicht davon ablassen. Sie will den Sinn ihres Lebens in der Entwicklung ihres Sohnes sehen, und die setzt sie durch, erbarmungslos. Ohne den verwöhnten Sohn wäre sie unabhängiger und müßte ihr eigenes Leben einrichten. Davor hat sie Angst, wie Colette Dowling im »Cinderella-Komplex« versichert. Seine Anerkennung für ihre Verwöhnungsleistung ist ihr lebenswichtig: »Ich brauche deine Hilfe«. Dafür will sie seine Zustimmung.

Zu einer »idealen Frau« paßt, daß sie zu garantieren scheint, den Mann zu verwöhnen. Er erwartet das von der Partnerin, eine »Übertragung« aus der Kindheit. Inzwischen ist er verheiratet und/oder hat eine Freundin. Er sucht sich diejenige, die – beiden unbewußt – eine ähnliche Art von Verwöhnung anzubieten scheint, wie er sie gewöhnt ist. Die entsprechende Partnerwahl geschieht absolut sicher und meist sogar blitzschnell. Nun weckt ihn seine Partnerin, macht Essen, geht für ihn einkaufen, legt die Hemden, die Unterhosen und die Strümpfe heraus. Und wenn er Wäsche braucht, geht sie mit ihm einkaufen. Sie teilt ihm die Zeit ein, vor allem die sogenannte Freizeit und das Wochenende. Im Beruf kann er es sich nicht leisten, den Verwöhnten zu spielen. Ihre Vorschläge zur Freizeitgestaltung aber wehrt er unwirsch ab. Sprachlich, mimisch und gestisch sagt er nein. Schließlich tut er genau das, was sie vorgeschlagen hat. Seine Eigeninitiative im Privatbereich ist schon lange verkümmert, er kann nur noch eine Weile trotzen, bevor er nachgibt.

In ihrem Gefühlsleben dominiert der Mann. Vom Tage der Besiegelung dieses vor allem für ihn komfortablen Verhältnisses hat sie den »Sinn« ihres Lebens in seiner Existenz, seinem Fortkommen, beruflichen Aufstieg, seinem Wohlbefinden und seiner Gesundheit gesucht. Sie kann ihn nicht mehr loslassen. Er kann sich nicht mehr befreien. Er sagt das nicht ausdrücklich, wirbt nicht explizit um ihre Gegenwart, aber er tut auch nichts anderes. Immer ist es ihm »angenehm«, mit ihr zusammenzusein. Er verlangt dann viel. Wenn sie in ihren Bemühungen nachläßt, macht er ihr Vorwürfe. Er unternimmt wenig, was erkennen läßt, daß er außer seinem Beruf und dieser sogenannten Liebesbeziehung andere ernsthafte Interessen verfolgt.

Er telefoniert lange. Sie kocht inzwischen das Essen. Er duscht. Sie räumt inzwischen sein Zimmer auf. Er liest Zeitung. Sie macht die Wäsche. Er sieht fern und trinkt dabei sein Bier. Sie liest ein Buch. Er bleibt dennoch ihr Lebensmittel. Manchmal wird ihr das bewußt. Dann stellt sie ihre Verwöhnungstätigkeit für eine Weile ein. Es geht auch so. Aber bevor er beginnen könnte, seinen Tagesablauf selbst zu gestalten, hat sie ihre guten Vorsätze vergessen und setzt ihr Mutterspiel fort, nimmt ihm Entscheidungen ab.

So manche Wünsche hat der Mann. Sie soll schlank bleiben, schön und appetitlich. Für ihn. Deutsche Männer, die sich deutschen Frauen unterlegen fühlen, kaufen sich eine Asiatin. Sie kostet zwischen 5000 und 25 000 Mark. Eine stumme Frau kostet mehr, weil mancher Mann »nie mehr das Geschwätz einer Frau hören möchte«. Er will sich ihr überlegen fühlen, sie soll völlig von ihm abhängig sein. Dieser Mann will sich mit einer Frau nicht auseinandersetzen.

Ihm wird keine Symbiose zu dicht, er will von ihr betuttelt werden. Er reagiert wie ein verwöhnter kleiner Junge, der bockt, wenn ihm etwas schwergemacht wird. Er besteht darauf, daß sie lächelt und seine Stimmung anhebt. Er versetzt sich sogar autosuggestiv in eine verdrießliche Stimmung, um sie auf den Plan zu rufen. Er will die sympathische Frau, die sich ihm zuwendet und in seine Bedürfnisse einfühlt. Er will, daß sie sich für seine Ideen und Phantasien interessiert, für seine Gefühle, Werke, Wünsche und Pläne. Er will, daß sie ihn tröstet und immer da ist, um ihn aufzuheitern. Er will sie als seine Heimat, auf deren Geborgenheit er jederzeit zurückgreifen kann.

Sie erinnert ihn an Termine und an unangenehme Verpflichtungen. Er zeigt ihr die Briefe, die er bekommt, und die, die er schreibt. Sie soll sie wohlwollend begutachten. Manche Frauen entwerfen Männern alle Briefe. Viele angeblich intelligente Männer lassen im Grunde bei ihrer Partnerin denken.

Eine Frau erzählte mir, daß sie nicht mit ihrem Freund zusammen wohnt, sondern sonntags um 14 Uhr zu ihm kommt. Er ist noch nicht aufgestanden. Sie sei einfach immer zu schnell, sagt er dann vorwurfsvoll, sie sei immer einen Schritt voraus. Diese Frau aber will nicht wahrhaben, daß sie streiken müßte. »Wäre es nicht gerechter, daß er sich an deiner sozialen und emotionalen Arbeit beteiligt?« frage ich. Wenn sie das fordert, wird er deutlicher: »Ich glaube, du hast heute schlechte Laune. Es ist besser, wenn ich gehe.« Dann geht er und läßt sie in seiner Wohnung allein. Er fragt sie nicht, und er hört ihr nicht zu. Aber er wird sauer, wenn sie einen eigenen Standpunkt entwickelt. Das kommt noch zu selten vor. Nachdem er gegangen ist, hat sie Zeit, darüber nachzudenken, was sie falsch gemacht hat. Sie sucht den Anlaß zum Konflikt nämlich stets bei sich.

Erst wenn es ihr gelingt, ein schwelendes Problem anzusprechen, merkt sie, daß sie kein Gegenüber hat. Er hat gar keinen Standpunkt in der Sache, schweigt und leistet passiven Widerstand. Ansonsten könnte er noch ausrasten, brüllen oder gewalttätig werden. Weil er verwöhnt wurde, hat er nicht gelernt, eine Auseinandersetzung zu führen. Ruhig, freundlich und konsequent streiten kann er nicht.

Es wäre fahrlässig, nur die triviale Verwöhnung des Sohnes zu erwähnen, das Überfüttern, Anhäufen von Spielzeug, die vielen neuen Kleider. Alle »Erleichterungen«, die der Sohn nicht benötigt, sind gemeint. Sie wären der Ersatz dafür, sagt Alice Miller, daß Eltern dem Kind nicht zu geben vermögen, was es wirklich braucht: »Verwöhnung zeigt... einen ernsten Mangel an, den das spätere Leben bestätigt.« (A. Miller, Am Anfang war Erziehung, S. 112). Adolf Hitler habe keine Liebe von der Mutter erfahren, sondern Verwöhnung. Deshalb sei er so gierig nach Bewunderung und Anerkennung gewesen (S. 217).

»Schreckliche Erziehungsmittel« (ein Ausdruck von Franz Kafka) der Verwöhnung korrespondieren mit dem Angebot unserer Gesellschaft: Geld, Macht, Ehre und Prestige. Kaum eine gesellschaftliche Institution weiß Gewalt und Verwöhnung so konsequent zu verknüpfen wie das Gefängnis. Seine Insassen werden eingesperrt, weil man meint, sie bestrafen zu müssen, weil andere vor ihnen zu schützen seien. Sie werden daran gehindert, sich zu befreien (Gewalt). Gleichzeitig schreibt man ihnen die komplette Lebensweise vor, fast jeden Handgriff zur Bewältigung des alltäglichen Lebens. Sie erhalten kaum noch Gelegenheit, irgendwelche Aktivitäten in eigener Regie zu entwerfen und zu gestalten. Das Paradigma »Gefängnis« ist geeignet, die Situation eines heranwachsenden Kindes zu beschreiben: Es kann nicht davonlaufen, die Erwachsenen, mit denen es lebt, nicht aussuchen. Es darf nicht entscheiden, was es tun und was es lassen möchte: Verwöhnung ist Gewalt.

Wenn Verwöhnung als unausweichliche Begleiterscheinung der patriarchalischen Erziehungsgewalt begriffen wird, liegt der Vorwurf nahe, daß auch Mütter mitunter gewalttätig sind. Leider ist das so. Aber wir müssen die Gewalt der Mütter von der gegen die Mütter unterscheiden. Letztere ist brutaler, gefährdet Leben, zerstört Beziehung und Individuen.

Zurück zur Verwöhnung. Söhne werden an die Wohnung gewöhnt, das heißt, in ihr festgehalten. Wohnen und Verwöhnen liegen sprachlich beieinander: Die Straße, die Stadt sind zu gefährlich, mit den ungewohnten »Schmuddelkindern« soll nicht gespielt werden.

Nun gibt es auf jeder Straße wirklich Gefahren, auf die Söhne aufmerksam gemacht, auf die sie vorbereitet werden müßten. Gerade das aber geschieht häufig nicht. Statt dessen wird die Umwelt global als feindselig vermittelt. Der Sohn wird auf granitene Weise »in Watte gepackt«. Er lernt nicht, die tatsächlichen Gefahren der Straße und des Umgangs mit fremden Menschen einzuschätzen. Ihm wird zu wenig zugemutet, weil die Eltern eigene Ängste projizieren, weil sie sich selbst Expansion verbieten und weil ihnen die zu erwartenden Komplikationen unbequem sind. Sie scheuen die vermehrten Anstrengungen, die größere kindliche Freizügigkeit mit sich brächte. Weniger verwöhnte Kinder haben mehr Probleme und brauchen mehr Hilfe.

Eine Bemerkung zum Bereich der sexuellen Verwöhnung. In der Familie leben viele Söhne mit zwei prägenden Menschen, die kaum noch sexuelle Ansprüche aneinander stellen, diese aufgegeben haben oder anderswo zu befriedigen suchen. Mutter und Vater tauschen wenig oder gar keine Zärtlichkeiten aus, scheinen keine erotischen Wünsche zu haben. Sie haben zu wenig Geduld oder vermögen nicht, in Gegenwart ihrer Kinder über Sexualität, Erotik und Zärtlichkeit zu sprechen. Dabei geht es nicht um die meist einmalige sogenannte sexuelle Aufklärung der Kinder, sondern um ein unbefangenes alltägliches Gespräch über sexuelle und erotische Themen. Da entsprechende Gefühle und Befürchtungen tabu sind, erscheinen Eltern ihren Söhnen oft asexuell. Unterschwellig spüren die Söhne, daß alles Sexuelle, was sie interessiert, nicht in Ordnung, manchmal direkt verboten ist. Sie trauen sich nicht, über sexuelle Bedürfnisse und Praktiken zu sprechen. Der Sohn onaniert, entwickelt dabei Schuldgefühle und mancherlei Phantasien. Im Grunde aber bleibt er so prüde wie seine Eltern. Sexuelle Verwöhnung ist mangelnde Gewöhnung an den eigenverantwortlichen Umgang mit sexuellen Bedürfnissen: Autoritäre Verbote des Austauschs über sexuelle Lust verhindern eigene Experimente und provozieren ängstliche Sexualphantasien mit sadomasochistischen Mustern.

Nicht nur in der Familie wird verwöhnt. In »Dies ist nicht mein Land« schildert Lea Fleischmann die deutsche Schule des Jahres 1980 (S. 81 ff.): Tausend Menschen in einem Haus und alle schweigen. Kein Laut, kein Lachen, kein Schreien. Es scheint die Hauptaufgabe des Lehrers, die Schüler für blöd zu verkaufen, meint die Autorin. Erziehung ist Verbieten, Verhauen und Verwöhnen.

Wie geht es in der Schule zu? Dem sogenannten »pädagogischen« Anspruch, den Schüler an Selbst- und Mitbestimmung zu gewöhnen und zur Abwehr überflüssiger Herrschaft zu ermutigen, steht entgegen, daß dem Lehrer Lehrpläne in die Hand gedrückt werden, damit er dem Schüler das beibringt, was in den Lehrplänen steht. So etwas nennt man Selbstbestimmung. Für jede Stunde muß ein Unterrichtsentwurf angefertigt werden. Der Schüler darf nicht in die Tat umsetzen, was er selbst herausfindet. Er darf nicht lernen, für sich selbst und seine Mitschüler zu sorgen: autoritäre Beschränkungen und Verwöhnung. Geschieht dies, um unsichere Menschen heranzubilden, die – auf sich selbst gestellt – hilflos und gehorsam sind? Menschen, die auf Autoritäten und deren Befehle warten?

Der STERN berichtete über Jugendliche und ihre Einstellungen. Die siebzehnjährige Daniela antwortet auf die Frage, warum sie die Schule nach der elften Klasse verließ: »Ich hatte einfach keine Lust mehr. Auf der Penne war alles bloß Streß und gelernt haben wir Schmarren.« Dirk, ebenfalls siebzehnjährig, ein Punk, meidet den Regen und die Schwimmhalle, damit seine Frisur nicht kaputtgeht. Er sagt: »Schuld sind meine Alten. Ich habe doch zu Hause mehr Prügel als Fressen gekriegt.«

Das Fazit: »Die Devise der meisten (deutschen) Teenager: Frohen Herzens genießen, und das inmitten einer duften Clique. Ein Super-Schlitten müßte her und eine Villa. Um die Welt würden sie düsen, eifrig Sport treiben und sich ansonsten einen faulen Lenz machen, immer den Walkman auf dem Ohr.«

Warum sollten die verwöhnten Jugendlichen sich eigentlich etwas anderes wünschen? Wie sollen sie lernen, anders zu handeln als ihre Eltern? Wieso soll der Sohn sich seinen verwöhnten Vater nicht zum Vorbild nehmen? Wieso soll er von seiner Mutter nicht dieselbe Verwöhnung verlangen, die sie seinem Vater zukommen läßt?

Für die Frauenbewegung hegen 22 Prozent der jungen Männer und etwa 50 Prozent der jungen Frauen Sympathie, für Computer 66 respektive 28 Prozent. Es überwiegt das traditionelle Rollenklischee: Helfen sollen und wollen die Mädchen, in der Krankenpflege, im Kindergarten und im Büro. Technisches und Führung bleibt Männersache. Junge Männer äußern sich egoistisch. Wirtschaftliche Absicherung ist für 81 Prozent der Sechzehnjährigen das Wichtigste. Es lockt die Aussicht aufs Geldverdienen. 70 Prozent der jungen Männer wollen keine Selbständigkeit, sondern »bei Muttern« bleiben. »Wahrscheinlich aus Bequemlichkeit«, schließt die Redakteurin. 60 Prozent der jungen Männer, Hauptschüler wie Gymnasiasten, sähen »ihre« künftige Frau gerne im Haushalt und bei den Kindern. 66 Prozent bezeichnen das häusliche Arrangement ihrer Eltern als »nicht besonders streng«. Anlaufstelle für Probleme war die Mutter. Dem Vater würden nur 25 Prozent der jungen Menschen ihre Sorgen anvertrauen. 47 Prozent der Jugendlichen gibt es in der Bundesrepublik zu viele Ausländer, und 16 Prozent meinen, daß es in der Politik nicht ohne Gewalt geht. 75 Prozent glauben an Gott, und 41 Prozent antworten auf die Frage, ob ihnen etwas Angst oder Sorgen mache, mit einem schlichten Nein.

Ich atme nach dieser Lektüre tief durch und horche in mich hinein. Mit welchen Gefühlen lese ich so etwas? Mit Angst um die Jugend und mit Sympathie für sie. Mit Ärger über die vielen beschönigenden Stellungnahmen, die Fortschritte und verändertes Bewußtsein zu sehen vorgeben, wenn es um die Geschlechterfrage geht. Wir Älteren haben die Jugend im Stich gelassen. Wir haben versagt. Wir sind nicht liebesfähig. Wir »klären« unsere Kinder so »auf«, wie wir es haben wollen: Sie sollen uns nicht kritisieren können. Je mehr wir sie verwöhnen, desto weniger bemängeln sie uns. Weil sie meinen, dankbar sein zu müssen, vor allem aber, weil es Kraft kostet, die eigenen Eltern zu korrigieren. Viele Frauen sind seltener als früher auf der Suche nach liebesfähigen Männern und Vätern. Sie haben ihre Illusionen zum Teil aufgegeben und leben halbherzig mit uns zusammen, ohne sich einzugestehen, daß es auch an ihnen liegt, was verwöhnte Männer sich zutrauen oder erlauben.

Männer schweigen. Sie sprechen mit ihren Söhnen nicht über Verwöhnung, weil sie selbst nicht darauf verzichten wollen. Sie sprechen meistens überhaupt nicht mit ihren Söhnen. Sie verbergen ihnen ihre Lebensweise, weil sie sich schämen müßten. Väter demonstrieren Söhnen ein Leben voller Unwahrhaftigkeit und Unredlichkeit.

Sie können ihre Söhne nicht liebend annehmen, und deshalb getrauen sie sich nicht, an entscheidenden Stellen nein zu sagen. Aus Heimlichtuerei, Bemäntelung und Verharmlosung haben sie eine Mauer zwischen sich und ihre Söhne gezogen. Sie sprechen nicht über ihre Gefühle und Ängste. Statt dessen predigen sie rechthaberisch Vorurteile. Je unsicherer wir Väter darüber sind, ob wir selber noch an unsere Ansichten von gestern glauben, desto sturer bestehen wir auf ihnen.

Zur STERN-Befragung habe ich noch andere Gefühle: Über das menschliche Niveau mancher der gängigen journalistischen Befragungen bin ich nicht erfreut. Wer nur so fragt, stellt sich selbst nicht in Frage, hat im Grunde kein Interesse an der menschlichen Entwicklung der Jugendlichen. Er will Antworten dieser Art, um die Jugendlichen weiterhin guten Gewissens im Stich lassen zu können. Deswegen entwickeln Befrager selbstgerechte Empörung und Überheblichkeit.

Die Jugend aber ist so, wie wir Älteren sie wollen: verwöhnt. Damit sie uns ungeschoren läßt. Fast erleichtert scheinen wir zu registrieren, daß sie sich einen »faulen« Lenz machen will. Entmutigt aber und verängstigt sind sie in Wahrheit, mißtrauisch geworden gegenüber Vätern und Müttern, die anders handeln, als sie reden. Solche Jugendlichen können nicht »frohen Herzens genießen«. Derartige Redewendungen verraten das Desinteresse und die Ressentiments der resignierten älteren Generation.

An den Themen der Frauenemanzipation sind 50 Prozent der jungen Frauen interessiert, lesen wir. Wo aber sind die Frauen und vor allem Männer, die dieses Interesse befriedigen? Wo sind Männer, die ehrlich sind und den Mädchen sagen, was der junge Mann, in den sie verliebt sind, später von ihnen erwarten, mit ihnen anstellen wird? Wo sind die Feministinnen, die nicht nur an der »Forschung« und am Publicity-Rummel, sondern am Zusammenleben mit den jüngeren Menschen interessiert sind? Das bräuchte lebenslange Bemühung, brächte nicht viele Belobigungen, machte kein spektakuläres Aufsehen.

Weil wir Väter unsere Glaubwürdigkeit verspielt haben, hören viele Söhne uns nicht mehr zu. Wir haben ihnen auch nie ernsthaft zugehört. Wir würden ihnen vielleicht sogar erzählen, was wir jahrzehntelang getan und erst jüngst verstanden haben. Aber wir erwarten, daß sie uns fragen und es dann sofort begreifen: Daß der Sohn ganz selbstverständlich davon ausgeht, ein Recht darauf zu haben, von seiner zukünftigen Frau verwöhnt zu werden. Daß er von der Emanzipation des Mannes nichts wissen will. Daß er weghören wird, wenn die Frau ihn dazu auffordert. Daß die meisten jungen Frauen nichts von Frauenstreik wissen wollen, zwanghaft am Status Quo festhalten. Daß sie berechtigte Angst haben, verlassen zu werden, wenn *sie* ihn nicht verwöhnen, und daß er sich die Nächste suchen kann, die dazu bereit ist.

Wir erleben, daß die Jüngeren uns nicht zuhören oder nicht glauben. Längst haben wir sie »aufgeklärt«. Durch unsere Taten und Unterlassungen. Vor allem darüber, daß wir ihnen nicht zur Verfügung stehen. Daß wir lamentieren, aber nicht wirklich ihre Gegenwart suchen. Paula Almquist sagt, was sie sich von einem Mann wünscht (STERN, 17. Januar 1988): Er soll nicht so tun, als ob er Frauen verstünde ... Die alltäglichen Verhandlungen mit Vermietern, Lehrern, dem Finanzamt nicht seiner Frau überlassen: »Er soll die Frauen lieben. Doch den Spruch, daß Frauen die besseren Menschen sind, lieber unterdrücken, wenn es darum geht, die Betten frisch zu beziehen oder die Kotze vom Kind wegzuwischen. Er soll nicht ›Nähe‹ wünschen, wenn es ihm schlechtgeht, und nicht weniger Nähe, wenn ihm die übrige Welt gerade zu Füßen liegt.«

Almquist kennzeichnet eine populäre Verwöhnungstendenz des Mannes: ein nicht verwöhnter Mann müßte sich bemühen, Frauen zu verstehen. »Fortschrittliche« Männer tun oft so, als ob sie nicht wüßten, was gemeint ist.

Aber auch Paula Almquist sollte den Mann konsequent ansprechen und seine Tendenzen nicht verharmlosen. Sie tut letzteres mit Sprüchen wie »Er soll schwache Momente im Bett nicht mit seinem bösen Chef entschuldigen« oder »Er soll nicht vom Sport reden, wenn er nur Fernsehen und Fußball meint«. Sie sollte sich nicht auf die infantile Welt des normalen Mannes einlassen, indem sie seine Sprüche klopft.

Im Gespräch mit Frauen, die unter der verwöhnten Haltung ihrer Partner leiden, höre ich charakteristische, beeindruckendere Beschreibungen männlicher Kindlichkeit.

Eine vierzigjährige Hausfrau, Mutter von drei Kindern, sagt: »Wenn er nach Hause kommt, achte ich immer sehr intensiv darauf, welches Gesicht mein Mann macht. Ich weiß dann genau, wie ich mit ihm umzugehen habe, zum Beispiel vorsichtig oder locker. Er guckt nie, welches Gesicht ich mache. Wenn er etwas loswerden will, poltert er gleich los. Ob ich belastungsfähig bin oder nicht, darauf sieht er nie. Aber wenn ich weiß, daß er heute guter Stimmung ist, dann kann ich ja mal etwas ansprechen, auch ein ernstes Problem. Ist er erschöpft, dann darf ich nichts sagen, da muß ich ihm gleich seinen Tee bringen.«

Eine fünfunddreißigjährige Lehrerin: »Ich habe eine lokkere, aber schon lange dauernde Beziehung zu einem Universitätsprofessor, eine typische Mann-Frau-Beziehung. Wenn er

Nähe braucht, zum Beispiel etwas Schönes erleben will, einen netten Spaziergang zum Beispiel, er aber nicht besonders zu sprechen aufgelegt ist, dann lädt er nicht seine Söhne ein, sondern mich. Händchen in Händchen gehen wir durch den Park. Und ich muß schön sein. Beim ersten Blick merke ich, daß er abgespannt ist. Der Schweiß steht ihm auf der Stirn. Frau muß ihn ein bißchen vorsichtig behandeln, er ist nicht belastungsfähig. Ruhig gehen wir also durch den Park, ohne Aufregung – bitte schön! – und hinterher verabschieden wir uns freundlich. Dann ist er wieder weg. Ich habe ihn ein wenig gestützt. Was ich aber gefühlt habe in dieser Situation, das weiß er nicht. Er versteht mich auch nicht, wenn ich ihm das alles erklären will. ›So leicht kann ich mich eben nicht ändern‹, sagt er allenfalls. Als ich ihm Frauenlektüre empfahl, bat er, ich möge ihm die referieren, aber bitte kurz, seine eigenen Arbeiten seien zur Zeit sehr umfangreich, und das müsse ich doch verstehen. Da ist er immer ganz ehrlich.«

Und eine achtunddreißigjährige Hausfrau, Mutter mehrerer Kinder: »Ich wollte, daß Joachim sich auch entwickelt. Er wisse gar nicht, was ich wolle, entgegnete er. Was ich denn damit meine, mit Entwicklung? Daß ich mit ihm sprechen wolle, sage ich ihm, daß er mir doch zuhören und nicht immer aus dem Zimmer gehen solle, wenn es heikel werde. Er wisse wirklich nicht, was ich wolle, er tue doch seine Arbeit, bringe doch das Geld nach Hause, mache darüber hinaus, in seiner Freizeit, alle im Hause anfallenden Handwerkerarbeiten. Das sei es ja gerade, sagte ich ihm, er solle weniger arbeiten und dafür mehr mit mir sprechen. Er solle seine Gefühle zeigen, ich wolle, daß er weicher mit mir umgehe, nicht so hart, so diktatorisch, immer im Befehlston, also liebevoller. Ich würde lieber etwas von seiner Trauer mitbekommen, statt daß er Hilfe verweigere, wenn es nicht nach seinem Kopf ginge. Das Geld, das er bringe, daß er den Ratgeber mime, daß er immer alles besser wisse, daß er mit mir nur schlafe, das genüge mir nicht. Es ginge mir um eine differenzierte Gefühlssprache zwischen uns, ich wolle, daß er seine männlichen Werte in Frage stelle.

Mit seiner männlichen Kraft und Tüchtigkeit und mit seinem Führungsanspruch ginge er immer über meine Bedürfnisse hinweg. In meinem Namen, natürlich, mache er dauernd Dinge, die ich gar nicht wolle, angeblich für mich und die Kinder. Joachim spricht immer sehr fortschrittlich, über die Macht und die Gewalt in der Gesellschaft, aber die Macht, die er über mich hat, und die Gewalt, die er gegen Menschen ausübt, die sieht er nicht, seinen permanenten Ärger zum Beispiel. Und in Gesprächen über diese Gefühle wird er immer ärgerlich. Er befürchtet einen Rollentausch, sagt er. Er könne nur denken, daß nunmehr ich die Führung wolle und ihn ausbooten und abservieren. Gleichwertigkeit ist ihm offensichtlich völlig uneinfühlbar. Für meine emanzipatorischen Bestrebungen bringt er wenig Verständnis auf, weil er spürt, daß er etwas verlieren würde. Er wurde krank, reagierte kraftlos, und es kam zu Krisen, als er merkte, daß er mit mir nicht mehr einfach so umspringen konnte wie früher. Inzwischen entwickelt er erste leise Selbstzweifel und beginnt, sich in Frage zu stellen. Aber nur, wenn es ihm gutgeht. Geht es ihm nicht so gut, dann ist er mir kein Gegenüber, dann ist er so schwammig, daß er nicht mehr auf mich eingeht und auch nichts mehr über sich sagt.«

Es ist typisch für Männer, auf derartige Äußerungen ihrer Frauen so zu reagieren, als ginge es nur um Sexualität. Männer haben Bedürfnisse und Vorurteile gegenüber Frauen. Im sexuellen Bereich zeigen sich die männlichen Verwöhnungswünsche am deutlichsten.

Boris Wenck schreibt in COSMOPOLITAN (1/1988), daß Frauen heutzutage höhere Ansprüche an Männer stellen, was Männer verunsichert. Wenck fürchtet die sexuellen Ansprüche der Frau, nennt sie »dominant«, wo sie selbstbewußt ist. Einer solchen Frau gegenüber entwickelt er erotisches Interesse, aber auch Angst. Also distanziert er sich von ihr. Die Frau mit Selbstachtung, die die Entwicklung ihres Partners fordert, die erlebt er, durch seine Projektionen, als wolle sie ihn nur noch als Sexualobjekt. Er fühlt sich verhöhnt und gelähmt. Vielleicht spricht er deshalb von »aufreizenden Blicken, Orgasmen, Brüsten, vom Po, von Beinen und von dem ›Loch‹«.

Angesichts dieses frauenfeindlichen Lamentos beruhigt es mich nicht, wenn Wenck nebenbei auch behauptet, daß Männer zu feige sind, um Probleme in Beziehungen anzusprechen. Die Binsenweisheit, Potenzstörungen seien bei Männern psychischen Ursprungs, wird er wohl nur deshalb erwähnt haben, um den Frauen den Schwarzen Peter dafür zuschieben zu können: Frauen machen Männern Angst.

Bemerkenswert finde ich, daß Wenck sich für sensibel hält und meint, auf Frauen eingehen zu können. Er würde es sicherlich weit von sich weisen, zu den Männern zu gehören, von denen Matthias Wohlknecht (in COSMOPOLITAN, 2/1988) erzählt. Wenn keine Frauen dabei sind, sprechen sie in ordinärer Machosprache über diese. Abteilungsdirektoren, Verlagslektoren, Redakteure, Spediteure, Ingenieure reden über die »Löcher und Titten«, über die Frauen, die »beschält« werden sollen, über die »Hühner« und »Mäuse«, die »umgenietet« werden müssen usw. – Männer unter sich, am Stammtisch, beim Frühschoppen, in der Mittagspause, auf Herrensitzungen.

Wohlknecht schreibt, daß er die Frauen rächen will mit diesem Artikel. Das müssen wir nicht. Es würde reichen, wenn wir uns gegenseitig auf alle großen und kleinen, subtilen Entwertungen der Frau aufmerksam machten und uns diese gegenseitig, nur unter Männern, nicht mehr durchgehen ließen.

Männer wären verwirrt, schreibt Walter Hollstein (Nicht Herrscher, aber kräftig, S. 168 ff.), aus Angst vor der Frau. Weil Frauen unberechenbar seien, stärker verbunden mit der Natur, weil sie tiefe Geheimnisse hätten und Macht über den Mann. Deshalb müsse der Mann Angst entwickeln, davor, verführt, verschlungen, geschwächt und von seiner Kulturarbeit abgelenkt zu werden (S. 170). Hollstein behauptet ausdrücklich, daß es für diese Ängste genug reale Gründe gäbe: weil die Frau den Mann verschleißen will, aus ihrer sexuellen Unersättlichkeit heraus, weil sie irrational ist, verlockend und unwiderstehlich, weil sie im Hause ein Machtmonopol hat. Hier manipuliert sie den Mann, um ihn sich gefügig zu machen.

In ihrem Buch »Pornographie« beschreibt Andrea Dworkin das männliche Selbst ganz anders, mir als Mann viel einleuchtender. Es fühlt sich (S. 21 f.) im absoluten Recht, sich alles zu nehmen, was es zu seiner Aufrechterhaltung benötigt. Notfalls mit Gewalt. Das völlig unbewußte Parasitentum des männlichen Selbst lebt nach Dworkin nach der Überzeugung »Ich will und habe das Recht zu besitzen, darum bin ich«. Schon der männliche Säugling saugc die Mutter aus, ernähre sich aus ihrer Arbeit und ihren Fähigkeiten. Der männliche Erwachsene übertrage dieses Parasitentum auf andere Frauen, benutze sie, um sich selbst zu vergrößern. Diejenigen Leser, denen das nicht einleuchtet, erinnere ich nochmals an die deutschen Männer, die sich Asiatinnen kaufen.

Unterstützt Hollstein mit seinen Spekulationen über die Frau solche Frauenfeinde? Sollen die alten Vorurteile – wissenschaftlich neu verpackt – neue Angriffe, Übergriffe und Feindschaft gegen Frauen ermöglichen?

Die männliche sogenannte Wissenschaft leistet keine objektive Sicht des Mannes und der Frau, scheint diese eher verhindern zu wollen. Ich halte mich lieber an Männer mit Menschenkenntnis und Einfühlungsvermögen als an sogenannt wissenschaftliche.

Iwan Gontscharow (1812–1891) beschrieb in seinem Roman »Oblomow« den Typus des verwöhnten Mannes, wie er ihm im Rußland seiner Zeit begegnete. Viele geschilderte Details lassen sich mit einigem guten Willen und einem Minimum an Einsicht in die eigene Persönlichkeit auf unsere Zeit und auf die eigene Männlichkeit transponieren.

Oblomow liegt fast ununterbrochen im Bett. Wenn er es verläßt, läuft er den ganzen Tag im Schlafanzug herum. Leibeigene arbeiten für ihn in einem entlegenen Dorf. Deshalb ist er vermögend genug, weich und willenlos vor sich hin zu leben. Seinen Mitmenschen erscheint er gleichgültig und ungerührt.

Tatsächlich fühlt er sich sehr häufig gekränkt und zurückgesetzt. Er brütet Rationalisierungen aus, zur Abwehr der Aufgabe, soziale Kontakte herzustellen. Schuld an seiner Unzufriedenheit sind immer die anderen. Insgeheim geht er davon aus, daß sie ihm an Lebenskraft überlegen sind.

Von wem wurde dieser Oblomow, von dem gewiß viele Zeitgenossen sagen würden, daß sie mit ihm nichts gemein haben, erzogen? Wie andere Männer auch?

Von einer überzärtlichen Mutter jedenfalls. Stets um ihn besorgt, überschüttet sie ihn mit Liebkosungen und Lobsprüchen. Von einer aufmerksamen Kinderfrau, der nie entging, wenn der Kleine ihr entlaufen wollte. Sie holt ihn stets zurück – in ihren Bann von Verhätschelung und Überbesorgtheit.

Beide Frauen sind überängstlich, der Junge könnte hinfallen und sich verletzen. Die angeblich böse Welt wird konsequent von ihm ferngehalten. Expansion erschien viel zu gefährlich. Kunstreich wurde dem kleinen Oblomow außerdem alles vorenthalten, was sich wirklich ereignete. Er lebt in der Phantasie und träumt von Heldentaten. Bei dem bloßen Gedanken, über die Schwelle des Hauses nach draußen zu gehen, beginnt er manchmal zu zittern. Entsetzt verdrängt er alle Erscheinungen von Verwirrtheit und geistiger Desorientiertheit, wenn er sie bei den Menschen seiner Umgebung findet. Nie spricht jemand mit ihm über Unbegreifliches, zum Beispiel über Tote und den Tod. Es wurde befürchtet, das Grauen über solche Geheimnisse könnte sich ungehindert in der kindlichen Seele ausbreiten.

Die Erwachsenen fragten nicht nach dem Sinn ihres Lebens oder der Arbeit, sie »glaubten auch nicht recht an seelische Qualen. Sie hielten den Wirbel ewigen Strebens nach irgendeinem Ziele nicht für das richtige Leben. Das Leben ..., die guten Leute faßten es lediglich als ein Ideal der Ruhe und Tatenlosigkeit auf ... Arbeit erduldeten sie als eine bereits unseren Urvätern auferlegte Strafe. Sie konnten sie aber auch nicht lieben, und wo sich ihnen eine Gelegenheit bot, suchten sie sich darum zu drücken ... Nie kam es vor, daß sie sich mit den nebelhaften

Problemen der Moral oder des Verstandes den Kopf zerbrachen.«

Unter den Leuten der Großfamilie herrschte meist ein tiefes Schweigen, »man sieht sich ja alltäglich«. »Mehr beten muß man und sonst an gar nichts denken«, bemerkt die Hausfrau streng. »Das Lernen ist eine böse Sache. Es kann einen schon auf den Hund bringen«, sagt der Vater.

Die komplette Weltanschauung einer verwöhnenden Familie wird von Gontscharow präsentiert. Für jede Aktivität spüren die Leute eine passende Gefahr, durch welche das Handeln unmöglich wird.

Ich lasse einen anderen Menschenkenner zu Wort kommen, auf den mich Roswitha Neumann aufmerksam machte. Guy de Maupassant (1850–1893) beschrieb die Kindheit des Knaben einer unterdrückten Frau in seinem Roman »Ein Leben«. Er sah unser Problem. Jeanne, eine junge Frau aus gutem Hause, wird mit Julien, einem unangenehmen, ungebildeten, verlogenen, geizigen, untreuen und brutalen jungen Mann verheiratet. Nur weil dieser einen Titel besitzt und Geld zu haben scheint. Die junge Frau gibt sich Gefühlen der Verliebtheit, der Langeweile und der Melancholie hin. Sie entschädigt sich für die Trostlosigkeit ihrer Ehe durch eine hemmungslose Verwöhnung ihres Sohnes. Sie hatte »nur noch einen Gedanken, ihr Kind. Sie wurde plötzlich eine fanatische Mutter, um so übertriebener, als sie in ihrer Liebe betrogen, in ihren Hoffnungen enttäuscht worden war. Die Wiege mußte immer neben ihrem Bett sein«.

Alles drehte sich nun um Paul, den Sohn von Julien. Jeanne hört nicht mehr auf das, was man um sie herum sagt. Entzückt besorgt sie ihren Sohn, mit einer verbissenen Zärtlichkeit und mit wilder Eifersucht. Wer verwöhnt werden, aber auch verwöhnen will, ist auf jeden eifersüchtig, der ihm diese Verwöhnung streitig macht: Julien ist auf Paul, Jeanne ist auf die Amme eifersüchtig. Wir erleben eine Mutter, die »von ihrer Liebe so besessen (ist), daß sie die Nächte an der Wiege sitzend verbringt«, sich förmlich verzehrt, schwächer wird und abmagert. Als Julien sich eine Geliebte leistet, spielt sie die Ahnungslose: »Sie wollte nur Paul und ihre Eltern lieben.« Jeanne stürzt sich auf ihren Sohn, küßt ihn stürmisch, stundenlang, drückt ihn leidenschaftlich und wünscht, »daß er immer ihr Sohn bliebe, einzig und allein ihr Sohn«. Sie führt die Familientradition fort, gemäß derer Jeanne ihre Mutter als »das einzige Wesen ... unentbehrlicher für das Herz als der ganze Rest der Menschen empfand«. Der Verwöhnte vergöttert denjenigen, der ihn verwöhnen soll. Ein Idol wird inthronisiert, solange es spurt. Wenn es sich entzieht, wird es aufs schärfste angeklagt und bekämpft. Als Paul erkrankt, verliert Jeanne fast den Verstand. Sie bleibt zwölf Tage ohne Schlaf und Nahrung und widmet sich ausschließlich ihrem neuen Gott. »Er wurde das Idol ... und er herrschte als Despot.«

Paul hatte noch als Zehnjähriger das Privileg, seine Mutter sofort unterbrechen zu dürfen, wenn er sich langweilte: »Für sie war er immer noch sechs Monate oder ein Jahr alt.« Ihre ständige Angst veranlaßt sie, ihrem Vater, der seinen Enkel unterrichtete, einzuschärfen: »Vor allem ermüde ihn nicht ... Laß ihn nicht so viel reden, es wird seinen Hals müde machen.«

Es kommt, wie es kommen muß, Paul, genannt Puttchen, bleibt geistig ein Kind, unwissend, einfältig und eingeengt. Puttchen antwortet mit Nein, als seine Mama ihn fragt: »Du wirst es mir niemals vorwerfen, daß ich dich zu sehr geliebt habe ...?«

Auch das verstehen wir. Der verwöhnte Junge hält seine zärtliche Gefangenschaft für Liebe. Anderes hat er nicht erfahren. Jeanne muß die Wirklichkeit verdrehen und Paul verwirren. Sie kann ohne ihren vergötterten, angeketteten Sohn nicht leben. Sie braucht ihn dringend.

Puttchen schont sich. Er meidet die Arbeit. Immer noch wird er wie ein Baby behandelt. Auch noch, als er seine Mutter schon um einen ganzen Kopf überragt: »Vor allem nicht so schnell, mein kleines Puttchen, sei vorsichtig, denk an Deine arme Mutter, die verzweifelt wäre, wenn Dir etwas passiert.« Die verwöhnende Mutter arbeitet nun auch am

Aufbau der Schuldgefühle ihres Sohnes. Er darf nicht wachsen, der Lebenssinn seiner Mutter verlöre sich. Richtige Auseinandersetzungen finden nicht statt, Paul soll mit Sanftmut gehalten werden.

Er wird müßig, reizbar und brutal, macht Spielschulden, interessiert sich für leichte Mädchen und verbraucht viel Geld. In der Not muß selbstverständlich seine Mama herhalten. Auch Paul versteht das Geschäft der Erpressung: »Mir bleibt nichts«, sagt er, »als mir eine Kugel vor den Kopf zu schießen, wenn du mir nicht hilfst.« Der verwöhnte junge Mann macht seine Mutter mürbe, indem er sich über längere Zeit entzieht. So funktioniert die Symbiose: Wenn er einmal auftauchen sollte, dann wäre sie ihm sicher und gefügig. Sie erlebt nun zwar öfter einen »Zusammenbruch ihrer Geisteskräfte«, aber keine Nervenkrise hält sie von ihrem unheilvollen Tun ab: Sie schickt ihrem Sohn Geld und begleicht heimlich seine Schulden.

»Sie dachte immer an Paul, fragte sich: Was tut er? Wie geht es ihm jetzt? Denkt er auch manchmal an mich?« Puttchen nimmt ein leichtes Mädchen zur Frau. Jeanne ist rasend eifersüchtig auf die Frau, »die ihr ihren Sohn geraubt hatte«, sie haßte sie dafür. Lebensüberdruß überfällt sie. Um dem zu entgehen, schreibt sie flehentliche Briefe an Paul: »Ich habe nur Dich auf der Welt... Du hast mich verlassen!... Ach, kehre zurück, mein kleines Puttchen, komm und küsse mich...«

Er kommt nicht, bittet brieflich um Geld, Jeanne fühlt sich niedergeschmettert, alt, verschüchtert, ängstlich und schwach. Bald geht sie gar nicht mehr aus dem Haus, bleibt tagelang unbeweglich sitzen. Ihr Geist beginnt, sich zu verwirren, sie wird von fixen Ideen verfolgt, von nichtssagenden Besorgnissen gefoltert. Die verwöhnende Mutter verfällt in Depressionen. Ihr Sohn, der Sinn ihres Lebens, war verschwunden. Als Pauls Frau, die inzwischen ein Mädchen geboren hat, schwer erkrankt, schreibt er seiner Mutter.

Die Geliebte ihres Sohnes würde sterben! Jeanne empfindet eine niederträchtige, unwiderstehliche Freude. Pauls Tochter wird ihr zugeführt: »Da überflutete sie unendliche Rührung. Sie enthüllte schnell das Gesicht des Kindes, das sie noch nicht gesehen hatte, das Gesicht der Tochter ihres Sohnes. Und als das zarte Geschöpf, von dem grellen Licht getroffen, seine blauen Augen aufschlug und die Lippen bewegte, fing Jeanne es wie rasend zu liebkosen an, hob es in ihren Armen hoch und überschüttete es mit Küssen.«

Mit der Aussicht auf die Verwöhnung ihrer Enkelin entwikkelt Jeanne einen neuen, den alten Lebensplan.

Kehren wir noch einmal kurz zum Beginn ihrer Misere zurück: Sie hat sich verheiratet, ohne ihren Zukünftigen zu kennen. Seine Verlogenheit, seinen Geiz, seine Untreue und Brutalität hatte sie nicht sehen wollen. Statt sich zu befreien, gab sie sich der Melancholie hin, entwickelte eine neurotische Depression. Einzige Kompensation blieb die hemmungslose Verwöhnung des Sohnes. Diesen nahm sie in den Griff jener eisernen Umklammerung, die wir so gerne Liebe nennen. Er ist verwöhnt, lebensuntüchtig, kraftlos und auf die Hilfe von Frauen angewiesen.

Können wir es wagen, diesen männlichen Lebensplan noch immer als für die patriarchalische Kultur typisch herauszustellen? Oder ist diese Erwägung hoffnungslos veraltet?

Eine Lehrerin sagte mir nach einem Vortrag über diese Struktur: »Wenn ich das in der Schule, dem Direktor, den Kollegen gegenüber vertrete, was du hier vorträgst, dann gelte ich als spinnert. Alles, was du sagst, kann ich bestätigen, aber die Schuladministration will nichts davon wissen. Das löst in mir Traurigkeit aus. Wie kann ich ein Gedankengut, welches im Grunde alle bestehenden Rahmen sprengt, weitertragen, ohne zu verzweifeln? Es macht eine ungeheure Mühe, gegen den Strom zu schwimmen, die traditionelle Sichtweise scheint für Eltern und Erzieher weniger anstrengend zu sein.«

Die Entdeckungen der Tiefenpsychologie werden immer noch energisch verdrängt. Der Hauptgegenstand der von der Psychoanalyse entdeckten Verdrängung ist die Psychoanalyse selbst, jedenfalls in ihren humanistischen und frauenfreundlichen Anteilen. Aber auch männliche Psychoanalytiker und Psychologen haben Lernwiderstände. Sie tun sich äußerst schwer damit, ihre Vorstellungen und Erfahrungen mit feministischen Erkenntnissen in Einklang zu bringen. Besonders dann, wenn letztere den gewohnten Anschauungen zuwiderlaufen und unbequem zu werden drohen. Zum Problem der Erziehung ist zu sagen: Menschen wirken sich nicht durch das, was sie wollen, denken oder aussprechen auf andere ein, sondern durch ihre zu neun Zehnteln unbewußte personelle Ganzheit, ihre Handlungen, Emotionen und Haltungen. Das gilt auch für Eltern und Lehrer. Heranwachsende mögen ihre Erfahrungen und Nöte zwar artikulieren, Erwachsene aber verstehen die kindliche Sprache nicht oder wollen sie nicht verstehen.

»Seht den Menschen auf die Hände und nicht (nur) auf den Mund«, empfahl Alfred Adler jungen Individualpsychologen. Das ist wörtlich zu verstehen, aber auch im übertragenen Sinne: Was Männer tun, müssen wir erkennen, nicht, was sie proklamieren. An den Entwicklungen von Kindern und Jugendlichen sehen wir, wer und wie wir sind. Wenn Heranwachsende gewalttätig und verwöhnt sind, dann sind sie es, weil wir sie so behandelt haben. Zu den Grundtatsachen männlicher Entwicklung gehören:

1. Die Persönlichkeit des Mannes – seine Gefühle, Stimmungen, Affekte, Haltungen, Werte und Verhaltensmuster – bildet sich in den Beziehungen zu älteren Menschen bereits in den ersten Kindheitsjahren. Es gibt keine angeborenen oder vererbten »Anlagen«. Persönliche Merkmale werden im sogenannten Erziehungsprozeß, im Sozialisationsgeschehen erworben, angeeignet und eingeübt.

2. Ausschlaggebend für jede soziale Konfliktsituation sind immer auch die Persönlichkeitsstrukturen und unbewußten Motivationen aller jeweils Beteiligten.

3. Männliche Persönlichkeitsstrukturen sind bis zu einem gewissen Grade veränderbar, wenn der Mann sich ausdrücklich einer Bewußtwerdung der eigenen persönlichen Reaktio-

nen zuwendet und sich um einen entsprechenden Austausch mit seinen Mitmenschen bemüht. Dazu bedarf es nicht in allen Fällen einer sogenannten »Therapie«. Eine therapeutisch ausgebildete Fachkraft kann in manchen Fällen nützlich sein, wenn sie an gewissen Beziehungssituationen des alltäglichen Lebens teilnimmt.

4. Nicht nur der einzelne Mann ist verwöhnt, latent gewalttätig und autoritär strukturiert. Dementsprechende pathogene familiäre und gesellschaftliche Strukturen haben ihn geprägt und wirken weiter auf ihn ein.

5. Alles, was wir heute über diese Zusammenhänge wissen, auch die scheinbar selbstverständlichen Erkenntnisse, müssen wir immer wieder miteinander besprechen, festhalten und weitergeben. Wir müssen sie hinterfragen, bezweifeln und erneut erforschen. Denn wir werden sie vergessen, sogar das Fragen und Forschen selbst. Wir neigen dazu, einmal gewonnene persönliche und allgemeine Erkenntnisse zu verleugnen und zu vereinfachen. Wir stagnieren oder vollziehen Rückwärtsentwicklungen, wenn wir nicht ununterbrochen bewußt mit ihnen umgehen.

Der Begriff »Verwöhnung« wurde vor allem von Alfred Adler in die psychoanalytische Diskussion eingeführt. Dieser Terminus scheint heute vergessen, abgegriffen bzw. überholt. Deshalb wird das Phänomen vernachlässigt, obwohl es im Grunde nicht ausreichend problematisiert und erforscht wurde. Verwöhnung gilt nicht als relevanter Bestandteil der Mannwerdung des Knaben. Wie läßt sich diese ungeheure wissenschaftliche und praktische Vernachlässigung deuten?

Psychologen und Wissenschaftler waren bisher meist Männer, die als solche nicht wagen, die Urmuster ihrer männlichen Existenz in Frage zu stellen. Sie können sich kein anderes als ihr männliches Leben für sich vorstellen. Es ginge um die Erkenntnis und Erforschung des männlichen Lebensplans schlechthin: Das Leben mit der Hilfe der Helferin. Das Wachstum mit der stets gegenwärtigen und sorgebereiten Mutter, die dem Knaben alles Schwierige – und wie wir wissen, viel zuviel – abnimmt. Weil sie glaubt, ihn schonen zu müssen, darf er nicht allein bewältigen, was er selbst auch schaffen würde.

Menschen, die gegenüber autoritären Erziehungsmustern allergisch sind, werden so lange das Ziel der Gewaltlosigkeit verfehlen, wie sie nicht merken, daß Verwöhnung immer Gewaltanwendung und irrationale Autorität provoziert. Viele, die antiautoritäre bzw. nicht-autoritäre Erziehung wollten, haben sich in das scheinbar andere Extrem der Vernachlässigung des Laissez-Faire gerettet, weil sie die Unauflösbarkeit der Symbiose zwischen Gewalt und Verwöhnung nicht sahen.

Verwöhnung ist nicht Liebe. Im Namen der Liebe aber wird Verwöhnung gewährt und angenommen. Es gibt nicht »zuviel« Liebe. Robin Norwood beschreibt in »Wenn Frauen zu sehr lieben«, wie sehr Frauen es brauchen, von Männern gebraucht zu werden. Sie nennt die Verwöhnung des Mannes Liebe. Mißversteht sie die Verwöhnung oder die Liebe? Liebe enthielte Konsequenz. Nicht Härte, aber die Anstrengung, dem oder der Geliebten die Schwierigkeiten seiner eigenständigen Entwicklung zuzumuten. Sie enthielte Schwierigkeiten, die gemeistert werden müssen, weil kein Mensch einen ständigen Helfer, kein heranwachsender Mann eine ständige einseitige Helferin beanspruchen kann und braucht. Kein erwachsener Mann kann eine »Hausangestellte« einfordern, die seine Kinder erzieht und auch ihn pflegt und seelisch stützt, weil sie als seine »Liebespartnerin« gilt.

Ein verwöhnter Mann lebt in dem Gefühl, es müsse ihm eine Frau zur Verfügung stehen. Ist keine da, fühlt er sich überfordert. Der typische erwachsene Mann in unserer Gesellschaft verwendet einen Teil seiner Kraft und Zeit für die Suche nach und die Werbung um diese dienende, helfende, therapeutische Frau. Wenn er sie gefunden hat, läßt er sich von ihr verwöhnen.

»Aber es ist doch auch schön, sich bisweilen von der Geliebten verwöhnen zu lassen«, sagen mir viele Männer. Sie unterstellen, daß ich ein moralischer Typ bin, einer, der belehren will, der keinen Spaß und keine Lust versteht. Ja, es ist schön, verwöhnt zu werden. Aber die Frau will auch verwöhnt werden. Sie hat, abgesehen vielleicht von den wenigen ersten Wochen der Verliebtheit des Mannes, niemanden, der das für sie tut.

In einem Aufsatz von Josef Rattner über die »Erziehung des Kindes« (etwa 1970) fand ich die heute gängige männliche Vorstellung: »Ein wesentlicher Teil des Erziehungswerkes muß durch die Mutter geleistet werden. Sie steht an der Eingangspforte der kindlichen Seelenentwicklung, ist der erste Mensch, mit dem das Kind zusammen leben und zusammen arbeiten lernen muß. Daher ist es ungemein wichtig, daß die Mutter für ihre großartige Aufgabe eine entsprechende Schulung erhält. Im Maße, wie es ihr gelingt, dem Kinde Geborgenheit, Lebensmut und Sozialkontakt zu vermitteln, wird dieses später sein Leben aktiv und produktiv zu gestalten wissen. Andererseits haben wir durch die tiefenpsychologische Forschung erfahren, daß alle seelischen Nöte und Unangepaßtheiten der Mutter unmittelbar auf das Kind einwirken, indem in den ersten Lebensjahren ein emotionales Band zwischen Mutter und Kind besteht, das mit einer unsichtbaren Nabelschnur zu vergleichen ist. Wir wissen zum Beispiel, daß Angst und Ungeschicklichkeit der Mutter ›direkt‹ auf das Kind übergehen und bei diesem körperliche und geistige Ausfallserscheinungen produzieren können... Am schlimmsten jedoch wirkt sich die mütterliche Verständnislosigkeit für die kindlichen Seelenregungen aus.«

Wieso steht nicht auch der Vater an der Eingangspforte des Lebens seines Sohnes? Er könnte für diesen tätig, ihm ein Freund werden und die Entstehung seiner Frauensucht verhindern. Sein Sohn würde gern mit ihm zusammen arbeiten und leben, von ihm getröstet und genährt, beschützt und von ihm angesprochen werden. Wir brauchen eine Schule für die Väter. Auch dann, wenn Frauen behaupten, sie hätten auch keine Schulung gebraucht, um richtige Mütter zu werden, müssen wir diese Schule für Väter gründen. Ein empfindsamer, einfühlsamer und in emotionalen Belangen geschulter Vater würde seinem Sohn Lebensmut und Sozialkontakt vermitteln können. Rattner will das an die Mutter delegieren. Er scheut sich nicht einmal, ihr die Verantwortung für seelische und geistige Ausfallserscheinungen des Kindes aufzubürden, ihr förmlich Angst zu machen. Bisher haben Kinder vor allem unter den seelischen Ausfallserscheinungen ihrer Väter zu leiden. Väter »fallen« in den meisten Fällen im wahrsten Sinne des Wortes »aus«, weil sie psychisch nicht anwesend sind. Die fundamentale Verwöhnung der Kinder liegt in der Nicht-Gewöhnung an den Umgang mit dem Vater.

Alfred Adler spricht von einem »Übermaß von Zärtlichkeit«. Er meint, daß die Schonung des Kindes zu »Vergünstigungen« führen kann, die ihm Lebenszuversicht rauben. »Beständig unter... Obhut zu stehen, jeder Mühe enthoben zu werden« sei schädlich (A. Adler, Heilen und bilden; S. 230). Die dauernde Anlehnung an eine andere Person erscheint dem Kind als Erfolgsmöglichkeit (vgl. Ansbacher und Ansbacher, Alfred Adlers Individualpsychologie, S. 233). Er lernt, alles leicht durch Hilfe anderer zu erreichen. Seine eigene Entwicklung kommt zum Stillstand. Mutlosigkeit, Schwäche und Anlehnungsbedürfnis kennzeichnen den verzärtelten Lebensstil.

Auch bei Adler habe ich an keiner Stelle einen Hinweis auf die gerade für den Mann so problematische Verzärtelung und Verwöhnung durch die Frau gefunden. Eine entsprechende Kritik am Patriarchat scheint ihm nicht zugänglich gewesen zu sein. Wahrscheinlich hat Adler den Protest der Frau gegen ihre weibliche Rolle deshalb auch als »männlichen Protest« bezeichnet, als eine »Ansammlung gewisser überkompensatorischer Charakterzüge..., die ein Individuum neurotisch disponiert sein lassen« (Ansbacher, S. 67). Die radikale Erforschung des Phänomens der männlichen Verwöhnung durch die Frau, die Gewaltanwendung provoziert, wenn sie ausbleibt, bedarf der feministischen Untersuchung. Aber gerade dieser Aufgabe müssen sich Männer stellen.

2

Ohne Kontakt zum Vater

In der Jugend- und Lebensgeschichte des Knaben im Patriarchat beeindruckt die Entfremdung von seinem Vater. Im Grunde haben die meisten Söhne überhaupt nie die Chance, ihren Vätern nahezukommen. Diese bleiben ihnen zeitlebens fremd. »Die Bindung des Kleinkindes an die Mutter ist enger und wichtiger als an jede andere Person ... Der Vater wird erst so ab zwei Jahren wichtig«, behauptet sogar der Psychologe und Psychoanalytiker Bruno Bettelheim (STERN-Gespräch mit Ingrid Kolb), »der große alte Mann der Kinderpsychologie«. Bettelheim meint, es sei für das Kind völlig unwichtig, ob seine Mutter berufstätig sei oder nicht. Es spiele auch keine Rolle, wenn die Mutter unzufrieden sei, weil der Beruf zuviel von ihr verlange: »Ich habe so viele Kinder gesehen, die zerstört wurden, durch Mütter, die den ganzen Tag zu Hause waren«, sagt Bettelheim. Damit macht er es sich zu einfach, denn wahrscheinlich wurden die Kinder, vor allem die Söhne, gerade deswegen ramponiert.

Ist der Vater in den ersten zwei Jahren wirklich unwichtig für seinen Sohn? Bettelheim vergißt zu sagen, daß die Kinder gestört sein könnten, *weil* der Vater nicht vom ersten Lebenstag an für sie da war. *Weil* die Mutter ganztägig berufstätig war und für die Kinder kaum noch genügend Energie aufbringen konnte. *Weil* der Vater auch verwöhnt sein wollte und sich für die Kinder nicht zuständig fühlte.

Die Distanz zum Vater bewirkt in Wahrheit in jeder Lebensphase eine gefährliche Verwöhnung des Sohnes. Er ist ein werdender Mann, aber es wird ihm nicht ermöglicht, mit der Person, mit der er kooperieren, von der er im faktischen Austausch lernen könnte, wirklich von Anfang an in Kontakt zu treten. Diese Verwöhnung ist die Nicht-Erlaubnis der Gewöhnung an eine kooperative Beziehung zum Vater. Der Vater müßte mit seinem Sohn sprechen, vom ersten Lebenstage an, ihn wärmen und streicheln, ihn sogar nähren. Mit der Flasche? Selbstverständlich!

In der Beziehung zum Vater gäbe es Schwierigkeiten, Bedürfnisse, die nicht sofort befriedigt würden, Signale des Sohnes, die unerhört blieben. In jeder Beziehung zwischen Menschen gibt es derlei Erschwernisse. Aber der Sohn wird daran gehindert, sie gemeinsam mit seinem Vater zu meistern. Auch darum treten selbstkritische, antisexistische und feministische Männer dafür ein, daß Mutter und Vater, beide im Beruf und in der Erziehung der Kinder tätig werden, beide halb- oder dritteltags. Vater und Mutter gleichberechtigt und gleichverpflichtet, in der Erwerbstätigkeit und in der Hausarbeit.

Heutzutage taucht der Vater normalerweise nur selten bei seinem Sohn auf. Deshalb wirkt er fremd und kalt auf diesen. Er wird weder zur Heimat seines Sohnes, noch bietet er ihm die Möglichkeit, mit ihm Konflikte zu erleben und auszutragen. In den seltenen Streitsituationen ist der Vater meist autoritär, befehlend und bestimmend, vielleicht auch, weil zu wenig Zeit ist. Er befiehlt Nonsens, und sein Sohn gehorcht, um keine Angst entwickeln zu müssen. Das Ergebnis ist eine hierarchische Konfliktlosigkeit, entsprechend dem Grundmuster jeder männlich organisierten Zentralisierung der Macht.

Die Abwesenheit des Vaters stellt die fundamentale Versagung des Knaben dar. Die kompensatorische Besorgung durch die Mutter ist seine fundamentale Verwöhnung.

Durch die spezielle patriarchalische Verteilung der Beziehungsaufgaben in der Kleinfamilie bzw. Kleingruppe entwikkelt sich eine doppelte Bewegung zwischen Mutter und Sohn, sie gehen gegenseitig aufeinander zu. Zwischen Tochter und

Vater bzw. Mutter sehen wir einseitige Bewegungen, die von der Tochter ausgehen. Vater und Sohn gehen normalerweise überhaupt nicht aufeinander zu.

Diese grobe soziometrische Überlegung, zugegeben vereinfacht dargestellt, wird durch die Tatsache gestützt, daß ein Mädchen im Laufe seiner Kindheit eine Entwöhnung von der Mutter auf sich nehmen muß, sozial und sexuell, um »normal« zu sein. Statt dessen soll sie sich an den Vater gewöhnen, ihr zukünftiger Partner soll der Mann sein. Der Sohn bleibt immer an die Mutter gewöhnt, der Vater bleibt ihm fern. So entsteht seine distanzierte Haltung gegenüber Männern.

Während das Mädchen in der Phase der Entwöhnung von der Mutter, durch die Bewältigung dieses Verzichts, Kräfte verbraucht und neue Kräfte freisetzt, in dem Maße, in dem der Mutterverlust ersetzt wird, lernt der Knabe nicht, sich in dieser Weise von einem Geschlecht partiell ab- und dem anderen zuzuwenden. Er lernt nicht, die Mutter, von der er vieles bekommt, jemals wirklich loszulassen. In jeder Frau sucht er wieder die verwöhnende Mutterfigur. Deshalb hat es der durchschnittliche Mann dieser Kultur nicht nötig, selbständig existieren zu lernen. Wenn er wenigstens üben dürfte, sich vom Vater und anderen Männern Hilfe zu holen. Dann wäre seine Unselbständigkeit nicht komplett. Mit denen aber konkurriert er, jedoch nicht ödipal, wie Freud vermutete, es geht nicht um den Besitz der Mutter, sondern um die Verwöhnung durch sie.

Der Vater bietet dem Knaben keine Sicherheit. Der Sohn scheint ihn gar nicht zu brauchen.

Christiane Olivier analysiert in »Jokastes Kinder«, einer psychoanalytischen Studie mit feministischen Ergänzungen, die Situation des Knaben. Seine Mutter, so meint Olivier, ist das erste Liebesobjekt ihres Sohnes. Er konzentriert seine sexuellen Wünsche auf sie (S. 64). So weit, so Freud. Ich interpretiere auch diese angeblich »sexuellen« Wünsche als Verwöhnungswünsche, sehe in jenen angeblich sexuellen Bedürfnissen allenfalls Zärtlichkeitswünsche, jedenfalls die Suche nach Berührung und Besorgung.

Der Knabe braucht den Körper der Mutter, ihre Zärtlichkeit und ihre Berührungen, so wird man einwenden. Sicher. Wenn aber die Mutter vom Vater frustriert ist? Wenn ihr erwachsener Partner vieles, was sie sich von ihm wünscht, verweigert? Wenn er ihr, wie wir es oft von Frauen hören, kein menschliches Interesse entgegenbringt, sie nicht fragt und ihr nicht zuhört? Wenn er vor ihr flieht, wie früher vor den entsprechenden Besitzansprüchen seiner eigenen Mutter?

Soll dann der Sohn diese mütterlichen Bedürfnisse befriedigen? Seine Mutter etabliert eine Symbiose, sperrt ihn in das Gefängnis sogenannter Zärtlichkeit ein, greift sich ihren Sohn, weil sie dessen Vater entbehrt. Nach Olivier gilt dies alles für das Mädchen nicht. Die Mutter begehrt im Normalfall den Mann, auch den werdenden Mann, ihren Sohn. Christiane Olivier stellt dringende Fragen an den Vater: Wann sehen wir dich beim Bevatern deiner Kinder? Beim Fläschchengeben, beim Säubern, Beruhigen, beim Sprechen mit dem Kind? Meist erleben Väter diese Tätigkeiten als Zeitverschwendung: Kochen, einkaufen gehen, mit dem Kind spazieren gehen, Wäsche waschen, staubsaugen, fegen, staubwischen, nähen, bügeln, Geschirr abwaschen, Kranke pflegen und so weiter.

In seinem Aufsatz »Vom Patriarchen zum Hausmann« (in: G. Fuchs [Hrsg.], Männer) weist Wolfgang Prenzel darauf hin, daß 98 Prozent aller Männer im erwerbstätigen Alter in der Bundesrepublik volltags berufstätig sind: »Männer, die freiwillig zu Hause bleiben, um sich diesen Bereichen zu widmen, gibt es fast gar nicht« (S. 100). Der Mann arbeitet im Beruf. Die Frau arbeitet zu Hause – und meist zusätzlich im Beruf. Männer geben zwar an, daß sie gerne eine Teilzeitarbeit hätten, diese veränderte Einstellung führt aber kaum zum veränderten Verhalten. Wenn allerdings beide, Mann und Frau, teilzeiterwerbstätig sind, erreichen sie fast das Ideal der Gleichverteilung in der Kinderversorgung, sagt Prenzel (S. 107).

Hausmänner leiden, selbstverständlich, wie Frauen am »Hausfrauensyndrom« (Unterforderung durch Haushaltsroutine, fehlende Kontakte). Prenzel sieht in der Teilzeitbeschäftigung beider Partner eine bessere Alternative als in der Hausfrauen- oder Hausmännerexistenz: »Teilzeitarbeit für beide Partner scheint der beste Weg, um in jeder Lebensphase die gewünschte Erwerbstätigkeit und die gerechte Verteilung von Haushalts- und Kinderversorgungsarbeit zu gewährleisten« (S. 109).

Peter Grottian und Wolf-Dieter Narr, die 1985 ihre Hochschullehrerstellen zu je einem Drittel an eine Frau abgaben, damit diese ebenfalls eine Zweidrittelstelle bekam, sagen zur Hausmanndiskussion: »Der Hausmann ist die völlig falsche Philosophie! Wir haben nichts davon, zum mindesten auf längere Zeiträume, die Rollen zu tauschen« (EMMA, August 1989, S. 26). Grottian setzt allerdings hinzu, daß mann bzw. frau sich entscheiden muß: Kinder oder berufliches/politisches Engagement? Beides zusammen ginge nur auf Kosten der Kräfte, der Kinder und der Beziehungen. Bleibt dem Mann also nur die Alternative: Kinder oder Beruf? Mancher Mann wird auf Kinder verzichten, weil er beruflich arbeiten möchte. Und die anderen? Was denken sich Männer, die Kinder haben und berufstätig sein wollen? Sind sie bereit, sich ihren Kindern zuzuwenden, genauso wie die Mutter es tut? Was will der Mann, der einen Sohn hat? Wozu hat er einen Sohn?

Er will seinen Beruf ausüben und Geld verdienen. Er liebt seine Arbeit. Er will die Kraft in den Beruf stecken, um Anerkennung zu bekommen. Oft will er auch den Posten in der Hierarchie, das Prestige, die Macht. Abends will er seine Ruhe, beim Wein, beim Fernsehen und so weiter. Vor dem Fernseher stellt er sich, wie Christiane Olivier meint, den nationalen und internationalen Verwicklungen, nicht aber denen in der eigenen Familie. Beim Fernsehen zum Beispiel will er den stillen Sohn, der nicht seine Abendentspannung stört. Dazu brummelt, brüllt er oder schlägt den Sohn, um sich durchzusetzen. Manchmal habe ich das Gefühl, daß viele Väter im Grunde eigentlich einen Sohn wollen, der keine Lebenszeichen von sich gibt. Auf den lebenden und sich bemerkbar machenden Sohn ist der Vater oft eifersüchtig und wütend.

Wenn ein Vater sich den zwischenmenschlichen Problemen, der Liebe, den Aufgaben in der Familie und im Hause nicht stellt, lernt sein Sohn das auch nicht. Er will die gleichen »Privilegien« wie sein Vater. Warum auch nicht? Er wird ja von beiden Eltern dazu aufgefordert, sich mit dem Vater zu identifizieren.

In der Beziehung zwischen Mutter und Vater sind Konflikte bekanntlich nicht immer zu vermeiden. Söhne sollten diese und ihre Bewältigung miterleben. Im Patriarchat gilt statt dessen die Regel, daß Kinder von den Auseinandersetzungen zwischen Mutter und Vater fernzuhalten seien. Wenn Eltern sich streiten, so Bruno Bettelheim in dem oben erwähnten STERN-Gespräch, oder böse aufeinander sind, gerate das Kind in schwere Loyalitätskonflikte.

Die Konsequenz darf aber nicht sein, Kinder von diesem notwendigen Teil der Realität ihrer Eltern fernzuhalten. Statt dessen müssen Eltern lernen, eine ruhige, energische und konsequente Auseinandersetzung zu führen, die nicht mit Trennung, Haß, Gewalt oder Zerstörung endet. *Bevor* sie Kinder in die Welt setzen, nicht erst danach, müssen Eltern das lernen: Als Gleichberechtigte so miteinander zu streiten, daß freie Vereinbarungen, gegenseitiges Verständnis, Kompromisse und Versöhnungen möglich werden. Kinder, die Streitigkeiten miterleben, Engagement, Interessengegensätze, Beruhigungen, Kompromisse und Versöhnungen, werden nicht daran verzweifeln, wie Bettelheim behauptet, sondern daran wachsen. Damit wäre eine weitere Spielart der Verwöhnung aufgehoben.

Solange der Sohn erlebt, daß für familiäre Probleme nur seine Mutter zuständig ist, daß sie diese ohne Beteiligung des Vaters lösen muß, lernt er nicht, sich für private emotionale Belange zuständig zu fühlen. Er lernt aber auch nicht, sich gegen seine Mutter zu wehren, wenn dies nötig ist. Distanzlos bleibt er immer an sie gebunden. Er soll nicht werden wie sie, aber sein Vater zeigt ihm nicht, wie man sich vernünftig, ruhig, bequem und human gegen die unvermeidlichen Übergriffe und

Überforderungen einer Frau wehren kann. Er verschwindet einfach, wenn ihm die Auseinandersetzung mit der Mutter zu brenzlig wird. Oder er gebärdet sich derart autoritär, schimpft zum Beispiel so kräftig, daß sein Sohn auch vor ihm Angst bekommt. So erfährt der Sohn nicht, wie der Vater bei der Mutter in Gesprächen zu seinem Recht kommt, bzw. wie er seiner Mutter entgegentritt oder zurücksteckt, wenn diese Forderungen stellt. Kompromisse geduldig anbahnen lernen ist Aufhebung von Verwöhnung.

Jeder Vater müßte bei seinem Sohn sein. Im Kinderzimmer, im Badezimmer, in der Küche, bei Tisch, im Spiel. Da, wo bisher Frauen herrschen, ohne es bewußt zu wollen, sollte der Sohn durch Imitation, Identifikation und Kommunikation mit dem anwesenden, sich engagierenden Vater den gleichberechtigten Austausch mit der Frau lernen. Dazu will er einen Vater haben, der Wärme und Nachgiebigkeit ausstrahlt, Deutlichkeit und Konsequenz aufbringt, Trost und Sympathie verschenkt, und nicht einen, der flieht, die Frau nicht ernst nimmt und deshalb kalt und abweisend erscheint. Nur die zwischen Mutter und Vater durchstandenen Konflikte und Meinungsverschiedenheiten, die Nachgiebigkeit, Verständnis und Weichheit nicht ausschließen, werden die Verdrängungen der weiblichen Belange aufheben, aber auch den männlichen Anspruch verständlicher werden lassen.

Nach der gerechten Teilung von Berufs- und Hausarbeit müssen wir also auch dafür sorgen, daß Söhne die Möglichkeit erhalten, ihre Eltern kooperativ miteinander umgehen zu sehen, bei der Hausarbeit, in der Freizeit, abends und am Wochenende, an allen Tagen also, an denen die Familienmitglieder miteinander zu tun haben, in allen angenehmen und freundlichen Situationen und in Streß- und Streitsituationen, auf deren Bewältigung Eltern durch eine entsprechende Schulung vorbereitet werden sollten.

3

Eingesperrt mit der Mutter

Der physischen und psychischen Abwesenheit seines Vaters als grundlegender Versagung des Knaben entspricht die Symbiose mit der Mutter als grundlegende Verwöhnung. Der Sohn lernt nicht rechtzeitig, sich andere Beziehungspersonen als die Mutter zu suchen, mit denen er stabile Beziehungen aufbauen kann.

Als gravierende Umstände der Verwöhnung des Knaben notiere ich:

1. Das Leben der Erwachsenen ist nicht verlockend, der Sohn will Kind bleiben.

2. Damit der Sohn seiner Mutter erhalten bleibt – als einziger Mann, der nicht einfach weglaufen kann –, wird er von ihr klein und kindlich gehalten.

3. Damit der Sohn weiter von seiner Mutter geliebt wird, jemand anderen hat er oft nicht, muß er darauf verzichten, sich zu entwickeln.

4. Die Not seiner Mutter, für die er lernt, sich verantwortlich zu fühlen, hindert ihn daran, in die Welt hinauszugehen und zu expandieren.

Auch die »modernen« Frauen, so Christiane Olivier, sind sich nicht bewußt, was sie ihrem Sohn antun, wenn sie bei ihm den ersten Platz einnehmen (Jokastes Kinder, S. 16). Sie brauchen ihn als Liebesobjekt, manchmal sogar als Sexualobjekt: »Die Frau hat unbewußt Schwierigkeiten, auf das einzige männliche Wesen zu verzichten, das sie je bei sich gehabt hat;

denn der Vater war nicht für sie da, ihr Mann ist meistens abwesend« (S. 74).

In dieser Symbiose wird der Mann frauensüchtig. Er kann nicht aus eigener Kraft aus dieser Verwöhnungsabhängigkeit herausfinden. Dazu bräuchte er seinen Vater. Wenn er könnte, würde er sich gegen die Symbiose, gegen seine Mutter und ihre verzweifelten Liebesansprüche wehren. Er versucht es, aber er schafft es nicht.

Deshalb sucht der Mann sich sein Leben lang gegen die Ansprüche der Frau, die er nicht versteht, zu wehren. Er kämpft einen lebenslangen Kampf gegen die »Mutter«, die ihn festhalten und einsperren will. Er kämpft nicht nur mit der Mutter, sondern mit jeder Frau, die mit ihm eine enge Bindung eingeht. Alle haben in Ordnung gefunden, daß er bei der Mutter blieb. Sein Vater konnte es sich nicht leisten, seinen Sohn »mit sich zu nehmen«, weil er andere Dinge im Kopf hatte. Schließlich verfiel der Sohn in eine Art Apathie. Er resignierte und ließ sich auf die einzige Lebensweise ein, die ihm blieb, die dauernde Umsorgung (Verwöhnung) und gleichzeitige Bevormundung (Gewalt) durch seine Mutter. Er blieb psychisch unreif, weil er sich gegen die Mutter nicht wehren konnte. Weil er aus ihrem »Gefängnis« nicht fortlaufen sollte, mußte er hilflos bleiben, unbeholfen, was andere menschliche Beziehungen betraf, und lebensuntüchtig. Die Mutter hat ihn außerdem dazu erzogen, sie zu schonen, deshalb wehrt er sich gegen sie allenfalls ungeschickt und so tölpelhaft, daß er Schuldgefühle bekommt: »Ihr geht es schon so schlecht, ich darf sie doch nicht auch noch attackieren.« Er leidet unter einer Art permanentem Schuldgefühl gegenüber seiner Mutter. Bereits vor jeder Art von Meinungsverschiedenheit, nicht erst danach.

Seine Weigerung, erwachsen zu werden, zeigt sich auch als sogenannter »Kinderfehler« (Alfred Adler): Daumenlutschen, Bettnässen, Einkoten. Übertriebene Angst, Ungeschicklichkeit, Einzelgängertum und allgemeine Lebensuntüchtigkeit rechnen wir dazu. Inzwischen kann der Sohn nämlich ohne die

Mutter, unter deren Einfluß er leidet, nicht mehr existieren. Die sogenannte »mütterliche Liebe« hält ihn fest.

Eine emotionale Ambivalenz des Sohnes zeigt sich: Nur eine Frau kann seine enormen Besorgungsbedürfnisse erfüllen. Auf der anderen Seite hält er Abstand, weil er panische Angst hat, in die gefürchtete Symbiose zurückzufallen. Er müßte die Mutter aus dem Unglück retten, in das er sie vermeintlich selbst hineinbrachte.

Hier finden wir die Wurzel für das ausgeprägte, meist unbewußte Mißtrauen des durchschnittlichen Mannes gegenüber jeder Frau. Es zeigt sich als Schweigen, aber auch als Frauenfeindlichkeit und Aggressivität, wenn die Frau ihn »halten« möchte, wenn sie möchte, daß er »lieb« ist und ihm sagt, daß sie seine Liebe vermißt: »Die vom Mann so oft erwähnte berühmte ›Falle‹ scheint die Symbiose mit der Mutter zu sein, die als ›einsperrend‹ gesehen wird. Symbiose, Psychose? Auf jeden Fall ›Gefängnis‹, das beim Mann Panik vor jeder Symbiose mit jeder anderen Frau auslösen wird« (Olivier, S. 75).

Der Vater hat eine gewisse Macht über seinen Sohn und dessen Mutter. Sie versucht auch, über Vater und Sohn Macht auszuüben, so recht gelingt es ihr aber meist nur gegenüber dem Sohn. Auch weil sie von ihrem Mann und der Gesellschaft dazu gezwungen wird, in größter Nähe des Sohnes zu leben. Während die meisten Männer wenig Anstalten machen, mit ihren Söhnen in einen fruchtbaren Austausch zu treten, gibt es einige Väter, die entsprechende Versuche aufgeben, weil sie merken, daß die Mutter ihren Sohn nicht »hergeben« will und mit allen Mitteln, auch mit aggressiven, um diesen kämpft. Denn der Sohn soll seine Mutter – schon frühzeitig in seinem Leben – für alle Entbehrungen durch den abwesenden Vater entschädigen: »Was wollen sie, man muß den Mann nehmen, wo man ihn findet, und wenn es in der Wiege ist« (Olivier, S. 77).

Mir ist die Behauptung, daß Väter, vor allem die nichtehelichen, vergeblich um ihre Kinder kämpfen, weil die Mutter das Recht auf ihrer Seite hat, suspekt geworden. Die Bonner

Rechtsanwältin Barbelies Wiegmann hat die Vorstellung des um seine Kinder kämpfenden Vaters (in einer Anhörung der SPD-Fraktion in Bonn am 28. und 29. Juni 1989) als Klischee bezeichnet, welches allenfalls Körnchen der Wahrheit enthält. Väter, die sich in Ehescheidungsverfahren mit Kindern unter 18 Jahren gegen den Willen der Mutter ernsthaft um die Übertragung des elterlichen Sorgerechts bemühen, fallen statistisch kaum ins Gewicht.

Nur 8,4 Prozent der Kinder leben bei getrennt lebenden oder geschiedenen Vätern. In rund 95 Prozent aller Ehescheidungsfälle mit Kindern sind sich die Eltern über die Regelung des elterlichen Sorgerechts einig. Nur in etwa 5 Prozent der Ehescheidungsverfahren streiten Mutter und Vater um die Übertragung des Sorgerechts. Fazit: Nur 5 Prozent der Väter beantragen das Sorgerecht für ihr Kind, jeder Zwanzigste. Wiegmann konstatiert: Die überwiegende Mehrheit der alleinstehenden Väter ist an einem Zusammenleben mit den Kindern nicht interessiert. »Vor allem fehlt es in der Regel an der Bereitschaft, für die Kinder im Beruf zurückzustecken, um ein Leben mit ihnen zu ermöglichen.« Barbelies Wiegmann zieht den deprimierenden Schluß, daß geschiedene Väter ihre Kinder überwiegend *vergessen*. Darüber hinaus erhalten 58 Prozent der geschiedenen Mütter gar keine, unregelmäßige oder verminderte Unterhaltszahlungen. Wiegmann nennt diejenigen Väter »Schattenväter«, welche nach der Scheidung jeden Kontakt zu ihren Kindern abbrechen. Das sind 40 Prozent aller geschiedenen Väter. Sie rufen nicht an und schreiben nicht, nicht einmal zum Geburtstag oder zu Weihnachten, sie melden sich nach Operationen des Kindes nicht und zum Abitur nicht. Besuche bei den Kindern lehnen sie ab.

Die Väterforschung hat, so Wiegmann, diese Schattenväter bisher nicht zur Kenntnis genommen. Ihre Gefühlslage zeichnet sich durch eine unterentwickelte Fähigkeit zum Konflikt und zur Trauer aus. Der Ehekrieg geht weiter, der Vater fürchtet neue Konflikte mit der Mutter. Konflikte mit den Kindern kommen hinzu.

Ich muß dieser Stellungnahme hinzufügen, daß die Väter zu wenig Einfühlungsvermögen besitzen, weshalb sie ihre Frau und ihre Söhne nicht verstehen, daß sie ihren Söhnen weder zuhören, noch mit ihnen über eigene persönliche Gefühle sprechen können.

Nicht erst nach der Trennung von der Mutter sind die Väter menschlich reduziert. Sie sind es bereits, wenn sie die Beziehung zu dieser Frau eingehen, im Grunde schon, bevor sie überhaupt an eine Partnerwahl denken.

Frauen haben die Pflicht, sich Männer genauer anzusehen, bevor sie Kinder in die Welt setzen. Barbelies Wiegmann sagt: »Für die Zukunft wünsche ich mir Männer, die mit heißem Herzen für ihr Vatersein kämpfen, aber nicht erst nach der ehelichen Katastrophe, sondern schon bevor die Kinder auf der Welt sind. Ich wünsche mir Väter, die mit mir und vielen anderen Frauen für eine Umgestaltung des Berufslebens kämpfen, so daß es genug Zeit läßt für das Leben und die Arbeit mit den Kindern.« Ich füge hinzu: Ich wünsche mir Frauen, die sich ihre zukünftigen Männer genauer ansehen, mehr emotionalen und psychischen Einsatz von ihnen fordern und sich verweigern, wenn diese Männer gewalttätig sind, dumm, ignorant, frauenfeindlich oder total vermauert. Ich wünsche mir Frauen, die sich abwenden, wenn der Mann sich weigert, eine gewisse psychische Arbeit an der eigenen Person zu leisten, sei es nun in Gesprächen mit anderen Männer, psychologisch und gruppendynamisch geschulten Fachkräften oder in einer Männergruppe. Ich wünsche mir Frauen, die sich von liebesunfähigen Männern trennen und dies nicht mit der realistischen, aber nicht überzeugenden Behauptung verwerfen, dieser Mann fände alsbald eine neue, meist jüngere Partnerin.

Angesichts dieser häufig gehörten Klage von Frauen muß ich die Frage stellen, wie es um die Solidarität unter ihnen bestellt ist, wie die jüngere Frau von ihrer Mutter auf die Männerwelt vorbereitet wird, warum immer noch so viele Frauen ihren Töchtern eine heile Welt vorgaukeln, in der es liebesfähige Männer gibt?

Wenn der Sohn einen kraftlosen Vater hat, dann schafft er nicht, sich von seiner Mutter zu lösen, wird frauensüchtig, weil er der einzige Mann ist, dem seine Mutter sich wirklich oft nahe fühlt. Sie konnte ihm nicht ermöglichen, Nähe und Ferne, Bindung und Eigenständigkeit zu ihr, aus eigenem Willen zu gestalten. Wenn er sich ohnmächtig fühlt, wird er aggressiv, wie sein Vater es ihm vorgemacht hat. Er schwankt zwischen zwei Extremen, dem »Gebrauch« der Frau als dem Verbrauch ihrer Kräfte in der Nähe, und der totalen Entfernung von der Frau: »Meine Mutter, die klebt mir auf der Haut, unmöglich, sich von ihr zu befreien, ich spüre, wie die immer hinter mir her ist, ich möchte brüllen, schlagen, irgend etwas tun« (Olivier, S. 139).

So etwas kann der Mann erst wieder erleben und äußern, wenn er sich durch psychologische Aufarbeitung schon ein Stück weit davon befreit hat: »Werde ich es je schaffen, das zu zerreißen, was mich hält, mich einsperrt, mich immerzu mit ihr verbindet?« (S. 139).

Im Grunde braucht jeder erwachsene Mann, der einige Jahre lang dicht bei der Mutter gelebt hat, eine Selbsterforschung und Aufarbeitung seiner Kindheit. Sonst wird er nicht anders können, als sich von jeder Frau, die ihn lieben möchte, abzugrenzen und zu entfernen, vor allem dann, wenn sie ausdrücklich etwas von ihm will, was er noch nicht kann. Christiane Olivier spricht von einem »Analkampf«, den er aufnimmt, um nicht etwas, zum Beispiel Gefühle, hergeben zu müssen. Er will sich von der Mutter abkoppeln, um seine Haut vor ihrem mütterlichen Begehren zu retten.

Ich gebe zu bedenken, ob nicht schon an dieser Stelle von der Gegenidentifikation (S. 182) gesprochen werden müßte, dem verzweifelten Versuch des Knaben, nicht so zu werden wie die Mutter, nicht so einsam, so bekümmert, so depressiv wie sie. Im Einleitungskapitel habe ich von Polarisierung gesprochen. Ich vermute, daß der Sohn die Mutter auch deshalb abwehrt, weil er spürt, daß er ihr – in ihrer Nähe – um so ähnlicher werden müßte, je weniger sie die Identifikation mit dem Vater von ihm fordert bzw. ermöglicht. Daß er sie abwehrt, um sich von ihr unterscheiden zu können. Daß er »männlich« werden muß, weil er nicht so werden will wie die Mutter. Der Vater war ihm fern, aber er sollte sich mit ihm identifizieren. Also *wird* er so, wie er sich das Mannsein aus den wenigen Erlebnissen mit dem Vater zusammenphantasiert: Meist abwesend und doch mächtig. Nicht hilfreich, aber gewalttätig.

Nachdem der Sohn gemerkt hat, daß er seinen Vater nicht herbeiziehen und seine Mutter nicht retten kann, gibt er das Liebenwollen und Liebenlernen auf. Seine Versuche zu lieben haben bisher niemandem etwas gebracht. Wozu sich also bemühen? Auch das ist Verwöhnung: Sich nicht mehr um Liebe bemühen. Das Liebenlernen verdrängen, es entsetzt von sich fernhalten. Nur noch funktionieren. Sich um niemanden mehr kümmern und sorgen, nicht einmal um sich selbst.

Ein Mann erzählte mir seine früheste Kindheitserinnerung. Sie ist die typische Urszene des Mannes im Patriarchat. Er sitzt, zweieinhalb Jahre alt, mit seiner Mutter allein in der Stube. Sie weint. Als er sie fragt, warum, antwortet sie: »Weil dein Papi mich geschlagen hat.« Das war ein Schock für den Kleinen. Er wagte oder vermochte nicht, weitere Fragen zu stellen. Sein Vater war ihm zu fern. Er brachte nicht das Vertrauen auf, auch ihn zu fragen: »Warum hast du die Mama geschlagen?« Nie erfuhr er die näheren Umstände. Er verdrängte die Szene.

In der intensiven psychotherapeutischen Begegnung erinnert er sich, etwa vierzig Jahre später. Einen plausiblen Grund für die Gewaltanwendung des Vaters gegenüber der Mutter hätte es auch damals nicht gegeben. Wenn der Vater aber seine Not hätte schildern können, dann wäre er seinem Sohn wenigstens ansatzweise verständlicher geworden und nähergekommen. Denn nicht nur der Vater war gewalttätig. Die Mutter war es auch ihrem Sohn gegenüber. Sie weint in seiner Gegenwart. Soll er sie trösten? Sie erzählt ihm von der Gewalt des Vaters. Sie hätte in der Gegenwart des Sohnes mit ihrem Mann sprechen sollen. Oder hätte sie sich von diesem Mann trennen müssen?

Die Mutter mutet ihrem Sohn zu, die Gewalt seines Vaters zu verstehen. Oder soll er seinen Vater hassen? Jedenfalls ängstigt er sich nun auch. Vor dem Menschen, den er eigentlich lieben möchte, dessen Hilfe er ersehnt, vor seinem Vater.

Die Verwöhnung besteht hier darin, daß der Kleine nicht lernt, über seine Ängste zu sprechen, den Konflikt zu verstehen und zu bewältigen. Heute leidet dieser nun erwachsene Mann unter der Moralität seiner Frau. Er getraut sich oft nicht, sie ins Vertrauen zu ziehen, weil er ihre moralische Härte fürchtet, teils zu Recht, teils zu Unrecht, denn er projiziert erklärlicherweise auch, überträgt aus der Kindheit.

Als Kind hatte er keine andere Wahl, als beängstigende Situationen mit sich alleine abzumachen, Problemlösungen zu suchen, die schon das nächste Problem enthalten. Die Methode des erwachsenen Mannes, sich vor der Frau zu retten, ist der Rückzug. Quasi gewaltsam entzieht er sich, geht in Opposition, verweigert sich dem intimen Gesprächskontakt, stellt sich quer. Diese Art Abgrenzung hat er gelernt. Im gleichen Handlungsvollzug regrediert er und verwöhnt sich damit. Er interessiert sich nicht mehr für die Frau. Sein Interesse schwindet mit ihrer Entwicklung und Emanzipation. Er will nicht erwachsen, das heißt »größer« werden – Grass' auf die Blechtrommel schlagender Oskar Matzerath. Kindlich will er bleiben. Weil er nicht erlebt hat, wie seine Mutter sich mit seinem Vater streitet, und nicht, wie sein Vater sich gewaltlos gegen die Moral seiner Mutter wehrte.

Alles Kindliche, Lebensgeschichtliche findet im Leben eines erwachsenen Mannes seine Fortsetzung. Er »rettet« sich, um nicht bei der Rettung der Frau zu versagen, flieht, um nicht beherrscht zu werden. Ununterbrochen ist er damit beschäftigt, die Bedürfnisse der Frau zu verdrängen. Fiebrig wacht er darüber, daß sie seine Freiheit – die Freiheit von dem Zwang, vergeblich für sie verantwortlich zu sein – nicht eingrenzt. Er hält sich dort auf, wo sie nicht ist, außerhalb des Hauses oder an Orten, die sie nicht betreten kann und soll.

Vermutlich geht er auch deswegen zu einer anderen Frau,

zur Geliebten oder zur Prostituierten. Hier nützen keine sexualistischen Deutungen. Es ist nicht vor allem die Schönheit oder die erotische Attraktivität, die die andere begehrenswert macht, schon gar nicht Klugheit oder andere menschliche Qualitäten. Die andere stellt bisher noch weniger Ansprüche, geliebt zu werden. Ihre Gegenwart befreit den Mann von dem Anspruch, Liebe zu geben, deren Konsequenzen, nämlich das dafür Eingesperrt-Werden, er befürchtet. Der »Geliebten« gegenüber kann er seine Bedürfnisse und seinen Machtanspruch aufrechterhalten. Er bestimmt und beansprucht sie. Sie findet sich damit ab, solange sie eine bloße »Geliebte« bleibt. Wenn die Beziehung verbindlicher wird, nehmen auch ihre Ansprüche und Forderungen zu, denn im Patriarchat kann kaum eine Frau kaum einen Mann jemals freilassen.

Zum Abschluß dieses Kapitels möchte ich noch verschiedene »geheime Verbote« für Söhne erwähnen, die Gefangenschaft normativ absichern. Sie beziehen sich auf Aktivitäten, die von Müttern behindert werden, auf Initiativen zur Entfaltung eigenständigen Lebens, die Söhne nicht bzw. zu selten ergreifen dürfen. Solche geheimen Verbote bewirken kindliche Gehorsamsleistungen, an die sich der erwachsene Mann nicht mehr erinnert.

Söhne dürfen nicht den eigenen Weg suchen und finden, den Weg ohne die Mutter, ohne die Hilfe der Mutter. Es ist für Söhne gefährlich, allein, ohne die ausdrückliche Anleitung durch die Mutter, Erfolg zu haben. Sie müssen ihr das Gefühl geben, stolz auf die Erfolge ihres Sohnes sein zu können, als wären es die eigenen. Die an der Expansion und am Ehrgeiz gehinderte Frau identifiziert sich mit den Handlungen ihres Sohnes, besonders mit den männlich-erfolgreichen, und wertet sie wie die eigenen. Also muß der verwöhnte Sohn, was er auch unternehmen mag, immer berücksichtigen und sogar planen, daß die Unterstützung seiner Mutter dabei eine ausschlaggebende Rolle zu spielen hat. Dementsprechend, in charakteristischer Weise, durch Rücksicht gedrosselt, ungeschickt, zaghaft, umständlich oder zögernd, gestaltet er seine Unternehmungen.

»Männliche« Erfolge ihres Sohnes lindern die Kleinheitsgefühle seiner Mutter. Sie ist zu Hause »eingesperrt«. Deshalb gönnt die Mutter ihrem Sohn oft nicht die Möglichkeit, sich die Welt auf seine Weise zu erschließen, unabhängig und unbeeinflußt. Unbewußt fühlt sie: »Es wäre ungerecht, wenn er es besser haben, und das heißt, freier leben dürfte als sich. Ich setze durch, daß er bei mir bleibt.«

Söhne dürfen oft nicht selbständig planen, Pläne für den Tag, den Monat oder das Jahr machen, sich ihr Leben einrichten, wie sie es wollen. Mütter fragen ihre Söhne auch zu wenig, was sie eigentlich wollen. Sie gehen davon aus, daß diese es noch nicht wissen und nicht organisieren können. Also machen Mütter mütterliche Pläne für ihre Jungen. Das macht durchaus Sinn, Sinngefühl nämlich für die Mutter. Nun fühlt sie sich gebraucht, wenn auch nur von ihrem Sohn.

Söhne bräuchten Zeit. Bei kleinen Jungen geht alles noch nicht so schnell. Aber diese Zeit läßt ihnen die Mutter nicht. Ihr Ehrgeiz macht die Mutter ungeduldig. Mit Unruhe spürt sie die Schwächen ihres Sohnes auf und springt dann für ihn ein. Er könnte es allein, nur langsamer, sie aber denkt: »Er kann es nicht. Er braucht viel zu lange. Er trödelt.« Laßt eure Söhne trödeln, denke ich oft, laßt ihnen Zeit, dann machen sie ihre Sachen. Mütter sind egoistisch, wenn sie ihre Söhne von der Eigenverantwortung entwöhnen. Sie erziehen ihre Söhne dadurch auch zur Hektik.

Jedes von ihrem Sohn eingegangene Risiko belebt nicht nur die Angst seiner Mutter, er könne sich verletzen, Schaden nehmen oder scheitern. Es belebt vor allem ihre Angst, er könne es allein schaffen und sie überhaupt nicht mehr brauchen. Deshalb wird der Sohn »überbehütet« und »in Watte gepackt«. Ob es sich nun darum handelt, daß er lernen könnte, ohne seine Mutter über die Straße zu gehen, ob er Expeditionen in die weitere Umgebung machen möchte, in die Ferien fahren, Reisen unternehmen usw. – die Mutter entfacht ungeheure Angst. Anstatt ihre eigenen Aufgaben anzupacken, sich zum Beispiel gegen ihren verwöhnten Mann expansive Freiräume zu verschaffen, fühlt sie sich in die möglichen oder minimalen Ängste ihres Sohnes ein und vergrößert diese emphatisch.

Söhne werden in einer beunruhigenden Weise »beruhigt«, wenn sie ganz normale Unruhegefühle entwickeln, weil sie irgendeine unbekannte Aktivität zum ersten Male unternehmen, häufig genug auch mit Hilfe von Medikamenten. Der Schmerz der Söhne und ihr entsprechendes Geschrei belebt den verdrängten Ehrgeiz und Freiheitsdrang und damit die phobischen Komponenten ihrer Mütter. Sie geben aber vor, Söhnen Schmerzen ersparen zu wollen. Deshalb hat die Gesellschaft für alle möglichen physischen und psychischen Belastungen, die an sich völlig selbstverständlich und aushaltbar wären, weil sie zum gesunden Leben dazugehören wie das Wachstum selbst, die passende Arznei entwickelt: Tabletten, Tropfen, besseres Essen und zuviel Schlaf werden dem »armen, überanstrengten« Sohn verordnet. Diese »Therapie« wird dem Sohn immer dann aufgenötigt, wenn er beginnen könnte, Strapazen nach eigener Einschätzung zuzulassen und zu bewältigen. Je früher die Söhne daran gewöhnt werden, Medikamente zu nehmen, »Kuren« zu absolvieren, die ihren Eltern vertraut sind, weil der Arzt sie ebenfalls empfahl, desto »normaler« reagieren die Söhne, desto »beruhigter« sind ihre Mütter: Im Gefängnis herrscht Ruhe.

Zu den unvermeidlichen psychischen Schmerzen des Sohnes gehören Unruhe und Angst. Wenn Mütter selbst unruhig sind, überlastet, einsam und von der langweiligen Hausarbeit gestreßt, werden sie um so eher von der Unruhe und Angst ihrer Söhne angesteckt. Sie fühlen mit ihnen und neigen dazu, diese Aufregungen auf ihre Weise aus der Welt zu schaffen, durch Tranquilizer.

Wenn Jungen entsprechende Fragen stellen, weil ihnen diese überflüssigen Therapieangebote stinken, dann sagen Mütter ihnen, daß sie dazu noch zu klein oder zu dumm sind: »Du wirst es später schon verstehen.« Es käme statt dessen darauf an, Fragen und Antworten als gemeinsamen Forschungsprozeß zu begreifen. Es wäre hilfreich, wenn Söhne Anleitungen bekämen, sich ihre Fragen selbst zu beantworten. Schnell gegebene Verlegenheitsantworten behindern die mögliche gemeinsame Forschung. Sowohl gar keine als auch allzu schnell gegebene »einfache« Antworten sind verwöhnend. Es gibt keine ungeschickten oder kindlichen Fragen. Es gibt nur gestreßte und ungeduldige Eltern, die keine Zweifel aufkommen lassen wollen. Jeder Zweifel brächte Eltern in Gefahr, ihre eigene verwöhnte Lebensweise zu überdenken und gegebenenfalls zu ändern.

Zum Nicht-Fragen-Dürfen ganz allgemein gehören zweifelnde und kritische Stellungnahmen hinsichtlich der Autorität und Kompetenz der Eltern und anderer Respektspersonen. Die Charaktere der Eltern, ihre Art der Lebensführung, ihre Lükken und Probleme, ihre Weltanschauung, politische Orientierungen und so weiter gehören zu den Tabus in der Familienreligion. Ich wünsche mir einen Umgang mit Kindern, auch in Kindergarten und Schule, der ihnen ermöglicht, ihre Eltern und Lehrer zu verstehen, deren Beweggründe zu hinterfragen und ihnen Kritik zuzumuten. Kritik an der Frauensucht, dem Parasitentum, der Gewalttätigkeit und dem Chauvinismus des Vaters. Kritik an der mangelnden Eigenständigkeit, der Unwahrhaftigkeit und der Symbiosetendenz der Mutter. Gegenwärtig dürfen Söhne nicht über ihre Nöte und ihre Zweifel an den Müttern sprechen. Die Mütter sprechen im Gegenteil für ihre Söhne. Infolgedessen lernen diese nicht, kritisch zu denken. Wir können das jederzeit verifizieren, indem wir Gespräche zwischen Eltern und Kindern anhören. Wirkliche Denkprozesse dauern lange und bringen Beruhigungen mit sich. Diese werden nicht erlaubt.

Ich habe oft erlebt, daß Söhnen von Müttern Fragen gestellt werden, letztere aber nicht abwarten können, bis ihre Söhne sich äußern. Söhne brauchen vielleicht länger als Töchter. Und dann beantwortet die Mutter ihre eigenen Fragen: »Du denkst doch sicher ...» Oder: »Da wirst du nun wieder sagen ...« Wieder darf der verwöhnte Sohn nicht lernen, für sich zu sprechen. Wenn er doch etwas sagt, wird er nicht ernstgenommen. Seine Mutter »weiß alles besser«. Ihr Sohn soll das von ihr gesteckte Ziel erreichen. Nicht einmal den Weg dahin darf er sich selber suchen. Sein Schweigen ist die Folge. Wieso soll er sprechen? »Die hört sowieso nicht zu.« Eine symbiotische Mutter behindert ihren Sohn, weil die Projektion ihrer Ängste (vor der Freiheit) sie dazu führt, ihm nichts zuzutrauen. Sie beschneidet sein Werden und Wachsen, weil sie seine Unvollkommenheit nicht als Wachstumschance zulassen kann. Je eigenständiger der Sohn wäre, desto deutlicher würde er die verwirrte Selbstbezogenheit und Abhängigkeit seines Vaters und die depressive Beschränkung seiner Mutter offenlegen. Deshalb darf er nicht in Ruhe üben, was er noch nicht kann. Er wird nur angehalten, immer wieder das zu tun, was er schon bewältigt. Unfertiges wird unterdrückt.

Wenn er irgendetwas trotz der vielen emotionalen und handgreiflichen Behinderungen durch seine Mutter gelernt oder erobert hat, dann muß er Erster werden, Rekorde aufstellen und siegen. Als klassenbester Schüler, als Spitzensportler, Computerfachmann oder jugendlicher Forscher befriedigt er den Stolz seiner Mutter auch deshalb, weil niemand lange Bester bleiben kann. Der unvermeidliche Mißerfolg im Leben aber führt der Mutter ihren Sohn oft wieder zu. Als im Hause, in der Hausarbeit tätiger, als sozial engagierter, für andere fürsorglich werdender, weicher oder unauffälliger Junge kann er nicht reüssieren.

Eine 25jährige Kindergärtnerin bestätigte meine Befunde durch ihre Erfahrungen aus dem Kindergarten mit den Worten: »Die kleineren Jungen brauchen noch nicht mitzuhelfen. Entweder sind sie zu ›süß‹, oder sie können es noch nicht. Und die größeren, Vier- bis Sechsjährigen, dürfen ihre Angelegenheiten nicht in Ruhe selbst erledigen, weil es viel ›zu lange‹ dauert, weil wir ›nicht so viel Zeit haben‹.«

Leserinnen werden mir entgegenhalten, daß ich nicht nur die Beziehungen zwischen Söhnen und Müttern beschreibe, sondern die zwischen Kindern und Eltern schlechthin. Ich hoffe aber, inzwischen einigermaßen einsichtig gemacht zu haben, daß dieser Vorwurf nur zum Teil akzeptabel ist. Solange nicht auch der Vater teilzeitbeschäftigt beruflich arbeitet und die Hälfte seines Tages zu Hause und bei den Kindern verbringt, solange die Söhne ihren Müttern als besonders verwöhnungsbedürftig erscheinen, werden meine Feststellungen vor allem für Söhne und vor allem in den Beziehungen zu ihren Müttern gelten.

4

Mütterliche Erziehungsmittel und ihr Resultat: Das Nicht-Geben-Können des verwöhnten Sohnes

»Ich sagte ihm, daß ich heute nicht mit ihm schlafen will, und er reagierte eigentlich ganz freundlich«, erzählte eine Frau, erfreut, aber verwundert.

»Mach dir keine Sorgen, wir kommen schon zurecht«, sagte der Mann und Vater zu seiner Frau, als sie krank im Bett lag. Er und die Kinder kommen also zur Not auch einmal ohne ihre Hilfe aus.

In seiner Ermunterung aber fehlt etwas: Wer sorgt sich um die Mutter? Wer pflegt sie? Wer schaut, daß sie zurechtkommt?

Wir haben es in beiden Fällen mit scheinbar kooperativen, zugewandten Männern zu tun. Hinter ihren Aussagen verbergen sich aber Verwöhnungswünsche. Fallen uns Männern diese auf? Oder empfinden wir die Verwöhnung des Mannes auf Kosten der Frau als selbstverständlich?

Die Mutter ist die einzige in der Familie, die keine »verwöhnende Mutter« hat. Sie ist kräftiger als ihr Partner. Wenn sie ihn nicht verwöhnt, dann wird sie oft übersehen oder angemuffelt. Außerhalb der Verwöhnungsfunktion gilt sie oft nicht, wird verachtet, angegriffen und geschmäht. Kaum je übernimmt jemand die Rolle der Mutter für sie. Selten löst jemand sie ab. Sie hat die Aufgabe, für alle zu sorgen. Aber sie wird nicht genährt, sie kann sich nie ausruhen. Sie soll noch »froh« sein, wenn ihr Mann sie wenigstens sexuell attraktiv findet.

Männer lernen nicht, den Streß, in dem sich ihre Frauen

befinden, wahrzunehmen und ihnen die Möglichkeit zum Ausruhen zu verschaffen. Dazu müßten wir Männer kochen lernen, saubermachen und waschen. Lernen, Nächte hindurch zu wachen, Krankenpfleger und Gesprächspartner, Vertraute unserer Kinder zu werden.

Aber es gibt bestimmte Themen, über die Söhne mit ihren Vätern überhaupt nicht reden können. Beim Thema Geld etwa fangen die meisten Väter sofort an zu stöhnen. Er käme mit seinem Geld auch nicht aus, sagt der Vater. Für das Thema Mode, das seinen Sohn sehr interessiert, hat er nichts übrig. Er kann sich nicht mehr in die Schamgefühle dessen einfühlen, der sich nie Kleidung leisten kann, die »in« bzw. modern ist. Beim Thema Sex, wenn der Sohn zum Beispiel wissen möchte, welche Erfahrungen seine Eltern gemacht haben, als sie in seinem Alter waren, stößt er auf ein absolutes Tabu oder auf unwirsche Reaktionen.

Sein Vater *will* nicht einfach nicht. Er *kann* gar nicht über diese Dinge sprechen. Wenn sein Sohn seine erste Freundin hat, muß er oft erfahren, daß sein Vater dieses Mädchen nicht akzeptiert. Wenn er mit Drogen in Kontakt kommt, muß er mit einem Nervenzusammenbruch seines Vaters und hysterischen Anfällen rechnen. Eheprobleme seiner Eltern gehen ihn sowieso angeblich nichts an: Er möge sich um seine eigenen Angelegenheiten kümmern. Geht es um Krankheiten wie zum Beispiel Aids, dann erweist sich der Vater als absoluter Versager. Wir erleben, daß derartige Gespräche vom Vater strikt untersagt werden.

Also bleiben diese »unangenehmen« Themen bei der Mutter hängen. Sie ist zur Stelle. Was kann die Frau tun, um sich zu entlasten, sich einmal etwas Gutes zu tun? Christiane Olivier klärt uns auf: »Sie bittet um ein Rezept, eine Adresse, den Namen eines Medikamentes, sie erbittet irgend etwas von ›einer Anderen‹, die sich darauf einläßt, die das versteht... Die Frauen wenden sich in der Tat anderen Frauen zu, um sich ohne Bedingungen liebhaben zu lassen, ohne Versklavung, mit dem Recht auf Regression... Eine Frau geht zum Friseur. Um den Wunsch ihres Mannes zu erfüllen, schön zu sein, oder um das eigene Bedürfnis zu befriedigen, sich ohne andere Sorgen während einiger Stunden verwöhnen und verhätscheln zu lassen?« (Jokastes Kinder, S. 201 f.).

Mann mag bekennen, daß ihn eine solche Aussage bewegt. Mich bewegt sie wahrscheinlich deshalb, weil ich an meine Mutter und ihre kleinen Fluchten denke. Viele Frauen nehmen uns Männern diese »Bewegung«, diese Art Gefühle nicht mehr ab. Sie erwarten unmißverständlich nicht den bekümmerten oder weinerlichen Mann, sondern den, der wirklich etwas ändert. Sie dürfen dieses nicht nur erwarten, sie müßten es erkämpfen.

Dennoch ist es auch erforderlich, die Mittel der Mutter zu beschreiben, mit denen sie ihren Sohn festhält, verwöhnt und lebensuntüchtig macht. Zu zeigen, wie sie versäumt, darauf zu bestehen, daß der Mann an ihrer Seite alle haushaltlichen, erzieherischen und emotionalen Lebensaufgaben mit ihr teilt. Was tut die verwöhnende Mutter ihrem Sohn an? Was sind ihre geheimen Ziele?

1. Der Sohn wird *kleingehalten*. Töchter müssen im Familienbereich mithelfen, weil sie »eine Frau« werden sollen. Sie werden von ihren Müttern eher in Gespräche intimerer Art hineingezogen, Söhne wesentlich seltener. Söhne müssen »alles haben«. Sie werden zu schwierigen Aufgaben und Verzichtsleistungen weniger aufgefordert als Mädchen. Mitarbeit beim Tischdecken, Kochen, Abwaschen, Saubermachen, Wäschewaschen und Einkaufen würde Söhnen auch Spaß machen, wenn sie früh genug dazu herangezogen würden. Männer sind nicht durch Vererbung bequem, sie werden dazu erzogen, obwohl sie lieber mitarbeiten würden. Mit Söhnen sind Mütter außerdem besonders ungeduldig. Sie wissen alles besser, dulden zum Beispiel nicht, daß etwas »kaputt« geht. Deshalb auch drosseln sie Eigenimpulse und Spontaneität ihrer Söhne.

2. Die soziale Umwelt wird dem Sohn von der Mutter als *»böse Welt«* vermittelt, zum Beispiel als harte Männerwelt. Liebe und Geborgenheit gibt es angeblich nur bei Frauen,

zuallererst bei der Mutter. Andere Menschen, vor allem Männer, gelten als gefährlich. Der Sohn soll sich vor ihnen hüten. Über viele andere Menschen redet die Mutter schlecht. Sie zeichnet ein düsteres Bild von fremden Menschen. Quasi paranoide Maßnahmen sollen gewährleisten, daß niemand an den Sohn heran darf, und daß er sich auch nirgends hintraut, wo es schwierig werden könnte. Er lernt, niemandem, außer seiner Mutter, zu vertrauen. Natürlich wird ihm auch eingeschärft, daß er niemandem erzählen darf, was in der Familie los ist, was zum Beispiel der Vater so alles anstellt. Aber ihren Sohn hat die Mutter auch darüber »aufgeklärt«. Geheimniskrämerei in persönlichen Angelegenheiten der Mutter verstärkt die Verschwiegenheit des Sohnes, erklärlicherweise auch seine Vereinsamung.

3. »Das kannst du noch nicht«, »Du mußt dich schonen«, »Das ist zu schwer für dich«, »Laß mal, ich mache das schon«, »Du wirst dich überanstrengen«, »Du wirst dich erkälten«, »Du bist zu ungeschickt dazu« und ähnliche *»Beruhigungspillen«* muß der Sohn hundertmal schlucken. Er kann deshalb nur selten ein Gefühl der eigenen Könnerschaft und Tüchtigkeit entwickeln. Weil ihm Widerstände aus dem Weg geräumt und Gefahren aufgebauscht werden, lernt er nicht, diejenigen eigenen Kräfte zu mobilisieren und Anstrengungen zu unternehmen, mit denen er Schwierigkeiten beiseiteräumen bzw. meistern könnte. Ein Ich-Gefühl von Freude und Stolz auf die eigenen Leistungen bekäme er erst dadurch, daß er Widerstände überwinden, etwas bewirken und verändern dürfte. Der Sohn bräuchte das Gefühl und das Erlebnis, etwas allein, ohne seine allgegenwärtige und allmächtige Mutter, geschafft zu haben, sogar manchmal auch gegen ihren Willen.

4. Bei alledem steht er auf eine wenig förderliche Weise *im Mittelpunkt.* Alles dreht sich um ihn. Ob er nun das einzige Kind ist, das erste, das jüngste, das »klügste« oder das »schönste«. Er bekommt zuviel Aufmerksamkeit, steht quasi wie auf der Bühne, manchmal als Star, zum Vorzeigen, manchmal als Clown, über den man lacht, manchmal als Versager oder als

Tölpel. Abwechselnd bekommt er Beifall für die lächerlichsten Kleinigkeiten bzw. Tadel für Mißerfolge in Angelegenheiten, bei denen er schlicht überfordert war.

5. Das probateste Mittel seiner Mutter wird ihre *Moralität*. Während der Mann im Patriarchat häufig körperliche Gewalt gegen Kinder und Frauen ausübt, muß die körperlich unterlegene Mutter moralische Gegenwehr leisten. Immer, wenn die Gewalt der Männer erwähnt wird, versuchen sie sich mit dem Vorwurf des »Psychoterrors« der Frauen herauszureden. Sie meinen die Moral der Frauen, denen sie zu wenig gewachsen sind. Diese wendet die Mutter gegen ihren Sohn, um ihm Schuldgefühle zu machen. In ihrer Not, dem permanenten Gefühl, mit dem Sohn etwas versäumt zu haben, für seine Schwierigkeiten allein verantwortlich zu sein – das ist ihre leitende symbiotische Fiktion –, vermag sie nur umzugehen, indem sie ihm Vorwürfe macht: »Was habe ich alles für dich getan! Und du gibt mir so wenig zurück.« Auch das entspricht den Tatsachen, die sie selbst hat mit herbeiführen helfen.

6. Die Mutter kann eine *Gerichtshofatmosphäre* herstellen, wenn sie sich als »schlechte Mutter«, als »Rabenmutter« fühlt. Sie lebt mit der Fiktion, daß alles schiefgeht, weil sie nicht ständig für ihren Sohn da ist. Ihr Schuldgefühl überträgt sich auf diesen. Er meint nun, seine Mutter davon befreien, wenigstens entlasten zu müssen. Falls er Initiativen zu seiner emotionalen Loslösung entwickelt, »erwachsen«, das heißt unabhängiger werden möchte, ist seine Mutter gekränkt: »Du bist ein undankbarer Sohn. Du liebst mich nicht. Du bist böse.«

7. Er entwickelt allmählich ein *schlechtes Gewissen*, wenn er einmal Zeit oder Raum nur für sich allein beansprucht. Manche Mütter lassen ihrem Sohn nicht einmal den Schutz seines eigenen Zimmers. Zum Beispiel darf er es nicht abschließen, wenn etwa seine Freundin ihn besucht. Er unterdrückt sein Schuldgefühl, wenn er die mütterliche Zone verläßt, um sich die Welt anzueignen. Schließlich versucht seine Mutter, ihn davon zu überzeugen, daß er sie an ihrem persönlichen Glück hindert. Bloß weil er existiert und pflegebedürftig ist. Die

Übermacht des mütterlichen Opferideals, ihre Erfahrung, daß sie Bedürfnisse zurückstellen muß, sorgt dafür, daß sie ihre eigene Entwicklung aus dem Auge verlieren »darf«. Schuldgefühle der Mutter wirken ähnlich wie Zwangsgedanken: Der Sohn ist »am Ziel«. Er muß sich keine anstrengenden Überlegungen darüber mehr zumuten, wie sein Leben zu verändern wäre.

8. Die ihren männlichen Partner bzw. Vater ihrer Kinder entbehrende Mutter *überfordert und unterfordert* ihren Sohn gleichzeitig. Signale, sie zu retten, überfordern ihn. Stimmungen nach dem Motto »Du sollst es einmal besser haben als ich« verhindern, daß er selbst den Sinn seines Lebens findet. Auf den Sohn projizierte mütterliche Bedürfnisse von Konfliktlosigkeit, Harmonie, Glück, Liebe und lustvoller Befriedigung leisten der Illusion Vorschub, die Sohneswelt könne eine ganz andere, von der mütterlichen Lebensstimmung zu trennende Welt werden. Sie scheint eine Welt der Frauen ohne Trauer und des Spiels ohne Arbeit werden zu müssen. Denn wenn er sich anstrengt, weint, ächzt oder wütend wird, reagiert seine Mutter mit Unruhe. Gestimmt auf eine desolate, resignative Grundmelodie, will die Mutter ihrem Sohn ein alternatives Paradies einräumen. Verwöhnung ist die unvermeidliche Folge.

An dieser Stelle möchte ich, ohne abzuschweifen, noch einmal vom speziellen Problem des Sohnes mit seiner Mutter auf eine allgemeine Struktur der Verwöhnung, die zum Teil auch den Vater betrifft, zurückkommen. Weil eigenständige Kinder nicht mehr so dringend Eltern brauchen, verwöhnen Eltern Kinder. Eltern sind hilflose Helfer, die Hilfesuchende benötigen. Sie behandeln ihre Kinder als solche, um einen Sinn im Leben zu finden. So leben sie quasi aus »zweiter Hand«. Angeblich für ihre Kinder existierend, vernachlässigen sie tatsächlich ihre eigene Entwicklung. Die selbsterfüllende Prophezeiung funktioniert: Kinder richten sich nach und nach als Menschen ein, die ohne die Hilfe ihrer Eltern nicht zurechtkommen. Eigenständige Kinder erschienen solchen Eltern wie lebende Vorwürfe. Sie forderten ihre Eltern auf, ebenfalls eigenständiger und unabhängiger zu werden und sich von diversen Zwängen zu befreien. Weil die Eltern ihre »Ruhe«, das heißt nichts mehr verändern wollen, leben sie auf eine Weise, die ihre Kinder abhängig hält. Auf diese Weise entwickelt sich eine Logik der gegenseitigen zwischenmenschlichen Angewiesenheit.

Verwöhnte Väter wollen vor allem von ihren heranwachsenden Töchtern, aber auch von Söhnen geliebt werden. Sie sind liebesbedürftig, sehnsüchtig nach einer sogenannten Liebe, die sie von ihren Frauen oft schon deshalb nicht mehr bekommen, weil sie sie abwerten und sich nicht mehr genügend um sie bemühen. Zärtlichkeitsansprüche richten sie auf die Tochter. Mit ihr zärtlich zu sein gilt nicht als Seitensprung. Es scheint »erlaubt« und wird häufig als »gutes Recht« der Väter rationalisiert. Unversehens mag diese sogenannte Zärtlichkeit zur Ausbeutung und Übermächtigung werden. Ein kleines Mädchen kann nicht bewußt Ja sagen zu einer intimen Vater-Tochter-Beziehung. Infantile und regressive erotische Bedürfnisse von Vätern führen in erschreckend vielen Fällen zum sogenannten sexuellen Kindesmißbrauch, einer extremen Variante der Verwöhnungstendenzen des Vaters. Es sind nicht nur Töchter, sondern auch Söhne von Vergewaltigungen und sexuellen Übergriffen betroffen.

Ich habe von Frauen gehört, daß sie als Mädchen diese Form von Raub-Sexualität des Vaters sogar »genossen« haben. War es die einzige Form der väterlichen Zuwendung, die diese Töchter erlebt haben? War der Vater ansonsten »abwesend«, kalt, mufflig, hart oder ohne Verständnis? Haben die Mädchen tatsächlich diese Form der Raub-Erotik als Zuwendung empfunden? Brauchten sie diese Art der »Beziehung«, weil sie emotional sonst »verhungert« wären? Distanzierte Väter, die ihre Söhne verwahrlosen lassen oder sie schlagen, rufen tatsächlich die kindliche Reaktion hervor, sogar diese Schläge noch als Zuwendung zu erleben. Weil außer dem gar keine da wäre, kommt es zu dieser autoritär-gewalttätigen Perversion.

Auch ohne diese übergriffige Konsequenz wollen Väter die Anerkennung ihrer Söhne. Sie laufen ihr förmlich hinterher. Darum brauchen sie die Illusion der Schmerz- und Trauerlosigkeit ihrer Söhne. Diese dürfen keine Angst, keine Unruhe und keinen Zweifel empfinden. Mit diesen Gefühlen verlören sie entschieden an Attraktivität. Pläne, die vom Vater »wegführen«, dürfen sie nicht machen, Erfolge ohne seine Mitwirkung dürfen sie nicht haben. Sie müssen ihn brauchen und dürfen keine Impulse zur Selbständigkeit entwickeln. Jede Entwicklung seines Sohnes zöge für den Vater die Konsequenz nach sich, daß er zu wenig »Anerkennung« empfindet. Ein hilfloser Sohn dagegen signalisiert seinem Vater, daß er bedeutsam ist. Das mag auch für das Kind verlockend sein, und auch das begründet seine verwöhnten Ansprüche an den Vater.

Die dauernde Sorge um ihre angeblich lebensuntüchtigen und schwachen Söhne erspart den Vätern vielerlei Lebensängste, Zweifel und Gedanken über ihre eigene Zukunft. Der nicht-verwöhnte Sohn ginge schneller seiner Wege, seinen Eltern »verloren«. Verloren ginge damit vor allem der fiktive Sinn des Lebens der Eltern. Der »Verlust« des Sohnes ruft Eifersucht hervor, auf alle Menschen, mit denen der heranwachsende Sohn Kontakte aufbaut. Feindselige väterliche Impulse sind oft die Folge, auch Herrschsucht, die wiederum Schuldgefühle nach sich ziehen. Darauf folgen Wiedergutmachungsimpulse, welche in erneuter Verwöhnung münden. Womit der Kreislauf geschlossen wäre.

Auch resignierte Väter, die mit dem, was sie bisher im Leben »erreicht« haben, »zufrieden« sind, verdrängen Entwicklungsmöglichkeiten. Es wundert also nicht, wenn deren Sohn sich auch nicht entwickeln darf. Darum wird er mit Belanglosigkeiten überhäuft und überfordert, zum Beispiel mit rigiden Schulanforderungen. Scheinbar geht es nur noch um Zensuren, nicht mehr um menschliches Wachstum. Viele Söhne reagieren darauf durchaus »logisch«, nämlich mit Lethargie. Sie erscheinen als verwöhnt, weil sie überfordert und unterfordert wurden. Überfordert durch die Anpassung an gesellschaftlich anerkannte Leistungen. Unterfordert hinsichtlich einer Entwicklung zur Unabhängigkeit von Eltern und Gesellschaft.

So »opfern« sich Eltern für ihre Kinder und hoffen auf einen Ausgleich im Jenseits. Leider liegt in dieser Systematik oft auch schon das Motiv der Erwachsenen verborgen, überhaupt ein Kind in die Welt zu setzen: Ihr eigenes Leben hatte zu wenig Sinn. Sie hatten sich nur noch wenig zu sagen. Da kam die rettende Idee: Wir werden ein Kind haben. Dann wird alles besser. Wir werden ein neues Zusammengehörigkeitsgefühl erleben und wieder wissen, was zu tun ist.

Kehren wir zum verwöhnten Sohn zurück. Im Laufe seiner Entwicklung hat er eine Menge Nahrung in sich aufgenommen und die Anwesenheit seiner Mutter teilweise auch genossen. Dann hat er Informationen, Stimmungen, Gedanken und Gefühle in sich aufgenommen. Offenbar aber konnte er das alles nicht besonders gut »verdauen«, er gibt vieles nämlich nicht wieder her. Ich möchte vier Aspekte dieses Nicht-Geben-Könnens herausheben: das Festhalten der Nahrung, das des Samens, den »Besitz« der Partnerin und das Schweigen als das Festhalten von Gedanken und Gefühlen.

Das Festhalten der Nahrung: Mütter sind ihren Söhnen gegenüber nachsichtiger als ihren Töchtern gegenüber, wenn diese die Hosen vollmachen. Mädchen müssen schneller sauber sein. Christiane Olivier meint, daß bei Mädchen deshalb früher Widerstände gegen das Hergeben auftreten, die aber nicht so lange dauern (S. 104). Jungen leisten erbitterten und langanhaltenden Widerstand gegen das Hergeben der verdauten Nahrung, in endlosen Sitzungen und zwanghaft inszenierten Ritualen auf dem Töpfchen. Der Junge verzögert, er hält die Nahrung fest. Er gibt jedenfalls oft nicht dann ab, wenn die Mutter es von ihm erwartet. Infolgedessen macht er ins Bett oder kackt in die Hose, nach dem Motto »Ich gebe nicht, wenn du willst«. Jetzt kann er einmal etwas selbst bestimmen, seine Kooperationsfähigkeit scheint gedrosselt. Durchfall oder Verstopfung zeigen in ähnlicher Weise den Widerstand des Sohnes

– zu früh oder zu spät geben, jedenfalls nicht zu der von der Beziehungsperson gewünschten Zeit.

Das Festhalten des Samens: Es sei ein kurzer Abstecher in das Gebiet der Sexualität gestattet. Wir sollten uns darüber im klaren sein, daß Selbstbefriedigung meist ein Ausdruck normaler Lebenslust und des Wunsches nach Entspannung ist, wenn sie zum Orgasmus führt. Im Falle der zwanghaften und nicht zur Befriedigung führenden Onanie mag die Frage angebracht sein, ob dem Betreffenden die Kontaktaufnahme zum Mitmenschen, zum anderen oder gleichen Geschlecht unvertraut und zu schwierig, die Masturbation mithin ein Ausdruck von Verwöhnung ist. Es handelt sich jedenfalls nicht um ein reines Triebgeschehen, wie etwa Freud meinte, sondern steht mit der Persönlichkeit des Betreffenden in Verbindung.

Vielleicht hat der Sohn nicht gelernt, Befriedigungen aufzuschieben bzw. jene Frustrationen zu ertragen, die die Partnerinnensuche mit sich bringen würde. Im Falle vorzeitigen (oder verzögerten), also trotz langen Stimulierens nicht erfolgenden Samenergusses beim Geschlechtsverkehr des erwachsenen Mannes können wir fragen, ob dieser unbewußt nach dem »Kooperationsschema« des verwöhnten Knaben funktioniert: »Ich gebe ab, wann ich will, und nicht, wann du willst.« Es handelt sich um die Reaktion dessen, der sich nicht führen lassen möchte, weil er in der Kindheit gelernt hat, daß alles nicht nach seinem, sondern nach dem Kopf der Mutter ging.

Wiederum liegt der Grund in der verwöhnenden Tendenz der Mutter, die ihren Sohn vergöttert und zum kleinen Pascha macht. Er hat immer alles, was sie meint, das er will, sofort zu bekommen. Einschränkungen und Verzögerungen lernt er nicht zu bewältigen. Deshalb muß alles sofort gehen (Bettnässen, Einkoten, vorzeitiger Samenerguß). Oder es wird krampfhaft zurückgehalten (Verstopfung, verzögerter oder fehlender Samenerguß), bevor die Angst vor dem erwarteten Versagen und der Bestrafung zum verkrampften Drücken, Pressen bzw. zu Verspannungen führt.

Wir können die Extremposition dieser scheinbar widersprüchlichen männlichen Reaktionsweisen durch die Vernetzung von Gewalt und Verwöhnung deuten. Beide Beziehungsstrukturen treten miteinander verbunden auf, als Wechsel von »Laß dir Zeit, du darfst alles, du bist toll« (Verwöhnung) und »Nun mußt du aber sofort tun, was ich will, du bist nur bockig« (Gewalt). Christiane Olivier deutet dieses Geschehen als Analkampf, der Sohn versucht, seine Haut vor dem mütterlichen Begehren zu retten, über sie zu siegen (S. 114).

Ich vermute eher, daß es sich um einen Protest gegen den dauernden, für ihn sinnlosen und unverständlichen Wechsel von Gewalt und Verwöhnung handelt. Wahrscheinlich will der Sohn eine maßvolle und gleichberechtigte Kooperation mit seiner Mutter. Weder die eilige, unzufriedene, Zwang ausübende, ihren Sohn verteufelnde Gangart (Gewalt) noch die unentschlossene, nachgiebige, ihren Sohn vergötternde Gangart der Mutter (Verwöhnung) kann ihm diese Kooperation ermöglichen.

Das Festhalten der Frau: Erwachsene Männer wollen ihre Frauen nicht hergeben. Sie entwickeln Eifersucht, wenn die Frau sich anderen zuwendet, wenn sie andere Menschen liebt. In »Männer lassen lieben« habe ich meine Erfahrungen geschildert: Es wird wesentlich mehr Eifersucht mobilisiert, wenn die Frau dem Manne durch ihre expansive berufliche Tüchtigkeit nicht mehr als minderwertiger Vergleichsmensch zur Verfügung steht. Dagegen scheint die freudianische Deutung, der Vater sei der sexuelle Rivale seines Sohnes, typisch männlich-vereinfachend. Mit ihr kommen wir dem Problem der heranwachsenden verwöhnten Söhne unserer Kultur nicht auf die Spur. Sexualistisch gelangen wir auf die falsche Fährte. Die Vorstellung, der kleine Sohn würde seinen Vater beiseite schaffen wollen, um Sexualpartner seiner Mutter zu werden, ist grotesk. Auch die Annahme, daß er die verwöhnende Mutter einem strengen Vater vorzieht, erklärt nicht alles.

Tatsache ist, daß in einer Gesellschaft, die Frauen den Umgang mit Kindern fast ganz überläßt bzw. diktiert, Väter Söhnen überwiegend abwesend erscheinen. Darum entwickelt der heranwachsende Knabe Frauensucht, die Sucht nach der Verwöhnung durch die Frau. Er entwickelt Eifersucht, um diese Verwöhnung kämpferisch festzuhalten. Seine Mutter soll nicht weggehen. Sie soll permanent nur für ihn und für niemand anderen, nicht einmal für seinen Vater dasein. Der Sohn kennt nur das Gefängnismodell von Beziehungen, und darum will er die Mutter jetzt ebenfalls in die Symbiose einsperren. Zu diesem Zweck lernt er, offene und subtile Gewalt anzuwenden.

»Gewalttätig, um verwöhnt zu werden« lautet die Kurzformel für den männlichen Lebensstil in dieser Gesellschaft. Damit sie nicht beruflich erfolgreich ist und ihn »überholt«, versucht der Mann, seine Frau zu Hause zu halten. Er will Kinder und verweigert selber deren Betreuung. Die Erklärung, dem Mann ginge es nur um den exklusiven Zugang zu dem Körper seiner Frau und um ihre sexuelle Ausbeutung, leuchtet mir nicht ein. Es geht ihm darum, die Konkurrenz der denkenden Frau auszuschließen. Sie soll keine Leistungen erbringen, sondern sich um ihn sorgen, sich über ihn den Kopf zerbrechen. Sie soll ihn verwöhnen, damit er sich nicht verändern muß. Ihre Expansion würde seine Eifersucht mobilisieren. Er will sie bei sich festhalten, damit er dieser Eifersucht entrinnt, die eine Aufforderung zur Entwicklung enthielte.

Das Festhalten der Gefühle und Gedanken: Männer wollen Sexualität. Das ist patriarchalische Ideologie. Man sagt es uns von Kindesbeinen an. Wir plappern es nach, richten uns dementsprechend ein. Frauen aber, so wird es allmählich immer deutlicher, wollen – erst einmal – das Gespräch. Sie wollen Gefühle bei Männern erleben, mit uns sprechen. Sie wünschen sich Zärtlichkeit. Manche sagen ganz deutlich, daß sie Worte möchten, Streicheln, Berühren, Anfassen, und daß sie sich geliebt fühlen wollen. Daß ihnen der Koitus im Grunde manchmal fast gleichgültig ist. Wir Männer leisten noch Widerstand. Obwohl wir merken, daß auch wir das Gespräch dringender brauchen als diesen im allgemeinen zwar recht lustvollen, aber kurzen, im Grunde nicht allzu befriedigenden körperlichen Akt.

Weil der Mann zu wenig Gefühle zeigt, zu wenig Worte und Sätze ausspricht, reduziert sich das Interesse der Frau an der Sexualität mit ihm. Wir Männer dürfen nicht vergessen, daß mit hoher Wahrscheinlichkeit etwa jede zweite Frau in ihrer Kindheit oder Jugend durch sexuelle Übergriffe von Männern mißhandelt und verängstigt wurde. Aber wir sollten uns vor allem bewußtmachen, daß wir im Grunde vorher sprachfrigide sind, ehe sich die Frau uns körperlich verweigert. Das spüren auch Frauen, die als Mädchen keine Gewaltattacken mit sexueller Einfärbung erlebt haben.

Die erste Frigidität geht vom Mann aus. Weil er das Gespräch ungenügend pflegt. Deshalb ist er nicht der Mensch, den die Frau sich im Bett wünscht. Der Kontakt durch das einfühlsame, ruhige, interessierte Gespräch, auch über Erotik, sexuelle Phantasien und körperliche Reaktionen, über die Leidenschaften, Begierden, geheimen Wünsche und Verbote, sollte dem Körperkontakt vorausgehen. Dann würden beide Partner in einer sexuellen Begegnung eher Befriedigung finden.

Mädchen sprechen früher als Knaben gleichen Alters, weinen in den ersten Monaten mehr als Knaben. Weinen ist eine Vorform von Sprache. Mädchen weinen, um die Mutter »anzusprechen«, herbeizuholen. Sie fangen früher an, Worte zu formen. Mit Sprache vermag der Mensch den Abstand zum anderen Menschen zu überbrücken.

Söhne müssen weder weinen noch sprechen lernen. Ihre Mutter ist an ihnen schon immer dichter dran als an Mädchen. Wieder sind wir beim Phänomen der Verwöhnung. Der Knabe schweigt nicht von Natur aus, sondern weil seine Mutter ihm die Bemühung um sie nicht im selben Maße abverlangt wie ihrer Tochter. Wir vermuten, daß die Mutter den Knaben aus bestimmten Gründen für schwächer hält als das Mädchen. Wahrscheinlich weil sie ihren männlichen Partner als kraftlos erlebt und dies auf ihren Sohn überträgt. Wir ahnen, daß sie sich ihrem Sohn intensiver als ihrer Tochter zuwendet, weil er das männliche Pendant verkörpert, welches sie sich wünscht und zu wenig erlebt. Wir wissen, daß die Mutter den Sohn bevorzugt und sich um ihn mehr kümmert als um ihre Tochter. Eine selbsterfüllende Prophezeiung scheint zur Schwächung des heranwachsenden Knaben beizutragen.

Brigitta Kreß schreibt in »Was will der Mann?«, daß die einen Knaben stillenden Mütter mehr Geduld, Zeit und Muße aufbringen als für ein Mädchen, weil sie in dem Neugeborenen bereits den späteren Mann sehen, dem die Lust am weiblichen Körper erlaubt sein wird, »dem gegenüber sie als Frau schon jetzt nachgiebiger zu sein hat« (S. 32). Kreß zitiert Elena Belotti: »Die ganze Erziehung ... ist von dem Bewußtsein getragen, daß den männlichen Menschen alles zu Diensten stehen muß, was weiblich ist ... und daß Frauen ihre Pflichten Männern gegenüber nie vernachlässigen dürfen« (S. 32). Kreß fährt damit fort, daß Mädchen physisch wesentlich abwehrkräftiger seien als Knaben (S. 35), daß Krankheiten bei Mädchen seltener tödlich ausgehen, daß männliche Kleinkinder immer weniger daran gewöhnt werden, sich um Zuwendung zu bemühen, je älter sie werden.

Die Mutter sollte statt dessen ihren Sohn fragen, wann er Hilfe will, und ihn ernst nehmen. So stelle ich mir das vor. Wenn er keine Hilfe will, soll sie ihn in Ruhe lassen. Anbieten kann sie Hilfe allenfalls, sie sollte diese aber nicht aufzwingen!

Von frühester Kindheit an wird der Mann daran gewöhnt, von der Frau zu erwarten, daß sie mit ihm spricht. Der erwachsene sprachfrigide Mann wartet auf den Sprachdurst und das Sprachangebot der Frau. Er selbst ergreift die Initiative wesentlich weniger. Er erlebt zwar, daß die Frau durch seine Ansprache zufriedener wird, bemüht sich aber zu wenig darum. Sie möchte hören, daß er sie liebt. Sie will Worte des Begehrens und des Verstehens hören. Sie möchte hören, daß er Interesse am sprachlichen Austausch mit ihr hat. Er aber schweigt. Er wehrt ab, nach ihren Wünschen zu fragen, die von ihr empfohlenen Bücher zu lesen, ihre Freundinnen oder Freunde zu seinen zu machen. Wahrscheinlich fühlt er sich durch ihre Wünsche bedroht, befürchtet, sie nicht erfüllen zu können. Weil er diese Wünsche nicht kennt und deshalb projektiv übersteigert. Dem Worthunger einer Frau entspricht der Wortgeiz ihres männlichen Partners. Da er ihr zu selten sagt, daß er sie liebt, daß er mit ihr sprechen möchte, fragt sie vielleicht bei ihm deswegen nach. Das wird ihm lästig, und er antwortet nicht. Auch weil er sich schämt, solche Worte überhaupt zu benutzen. So entsteht die Rationalisierung von der Unersättlichkeit der Frau.

Während die Frau Selbstgespräche führt, weil ihr Gesprächspartner »verschwindet«, sucht sie unbewußt, aber manchmal um so drängender, nach seiner gestischen und mimischen Wertschätzung ihrer Person. Sie möchte sich während des gesamten Tages geschätzt und ernstgenommen und nicht nur abends im Bett begehrt wissen. Wenn sie sich ihm sexuell verweigert, schimpft er und fühlt sich angegriffen. Nun benutzt er die Sprache, um sich zu beschweren. Hierbei werden viele Männer grob, verwenden eine brutale Sprache, entwertende Begriffe für die Frau. Oder sie verfallen in ein banales, abgrenzendes Geschwätz, das keine Gefühle enthält, auch nicht mehr seine Angst, zu kurz zu kommen. Oft wird er auch albern.

Damit sie nicht noch mehr von ihm fordert, hält er sie mit seinen männlichen Sprachmanövern auf Distanz. Im Laufe der Geschichte der Beziehung wird die Frau vom Leben des Mannes ausgeschlossen. Sie erfährt nichts mehr von ihm. Mancher Mann, der nicht gelernt hat, einen liebevollen Satz auszusprechen, mag vielleicht seine Partnerin noch ab und zu fragen, was sie denn von ihm hören wolle. Wenn sie ihm antwortet, hört er gar nicht mehr zu, weil er ihre – oft moralischen – Forderungen nicht ertragen mag, weil er keine Chance spürt, ihre Wünsche erfüllen zu können, weil er meint, alles, was sie zu sagen hat, sowieso schon zu kennen.

Vierter Teil

DIE STRATEGIEN DES VERWÖHNTEN MANNES

Eine Frau weiß, was sie sich von ihrem Mann wünscht, kennt ihre unbefriedigten Zärtlichkeits-, Sorge- und Pflegebedürfnisse. Aus der Beziehung zu ihrem Vater genauso wie aus der zu ihrem Partner. Also »erfüllt« sie ihrem Sohn Bedürfnisse, die nicht unbedingt seine sind. Sie »rettet« ihn, wie sie gern gerettet worden wäre. Als Quelle aller Lust und Besorgungsbedürfnisse ihres Sohnes verschafft sie ihm die Erfahrung, wie wohltuend es ist, von jemandem versorgt zu werden und durch eine Frau Lust am eigenen Körper zu erleben.

Gewisse Zärtlichkeitserfahrungen hat der Knabe offenbar beim Stillen. Seine Mutter genießt den Vorgang ebenfalls. Barbara Sichtermann bezeichnet das Stillen als einen in erster Linie für die Mutter erotischen Vorgang. Jungen bekommen die Brust länger als Mädchen, die Flasche im Durchschnitt erst nach fünfzehn, die Mädchen schon nach zwölf Monaten. Auch der einzelne Stillvorgang dauert im Alter von zwei Monaten beim Jungen durchschnittlich 45, beim Mädchen 25 Minuten. Damit keine Mißverständnisse aufkommen, möchte ich betonen, daß mein Hinweis auf die Verwöhnung des Knaben beim Stillen nur eine von vielen verwöhnenden Situationen betrifft. Andere drehen sich um Hausarbeit, um die Besorgung der Wäsche, um das Aufräumen seines Zimmers, die Vorbereitungen seiner Schularbeiten, seine Berufswahl. Dabei wäre interessant zu erforschen, welche Unterschiede zum Mädchen in all diesen Situationen auftreten, aber das sprengt hier den Rahmen. Hinsichtlich der Konsequenzen zur Untersuchung des männlichen Sozialcharakters aber sind andere Vergleiche nicht unbedingt erforderlich.

Ganz offensichtlich braucht die Mutter die Rationalisierung, daß ihr Sohn schwächer ist als ihre Tochter, weswegen er ihre Brust länger benötigt. Diese Fiktion dient der Entwicklung eigener Lust. Sie installiert aber eine selbsterfüllende Prophezeiung: Wer als schwächer gilt und so behandelt wird, der wird schließlich auch schwächer. Deshalb muß er geschont und eingesperrt werden.

Es wird vermutet, daß diese Asymmetrie vor allem für Mädchen schlimme Folgen hat. Bei 94 Prozent einer untersuchten Gruppe von Mädchen fand man Ernährungsprobleme, zum Beispiel zu langsames Essen, Launenhaftigkeit und Erbrechen. Bekanntlich leiden vor allem Frauen unter Bulimie (Freßsucht) und Magersucht. Es scheint, als würde schon das junge Mädchen aufgrund dieser Haltung seiner Mutter »ausgehungert«, zur Unersättlichkeit erzogen, weil ihr Nahrungs- und Kontaktbedürfnis niemals ausreichend befriedigt wird. Diese »orale Verzweiflung« (Olivier) lernen heranwachsende Männer angeblich nicht in diesem Ausmaß kennen.

Nun müssen wir fragen, ob die »Wahrheit« nicht eher in der Mitte liegt. Vielleicht bekommt nicht nur das Mädchen zu wenig, sondern der Junge gleichzeitig zuviel Zuwendung. Das wäre eine geschlechtstypische Verwöhnung des Jungen. Vielleicht leiden Knaben an dieser Art Verwöhnung genauso wie Mädchen an der Versagung. Es wird für Jungen selbstverständlich, jederzeit von der Frau mit Nahrung versorgt zu werden. Viele junge Männer lernen nicht, sich ihr Essen selbst zu bereiten. Es scheint, als wären sie allzu »selbstlos« gefüttert und zur parasitären Bequemlichkeit erzogen worden.

Gewisse Frustrationen der verwöhnten männlichen Haltung sind also grundsätzlich unausbleiblich, wenn der Mann sich emanzipieren, von der Frau unabhängiger machen will. Er wird verzweifelt sein und Schmerzen durchzustehen haben. Dazu bedarf es unabhängiger Frauen, die den Mann frustrieren, indem sie Dienstleistungen verweigern, ohne diese Versagungen durch Verwöhnungen wieder »ungeschehen machen« zu wollen.

Bisher brauchen viele Mütter die Freude, die sie ihrem Sohn machen. Wer läßt sich nicht gerne verwöhnen? Sie will sein Lächeln. Darum wacht sie in ihrer nicht unnachahmlichen mütterlichen Art über seinen Schlaf, seine Gesundheit und seinen Appetit. Später verhält sich dieser Sohn, als müsse stets eine Person um ihn sein, die in dieser Weise auf ihn achtet. Seine Mutter hatte intensiv und lückenlos auf ihn aufgepaßt, auch dann oft, wenn es ihm schon unangenehm wurde.

Irgendwann einmal könnte jeder Mann die dadurch unausgebildete Selbstfürsorge nachholen. Inzwischen aber hat er alles, was er braucht, und will nichts hinzulernen. Wozu sollte er etwas ändern? Seine Partnerin macht vielleicht nicht mehr sein Bett, sie wäscht ihm seine Wäsche nicht, und sie kümmert sich auch nicht mehr um sein Essen. Aber auch viele emanzipierte Frauen sind patriarchalisch orientiert. Sie wachen zum Beispiel über die Gesundheit ihrer Männer. Weil die Männer diese nicht genügend im Auge haben. Sie schicken ihre Männer zum Arzt, ermahnen sie, weniger zu arbeiten, sich nicht so anzustrengen und nicht so viel Ärger mit nach Hause zu bringen.

Männer gehen erst zum Arzt, wenn sie so starke Schmerzen oder Ausfälle haben, daß sie beruflich auffallen. Die Arbeitskraft außerhalb des Hauses ist der einzige Indikator, den sie gelten lassen. Deshalb merken zum Beispiel viele Männer erst nach dem Herzinfarkt, was sie inzwischen versäumt haben. Manche machen auch danach noch weiter wie bisher.

Die Frau schlägt ihrem Mann vor, eine Therapie zu machen. Diese wäre in allen Fällen eine Therapie seiner Süchte: Drogensucht, Anerkennungssucht, Streitsucht, Sehnsucht, Geltungssucht, Herrschsucht, Eifersucht, Arbeitssucht und Frauensucht. Meist wehrt der Mann jede Therapie ab. Nur wenn die Frau konsequent ist und ihn zu verlassen droht, wacht er auf. Partnerinnen und Partner sollten sorgfältiger auf Asymmetrien in der Beziehungsdynamik und Beziehungsarbeit, auch in der intimen Situation achten. Es geht um sogenannte ganz einfache alltägliche Leistungen: Wer wäscht sich zum Beispiel vor dem Liebesakt? Wer putzt sich die Zähne? Schneidet sich die Nägel? Wer macht sich für wen schön? Wer achtet auf sein Äußeres? Wer ist für Zärtlichkeit und Erotik »zuständig«? Wer spricht wen an, damit ein Gedanken- und Gefühlsaustausch entsteht? Wer ist für die Herstellung einer ruhigen Atmosphäre zuständig? Wer weiß besser, wie es dem Partner jeweils geht und was dieser oder diese sich wünscht? Wer merkt rechtzeitig, wenn der oder die andere Erholung und Entspannung braucht?

Auch in den »fortschrittlichen« Beziehungen ist es meist noch die Frau, die sensibler reagiert, sich für den Mann pflegt und sich für ihn einsetzt. Der Mann muß kaum die Initiative ergreifen.

Ich werde nun genauer auf die Haltungen und Handlungen eingehen, mit denen jüngere und ältere Männer die gewohnte und gewünschte Verwöhnung durch die Frau einklagen und herbeizuführen verstehen. Und muß vorausschicken, daß es um eine Beschreibung alternativer und oft kumulierter männlicher Reaktionen geht, nicht um die Herausarbeitung verschiedener Typen von verwöhnten Männern.

Regression

Als erste Strategie des Verwöhnten sei die Regression genannt. Sie geht oft mit einer Selbstinszenierung des Sich-Hilflos-Stellens einher. Der heranwachsende und der erwachsene Mann begeben sich auf die Ebene des verwöhnten Kindes, beanspruchen Hilfe, indem sie scheinbar die Führung abgeben. Sie planen die Bewältigung einer bestimmten Situation nicht, demonstrieren aber sehr deutlich, daß es ihnen in dieser Lage nicht gutgeht. Indem sie etwas mit sich geschehen, sich scheinbar führen lassen, ermöglichen sie der »Helferin«, sie zu manipulieren. Wenn sie diese Manipulation wahrnehmen, »dürfen« sie grob werden, um sich zu befreien.

So funktioniert ein *Kreislauf* aus Verwöhnungswunsch und Gewalt: Ohnmachtsgefühl angesichts einer als kompliziert erlebten Situation, Anflüge von Apathie, welche die »Helferin« herbeirufen soll, bestimmte regressive Kompensationen wie starker Essens- oder Drogenkonsum (ganz allgemein Sucht), verbohrte Abwehr- und Trotzreaktionen in Auseinandersetzungen (Streit-, Herrschsucht) und übertriebene bis theatralische Anfälle von Narzißmus. Eitelkeit und Empfindlichkeit (Anerkennungssucht, Geltungssucht) sollen die sogenannte Hilfe durch die interessierte und engagierte Zuwendung einer Frau provozieren. Sie bewirkt das Gegenteil, das Gefühl nämlich, genau dieses wäre gerade jetzt nicht die richtige Hilfe gewesen. Frau muß sich hüten, auf solche Verwöhnungssignale »helfend« einzugehen. Manchmal stecken dahinter Wünsche, gewalttätig reagieren zu können, weil statt erwarteter Verwöhnung eine konsequente fordernde Reaktion nur als Belastung und Bevormundung empfunden werden würde. Viele Frauen aber erleben sich erst als »richtig«, wenn sie Männer verwöhnen, und drängen ihnen deshalb unbewußt auch ungefragte Hilfe auf.

Regression, so wird man einwenden, ist auch lebensnotwendig, tut eine Zeitlang gut, wird als angenehm empfunden. In der Tat, eine gesunde Regression hilft Lebenskräfte zu regenerieren. Jeder von uns braucht regressive Phasen, um sich zu erholen, sich zum Beispiel dem normalen Streß, der Anspannung und der beruflichen Überforderung zu entziehen. Was die männliche Regression so unbrauchbar macht, ist einerseits der extreme Wechsel zwischen härtestem Streß und Gar-nichts-mehr-tun-Können, zweitens die Tatsache, daß Regression zum Dauerzustand wird. Der Mann reagiert nur noch kindisch, albern, endlos witzelnd, querulierend. Die im Ansatz produktive phasenweise Regression wird zu einer stumpfen und dumpfen, irgendwann womöglich depressiven Haltung. Hinzu kommt das wahrnehmbare Ungleichgewicht in der Beziehung zur Frau, die nicht mehr in der Lage ist, ihrerseits zu regredieren und dabei einen erwachsenen, ernsthaften und bemühten Mann an ihrer Seite zu haben, der mit ihr zusammen auf der gleichen Ebene regrediert. Gegenwärtig erleben Frauen, daß ihr Partner ständig schneller und hemmungsloser regrediert als sie selbst, damit er nicht die Verantwortung für sie übernehmen muß.

In »Liebst Du mich?« von Ronald Laing (S. 87) fand ich die Aufforderung: »Verspotte mich, verhöhne mich, tue alles, nur verwöhne mich.« Verwöhnung ist eben der alle heterosexuelle Beziehungen durchdringende Stil, die Antwort vor jeder Frage. Fast jeder ist verwöhnt, verwöhnt andere und läßt sich verwöhnen. Wir haben es mit einer Grundform der zwischenmenschlichen Existenz im Patriarchat zu tun, dem Verlangen nach intensivem Erleben, Thrill, Kick oder Rausch bei persönlicher Unwissenheit, Passivität und Verantwortungslosigkeit.

Angstlosigkeit

Ehemals und aktuell verwöhnte Männer durften nicht lernen, Angstsituationen alleinverantwortlich durchzuarbeiten. Sie wurden als Kinder ununterbrochen mit der Angst ihrer Mutter um sie konfrontiert und machten sich diese via Identifikation zu eigen. Wenn sie allein auf die Straße wollten, um sich im Stadtverkehr zu bewegen, wenn sie »gefährliche« Freundschaften anbahnten, wenn sie in andere Familien gingen, wenn sie ihre ersten weiteren »Ausflüge« machten, etwa ihre ersten Freundinnen kennenlernten, litt die Mutter Angst und äußerte diese. Die Expansion des Jungen wurde behindert, und so lernte er nicht, Situationen trotz seiner Angst durchzustehen und diese dadurch allmählich abzubauen. Als Erwachsener hat der Mann noch immer Ängste, vor dem Gespräch mit Autoritäten, Prüfungen, auf Ämtern, bei Vorgesetzten, im Gespräch mit Frauen, die energisch aufzutreten verstehen usw. Er hat vor dem Alleinsein und vor dem Alleinverantwortlichsein Angst.

Als »richtiger« Mann darf er diese Ängste nicht zeigen. Infolgedessen versucht er sie »wegzudrücken«. Das geschieht oft dadurch, daß er sich einer Organisation anschließt, einer Männerorganisation, einem Betrieb, einer Unternehmung, einer Partei, einer Gewerkschaft, der Polizei, der Bundeswehr usw. Als Mitglied einer mächtigen Organisation kann er seine Angst einigermaßen verdrängen und erscheint nun, wir nennen diesen Vorgang in Anlehnung an die psychoanalytische Terminologie Reaktionsbildung, völlig angstlos. Allenfalls entwickelt er noch gelinde Ängste, die ihm harmlos erscheinen, weil sie sozial ancrkannt sind.

Angesichts wirklicher Gefahren aber wirkt er total angstlos. In Situationen, in denen Menschen mit realer Bedrohung rechnen müssen (Krieg, Umweltzerstörung, Arbeitslosigkeit, Autoraserei, Gewalt gegen Frauen und Kinder, Drogenkonsum), erscheinen viele Männer dieser Kultur völlig ohne Angst. Manche sind es sogar. In zwischenmenschlichen, an sich gefahrlosen Situationen (Gespräch, Verständigung, Kompromiß, persönliche Stellungnahme) wirken sie oft auch angstlos, sind unterschwellig durch massive Ängste aber sehr behindert.

Äußere Angstlosigkeit und innere Ängste, die ununterbrochen kaschiert, aber versteckt signalisiert werden müssen, lokken Frauen an, die sich aufgerufen fühlen, für den Mann stellvertretend Angstarbeit zu leisten.

In der Männergruppe machen die ehemals verwöhnten, heute äußerlich angstlosen Männer einen angespannten, übervorsichtigen Eindruck. Sie wirken zum Teil sehr distanziert, bisweilen angestrengt »überlegen«, oft sehr humorlos. Obwohl sie manchmal fast genüßlich einen Katalog von vermeintlichen »Fehlern« vor uns ausbreiten, Versagenssituationen und ärgerliche Minderwertigkeitsgefühle, erzeugen sie ein Klima von Strenge, Härte und emotionaler Enge. Sie sprechen nicht über ihre Ängste. Diese Zustände werden ignoriert oder geleugnet. Es wird an der Fiktion festgehalten, für sie gelte die Tatsache nicht, daß es für jeden Menschen lebensnotwendig ist, Angst wahrzunehmen und anderen mitzuteilen. Entwikkeln sie persönliche Angst, dann wandeln sie diese in Ärger über andere und sich selbst um: Sie schimpfen. Die dahinterliegende Verwöhnung, das Leben-ohne-Angst-haben-Wollen, wird meist erst nach einigen Jahren Männergruppe deutlich. Es bedarf der intensiven gegenseitigen Bemühung aller Männer in der Gruppe, die Verwöhnung – zunächst einmal in dieser Gruppe und dann in anderen Lebensbereichen – zu erkennen und abzubauen.

Überarbeitung

Auch der Mann, der zu viel arbeitet, von früh bis spät rackert, dauernd angespannt ist, selbst seinen Ferienaufenthalt noch bis in die letzte Stunde hinein vorausplant, ist verwöhnt, so widersinnig das auch scheinen mag. Ein junger Mann, dessen Ehefrau sich darüber beschwerte, wie wenig Zeit er für sie hat, sagte mir kurz nach der Renovierung ihrer gemeinsamen neuen Wohnung: »Ich habe das Renovieren, das wir zusammen unternahmen, als Beziehungsarbeit empfunden und mich gefragt: Was will sie denn noch mehr?«

Der Mann arbeitet auf Feldern, die er beherrscht, übernimmt aber nicht genügend Verantwortung für eine sinnvolle Gestaltung der Ganzheit seines Lebens. Seine überstarke Fixierung auf die Arbeit nötigt ihn, Muße, Erholung und Austausch in Beziehungen zu vernachlässigen. Dem Überarbeiteten fehlt die Fähigkeit zur Selbstfürsorge; gerade durch seine viele zwanghafte Arbeit demonstriert er, daß wer anders auf ihn achten und für ihn sorgen soll. Dem Mann, der ständig etwas Handwerkliches, Technisches, Organisatorisches tut, muß die Frau hinterherlaufen. Die Verwöhnung kann in emotionaler Entlastung und in bewundernder Bestätigung ihren Ausdruck finden. Sie wird letztlich nicht ins Produktive gewendet, weil der Mann sich unbewußt immer wieder in den Streß einfühlen und ihn herstellen wird.

Ein 38jähriger Oberstudienrat, der schon seit einigen Jahren in der Männergruppe ist, sagt dazu: »Die Frauen sind vor allem dazu da, die Männer zu umsorgen, zu bedienen, zu bekochen, zu pflegen, wenn sie krank sind, und später zu betrauern ... Die Männer sind sehr unselbständig im Haushalt und manchmal pflegebedürftig wie Säuglinge. Sie haben allerdings ein festes Anrecht auf die ständige Hilfe und verläßliche Zuwendung der Frau.«

Er erlebt seine Erziehung aber nicht nur von dieser Verwöhnungserwartung geprägt, sondern auch von Pflichten, Druck und Unfreiheit: »Ich darf meine Eltern nicht enttäuschen. Ich darf nicht faulenzen und vergnügungssüchtig sein. Ich muß meine Pflichten erfüllen und mir den Tag einteilen. Ich soll früh ein Instrument spielen lernen, Latein und Mathematik, und vor allem Französisch: ›Die Sprache der Diplomaten‹. Ich soll auch auf die beste Schule in Berlin gehen, und das alles ein Jahr früher als andere. Vor allem das Abitur! Ich soll auch in den Ferien lernen. ›Mach uns keinen Kummer. Sei dankbar, daß wir dir das alles ermöglichen!‹ ›Du weißt, deine Mutter durfte gar nichts als Kind.‹ ›Du sollst es einmal besser haben. Warte ab, bis der Ernst des Lebens anfängt. Sage die Wahrheit und nimm die Hände aus den Taschen. Auf jeden Fall gilt: Was du heute kannst besorgen, das verschiebe nicht auf morgen ...‹«

Diese ungeheure Ansammlung von Pflichten und Aufgaben war dem Mann schon lange bewußt. Seine Verwöhnungswünsche dagegen hatte er verdrängt. Sie wurden erst in der Männergruppe offensichtlich. Wer so viel Druck erlebt, ein derart rigides Über-Ich hat, der kann im Grunde gar nicht anders, als heimlich und verborgen die Verwöhnung durch seine Partnerin herbeizuwünschen und herbeizuführen. Zu diesem Zweck überarbeitet er sich. Das ist ein bisher unentdeckter Sinn der männlichen Arbeitssucht.

Bestimmte Minderwertigkeits- oder Ohnmachtsgefühle signalisieren den Versuch, trotz der abwartenden, zögernden und Verwöhnung herbeisehnenden Lebensweise, mit den Aufgaben des Lebens fertigzuwerden. Um sich nicht auf eigene Füße stellen zu müssen, fühlt sich der verwöhnte Mann in Angewiesenheits- und Abhängigkeitssituationen ein. Von eigenen Möglichkeiten, aktiv Situationen zu gestalten, nimmt er Abstand. Weil er hinsichtlich vieler notwendiger Tätigkeiten des Lebens ungeübt ist, fühlt er sich ständig überfordert und klagt: »Das kann ich nicht.« Oder: »Ich schaffe es nicht allein.« Er wartet auf die magische Helferin. Früher war es seine Mutter, heute ist es seine Liebespartnerin.

Wir hören einen 24jährigen Studenten der Sozialkunde und Physik, der seit drei Jahren in der Männergruppe ist: »Verwöhnung, das ist eine ganz heikle Frage für mich. Ich erinnere mich kaum, war viel alleine auf unserem Grundstück, was ich selten verließ. Meine Mutter war viel stärker auf mich fixiert als auf meine Schwester. Sie wandte sich mir sehr oft zu. Ich hatte deswegen wenig andere Kontaktpersonen. Von klein auf vertraute sie mir im Haushalt keine Aufgaben an. Es wurde kein Druck ausgeübt. Wenn ich etwas nicht machte, dann wurde es für mich gemacht, mein Zimmer aufräumen zum Beispiel. Ich hatte dazu gar keine Lust. Mutter machte es fertig, und hinterher machte sie mir immer den Vorwurf: ›Immer muß ich für dich ...‹ Ich hatte eine Schildkröte und ein Meerschweinchen. Anfangs kümmerte ich mich um die Tiere, später übernahmen das meine Eltern. Ich hatte ein schlechtes Gewissen. Meine Methode wurde aber: ›Ich mache es einfach nicht. Dann machen es irgendwann meine Eltern.‹ Wenn ich wirklich etwas machen wollte, zum Beispiel Rasen mähen, dann durfte ich es nicht: ›Du bist noch zu klein dafür.‹ Meine Mutter war ängstlich, ließ mich an viele Aufgaben nicht heran: ›Du lernst schnell, hast eine gute Auffassungsgabe. Du mußt dich nicht anstrengen.‹ Freunde zu haben verbot mir meine Mutter. Sie sagte mir nicht konkret, warum. Sie sagte nur: ›Ich möchte das nicht. Du hast doch Glück, dir geht es doch gut.‹ Von der dritten, vierten Klasse an fielen mir bestimmte Hausaufgaben sehr schwer. Ich hatte hohe Ansprüche. Wenn ich Mutter fragte, dann schrieb sie die Hausaufgaben für mich oder diktierte sie mir. Es war bequem für mich, aber ich lernte nicht, es selber zu machen. Sie ließ mich nicht los, macht Sachen für mich, um die ich sie gar nicht gebeten habe. Ich freue mich überhaupt nicht darüber. Sie macht es für sich, wegen ihrer ›Muttergefühle‹, wie sie sagt. Sie überlegt, wie ich mir meine Küche einrichten soll, seit ich allein in meiner eigenen Wohnung wohne. Sie kauft einen Tisch, ohne mich vorher zu fragen: ›Du kannst das nicht. Ich habe es jetzt für dich gemacht.‹«

Heute hat er eine nette Freundin, die sehr aktiv ist. Manchmal geht sie mit ihren Ansprüchen und in Aktivitäten, die sie ohne ihn unternimmt, seiner Meinung nach zu weit. Dann bekommt er Kleinheitsgefühle und weiß gar nicht, was er unternehmen soll. Er findet sich damit ab und leidet stumm. In der Männergruppe merken wir was und fordern ihn zum Sprechen auf. Dann wird er wach, und seine Ohnmachtsgefühle verflüchtigen sich. Er spricht seine Freundin energisch an, und sie reagiert freundlich. Sie läßt sich etwas sagen. Nach einer Weile holen ihn die Minderwertigkeitsgefühle und die Hilflosigkeit meist wieder ein. Das stumme Vor-sich-hin-Leiden beruht im allgemeinen nicht nur auf dem Kleinheitsgefühl. Der verwöhnte Mann entwickelt naheliegende innere Umdeutungen. Was er bekommen hat, Leistungen, um die er nicht bitten und nicht drängen mußte, verlangt er immer wieder – von sich selbst, ohne andere um Hilfe anzugehen. Gerade das hatte er nicht üben dürfen. Inzwischen hat er vergessen, daß ihm immer »unnötigerweise« geholfen wurde. Er fordert diese »Riesenleistungen« von sich allein. Dazu entwickelt er ein Größengefühl: »Ich kann eigentlich alles auch allein, wenn ich nur will. Ich brauche keine Hilfe.« Diese Haltung zeigt sich als Geltungsbedürfnis bzw. Arroganz, mit denen der junge Mann sich Menschen, die er im Grunde dringend braucht, vom Leibe hält.

Mißtrauen, Leben in Feindesland

Je größer die Verwöhnungswünsche sind, je häufiger sie enttäuscht werden, weil die übrige Welt nicht so verwöhnt wie die Mutter, je schneller sich die »zuständige« Frau emanzipiert, desto mehr wächst das Mißtrauen in eine Welt, die mit einer immer größeren Feindseligkeitserwartung erlebt wird. Sobald jemand Grenzen setzt oder »Nein« sagt, wird die Kindheitsideologie wachgerufen: »Ihr seid schlecht zu mir, weil ihr von mir, anstatt mich zu unterstützen, einen Verzicht fordert, den ich beim besten Willen nicht erbringen kann.«

Auf diese Weise kann es durchaus zu aggressiven Akten gegen die Umwelt kommen. Der Verwöhnte lebt in Feindesland. Er sieht die Notwendigkeit, sich kämpferisch zu »verteidigen«. Er meint zu fühlen, daß ihn niemand liebt, alle ihm übel wollen, er immer zu kurz kommt. Dazu paßt sein Benachteiligungsgefühl: »Andere haben es leichter, bekommen immer mehr als ich.«

Ein 38jähriger Einzelhandelskaufmann und Bibliothekar schilderte die Atmosphäre seiner Familie: »Für Süßkram war immer Geld da. Aber ich durfte nicht lernen, Kontakte zu anderen Menschen aufzubauen. Ich lebte in einer Zweier-Wohngemeinschaft mit meiner Mutter. Alle Kontakte nach ›draußen‹ mußten über sie laufen. Nicht einmal zu meinen Klassenkameraden durfte ich gehen. Offenbar gab es bei uns auch ›Geheimnisse‹, die nicht nach draußen gelangen durften. Die Leute würden schlecht über uns reden. Ich hatte immer Angst, von anderen verprügelt zu werden, konnte das aber kaum überprüfen, weil es keine Kontakte zu Gleichaltrigen gab. Ich mußte statt dessen meiner Mutter helfen, kassieren gehen für Zeitungen, einholen für Nachbarn, staubsaugen usw. Ich durfte gar nicht lernen, mich gegen andere zu wehren, war wie abgeschnitten von der sozialen Umwelt. Ich fühlte mich bisweilen so, als liefe meine Generation mir weg. Alle – außer mir – hatten Freunde und Freundinnen. Ich habe es heute noch schwer, Kontakte zu finden. Ich lernte nicht, Beziehungen aufzunehmen. Vor allem Männern gegenüber fühle ich mich sehr schlecht, ich traue ihnen jede Aggression zu, finde sie oft unangenehm, gehässig und mir nicht wohlgesonnen. Ich wünsche mir sehr, Freunde zu haben. Dann wieder fühle ich mich gar nicht als Mann und wäre lieber eine Frau.«

Weil er nicht mit anderen Jungen zusammensein durfte, wollte er lieber eine Frau sein. Vor Männern entwickelte er außerordentlich große Berührungsängste. Seine erste Frau hat diese Lebenseinstellung prompt »bestätigt«. Immer sollte er noch mehr für sie dasein, immer zu Hause bleiben. Weil man in der Ehe »alles zusammen macht«, mußte er immer mit ihr mitgehen. Allein hatte sie zu Hause Angst, besonders abends und im Dunkeln. Wieder konnte er nichts gegen Verwöhnungstendenzen unternehmen, die darin bestanden, daß er kein genügend starkes Gegenüber war, vor Konflikten davonlief, nicht für seine eigenen Belange einstehen konnte. Verständlicherweise konnte er seine Partnerinnen nicht schützen. Sich selbst hat er immer als schwach und hilflos dargestellt, so daß die betreffende Frau das Gefühl bekam, für ihn sorgen zu sollen.

Isolation und Schweigen

Mancher verwöhnte Mann fand den Trick, sich zu isolieren bzw. rar zu machen, um die Frau zu veranlassen, ihm nachzulaufen. Sie sucht ihn ständig und bemüht sich um ihn. Zur Isolierungstendenz gesellt sich das Schweigen. Um den Schweiger bemüht sich frau besonders angestrengt.

Wir beschreiben keine verschiedenen Typen von verwöhnten Männern, sondern die der jeweiligen Situation angepaßte Form der Verwöhnung. Auch die Variante des Isolierten resultiert aus der Fiktion: »Von Frauen werde ich sowieso irgendwann enttäuscht. Frau ist ungerecht zu mir und liebt mich nicht ausreichend. Frau fördert mich nicht.« Eine verstärkte Suche um neue Kontakte hat für ihn keinen Sinn: »Ich sehe keinen Anlaß, mich um eine Frau zu bemühen und mich um die Stabilität dieser Beziehung zu sorgen.«

Dem isolierten Mann fehlt das Vertrauen in Frauen. Er scheut die schwierige Auseinandersetzung, überhaupt längere Gespräche. Weil er sich in schwierigen Situationen von Frauen zurückzieht, erträumt er sich zum Ausgleich eine Phantasiewelt. In dieser kommt regelmäßig der »rettende Engel«, der ihn »erlöst«, eine verführerische Frau, energische Frau, aktive Frau, die auf ihn zugeht und dafür sorgt, daß alle seine Einsamkeit ein Ende hat. Sie übernimmt die Führung. Durch den Trick des schweigenden Rückzugs versucht der isolierte Mann, die Realität so lange zu beeinflussen, bis sie seinen phantasierten Wünschen wenigstens zeitweise entspricht. In der komplizierten Realität wird sein Verwöhnungswunsch regelmäßig frustriert.

Ein Mann, der mit vielen Geschwistern, Mädchen und Jungen, aufwuchs, von denen er der älteste Junge war – er ist heute 33 Jahre alt und Studienrat für berufsbildende Schulen –, berichtet: »Ich spürte zu Hause, daß es etwas Besonderes ist, ein Junge zu sein. Manches wurde bei mir viel mehr anerkannt als bei meinen Schwestern, zum Beispiel in der Schule nicht brav sein oder schummeln. Manches wurde von mir nicht verlangt. Wenn meine Eltern auf Reisen waren, lag die Leitung des Geschäftes in den Händen meiner ältesten Schwester. Als ich dann genauso alt war, wurde ich nicht zu dieser Aufgabe herangezogen. Mir trauten es die Eltern nicht zu. Ich fühlte mich gekränkt. Die Arbeiten wurden überhaupt geteilt. Wir Jungen arbeiteten in der Backstube und im Garten, die Mädchen in der Küche und im Haushalt. Den sonntäglichen Kaffeetisch mußten die Schwestern abräumen. Wir fühlten uns zu Hause gefangen, weil wir so viel arbeiten mußten. Diskussionen darüber gab es nicht, wir durften nicht mit anderen Kindern spielen. Wenn Erwachsene dabei waren, durften wir sowieso nichts sagen. Ich ertappte mich oft bei der Idee: ›Ich werde nichts dazu sagen. Bestimmt ist jemand da, der es besser weiß.‹ Ich habe immer auf die Führung der Mutter gewartet;

sie bedrängte und kontrollierte mich. In meinem Leben gab es keine Freiheit mehr, von früh bis spät mußte gearbeitet werden. Kleider wurden mir herausgelegt, ich konnte es nicht selbst entscheiden. Konflikte konnten nie ausgetragen werden, so daß ich lernte, mich zu verstecken. Ich zog mich in Höhlen zurück, unter der Treppe, unter der Eckbank, in Nischen, in Bäumen und überhaupt in der Natur. Ich floh vor der Kontrolle und dem Druck und versteckte mich, manchmal zwischen den Mehlsäcken. Ich träumte, ich könnte fliegen, weg von der Familie. Es gab regelrechte Redeverbote, den Kunden mußten wir Freundlichkeit vorheucheln.«

Aggressionen

Eine verwöhnende Erziehung des Mannes ist auch eine Erziehung zur Herrschsucht und zur Machtausübung. Es muß geschehen, was *er* will, sonst flippt er aus. Er will bestimmen, was zu passieren hat, so wie es ihm seine verwöhnende Mutter beibrachte. Sie setzte seinen ausufernden Forderungen zu wenig oder gar nichts entgegen. Seine depressiven Verstimmungen weichen Versuchen, die Macht auszuüben und die anderen unter Druck zu setzen. Zielsicher steuert er auch auf Frauen zu, die ihm nichts, jedenfalls zu wenig entgegensetzen.

In der Kindheit hatten seine Wutanfälle zur Folge, daß man sich nicht mehr getraute, ihm zu widersprechen. Für diesen Jungen wurde infolgedessen Ausbrüche von Zorn und Trotz legitim. Die Eltern fühlten sich ihm nicht mehr gewachsen und akzeptierten ihn, wie er eben war. Sein Trotz wurde allenfalls besänftigt und beschwichtigt. Auch in seinem häufigen »Nein. Das mache ich nicht. Ich mache nicht mit. Du hast dich (ihr habt euch) noch nicht genügend um mich bemüht« können wir die versteckte Aggression entdecken.

In der Männergruppe sollten wir diktatorische Allüren entmutigen, indem wir ruhig bleiben, ihnen nicht allzu viel Aufmerksamkeit schenken. Wir dürfen allerdings auch keine

Angst vor Wutanfällen haben und sie ignorieren. In diesem Fall nähme der aggressive Mann uns nicht mehr ernst. Nach einer gewissen Zeit der Erprobung unserer Stärke würde er sich entfernen. Er braucht Männer, die ihm standhalten. Falls wir unsere eigene Wut nicht ernstnehmen oder sie als das »Böse« dämonisieren, als ein Zeichen von Asozialität, sind wir versucht, diesen Mann, der uns mit seinen Aggressionen beeindrucken und einschüchtern will, im Stich zu lassen.

Machtkämpfe können nicht als bloßes Agieren interpretiert werden. Es geht mir um Verständnis; doch dem aggressiven verwöhnten Mann muß ich gegebenenfalls zeigen, daß ich mich wehren kann, weil er mich sonst verachten würde.

Er darf mir keine Angst einjagen, aus der ich mich nicht nach angemessener Zeit selber befreien kann. Wie eine hilfesuchende Frau, in die ich mich verliebe (Gegenübertragung), den Abbruch der therapeutischen Beziehung erseufzt, hätte ein Mann diesen ertrotzt, der mich aggressiv anfällt und erleben kann, daß ich ihm nicht standhalte. Es bedarf einer überdurchschnittlichen Wachheit und Gefühlsgegenwart sowie eines permanenten intensiven Denkprozesses, jeweils in der Situation zu entscheiden, wieviel Nachgeben oder Zähne-Zeigen angebracht sind, um eine die beiden Beteiligten kräftigende Auseinandersetzung zu ermöglichen, die Übertragung bzw. Gegenübertragung zu erkennen und zu verändern. Beide Extreme – »Niemals einen Kampf annehmen« und »In jedem Streit der Stärkere bleiben wollen« – sind auf die Dauer therapeutisch wirkungslos.

Ich möchte nochmals aus der Männergruppe erzählen. Harald, ein Mann, der schon viel versteht, vor allem die anderen sehr gut »durchschaut«, ohne sich selbst immer auf die Schliche zu kommen, war von seiner Mutter sadistisch behandelt worden. Wie wir wissen, schließt so etwas nicht die Verwöhnung aus. Sie zeigt sich bei ihm im exzessiven Konsum, einer widerwilligen Haltung der beruflichen Arbeit gegenüber und immer wieder provozierten Kämpfen mit Autoritätspersonen. Außerdem hat er eine erfolgreiche Karriere als Frauenmann hinter sich, der schnell eine Partnerin findet, weil er charmant und sexuell anziehend sein kann. Eigentlich ein »toller Hecht«, der auch uns Männer nicht selten für sich einnimmt. Er will vieles verändern. Es drängt ihn, das Studium der Psychologie aufzunehmen, seine Wohnung zu ordnen usw., aber er kommt jeweils »schwer in die Gänge«. Er schreibt uns:

»Von vielen Männern sind mir die Probleme nur oberflächlich bekannt. Ich mußte die Erfahrung machen, daß wir Männer uns immer erst dann in der Gruppe zum Sprechen melden, wenn die Schwierigkeiten so überwältigend erscheinen, daß ich als Gegenüber abdanken, mich mitleidheischend gegen Zumutungen schützen und die Gruppenstimmung möglichst dahingehend manipulieren kann, daß die anderen, meinen Verteidigungssadismus unbewußt akzeptierend, sich aufgeregt bis kämpferisch vorbehaltlos hinter meine Verwöhnungsansprüche stellen und die sich ständig wiederholenden Lebenslügenmuster aus dem Gefühl verlieren. Und wir unterliegen in dem notwendigen Ringen um Realität so lange, wie mein Bedürfnis als Sprechender nicht von dem Willen nach Einsicht in mein eigenes innerstes Elend und das gemeinsame Einfühlen in das Verbotene getragen wird.«

Eine brillante Analyse, mit Widerhaken! Er vermischt Kritik mit seinem Verwöhnungswunsch. Unzulässig verallgemeinernd macht er uns Vorwürfe, daß wir ihn nicht durchschauen. Nach dem Verlesen seines Votums entwickelte sich allmählich im Gespräch eine angespannte Stimmung in der Gruppe. Wir fühlten uns auf eine Weise herausgefordert, die wir – auch für ihn selbst – nicht als hilfreich akzeptierten. Wieder einmal hatte er uns manipuliert und in Unruhe versetzt. Angreifen, damit wir ihn nicht richtig verstehen. Seine aggressiven Formulierungen störten uns: Rückzugsgeplänkel eines Fortgeschrittenen, der alte Distanzierungen bemüht, um sich hinterher darüber beklagen zu können, daß er so wenige Freunde hat. Alles in allem aber ein versteckter Schritt auf uns zu: Wir wollen verstehen, nicht verurteilen. Er tut ein übriges, in der für ihn charakteristischen Weise.

Bedürfnisabwesenheit und Ungeduld

In seiner Kindheit wurde der verwöhnte Mann geschädigt: Mutter befriedigte seine »Bedürfnisse« automatisch. Sie erfand außerdem einige, die er gar nicht entwickelt hatte. Heute wartet er wiederum darauf, daß seine Bedürfnisse automatisch befriedigt werden, ohne daß er sie überhaupt wahrnehmen muß. Wenn er zu lange warten muß und niemand einspringt, kann er überhaupt nicht mehr warten. Sofort nachdem er einen Wunsch wahrgenommen hat, muß er erfüllt sein.

Auf diese Weise kommt es bei ihm zu langen Phasen von Bedürfnisabwesenheit, die von Anfällen jäher Ungeduld abgelöst werden. Jedes Bedürfnis muß darum umgehend befriedigt werden. Das zeigt sich zum Beispiel beim Essen. Lange nimmt er keinen Hunger wahr, dann überfällt ihn Heißhunger. Im Verdauungsprozeß wechseln Verstopfungsphasen mit Durchfällen. In der kommunikativen Situation wartet er lange ab und entwickelt plötzlich Wutanfälle, wenn der Widerspruch sich nicht mehr unterdrücken läßt. Ein lange in sich hineingefressener Groll bricht sich Bahn. Vor allem in der Sexualität wird der Verwöhnungswunsch spürbar. Er führt zur häufigen Selbstbefriedigung und zum vorzeitigen Samenerguß (Ejaculatio praecox). Der Mann kann seine Bedürfnisse nicht aufschieben. Er verwöhnt sich, ohne genügend um die Frau zu werben oder ohne daß ihre Bedürfnisse befriedigt werden.

Ein Mann aus der Gruppe, der öfter zu Schulungskursen nach Stuttgart muß, fährt von dort aus mit dem Auto in sechs Stunden nach Berlin zurück. Um schnell zu Hause zu sein. Er kann seine Freundin nicht länger entbehren. Als Autoraser frönt er einem verkehrsgefährdenden Schnelligkeitsfanatismus. Allein auf der Autobahn fühlt er sich allerdings extrem unwohl. Dabei entwickelt er Ängste vor dem Alleinsein, nicht vor dem Risiko der Autoraserei. Diese konnte er sich lange nicht erklären. Das hinter ihnen verborgene »Komm, Mutter, hilf mir« des verwöhnten Kindes ist Angst. Meine Deutung leuchtete ihm ein: »Komm, Geliebte, verwöhne mich.« Er rast, um den aufkommenden Ängsten möglichst schnell wieder entgehen zu können, jedenfalls ihre Dauer abzukürzen. Die Verwöhnungstendenz ist stärker als der Selbstschutz.

Wir müssen die Bedürfnisabwesenheit des erwachsenen Mannes nicht in allen Fällen aus seiner Kindheit rekonstruieren. In der Männergruppe wird sie selbstverständlich ebenfalls sichtbar. Auf mich reagieren die Männer bisweilen mit kindlicher Verwöhnungserwartung. Ich soll für sie fühlen, denken und handeln. Dabei geht es auch um ganz einfache Situationen. Wir sitzen zum Beispiel in unserer Runde, fühlen uns schwach und schlafen fast ein. Niemand hat das Bedürfnis nach Sauerstoff wahrgenommen. Das Fenster muß geöffnet werden. Oder wir werden durch irgendeinen Lärm von draußen gestört, und niemand fühlt sich bewußt davon beeinträchtigt. Der Nachbar muß gebeten werden, sein Radio leiser zu stellen. Oder jemand wird gefragt, wie es ihm geht. Er erlebt das nicht als Zuwendung, sondern als Anspruch, obwohl er sich oft einsam fühlt und über mangelnde Gesprächsmöglichkeiten klagt. Die Männer lassen ihn in Ruhe und fragen nicht nach, weil sie ebenfalls verwöhnt sind und deshalb seinen Verwöhnungswunsch einfühlen und respektieren. Ich frage nach und erfahre, daß er schweigt, weil er Angst davor hat zu weinen. Männer wissen oft nicht oder vergessen wieder, daß Weinen entlastet. Oder es kommt vor, daß jemand in einem Gespräch von einem Gedanken zum anderen springt (Gedankenflucht). Niemandem fällt etwas auf. Oder daß er Fragen mit Floskeln wie »Ja, aber...« oder »Nein, genau umgekehrt...« abwehrt. Die Männer verwöhnen ihn und sich selbst, ich soll die Arbeit in die Hand nehmen. Das ist auch der verborgene Sinn, wenn Männer im Gruppengespräch unkonzentriert arbeiten, von einer Person zur anderen springen, ohne genügend bei einem Mann zu verweilen, wenn sie aneinander herummäkeln, ohne wesentlich zu werden, wenn sie sich gekränkt fühlen, mit Beziehungsabbrüchen – das heißt in der Gruppensitzung mit Schweigen – reagieren usw. Immer sehe ich die unbewußte Absicht, der »Gruppenvater« soll es »richten«. Manchmal merke ich das nicht rechtzeitig. Meine Bedürfnisse zu helfen, »groß« und väterlich zu sein, gewinnen die Oberhand. Wenn ich die Intentionen verstehe, verweigere ich die Verwöhnung. Mir wird klar, daß die Männer in der Gruppe lernen müssen, ihre Verwöhnung aufzugeben, selbst für sich und die Gruppe und das Gruppengeschehen Verantwortung zu übernehmen und auf den verwöhnenden Helfer zu verzichten. Diese Liste von Maßnahmen (psychischen Bereitschaften) verwöhnter Männer ist nicht vollständig. Hier will ich nur noch kurz andeuten, welche Haltungen in diesem Zusammenhang außerdem ausgebildet werden können.

Der verwöhnte Mann lebt in besonderer Weise außerhalb der anstrengenden Realität, in Phantasien, Träumen und Tagträumen. Verständlicherweise kreisen diese thematisch um eine trickhafte Vereinfachung bestimmter schwieriger Lebenssituationen. Woody Allen hat in seinem Film »The Purple Rose of Cairo« in eindrucksvoller Weise gezeigt, wie eine Vermischung von Traum (Kino) und Realität aussehen kann, wenn es um das Thema Liebe geht. Figuren aus der Filmhandlung verlassen die Leinwand und gehen reale Beziehungen zu Zuschauern ein, bevor sie wieder in der Kinowelt verschwinden. Woody Allen hat aufgrund seiner phänomenalen Selbsterkenntnis und Menschenkenntnis hier erfühlt, welche Verwöhnung wir uns wünschen.

Verwöhnte Männer stellen gerne überhöhte Forderungen. Sie werden an sich selbst, an andere Menschen und an das Leben schlechthin gerichtet. Harald Schultz-Hencke hat diese unter dem Stichwort »Bequemlichkeit und Riesenerwartungen« beschrieben. Sein »Gehemmter Mensch« (der Titel eines seiner Bücher) ist auch, vielleicht vor allem, der gehemmte Mann. Er entwickelt Hemmungen auf dem Gebiet des Haben-Wollens und findet sich in Phantasien von Situationen wieder, in denen seine Tendenz zum Haben einst gehemmt wurde: »Das Bild seiner Mutter, wie sie einst sein orales Streben befriedigte, wird auftreten; oder auch das Idealbild einer mütterlichen Frau ...« (S. 169).

Unbewußt wird die Forderung erhoben, eine Frau müsse erscheinen, sich des Mannes annehmen und ihn erlösen. Ein weiterer Charakterzug des verwöhnten Mannes ist die Eifersucht auf andere Männer, die scheinbar noch besser verwöhnt werden. Wo wir Eifersucht finden, müssen wir nach Verwöhnung suchen. Ich habe in »Männer lassen lieben« drei Spielarten der männlichen Eifersucht beschrieben und damit deutlich gemacht, daß Männer keinesfalls nur unter sexueller Eifersucht leiden. Die männliche Verwöhnung führt zur expansiven Eifersucht Frauen gegenüber, die weniger verwöhnt wurden, deshalb zielstrebig ihre Bedürfnisse nach Selbstentfaltung zu befriedigen suchen. Ganz vereinzelt tritt personelle Eifersucht auf die Frau auf, ihrer weiblichen Werte wegen, die sich gegenwärtig noch zu wenige Männer zutrauen.

In unseren Männergruppen stehen wir vor der Aufgabe, die Männer nicht wieder zu verwöhnen, nicht die Fortsetzung der Kindheitssituation herzustellen. Wenn ich also einem Mann etwas sage, ihm einmal Hilfe anbiete oder ein anderer Mann ihm Hilfe anbietet, dann müßte er sich von sich aus darum kümmern. Wir dürfen uns als seine männlichen Bezugspersonen nicht in Aufregung hineinsteigern und ihm dann immer nachlaufen, sozusagen seine Gefühle der Aktivität, die er sich erspart, für ihn stellvertretend entwickeln. Wir dürfen ihm auch nicht zuviel helfen oder etwa die Dinge, die jetzt zu erledigen sind, für ihn machen.

Wir sollten uns immer wieder klar darüber sein, daß jede einseitige Hilfe Verwöhnung bedeuten würde. Der Konsument zum Beispiel kommt nicht allein in die Gänge, er raucht und trinkt und sitzt seine Probleme aus. Jede Krankheit nutzt er jahrelang aus, um nicht arbeiten zu müssen. Ohne seinen Konsum ist er trübsinnig, vergrault seine Freunde, kneift, wo er nur kann. Unser Angebot an Hilfe für ihn bleibt meist wirkungslos, denn wir halten dieses Angebot nicht durch. Wir wollen es auch gar nicht, wir wollen es nicht immer wieder anbieten. An dieser Stelle wird mir deutlich, daß der Spruch »Geben ist seliger als nehmen« ein dummer Spruch ist, ein Spruch von einem, der wenig Menschenkenntnis hatte. Hilfe muß immer gegenseitig sein. Ich sage Männern immer wieder, daß ich länger andauerndes Interesse daran, jemandem zu helfen, nur dann entwickele, wenn ich auch etwas zurückbekomme. Mein Engagement in solchen Fragen ist immer eine Gratwanderung zwischen dem, daß ich mich selbst verwöhne, das heißt, ihn fallen lasse, oder daß ich mich überfordere, ihn nicht in Ruhe lasse, ihm partout immer wieder Hilfsangebote mache. Mir kommt es darauf an, daß ich lerne, ein realistisches Angebot zu machen, ein echtes Beziehungsangebot zum Abbau der Verwöhnung, und zwar im Sinne der Gegenseitigkeit. Mir ist völlig klar, daß es ihm nichts nützt, wenn ich der glorreiche Helfer bin, der nie etwas zurückbekommt. Hilfsangebote sind also angebracht, aber auf der Basis der Gegenseitigkeit: geben und nehmen, zuhören und sprechen, fragen und antworten. Dazu möchte ich einige Beispiele aus meiner Praxis erwähnen.

Ein Mann fällt dadurch in seiner Verwöhnungserwartung auf, daß er von allem zwei Ausführungen braucht. Er hat sich zum Beispiel zwei Autos angeschafft. Die nächste Verdoppelung seiner Ansprüche sehen wir daran, daß er mit einer Partnerin nicht zufrieden ist, sondern immer noch nach Seitensprüngen Ausschau hält, also die zweite Frau braucht. Im erwähnten Fall ist mir aufgefallen, wo er im Bereich der Männerarbeit Verdoppelung anstrebt, zum Beispiel, daß es ihm zeitweilig nicht genügt hat, in einer Männergruppe zu sein, er wollte unbedingt in zweien sein. Und schließlich war es ihm auch nicht genug, nur bei mir Einzelstunden zu haben, er wollte auch bei meiner Partnerin welche. Ich halte den Hinweis auf dieses Beispiel für wichtig, weil wir Männer Anhaltspunkte zur Diagnose von Verwöhntheit brauchen. Dieser Mann ist mir in seiner Verwöhnungshaltung dadurch aufgefallen, daß er, wenn wir Einzelgespräche hatten, bestimmte heikle Probleme immer erst dann angesprochen hat, wenn die Stunden eigentlich zu Ende war, sein Tonband abgelaufen war, wir uns verabschieden wollten. Dann kam er mit einem weiteren Problem heraus, um die nächste Stunde einzuleiten.

Eine andere Variante von Verwöhnung fiel mir bei einem Mann auf, der seit sehr langer Zeit in seiner Partnerschaftsbeziehung von der Frau fast gar keine Zuwendung mehr bekommt, zum Beispiel kaum mehr Sexualität, alle paar Monate vielleicht einmal. Er lebt mit seinen Kindern zusammen, für die er sich selbst vernachlässigt. Ich habe ihm einmal etwas provozierend und zugespitzt gesagt, daß er sein Leben verschläft. Er enthalte seinen Kindern etwas vor, nämlich Expansion, seine Entwicklung, seine Lebensfreude. Die Kinder werden diese Lücke auf die eine oder andere Weise füllen. Aber es kam mir so vor, als ob er den Lebenssinn an seine Kinder delegieren will auf eine im Grunde genommen wenig produktive Weise. Diesem Mann fehlt Liebe für sich, das Interesse für die eigene Person.

Auf unseren Therapiereisen sehen wir auch die schweigenden Männer, die tagelang schmollend herumsitzen und auf Verwöhnung warten, schwer, belastend, beleidigt, abweisend. Es ist mir völlig klar, daß ich diese Männer nicht in Ruhe lassen darf, daß ich deshalb mit den Männern in den Gruppen auch auf die Reise fahre. Und das Quantum an Hilfe, was jeder sich wünscht, ist groß. Joachim sagt zu Walter: »Wie geht es dir?« Walter antwortet: »Schlecht.« Joachim fragt: »Kann ich dir helfen?« Walter sagt: »Ja. Hast du vierzehn Tage Zeit?« Auf diese humoristische Weise bringt Walter zum Ausdruck, welchen hohen Grad an Hilfe sich jeder Mann wünscht, weil er genau seine Kindheit wiederholt. Vom heimischen mütterlichen Zentrum aus hat er seine Frauensucht aufgebaut und seine Verwöhnungswünsche. Die Partnerin erlebt oft dasselbe, obwohl sie manchmal alles andere will, als ihn in die Position des bloßen Heimatsuchenden zu bringen. Aber jedes Wiederholungserlebnis eines quasi mütterlichen, warmen Klimas von der Frau veranlaßt den Mann, seine Kindheit wiederholen zu wollen und sich verwöhnen zu lassen. Und wenn er diese Frau sicher hat, geht er auf Abenteuer. Dann erscheinen ihm auf einmal andere Frauen sehr attraktiv, die vielleicht nicht so hübsch sind, nicht so klug, nicht so produktiv wie seine Partnerin. Die Partnerin aber ist so dicht an ihm dran, die Distanzlosigkeit ist so groß, daß er sich nicht mehr dagegen wehren kann, daß er sie in seine Kindheit bugsiert, und sie weiß gar nicht, wie ihr geschieht. Natürlich ist das auch eine Aufgabe der Frauen, die Verwöhnungswünsche der Männer zu erkennen und zu frustrieren, nicht zu erfüllen. Auch eine Art der Verweigerung.

Nicht jeder verwöhnte Mann ist aggressiv. Eines unserer jungen Gruppenmitglieder, ich möchte ihn einmal Junior nennen, fiel mir durch fünf besonders reizvolle Kombinationen scheinbarer Widersprüche auf. Er ist freundlich, aber oft unverbindlich. Das heißt, wenn er bei uns ist, ist er humorig, aktiv, wirbt um uns, bringt sich in den Mittelpunkt, zieht unser Interesse auf sich, unser Wohlwollen. Wenn er aber weg ist, ist er unverbindlich, hält er nicht an der Beziehung fest, müssen wir uns um ihn kümmern, ihm förmlich nachlaufen. Er läßt uns einfach unsere Wege gehen und geht seine. Ein zweiter Begriff, den ich ihm sagte, war »sonnige Oralität«: freundlich, aber Nehmer, nicht verbissen, aber er will etwas haben und bietet all seinen Charme auf, um von uns etwas zu bekommen. Manchmal wollen wir aber etwas zurück von ihm, dann verstummt er. Dazu gehört seine betriebsame Unterforderung. Er kommt nicht zur Ruhe, ist dauernd dabei, irgend etwas zu unternehmen, neue Projekte anzuleiern, neue Initiativen aufzubauen, aber immer solche, wo er nie ganz gefordert ist, wo immer etwas Kraft übrigbleibt. Er unterfordert sich dabei, er geht nicht an seine Grenzen, wird also auch nie zufrieden werden. Aber Zeit hat er trotzdem nicht. Außerdem attestierte ich ihm eine charmante Kontaktscheu. Charmant ist er, er wirbt, er lacht, er wickelt die Menschen um den Finger. Im Grunde steckt dahinter die Kontaktscheu. Er will keine ernsthaften, verbindlichen Kontakte aufbauen. Er will jederzeit weg können, er will keine Verpflichtungen auf sich nehmen. Hinter dem Charme also die Kontaktscheu und hinter der Sehnsucht die Unabhängigkeit bzw. umgekehrt hinter der Unabhängigkeit die Sehnsucht. Er scheint unabhängig, er meistert sein

Leben. Er braucht niemanden. So sieht es jedenfalls auf den ersten Blick aus. Tatsächlich aber hat er große Sehnsucht nach verbindlichen Kontakten, nach Leuten, die ihn anhalten, festhalten, die ihn nicht einfach laufen lassen.

Natürlich äußert sich die verwöhnte Haltung des erwachsenen Mannes auch dem anderen Mann gegenüber. Wir sehen sie, wenn nicht Solidarität zum anderen geleistet werden kann, sondern Konkurrenz. Die Konkurrenz zum anderen Mann ist in dieser Kultur eine Folge der Verwöhnung von Männern: Weil der Mann als Kind im Mittelpunkt stand und Anerkennung bekam, wenn er »besser« schien als andere, will er es als Erwachsener auch. Die verwöhnte Haltung äußert sich in der Gesprächsmuffelei, im Schweigen des Mannes, in verweigernden, widerborstigen Reaktionen. Die Verwöhnung zeigt sich durch mangelnde Konfliktfähigkeit, schmollendes Zurückziehen, distanzierende Manöver, statt klar, deutlich und energisch Konflikte anzugehen. Und auch als mangelnde Versöhnungsbereitschaft äußert sich die Verwöhnung. Wenn Versöhnung ansteht, wird geschmollt, gemuffelt. Natürlich sind wir Männer auch verwöhnt und zeigen die Verwöhnung, indem wir uns dagegen sträuben, Menschenkenntnis und Selbsterkenntnis zu erwerben, zum Beispiel Einfühlung in einen anderen Menschen zu lernen. Das sind alles schwierige Aufgaben. Der Verwöhnte will sich darum nicht bemühen.

Natürlich haben auch die alleinstehenden Männer, von denen ich eine ganze Reihe kenne, die Singles, Verwöhnungshaltungen. Sie betonen dann zwar immer: »Ich mache alles allein«, im Grunde sind sie aber sauer auf die Frauen, daß keine kommt und ihnen die Aufgaben abnimmt. Der Single ist meist auf der Suche nach der nächsten Frau, die ihn verwöhnen kann. Er hat dann Phantasien: die blonde Fee, die ihn erlöst, der blonde Engel. Die Erlösungsphantasie ist aber immer gekoppelt mit depressiven Verstimmungen, die sich gegen die Mitmenschen, vor allem gegen die anderen Männer richten. Der verwöhnte Mann, der die erlösende Märchenfee sucht, verbreitet keine gute Stimmung.

Die verwöhnte Haltung des erwachsenen Mannes der Frau gegenüber äußert sich zum Beispiel darin, daß er sich zuwenig um die Schaffung einer lustfreundlichen, erotischen Atmosphäre bemüht. Die Frau will häufig in der Sexualität vorher Austausch und Nähe. Er will sofort zum Sex vorstoßen, verwöhnt, wie er ist, will er sich nicht bemühen müssen. Außerdem bemüht er sich nicht darum, eine Gesprächsatmosphäre und -intensität herzustellen, er ergreift in Bezug auf die Klärung anstehender zwischenmenschlicher Probleme in der Partnerschaft kaum Initiative. Und es gibt nur sehr wenige Männer, die sich zum Beispiel um die Probleme und Bedürfnisse ihrer Partnerinnen bemühen und bei den Partnerinnen nachfragen. Immer gehört zur verwöhnten Haltung dazu, daß der Mann sich um die Kontakte zu anderen Männern und auch zu anderen Frauen, mit denen ein asexueller, freundschaftlicher Austausch hergestellt werden könnte, viel zuwenig bemüht. In der Männergruppe frage ich die Männer häufig und immer wieder, in Einzelgesprächen, in Gruppengesprächen, wie sich die Verwöhnung bei ihnen äußert. Wenn sie in die Männergruppe kommen, wehren sie total ab, wissen überhaupt nicht, was das bedeuten könnte. Ich frage sie nach einiger Zeit, wie sie sich darum bemühen, diese Verwöhnung bei sich selbst abzubauen, ob sie sich überhaupt darum bemühen. Ich frage sie, wie sie auf die Versuche ihrer Partnerinnen reagieren, die verwöhnte Haltung abzubauen. Sehr häufig reagieren sie darauf der Partnerin gegenüber sehr allergisch.

Da ich nicht bei allen Männern davon ausgehen kann, daß sie solche schwierigen Fragen, die tief ins Unbewußte hineinzielen, beantworten können, bemühe ich mich in allen Fällen auch darum, die Partnerinnen der Männer kennenzulernen. Ihre Aussagen bieten oft eine unerläßliche Korrektur für die Arbeit in den Gruppen. Ich frage die Frauen, wie sich die Verwöhnung ihrer Partner äußert, in Gefühlen, Haltungen, in Situationen. Ich frage sie, ob die betreffenden Männer sich darum bemühen, ihre Verwöhnungshaltung abzubauen oder sie sogar noch verstärken. Und ich frage die Frauen, was sie tun, um sich zu wehren, und wenn sie sich wehren, wie der Mann darauf reagiert. Wir brauchen solche korrigierenden Aussagen von Frauen. Denn die Männer haben im patriarchalischen Kulturkreis meist schon das, was sie wollen.

So einfach natürlich, wie es sich hier anhören könnte, ist die Sache nicht. Häufig spielen sich in den Partnerschaften schon jahre- oder jahrzentelange Kämpfe wegen der Verwöhnung des Mannes ab. Er zum Beispiel weiß vielleicht schon, daß er etwas tun, daß er sich mehr bemühen müßte. Er tut es dann eventuell ungern, vorwurfsvoll, widerwillig, signalisiert der Frau, daß sie es eigentlich machen müßte, daß er es ihr eigentlich übelnimmt, wie sie ihn belastet. Mit dieser untergründigen Schmollstimmung beeinflußt er ihre Bereitschaft, nach einiger Zeit greift sie das auf, macht es dann doch, es ist ihr einfach zu schwierig. Sie kann sich nicht dauernd aufreiben in diesem mühevollen Kampf um den Mann.

In der Männergruppe ist unser erster Einstieg immer der Versuch, Einsicht in die verwöhnte Haltung zu schaffen und die Bereitschaft zur Bewußtmachung der Verwöhntenattitüden zu fördern. Dabei dürfen wir nicht versäumen, dem Mann die Arbeit auch schmackhaft zu machen, sie ihm als verlockend darzustellen. Sonst würde er überhaupt keine Bereitschaft entwickeln, Verantwortung für sich selbst zu übernehmen. Aber die Männerarbeit ist auch verlockend. In den Gesprächen und auf den Reisen erleben die Männer sehr viel Verlockendes, Spannendes, Elektrisierendes, Aufmunterndes.

Wenn ich darauf hingewiesen habe, daß die dauernde Kritik und Nörgelei der Frau die konstruktiven Ansätze der Männer zuwenig fördert, dann hat mir Irmgard Hülsemann oft gesagt: Diese Zurückweisung, diese ignorierende Kennzeichnung der Kritik der Frau als »Nörgelei« ist auch nur Taktik. Männer wollen nicht kritisiert werden. Männer verlangen, daß die Frau moderat kritisiert, freundlich. Es sei doch eher so, daß die Männer von sich aus nicht aktiv würden. Wenn die Frau einschreitet und sich äußert und sich verweigert, dann wird sie als nörgelnd, als feministisch, als destruktiv abgestempelt.

Zum Abschluß möchte ich noch auf das eingehen, was mir zwei Frauen gesagt haben, als ich sie in Bezug auf die Verwöhnung ihrer Männer angesprochen habe.

Die erste sagte mir, daß ihr Partner sich an der Kinderbetreuung nicht gleich viel beteiligt, wie sie es macht. Er tut zwar genauso viel wie sie, achtet aber nicht auf die Bedürfnisse der Kinder, nimmt nicht wahr, was das Kind braucht, überläßt das ihr. Außerdem meint sie, daß er sich fast gar nicht um die Schaffung einer lustfreundlichen, erotischen Stimmung kümmert, indem er keine Gesprächsmöglichkeiten herstellt, zum Beispiel auch über die Sexualität, über den erotischen Bereich. Er sei immer schnell bei der Hand, durch Wutausbrüche und aggressive Äußerungen die Stimmung wieder zu zerstören, zum Beispiel wenn es ihm mit der Sexualität nicht schnell genug geht. Sie meint, daß er am Aufbau sozialer Kontakte zu anderen Männern und Frauen eher behindernd ist und daß er sich keine Freunde sucht. Im Berufsleben leidet er unter der Konkurrenz mit anderen Männern, weigert sich aber zum Beispiel, sich eine halbe Stelle zu suchen und nicht ganztags zu arbeiten. Er schämt sich, zu seiner Vaterrolle und zu seiner Familie zu stehen. Er versuche zwar, etwas zu verändern, dieser Wille halte bei ihm aber immer nur kurz vor, dann habe er wieder alles vergessen. Diese Frau sagte mir, daß sie sich wehrt, wenn sie seine Verwöhnung zu stark spürt. Sie will sich nicht immer um ihn und seine Probleme kümmern. Wenn sie ihm dies aber sagt, wird er schnell ärgerlich, dann muß sie es in Kauf nehmen, über Tage oder Wochen seine ärgerliche Distanz auszuhalten. Das mache sie sehr traurig, sie fühle sich dann einsam. Sie empfinde, als entziehe er ihr in solchen Krisensituationen alle seine Unterstützung. Sie wolle vor allem, daß er sich mehr um seine Söhne kümmere. Es gäbe bestimmte Bedürfnisse von Söhnen, die sie nicht erfüllen könne, zum Beispiel mit dem Vater zu sprechen, auch über Sexualität. Er weigert sich dann. Sie kommt immer wieder darauf zu sprechen, das macht ihn oft wütend, ablehnend. Und sie wird wieder trauriger. Seine Söhne werden inzwischen größer und gucken sich alles von ihm ab. In langen Gesprächen, in denen sie immer gewärtig sein muß, daß er leichtfertig die produktive Atmosphäre zerstört, sagt sie ihm, wie sie mit ihm sprechen möchte, daß sie mit ihm zu tun haben soll, daß er vorsichtiger sein möge. Und sie erklärt ihm ihre Vorstellung von einem Gespräch, schildert ihm ihre Gefühle. Irgendwann erreicht ihn das. Und dann ist es für eine Zeitlang, manchmal für eine halbe Stunde, manchmal einige Tage besser. Dann ist sie sehr erleichtert und glücklich.

Eine andere Frau hat mir erzählt, daß es eine ganze Weile gedauert hat, bis sie bemerkt hat, daß ihr Partner sich verwöhnen läßt. Vorher war sie nur unzufrieden, schnell genervt und empfand ihn weniger attraktiv. Dann wurde ihr sein Trick deutlich. Sie war sauer, aber auch amüsiert. Sie hat ihm mitgeteilt, was ihr aufgefallen war, zeigte sich empört. Sie lachten dann gemeinsam über seinen »Trick«. Sie hat ihm gesagt, daß er dann für sie viel weniger attraktiv ist.

Sie schilderte eine dieser Situationen. Beide waren in Amerika. Seine Englischkenntnisse reichten aus, um mit gewöhnlichen Alltagssituationen zurechtkommen zu können. In New York aber, einer großen Stadt, in der beide Angst hatten, mußte sie immer häufiger Dinge regeln, weil man ihn nicht verstand. Einmal gelang es ihm nicht, ein Busticket beim Fahrer zu lösen. Der Fahrer des Busses schaute verständnislos, halb ärgerlich. Er schaute hilfesuchend nach ihr. Und ihr fiel auf, daß es nicht das Problem seiner mangelnden Englischkenntnisse war, sondern daß er einfach nicht laut genug sprach. Auch in anderen Situationen verstand ihn der Gesprächspartner nicht; er hätte es fast geschafft, sagte sie, daß sie die Kommunikation vollständig für ihn übernommen hätte. Diese Frau hat aber konkrete Forderungen gestellt. Sie hat sich gewünscht, daß er häufiger versucht, sie zu verführen. Er kannte diesen Wunsch, sagte dann, daß sie schwer umzustimmen ist, wenn sie keine Sexualität möchte. In einem Gespräch zu dritt habe ich ihm gesagt, daß es doch auch ein großer Erfolg für ihn sei, wenn sie am nächsten Tage auf sein Werben des Vortages einginge und dann mit ihm Sexualität wolle. Das wurde ihm erst in diesem Gespräch deutlich. Zunächst hatte die Frau dieses Problem zu ihrem gemacht, indem sie sich fragte, warum sie nicht immer gleich auf sein Werben eingehen könne. Mit dieser Frage kam der Mann dann zu mir. Wir konnten klären, daß er sehr schnell beleidigt ist und sich sehr schnell abgewiesen fühlt. Als er das Problem in dieser Weise durchschauen lernte, wurde er aktiver.

Fünfter Teil

GESELLSCHAFTLICHE UND POLITISCHE FOLGEN

1

Verwöhnung und Gewalt

Bald nachdem ich begonnen hatte, mich mit der Verwöhnung als Surrogat von Liebe zu befassen, wurde mir eine schwerwiegende Komplikation dieses Projekts deutlich: Wir sollten niemals über Verwöhnung sprechen, ohne auf die Gewalt der Männer und Frauen gegen Kinder und die der Männer gegen Männer, Frauen und Kinder hingewiesen zu haben. Nicht nur Männer, die in einer gewalttätigen Umgebung groß wurden, meint Erin Pizzey, die Gründerin des ersten Londoner Frauenhauses, wenden gegen Frauen Gewalt an, auch »der verwöhnte Junge, der genau das tun konnte, was er wollte, völlig verwöhnt... erwartet dasselbe von der Frau, jeder Frau, die er heiratet, und wenn er nicht bekommt, was er haben will, dann schlägt er eben zu« (Sarah Haffner, Gewalt in der Ehe, S. 85).

Ein erstes Beispiel zur Verbindung von Gewalt und Verwöhnung: Auf dem U-Bahnhof Theodor-Heuß-Platz in Berlin begegnet mir eine Familie, Mutter, Vater und zwei Kinder. Der Vater schlägt seine Tochter, und ich spreche ihn an, bringe mein Entsetzen zum Ausdruck. Unaggressiv sage ich ihm, daß diese Bestrafung und Gewalt mich schmerzt. Er antwortet gereizt: »Es sind doch meine Kinder. Haben Sie überhaupt Kinder? Können Sie mitreden?« Dann geht er weg und wendet sich wieder seiner Tochter zu. Ich sehe noch, daß ich ihn »erreicht« habe, denn nun streichelt er sie. Sie weiß nicht, warum sie jetzt verwöhnt wird. Weil sie vorher geschlagen wurde: Verwöhnung als Ersatz von Liebe.

Als ich im April 1989 in der »Berliner Mannege«, einem Kreis antisexistischer Männer, über Erfahrungen aus der Praxis der Männergruppen berichtete und über die mangelnde Selbsterkenntnis und Selbstfürsorge vieler Männer sprach, gingen die meisten der Männer darauf überhaupt nicht ein. Sie fühlten sich statt dessen gedrängt, über die Gewalt der Männer zu diskutieren.

Das könnte sinnvoll werden, wenn Gewaltlosigkeit direkt zu erzielen wäre. Um die Gewalt zu mildern, müssen wir aber in die tieferen Schichten unserer Gewaltbereitschaft vordringen, in unsere Angstverdrängung, Unempfindlichkeit, Erschütterungslosigkeit, Hilflosigkeit zum Beispiel, in die mangelnde Selbstfürsorge, Unruhe und in unsere Sinnlosigkeitsanwandlungen. Wir müssen aber auch in unsere Verwöhnung Einblick nehmen. Ich erinnere an das Motto des Mannes im Patriarchat: »Gewalttätig, wenn ich nicht verwöhnt werde.«

Einige Männer beschwerten sich über die Gewalt der Frauen, die als subtil, raffiniert und darum um so grausamer empfunden wird. Schnell ist mann bei diesem Thema, um von sich abzulenken. Männer widersprechen, wenn ich die Gewalt der Frauen im Patriarchat als Gegenwehr, Notwehr bzw. als Verweigerung bezeichne.

Würden wir verzichten, auf den Zusammenhang zwischen Verwöhnung und Gewalt hinzuweisen, dann würde die Analyse der Verwöhnung nicht nur mißverstanden, sondern von falschen Leuten tendentiös ausgeschlachtet: zugunsten einer Gangart der Gewalt. Nachdem ich 1986 in Berlin über die Verwöhnung des Mannes gesprochen hatte, bekam ich drei Interview-Anfragen von der BZ. Jemand hatte offenbar kurz geschlossen: Wer Verwöhnung kritisch analysiert, ist für Härte in der Erziehung, mithin Komplize im autoritären Lager, dem der Herrschenden oder ihrer Hofhunde.

Gewalt und Verwöhnung aber sind keine Gegensätze. Sie treten stets Hand in Hand auf. Eine der erschütterndsten Analysen von Gewalt in der Erziehung stammt wohl von Alice Miller, die in »Am Anfang war Erziehung« auf die verheerenden Folgen der sogenannten »Schwarzen Pädagogik« hinweist. Sie beschreibt zum Beispiel Adolf Hitlers Erziehung als Konglomerat von väterlicher Gewalt und kompensatorischer mütterlicher Verwöhnung (S. 169 ff.). Gewalt und Verwöhnung sind als »Behinderung des Kindes« für das Be- und Erziehungsgeschehen in unserer Kultur bestimmend. Es muß gewiß nicht jeder Mensch, wie Adolf Hitler, der als Kind mörderisch geschlagen wurde, zum Mörder werden. Aber jeder Junge, der verwöhnt wird, ist in Gefahr, zum kraftlosen, frauensüchtigen Mann zu werden. Als solcher wird er gewalttätig, wenn die Frau ihm Verwöhnung entzieht: Weil er sich sein vermeintliches Recht mit Gewalt verschaffen will. Nicht, weil er einem angeborenen Aggressionstrieb ausgeliefert oder einfach frustriert ist. Wer im Patriarchat die Gewalt sucht, findet sie überall. Sie ist immer schon da. Wir können ihr nicht entrinnen, wir müssen dieses »Erbe« annehmen.

Viele Väter behandeln ihre Kinder bisweilen gewalttätig. Nicht nur Töchter werden sexuell mißbraucht. Von hundert unter dem Vorwand der »Sexualität« geschädigten Kindern sind dreißig von Männern mißbrauchte Jungen (vgl. Cornelia Kazis, Dem Schweigen ein Ende).

Auch verwöhnende Mütter sind nicht gewaltlos. Gleichwohl sind die Hauptbehinderungen von Söhnen väterliche Gewaltanwendung und mütterliche Verwöhnung. Das traditionelle patriarchalische und distanzlose Arrangement, die Arbeitsteilung zwischen Mann und Frau – Beruf versus Familie – läßt nichts anderes zu.

Ich wurde gefragt, warum ich mich so intensiv dem Phänomen der Verwöhnung zuwende und nicht anderen, angeblich wichtigeren erzieherischen Fehlhaltungen. Ob das nicht vor allem mein persönliches Problem sei?

Wenn Gewaltanwendung aber eine Folge der kindlichen und späteren Verwöhnung ist? Wenn sie das Mittel dessen wäre, der sich kompliziertere, aufwendigere Problemlösungen nicht zutraut, weil er keine Gelegenheit bekam, sie einzuüben? Wenn der ehemals und gegenwärtig verwöhnte Mann Gewalt anwendete, um zu seinem vermeintlichen »Recht« zu kommen?

Erzieher und Pädagogen betonen, daß Kinder vor allem Liebe und wohlwollende Aufmerksamkeit brauchen. Was bedeuten diese Worte dem, der verwöhnt wird? Was dem, der verwöhnt? Jeder versteht etwas anderes darunter, je nach Persönlichkeitsstruktur, Gefühlen, Stimmungen, Haltungen und Werten.

Mann und Frau zum Beispiel interpretieren »Liebe« gegensätzlich, wie ich ausführte. Es ist nicht einmal überholt, daß die verwöhnende Mutter auf die Gewalt des Vaters zurückgreift. Mit ihrem »Komm du einmal nach Hause!« oder »Warte, bis dein Vater kommt!« wird sie zu dessen Komplizin. Und auch der nicht allzu strenge Vater kennt seine Kinder kaum. Weil er selber Verwöhnung beansprucht, die er nicht teilen möchte, rivalisiert er mit seinem Sohn. Andererseits hält er es für angebracht, daß dieser ebenfalls verwöhnt wird. Weil er dessen Stärke nicht kennt, unbewußt sogar fürchtet. Er verhindert, daß sein Sohn sich seine Bedürfnisse auf seine Weise zu befriedigen sucht. Daß er auf eigene Initiative hin die Menschen und die Welt »erobert«.

Ein verwöhnter Sohn wird seinem Vater nicht gefährlich, weil er bequem und inaktiv ist, sich dem Vater unterordnen wird. Fast jeder Vater versucht, seine Kinder »in den Griff« zu bekommen. Seine Frau, die Mutter seiner Kinder, unterstützt ihn dabei. Seine Sprache aber verrät ihn. Indem er bisweilen einräumt, daß die Kinder »durchaus ihren eigenen Willen haben«, daß er alle Hände voll zu tun hat, um deren »kleine Wehwehchen des Alltags« zu lindern und ihnen ihre »verrückten Ideen« auszureden, verrät er seine wahren, verständnislosen Ansichten und Absichten. Wir vermögen nicht, den Kindern ihren eigenen Willen zu lassen, diesen zu unterstützen. Darum suchen wir ihn zu brechen, entweder brutal, oder wirksamer: einschläfernd, durch Verwöhnung. Wir leugnen, daß wir den Kindern große Schmerzen zufügen, keine Wehwehchen. Wir trauen ihnen keine produktiven Ideen zu, gönnen ihnen ihre Genialität nicht und nennen sie verrückt. Weil wir die ungebrochene Intelligenz und Tatkraft der Kinder fürchten, »schützen« wir sie. Vor Belastungen und Konflikten, die sie durchstehen würden, ließen wir sie dazu frei.

Wo immer sie mit ihren Eltern zusammen sind, dürfen Kinder keine Fehler machen, also nicht lernen. Sie dürfen nichts »kaputt« machen, zu wenig riskieren und probieren. Die »Trial-and-Error«-Methode gilt für Kinder nicht. Keine-Fehler-machen-Dürfen ist Verwöhnung. Das Gegenteil wäre Wachstum.

Heute, gegen Ende des 20. Jahrhunderts, haben wir noch nicht einmal verstanden, was autoritäre Erziehung bedeutet. Die Schriften von Alice Miller und die Anfeindungen, denen sie ausgesetzt ist, beweisen das. Nun sollen wir uns Verwöhnung abgewöhnen. Wir schwanken zwischen Gewalt und Verwöhnung, geben »Zuckerbrot und Peitsche«, wir verzärteln und entmutigen – gleichzeitig. Wir schlagen die Kinder, das ist grausam und gefährlich, auch der kleinste sogenannte »harmlose Klaps«, auf dem viele Eltern kategorisch bestehen. Sofort hinterher küssen wir sie. Wenn sie es am allerwenigsten genießen, weil sie noch in der Lage sind, die widersprüchliche Handlungsweise der Eltern zu merken und zu fürchten.

Kinder werden abgeküßt und abgeknutscht. Auch wenn sie deutlich zeigen, daß es ihnen unangenehm ist. Diese Bedrängungen nennen wir Zärtlichkeit. Die Zärtlichkeit der »richtigen« Männer.

In einer gemischten Gruppe erzählt Ludwig, er sei drei Wochen mit seinem sechsjährigen Sohn in Italien gewesen. Ohne seine Frau. Sie hatte gemeint, daß er sich Franz zu wenig widme. Ludwig meinte, er habe auf der Reise eigentlich »nur so rumgehangen«, seine Partnerin habe ihm gefehlt. Mit Franz, der sich viel besser beschäftigte, habe er viel herumgemeckert, zum Beispiel schwarzer Fingernägel und des unaufgeräumten Zimmers wegen: »Ich habe mich an Franz abreagiert, ihm den Arsch versohlt. Ich wußte nicht, warum. Aber es ist ja auch noch keiner daran gestorben.« Ludwig kann uns das erzählen, weil wir ihn nicht verurteilen. Auch, daß er auf Franz eifersüchtig wurde, weil der Freunde fand und sich nicht langweilte. Wir sollten nicht vom Gewaltmonopol des Staates sprechen, solange die Gewalt gegen Frauen und Kinder von verwöhnten Männern ausgeht.

Die Gruppe reagierte auf Ludwig. Ob er denn nicht auf die Idee komme, daß Franz Angst vor ihm habe? Darauf Ludwig: »Ihr sagt, ich soll ihn nicht schlagen. Das ist einfach gesagt. Ich weiß nicht einmal, warum ich es mache.«

Einer Frau wurde an dieser Stelle des Gespräches übel. Sie befürchtete, ohnmächtig zu werden, und legte sich auf den Fußboden. Erst an dieser Stelle wurden Ludwig seine beängstigenden Handlungsweisen bewußt. Er ist nicht unsensibel, er leidet und trauert nur zu wenig. Darum fühlt er Franz' Ängste nicht.

Als wir bei Freunden zu Gast waren, äußerte der Hausherr, ein Pfarrer: »Doch, ein Klaps muß manchmal sein.« Ich protestierte heftig. Selbst ein kleiner Klaps schade dem Kind. Von den erwachsenen Söhnen des Pfarrers wurde ich nicht so recht ernstgenommen. Sie hatten selbst bereits Kinder und ihrem Vater vieles nachgemacht. Dieser kam am nächsten Tag zu mir. Er hätte sich die ganze Nacht über den Kopf zerbrochen. Schließlich hätte ich eine langjährige therapeutische Erfahrung. Er sei unvorsichtig gewesen, er müsse wohl umdenken. Allen Vätern, deren Erziehungsrepertoire Ignoranz und Demütigungen enthält, wünsche ich seine Lernfähigkeit und Offenheit.

Die meisten Kinder werden behindert, durch die sogenannte Erziehung. Gewalt und Verwöhnung erwachsen aus der Gefühllosigkeit und den Sinnlosigkeitsgefühlen der Eltern. So mancher Sohn ist der Gewalt der Frauensucht, dem Schweigen und der Kraftlosigkeit seines Vaters ausgeliefert.

Kritik an erzieherischer Härte und Gewalt gab es bereits im 19. Jahrhundert. Die Romane des sozialkritischen englischen Schriftstellers Charles Dickens (1812–1870) wurden von Millionen Europäern begeistert verschlungen. Von meinen Eltern und Großeltern auch. Dickens wurde bei uns zu Hause viel vorgelesen. In seinem autobiographischen Roman »David Copperfield« (1849/50) bringt er sein tiefes Erschrecken über die mangelnde Güte der Erwachsenen meisterhaft und anrührend zum Ausdruck. Als ich Alice Millers Kritik an der Schwarzen Pädagogik las, fragte ich mich, wie es meiner Familie möglich sein konnte, über Dickens ergriffen zu sein – er ging ihnen »ans Herz« – und doch so wenig humane Konsequenzen zu ziehen. Ich sehe bestätigt, daß die Lektüre humanistischer Schriften so lange keine Menschenfreundlichkeit hervorbringt, wie sie nicht zum Nachdenken über sich selbst führt.

Copperfields Stiefvater hatte David geprügelt, wenn er ihm nicht »wie ein Hund gehorche«. Ein liebes Wort, schreibt Dickens, der Ermutigung und des Verständnisses der kindlichen Seele, hätte ihn zu einem anderen Menschen gemacht. Der strenge Stiefvater, der ihn grausam behandelte, bewirkte den »Tod seines Seelenfriedens« und machte ihn dumm. Auch der vorhin erwähnte Ludwig wußte nicht, daß Angst dumm macht. Weil er seine eigene Angst unterdrückt.

Copperfields leibliche Mutter versagt, weil sie ihrem Gatten gehorcht. Sie macht sich klein, bezeichnete sich – nicht ganz zu Unrecht – als nachgiebig und leichtfertig, redete sich ein, ihr Gatte sei stark, besonnen und ernsthaft.

Wider bessere Einsicht setzte sie den Grausamkeiten von Davids Stiefvater keinen Widerstand entgegen. Diese Verwöhnung des erwachsenen Mannes machte sie zur Mittäterin. Christina Thürmer-Rohr zeigt in »Vagabundinnen«, daß Frauen nicht einfach passive Opfer der Männergewalt sind. Sie unterstützen patriarchalische Macht aus einer Art selbstgewähltem Gehorsam (S. 41 ff.). Frauen entschieden mit, wer sie im Patriarchat seien. Wiewohl es nicht um Schuldzuweisungen und Selbstanklagen ginge, so Thürmer-Rohr, stoße ihre Mittäterschafts-These in feministischen Kreisen auf eisernen, empörten Widerstand. Die Wahrheit aber, daß Frauen »beiseite schauen«, ihre verzweifelte Lage zu verbergen suchen, um sich vor Schuldgefühlen zu bewahren, sei zumutbar.

Ich stoße mit meiner These, daß Männer sich von Frauen passiv lieben lassen, in Männerkreisen ebenfalls auf eisernen Widerstand. Männer wollen nicht wahrhaben, daß sie Gewalt ausüben und sich von Frauen verwöhnen lassen. Mir geht es nicht um Schuldzuweisungen. Ich strebe Kritik und Selbstkritik an zum Zweck der Weiterentwicklung und Kräftigung der Männer. Dem Gehorsam der Frauen entspricht nicht nur die Gewalt der Männer, sondern auch ihre radikale Abwehr von Selbstkritik.

Thürmer-Rohr fährt fort: Auch der Mütterlichkeits- und Weiblichkeitskult vieler Frauen, die sich selbst belügen, indem sie am Bild der Frau als bloßem Opfer festhalten, so tun, als könne der Mann sie »behandeln«, zeige feministische Denkhemmungen und den beruhigenden, beschönigenden Rückzug ins Private bzw. Spirituell-Mystische. Anstelle dessen müsse vehementer und bewußter Widerstand geleistet werden, entschiedene Verweigerung (S. 50–52). Frauen, die sich weigerten, den Mann, mit dem sie leben, mit jenem zu identifizieren, der sie unterdrücke, fielen ihm nicht »zum Opfer«, sondern gestalteten aktiv Selbstbetrug. Dessen Wirklichkeitsverleugnung gestatte ihnen, die notwendige Trennung hinauszuschieben (S. 58).

Einige Frauen sind offenbar weiter als Männer. Sie entwikkeln immerhin Denkhemmungen, haben also begonnen zu denken. Viele Männer wollen gar nicht denken. Sie lassen sich verwöhnen und räsonieren über mangelnde Verwöhnung. Sie ziehen sich immer dann ins Private zurück, wenn sie die Frau brauchen.

Die meisten Männer empfinden wenig Menschenfreundlichkeit. Manche Frauen mögen ihre Mittäterschaft leugnen. Fast alle Männer leugnen ihre Täterschaft. Sie bestehen darauf, selbst auch nur Opfer zu sein. Walter Hollstein zum Beispiel bemüht in »Nicht Herrscher, aber kräftig« eine sogenannte »Superstruktur«, der auch Männer unterworfen seien, Gesellschaft, Erziehung usw. (S. 48–56). Männer wie Frauen seien Opfer sozio-politischer Zwänge, Männer überdies noch Opfer der psychischen Macht der Frauen (S. 54). Statt die Schuld auch bei Individuen zu suchen, empfiehlt Hollstein – einmal mehr – die Analyse der – anonymen – Gesellschaft. Er behauptet zum Beispiel, dem Mann würde »niemals zugebilligt«, eine Beziehung zu seinem Kind zu haben (S. 72), er unterliege »unfreiwillig« Bildern über Männlichkeit (S. 80). Hollstein beschönigt. Wir Männer sollten die Verantwortung für die patriarchalische Gewalt persönlich übernehmen, uns nicht hinter Allgemeinplätzen verstecken, sondern an uns arbeiten. Zum Beispiel fragen: Welche Frau habe ich heute ausgebeutet? Welches Kind attackiert? Bei welchen Männern kann ich mir Hilfe holen? Wo kann ich lernen, gewaltloser zu werden? Offener über mich zu sprechen? Meinen Anteil an der therapeutischen Arbeit mit den mir Nahestehenden zu übernehmen? Warum habe ich bisher nicht die Kraft aufgebracht, eine Beziehung zu meinem Kind aufzunehmen? Wie kann ich das lernen? Wieso interpretiere ich die verständliche, wenn auch hilflose und problematische Gegenwehr der Frau als deren Machtausübung?

Noch ein Wort zur Mittäterschaft. Mütter, die ihren Sohn verwöhnen, seinem Vater gehorchen, schaden dem Sohn. Dadurch, daß sie sich gegen Härte gegenüber dem Sohn, Demütigung und Bevormundung des Sohnes nicht wehren und ihm weder Vorbild noch Hilfe dabei sind, sich von einem Autoritären unabhängig zu machen.

Copperfields Mutter sah der Mißhandlung ihres Sohnes angsterstarrt zu. Er streckte ebenfalls die Waffen: »Er befahl mir wie einem Hund, und ich gehorchte wie ein Hund« (S. 140). Weil seine Mutter ihn weder körperlich noch seelisch unterstützte. Statt dessen verwöhnte sie ihren scheinbar übermächtigen männlichen Partner.

Alice Miller, die auch deshalb aus dem Ghetto der orthodoxen Psychoanalyse ausbrach, weil die meisten Analytiker der Frage, was Eltern ihren Kindern antun, zu wenig Interesse entgegenbringen (Am Anfang war Erziehung, S. 173), bezeichnet die Erziehung Adolf Hitlers als »gegenwärtig noch nicht untypisch«. Adolf durfte seinen Schmerz weder zeigen noch beklagen. Er wehrte ihn ab, durch lebenslangen, unersättlichen Haß. Adolf Hitler rächte sich, zwanghaft, an Millionen von Menschen, noch nach Jahrzehnten. Er tobte sich an Unschuldigen aus.

Hitlers Vater, nach Miller der unumschränkte, absolute Herrscher in der Familie, schlug bereits seinen vierjährigen Sohn aufs brutalste. Miller erinnert an die Erziehungsschriften Dr. Schrebers, der empfahl, schon den Säugling zu züchtigen, um »das Böse« früh genug auszutreiben. Den Müttern, die ihre Säuglinge und Kleinkinder schlagen (S. 183), muß gesagt werden, daß sie damit »das Böse« erst in diese hineinprügeln. Als Adolf Hitler von seinem Vater fast zu Tode geprügelt wurde, konnte seine Mutter ihm nicht helfen: »Die Frau und die Kinder sind seinem Willen, seinen Stimmungen, total unterworfen, müssen Demütigungen und Ungerechtigkeiten fraglos und dankbar hinnehmen; Gehorsam ist ihr wichtigstes Lebensprinzip. Die Mutter hat ... ihren Bereich im Haushalt; in dem sie, wenn der Vater nicht zu Hause ist, den Kindern gegenüber Herrscherin ist, das heißt sich teilweise für die erlittenen Demütigungen an noch Schwächeren entschädigen kann« (S. 174). Warum half Klara Hitler ihrem Sohn nicht? Es war doch nicht ihr Schicksal, das hörige und unterwürfige Dienstmädchen ihres Mannes zu sein (S. 228). Hat sie sich dazu entschlossen, bewegungslos zuzuschauen, wenn ihr Sohn blutig geschlagen und obendrein verspottet wurde?

Ist es frauenfeindlich, wenn ich Klara Hitler »verantwortungslos« nenne? Wäre die Diagnose »masochistische Apathie, die zur Solidarität mit dem sadistischen Gewalttäter führt«, antifeministisch? Oder war Klara Hitler wirklich eine typische Mittäterin, die ihren Sohn – gehorsam – einem gewissenlosen Schläger ausliefert? Sie hat ihren Sohn nicht geliebt, weil sie seinem Vater keinen Widerstand entgegensetzte. Diese aktive Verwöhnung des Vaters ist der Beweis für die Liebesunfähigkeit der Mutter.

Im Jahre 1988 vertrat die Psychoanalytikerin Marina Gambaroff, bekannt u. a. durch »Utopie der Treue«, im Münchener Fernsehen die Ansicht, ein kleiner Schlag hier und da schade Kindern gar nicht. Erwachsene schlügen sich ja auch dann und wann – gefahrlos. Seelische Verletzungen seien oft viel schlimmer als körperliche Attacken. Mit welcher Absicht konstruierte sie eine unehrliche Alternative? Wollte sich hier eine klammheimliche Mittäterin rechtfertigen?

Jeder körperliche Übergriff enthält mit Notwendigkeit eine seelische Grausamkeit, und letztere wird nicht dadurch schlimmer, daß sie ohne körperliche Gewalt gegen das Kind gewendet wird. Auch mir ist bewußt, daß manche brutale körperliche »Züchtigung« durch gewisse seelische Mißhandlungen übertroffen wird. Aber müssen wir nicht sowohl brutale, offensichtliche als auch heimtückische, subtile Gewalt unterlassen?

Viele Eltern behandeln ihre Kinder nicht wie vollwertige Menschen und mißachten ihre Menschenwürde. Viele Männer tun Frauen Ähnliches an. Sie behandeln sie so, wie sie umgekehrt nicht behandelt werden wollen. Walter Bärsch, Präsident des Deutschen Kinderschutzbundes, teilte mit, daß mindestens 20 Prozent aller deutschen Kinder deutliche Störungen aufweisen, weil sie in hoffnungslosen familiären Beziehungssituationen leben. Diese Kinder reagieren mit Ängsten, reduziertem Selbstbewußtsein und mit Aggressivität. Selbst wenn sie nicht schlagen würden, wendeten ihre Eltern häufig sogenannte »subtile Methoden« der Gewalt an.

Ich gebe einige von Walter Bärsch genannte Äußerungen von Eltern wieder. Die Leserin und der Leser möge sie mit den eigenen vergleichen. »Was soll bloß aus dir werden?«, »Aus dir wird ja doch nichts!«, »Wenn du so weitermachst, bist du nicht mehr unser Kind!«, »Wegen dir landet Deine Mutter noch im Krankenhaus!«

Dem Kind wird unterstellt, es sei ein Versager. Andererseits werden ihm übermenschliche Einflußmöglichkeiten suggeriert. Beide Zumutungen sind grausam. Solche Zuweisungen sind nicht einfach falsch, heuchlerisch oder überflüssig. Sie sind entwicklungsschädigend, meistens sogar neurotisierend.

Wahrscheinlich sind die meisten Neurosen in der Kindheit entstanden, als Gegenwehr des Kindes gegen solche subtile Gewalt und Verwöhnung der Eltern. Das allerdings rechtfertigt nicht, brutale körperliche Züchtigungen als weniger gefährlich hinzustellen.

Ich erinnere mich an ähnliche Aussagen meiner Eltern. »Du kommst in eine Erziehungsanstalt, wenn du nicht artig bist.«, »Du bringst mich noch ins Grab.« und »Wenn du so weitermachst, werde ich noch verrückt.« Vor allem das Angstrepertoire meiner Mutter erhielt eine Menge magischer Formeln, die geeignet waren, mich zu verwirren: Mein Verhalten wurde offensichtlich als tödlich und verrücktmachend dämonisiert. Als Kind half mir eine kraftvolle, wohltuende Verdrängung etwas gegen diese Übergriffe. Den Erwachsenen suchen sie noch nach 40 Jahren heim. In Phasen seelischer oder körperlicher Erschöpfung und Überlastung melden sie sich und schlagen mir unangenehm aufs Gemüt. Durch Verdrängungen und Projektionen auf andere Menschen verhindern wir Identifikationen mit derartigen Zuschreibungen. Im Unbewußten aber leben sie weiter. Wie um den »richtigen« Zeitpunkt abzuwarten und uns dann um so erbarmungsloser zu schockieren.

Franz Kafka beschrieb in seinem »Brief an den Vater« erschreckend und einleuchtend eine überpersönliche Vatergestalt, den »subtilen« Gewalttäter. Vater Kafka war für Franz gefährlich, einfach schon deswegen, weil er so »stark« war, so »gesund«, so redebegabt und selbstzufrieden, so überlegen und »geistesgegenwärtig«. Dieser Vater war in Wahrheit kraftlos, krank und dumm, aber eben auf andere Weise, als Franz dies auszudrücken vermochte. Kann ein Mensch, dessen Lärm und Jähzorn seinen Sohn zu einem »Nichts« macht, als »gesund« bezeichnet werden? Ist ein Vater »stark«, der seinen Sohn niederdrückt und zerstört? Franz schrieb: »In Deinem Lehnstuhl regiertest Du die Welt. Deine Meinung war richtig, jede andere war verrückt, überspannt, meschugge, nicht normal... Es konnte auch vorkommen, daß Du in einer Sache gar keine Meinung hattest und infolgedessen alle Meinungen, die hinsichtlich der Sache überhaupt möglich waren, ohne Ausnahme falsch sein mußten ... Man mußte nur über irgendeine Sache glücklich sein, von ihr erfüllt sein, nach Hause kommen und es aussprechen, und die Antwort war ein ironisches Seufzen, ein Kopfschütteln, ein Fingerklopfen auf den Tisch: ›Hab auch schon etwas Schöneres gesehen‹ oder ›Mir gesagt Deine Sorgen‹ oder ›Ich hab keinen so geruhten Kopf‹ oder ›Kauf Dir etwas dafür!‹ oder ›Auch ein Ereignis!‹«

Viele Kinder werden auf schwer erkennbare Weise von ihren Eltern geschädigt, und das wird ihnen lebenslang nachhängen. Diese Gewalt ist nicht »subtil« und nicht »sublim«. Sie ist nur schwer erkennbar. Sie ist in keiner Weise zarter als erkennbare Gewalt. Ich schätze, daß neun Zehntel aller Gewalt schwer oder gar nicht erkennbar ist. Sie wirkt darum nicht weniger zerstörerisch, besonders auf den schwächeren und abhängigen jungen Menschen.

Mütter sind nicht auf raffinierte, versteckte Abwehrmanöver gegen die Gewalt ihrer männlichen Partner angewiesen. Sie sollten direkt, erkennbar und deutlich Widerstand gegen Gewalt formulieren und formieren. Anderenfalls merken die Kinder nicht, was da gespielt wird, und bleiben verwöhnt, das heißt schwächlich und ohnmächtig. Je schwächer jemand ist, desto größer ist die Gefahr, daß er seine Schwäche durch Gewaltanwendung kompensieren möchte.

Zur schwer erkennbaren Gewalt gehören Heucheleien wie »Ich hab es doch nur für dich getan« oder »Ich tat es aus Liebe zu dir« oder »Wer sein Kind liebt, der züchtigt es«. Irmgard Hülsemann hat in »Ihm zuliebe?« begonnen, Frauen auf die schwer erkennbare Gewalt direkt und praktisch hinzuweisen. Auf die Gewalt der Mittäterin zum Beispiel, die ihr Kind anfleht, den Vater »ihr zuliebe« zu schonen, damit der nicht vollends ausrastet und zuschlägt. Durch die Bravheit der Frauen wird sogar die männliche Brutalität noch als »Liebe« empfunden. Wir müssen dieser sogenannten »Liebe« gegenüber mißtrauisch werden. Unsere Generation hat die Aufgabe, dieses Wort mit einem zeitgemäßen und wieder ernstzunehmenden, humanen Inhalt zu füllen. Auch die ängstliche Mutter, die ihre Kinder und sich selbst mit dem Gedanken »beruhigt«: »Ich bleibe nur bei ihm, weil die Kinder noch so klein sind«, ist eine Mittäterin. Eine Täterin, genauer gesagt, deren Tat, die unangebrachte »Beruhigung«, paßt genau zu der des männlichen Gewalttäters, ermöglicht oder gar provoziert diese vielleicht im Einzelfall erst.

Wie Vater Kafka behindern so manche Väter die freudige und mutige soziale Expansion ihrer Kinder durch eine schwer erkennbare Grausamkeit: die ironische Abwertung abwesender Dritter und dauernde Verhöhnung angeblich dummer, gemeiner oder einfach lächerlicher Mitmenschen. Oft tun sie hinterher ganz unschuldig: »Das war doch gar nicht so gemeint.« oder »Das war doch nicht gegen den ...« oder »... gegen dich gerichtet.« Doch! Diese Schmähungen, der permanente Angriff des ärgerlichen Vaters ist gegen denjenigen gerichtet, der gerade anwesend ist und sich dieser Attacken nicht erwehren kann. Das Schimpfen des am Steuer sitzenden Autofahrers gilt oft dem Beifahrer, nicht dem, der draußen auf der Straße ist und sowieso nichts hört. Lassen wir uns nicht täuschen! Viele Väter schimpfen über fast alle anderen Menschen. Die Mutter, statt das aufzudecken und zu entmutigen, besänftigt die Kinder: »Laßt ihn machen, er meint es gar nicht so.« Wenn er es nicht meint, dann soll er seinen Schnabel halten und nicht seine Kinder mit seinen Unzufriedenheiten und Gehässigkeiten behelligen. Vater Kafka nannte andere Menschen Hunde, Flöhe, Vieh und Schweine und rationalisierte dann: »Ich habe Dich immer gern gehabt, wenn ich auch äußerlich nicht so zu Dir war, wie andere Väter zu sein pflegen, eben deshalb weil ich mich nicht verstellen kann wie andere.« Im Gegenteil, er war so wie die meisten Väter, ohne es zu wissen. Er belog sich selbst, wie andere Väter dies auch tun: »Mach, was du willst; von mir aus bist du frei; du bist großjährig; ich habe dir keine Ratschläge zu geben.«

Viele dieser Ratschläge sind wie Schläge. Das ganze Arsenal der »schrecklichen Erziehungsmittel«, die Behinderung der

Kinder, geht nicht nur vom Vater aus. Sätze wie »Du kannst mir glauben, denn ich bin deine Mutter« oder »Du bist mein Sohn, deshalb werde ich dich zu meinem Retter erziehen« stammten von der Mutter bzw. hätten von ihr stammen können.

Franz Kafka wollte besänftigen: »Gewiß verwöhnte mich meine Mutter auch«, aber er analysierte zutreffend: »Es ist wahr, daß die Mutter grenzenlos gut zu mir war, aber das alles stand für mich in Beziehung zu Dir (dem Vater), also in keiner guten Beziehung. Die Mutter hatte unbewußt die Rolle eines Treibers in der Jagd.« Durch sogenanntes »Gutsein« und Fürbitten verhinderte sie das mögliche Aufkommen von Trotz gegen den Vater. Franz befand sich stets in dessen Bannkreis. Die Mutter – Mittäterin – »liebte« ihren Gatten »zu sehr« und war ihm ergeben. Wollte Franz wirklich Schutz vor seinem Vater, dann mußte er auch den Kontakt zur Mutter meiden. Sie nahm die Verurteilungen des Vaters blindlings an und zeigte damit, daß sie ihren Mann verwöhnte, also nicht liebte. Eine Liebende träte der Gewalt des Geliebten kräftig entgegen. Eine liebende Mutter würde, statt zu beschwichtigen, Gegenwehr praktizieren und sie auf diese Weise auch ihren Kindern ermöglichen. Wenn ich auf die Erziehungsmittel der Verwöhnung eingehe, muß ich über Gewalt sprechen, über die offene und über schwer erkennbare Gewalt. Es spottet jeder Beschreibung, wie unbedenklich Eltern ihren Kindern die Wahrheit vorenthalten, indem sie sie verstecken und heucheln. Aber Kinder spüren das. Sie spüren auch, daß sie nicht freigelassen, sondern in vielfältiger Weise indoktriniert und verängstigt werden. Unredliche Klagen, zum Beispiel die, die Kinder wehrlos machen sollen, sind quälende Einschnürungen: »Sei froh, daß du es besser hast als ich in meiner Jugend«, »Was haben wir gelitten, entbehrt und gehungert!«, »Was weißt du schon vom Leben?«, »Wir hatten es viel schwerer als ihr« und »Du hast doch nichts zu leiden.« Diese Klagen sind Anklagen, welche Kinder entmutigen sollen. Sie entwickeln Selbstmißtrauen. Dadurch befürchten sie, neben ihren Eltern nicht zu bestehen und ihnen Schande zu machen. Der weitverbreitete Erzieherirrtum, die Leistungen resp. Fehler der Kinder seien deren Eltern oder Lehrern anzurechnen resp. anzulasten, ist ein probates Mittel, für lebenslange Verpflichtungs- bzw. Schuldgefühle der Heranwachsenden zu sorgen, durch die sie wirksam in die Einflußsphäre der Erzieher eingespannt werden.

Ein junger Mann sagte mir dazu: »Ich wünschte, es gelänge mir, wenigstens einmal für das, was ich mache, von meinem Vater Anerkennung zu bekommen. Aber nein, immer ist alles noch nicht gut genug. Immer hätte ich es eigentlich noch besser machen können. Meistens nimmt er meine Anstrengungen, etwas vor allem deshalb gut zu machen, damit es auch ihm gefällt, gar nicht zur Kenntnis. Nur das Ergebnis zählt, nicht der Weg dahin.«

Franz Kafka schrieb als Erwachsener, daß er sich für Kinder Erwachsene wünscht, die sich nicht an ihnen austoben. Erwachsene, die selber glücklich und fröhlich sind. Woher aber solche Menschen nehmen? Erwachsene sind ehemalige behinderte Kinder. Könnten wir durchsetzen, daß nur solche Erwachsene Kinder in die Welt setzen, die ausgeglichen, friedfertig und beziehungsfähig sind, dann stürbe die Menschheit aus. Aber wir müssen fordern, daß problembewußte Erwachsene für eine gewisse persönliche Ausgeglichenheit sorgen. Für eine gewisse Portion Ruhe und Lebensfreude. Bevor sie daran denken, eigene Kinder in die Welt zu setzen, nicht erst danach. Sie würden eine zartere, freiere, das produktive Potential im Kind entfaltende Beziehung zu diesem aufnehmen. Vielleicht wäre das gar keine Erziehung mehr, sondern Freundschaft mit dem Kind. Kinder aber, und das betrauert Kafka, wurden zur Rettung ihrer unglücklichen Eltern in die Welt gesetzt. Deshalb seien Eltern am allerwenigsten für eine Beziehung mit ihren Kindern geeignet. Eltern seien irritiert, ruhten nicht in sich, sie seien nicht liebevoll genug und besäßen zu wenig Einfühlungsvermögen für kindliche Belange.

Wir wissen heute, daß dies auf Väter in höherem Maße zutrifft als auf Mütter, weil diese Gesellschaft die Mütter dazu bestimmt hat, mit Kindern umzugehen. Väter sind abwesend und meist nicht bereit, an sich zu arbeiten, um ihren Kindern gesündere Gegenüber zu werden. Statt dessen üben sie Macht aus, diktieren Lebensmaximen und rauben ihnen Kraft und Geduld, diese zu erreichen.

Wie bewerkstelligen sie das? Durch Gewaltanwendungen und Verwöhnung. Verwöhnen heißt zum Beispiel, daß Kindern die Lösung lösbarer Aufgaben abgenommen, Anstrengung verhindert wird. Natürlich gibt es auch Überforderungen, die Einforderung der Lösung zu schwieriger Aufgaben.

Wahre Elternliebe, so Kafka, müßte stark genug sein, Kinder vor eben dieser elterlichen Gewalt und Verwöhnung – er spricht noch von »Liebe« – zu schützen.

Liebe müßte Kinder ein Wachstum ohne Eltern ermöglichen, bis sie letzteren an Kraft und Geist ebenbürtig sind, meint Kafka. Erst wenn Kinder den emotionalen Defiziten ihrer Eltern gewachsen sind, wäre Gelegenheit für einen liebevollen Austausch. Ich frage nochmals: »Woher sind solche Eltern zu nehmen?« Solange unsere Gesellschaft kaum Wert darauf legt, vor allem die Männer in Angelegenheiten der Beziehungsgestaltung zu schulen, wird es diese Eltern nicht geben.

Wir heutigen Eltern sind oft unzufrieden, gedrückt und verängstigt. Wir lassen unsere Kinder nicht los, weil wir einsam sind und uns kraftlos fühlen. Nicht nur der Staat braucht gehorsame Untertanen, auch wir Eltern brauchen offenbar Menschen, die garantiert noch nicht in der Lage sind, uns zu bevormunden und zu gängeln, eben Kinder.

Dora Dymant, Kafkas Gefährtin seiner letzten Lebensjahre, erzählt, daß er einem kleinen Jungen, der aus Verlegenheit in einer Gesellschaft hingefallen war, bewundernd sagte: »Wie geschickt bist du gefallen und wie geschickt wieder aufgestanden«. Aus dieser rührenden Szene spricht Kafkas Schmerz und die Empörung über die eigene Kindheitssituation. Sie zeigt die Qual, keine Fehler machen zu dürfen, aber auch die entschlossene Bereitschaft, Kinder wirklich wie geliebte Wesen zu behandeln und nicht wie die schlimmsten Konkurrenten.

Es wird hervorgehoben, daß Eltern einfach keine Kraft zur Liebe haben, weil es ihnen selbst zu schlecht geht. Daß sie nicht so können, wie sie möchten, weil sie selbst ausgebeutet und fremdbestimmt werden. Ich kenne aber eine ganze Reihe von Eltern, die vorher, also bevor sie heirateten oder sich dazu entschlossen, ein Kind zu bekommen, über die großen Anstrengungen mit Kindern und die notwendige Arbeit an der eigenen Person aufgeklärt wurden. Die meisten setzten dieser Aufklärungsbemühung zähen Widerstand entgegen. Oder sie schlugen sie einfach in den Wind. Weil sie bereits früher im Sinne der bestehenden Machtverteilung »aufgeklärt« wurden. In der eigenen Kindheit.

Ich habe im Laufe der letzten zwanzig Jahre als Student der Pädagogik und Psychologie, der Mathematik und Physik, als Assistent der Betriebswirtschaftslehre und Unternehmensführung und schließlich als Ausbildungskandidat der Psychoanalyse und Psychotherapie eine ganze Reihe wissenschaftlicher Schriften zum Thema Erziehung zur Kenntnis genommen. Dennoch empfehle ich Eltern, wenn überhaupt, andere Lektüre: Charles Dickens' »David Copperfield«, Franz Kafkas »Brief an den Vater«, Heinrich Manns »Der Untertan« und Lea Fleischmanns »Dies ist nicht mein Land«. Wer auf diese Literatur noch erschüttert reagieren kann, wird die Notwendigkeit einsehen, an sich zu arbeiten. Damit er seinen Kindern ein verständnisvoller und beziehungsfähiger Freund wird.

An dieser Stelle möchte ich noch Heinrich Mann erwähnen. Er schreibt über Diederich Heßling, den Untertanentyp, in dessen Opportunismus und Konformismus wir uns spiegeln könnten, um die Fundamente der Männerherrschaft zu verstehen. Heßling hatte einen harten, mit dem Stock erziehenden Vater, den – ergeben und gottesfürchtig – zu lieben man ihm befahl: »Ich habe Prügel bekommen, aber von meinem Papa. Ihr wärt froh, wenn ihr auch Prügel von ihm bekommen könntet. Aber dafür seid ihr viel zu wenig«. Dieser Sohn garantiert den nächsten Vater des »Radfahrertyps«, welcher nach »oben« katzbuckelt und leidet, nach »unten« aber tritt. Wir könnten auch sagen, daß er »die da oben« verwöhnt und »die da unten« gewalttätig behandelt.

So mancher Mann wird abwinken: »Das bin ich nicht«, gelangweilt oder schmerzlich das Gesicht verziehen: »Ist doch alles längst bekannt«. Solange es aber kaum verändert ist, sollten wir es nicht als bekannt bezeichnen. Wir sollten versuchen, unsere Betroffenheit nicht durch Arroganz und Verleugnung zu kompensieren. Heßling litt, wie viele von uns, an mangelnder Selbstachtung und Gewissensbissen. Seinen schärferen Lehrern war er ergeben und willfährig, den gutmütigeren spielte er Streiche. Etwas für viele Männer Charakteristisches machte ihn glücklich: Zugehörigkeit zu einem unpersönlichen Ganzen, einem menschenverachtenden, maschinellen Sozialkörper, der Schule, der Wehrmacht usw.

Viele Männer macht die kalte Macht der Partei, der Gewerkschaft, der Unternehmung, der Bewegung, an der wir teilhaben dürfen, heute zwar nicht mehr glücklich. Sie erlaubt ihnen aber wegzusehen, blind zu bleiben gegenüber zwischenmenschlicher Verantwortung. Die anstehende Bemühung um sich selbst mechanisieren viele Männer, auf die ihnen eigene, apparathafte Weise.

Die hier problematisierte verwöhnende Erziehung hat sehr viel mit Weltanschauung und Politik zu tun. Mit unserem Selbst- und Feindbild, mit unseren Fehl- und Vorurteilen.

Hiermit schließe ich meine Warnung ab. Die Verwöhnung des Mannes steht mit der offenen wie mit der schwer erkennbaren Gewalt dieser Gesellschaft und Epoche in einem unauflösbaren Zusammenhang. Es gibt nicht verschiedene Erziehungsstile in dieser Kultur, etwa den autoritären und den verwöhnenden. Es gibt nur die eine Erziehung. Durch sie wird der Mann zum Mann. Sie behindert seine Entwicklung zum Menschen. Um zu verhindern, daß Männer menschlich fühlen, hat diese Gesellschaft alle ihr zur Verfügung stehenden Mittel mentaler und psychischer Gewalt gegen ihre heranwachsenden Söhne gerichtet. Darum kann sie auf die Verwöhnung nicht verzichten.

2

Verwöhnung und Politik

In Krisenzeiten sind Rechtsradikale auf dem Vormarsch, reüssieren in »Protestwahlen«. Die Attraktivität der Rechtsradikalen auf junge Männer wird von dem Bonner Wahlanalytiker Hofmann-Göttig mit der »männlichen Dominanz« bei der Rechten erklärt. Die jungen Männer fühlen diese »durch die Emanzipation der Frauen bedroht«. Die Rechtsradikalen sind nicht überwiegend Nicht-Wähler, sondern Wähler der traditionellen Parteien, nicht nur CDU, sondern auch der SPD. Nach »Protestwahlen« kullern die Krokodilstränen, entsetzt wird so getan, als sei über Nacht der Rechtsextremismus ausgebrochen. Dabei melden sich nur die zu Wort, »geben ihre Stimme ab«, die bisher als »gute Demokraten« galten.

Das Wahlprogramm der Republikaner und anderer rechtsradikaler Parteien enthält Forderungen dieser Art: Kein Wahlrecht für Ausländer, Verringerung des Ausländeranteils in der deutschen Bevölkerung, rigorose Verfolgung von Straftaten, öffentliche Sicherheit und Ordnung, Kontrolle und Beschränkung der Studentenzahlen, striktes Verbot für Ausländer, sich politisch zu betätigen, keine Namensschilder für Polizeibeamte, Schutz des ungeborenen Lebens, bessere Ausrüstung der Polizei, u. a. mit Dienstwaffen, Erhaltung des deutschen Volkes und seines ökologischen Lebensraumes usw.

In »Die Republikaner. Phantombild der neuen Rechten« geht Claus Leggewie auf die Motive der Reps ein. Sie wollen den »volksnahen« Obrigkeitsstaat (S. 100), die »Volksgemeinschaft«, welche die Rechte des Einzelnen begrenzt. Ein Begriff, den die Nationalsozialisten geschaffen haben (S. 119). Sie sind national, patriotisch und heimatverbunden (S. 105), vertreten »Sauberkeit, Pünktlichkeit und Ordnung« (S. 90). Gegen Gesetzesbrecher darf es keine Gnade geben, die Todesstrafe zu verwerfen sei Humanitätsduselei (S. 106 f.), Abtreibung Mord, die »soziale Indikation« eine Schande für das deutsche Volk (S. 115).

Wieder einmal ist das Entsetzen plötzlich groß. Haben die Deutschen vorher geschlafen? Der Bielefelder Sozialforscher Wilhelm Heitmeyer sagte 1989 in einem Spiegel-Interview, daß die Zahl der jungen Leute mit autoritären und nationalistischen Einstellungen stark gewachsen sei. Sie seien bisher nur nicht beachtet worden. Heitmeyer hält Angst für das zentrale Motiv des Rechtsextremismus. Angst davor, die Kontrolle über das eigene Leben zu verlieren, Angst im täglichen Konkurrenzkampf um Arbeit, Erfolg und sozialen Status. Daraus entstünden Ohnmachtsgefühle und das Einverständnis mit Gewalt: »Etwa 40 Prozent der 16- bis 17jährigen neigen schon zu autoritär-nationalistischem Denken, jeder Sechste verbindet das mit dem Einverständnis, politische Fragen über Gewalt zu regeln«, sagt Heitmeyer.

Franz Schönhuber, so Peter Glotz in »Die deutsche Rechte«, greife neurotische Ängste des Publikums auf und schüre sie (S. 60), außerdem Verunsicherungen und Regressionsneigungen, um die Menschen unmündig zu halten (S. 41). Abstiegsangst sei das Bindemittel der Reps (S. 50), Unzufriedenheit mit der Republik, Haß auf tatsächlich oder vermeintlich Erfolgreichere (S. 51 f.), mangelnde Hoffnung und Freude (S. 52) und resignative Wut (S. 53). Glotz stellt klar, daß durch Rep-Propaganda »Ängste, Affekte und Emotionen der Bürger und ... nicht das rationale und differenzierte Urteilsvermögen angesprochen« werden (S. 61), auch Ängste vor dem Verlust des Sinnes im Leben und vor der Zerstörung der Institutionen (S. 95).

Der Berliner Politologe Richard Stöss hält die Republikaner

für eine rechtsextreme Partei, die sich gegen die freiheitlich-demokratische Grundordnung wendet, völkische und nationale Ziele verfolgt, Antisemitismus, Ausländerfeindlichkeit und Fremdhaß schürt. Der SPD-Ehrenvorsitzende Brandt hat sich nicht gewundert: »Wenn ich mich in Europa so umgucke, käme es mir komisch vor, wenn die Bundesrepublik das einzige Land wäre, wo es keine Rechte gibt.« Können wir einem Willy Brandt Verharmlosung vorwerfen?

Richard Stöss jedenfalls hält die Auffassung, daß wir mit Blick auf politische Verhältnisse in anderen Ländern Europas von einer »Normalisierung« des Parteienspektrums in der BRD sprechen können, für unglücklich (Stöss, Die extreme Rechte in der Bundesrepublik, S. 9). Eine kritische Verarbeitung der NS-Vergangenheit habe in Deutschland immer noch nicht stattgefunden, viel werde verdrängt, was durchaus nicht »normal« wäre. Wir Bundesbürger hätten eine besondere Verpflichtung, uns für Menschenrechte, Toleranz, Demokratie und Frieden in der Welt einzusetzen (S. 10). Nationalismus als Großmachtstreben, verbunden mit feindseligen Haltungen gegenüber anderen Völkern, Negierung der Freiheitsrechte des Menschen (Freizügigkeit, Recht auf Gedanken-, Gewissens- und Religionsfreiheit, freie Meinungsäußerung, Versammlungsfreiheit), Propagierung einer Einheitspartei mit radikaler Unterdrückung jeder Opposition und die »Volksgemeinschaft«, deren Einheitlichkeit sich in einer einzigen Führerperson manifestiere, seien aktuell anti-demokratische Erscheinungen, die wir nicht verdrängen und passiv tolerieren dürften. Wir müßten auch an den Einstellungen und am Bewußtsein des Menschen arbeiten (S. 20): »Psychologische Verdrängung und politische Verharmlosung stellen die beiden vorherrschenden Umgangsformen mit dem historischen und dem zeitgenössischen Rechtsextremismus dar« (S. 39). Alexander und Margarete Mitscherlich, so Stöss, hätten bereits frühzeitig auf die Abwehr der Angst-, Schuld- und Schamgefühle der Deutschen angesichts der Tatsache hingewiesen, daß sie dem »Führer« höchste Verehrung und grenzenloses Vertrauen entgegengebracht hätten, sich aber hinterher als Opfer der »bösen Juden«, der »bösen Nazis« und der »bösen Russen« gefühlt hätten, um sich aus der eigenen politischen Verantwortung zu stehlen (S. 51).

Willy Brandt hat zum Beispiel insofern recht, als in Frankreich der rechtsextreme Parteiführer Le Pen mit Ausländerhetze und Antisemitismus für seine Partei wirbt und das Publikum ihm enthusiastisch zujubelt. Je schlechter es Frankreich wirtschaftlich geht, desto besser für ihn, denn schuld sind seiner, Le Pens Ansicht nach, die Araber und die Schwarzen. Müssen wir aber noch ernsthaft analysieren, ob dieser Nationalismus in Deutschland »neu« ist?

Stehen wir vor einem »neuen« Phänomen? Oder sind diese politischen Entwicklungen deshalb voraussehbar, weil die Aufarbeitung der national-sozialistischen Vergangenheit in der Bundesrepublik immer noch nicht erfolgt ist? Niemand scheint zu fragen, wie die Männer – Polizisten, Grenzschützer, Offiziere und mittlere Beamten –, die die Reps wählen und unter 30 Jahre alt sind, erzogen wurden. Wie wir die Erziehung der Heranwachsenden einzurichten hätten, damit sie nicht traditionell, autoritär und rechtsnational denken und sich eine Führerpersönlichkeit wünschen, die Deutschland mit starker Hand regiert. Ist in der deutschen Erziehung außer Gewalttätigkeit etwa auch Verwöhnung am Werk gewesen?

Lea Fleischmann schildert in »Dies ist nicht mein Land« (S. 91 f.) ihre Gefühle, nachdem sie sich mit dem deutschen Schulrecht befaßt hatte. Erst lachte sie Tränen, dann regte sie sich auf, und schließlich erschrak sie: »Das ist ja entsetzlich. Hier wird geregelt, welches Papier man verwenden muß, und dieses Volk will der Welt einreden, daß die Vernichtung von Millionen Menschen ein unglücklicher Zufall war, ein ›Betriebsunfall‹, wie man es so schön nennt. Es muß für jeden Schritt eine Anweisung, für jede Kleinigkeit eine Verordnung gegeben haben. Und wenn wieder alles geregelt ist und der Lehrer lernt, die Erlasse ja richtig auszuführen, und die Schüler lernen, ja das zu tun, was der Lehrer sagt, und die Kinder lernen, ja das zu befolgen, was die Eltern sagen, was hat sich dann geändert? Daß die Lehrer heute über ihre Unterrichtsentwürfe demokratisches Verhalten und früher Gehorsam geschrieben haben? Da waren sie ja früher noch ehrlicher. Es ist kein Wunder, daß aus den perfekten Faschisten perfekte Demokraten in der Bundesrepublik und perfekte Kommunisten in der DDR geworden sind, nur sind diese nicht demokratisch und jene nicht kommunistisch. Sie sind nur perfekt.«

Die Parole »Nazis raus« ist nicht nur einfach verfehlt. Sie ist ein Zeichen unserer aktuellen Verdrängung des kollektiven nationalistischen und antisemitischen Unbewußten. Die Parole könnte am ehesten von der Rechtsextremen selbst stammen. Sie zeigt, daß wir Deutschen immer noch nicht trauern möchten, statt dessen Härte und Angstlosigkeit entwickeln. Alice Miller hat darauf hingewiesen, daß es im Nazi-Deutschland Millionen Menschen gab, die eine ähnliche Kindheit hatten wie Adolf Hitler – Erziehung zum blinden Gehorsam, Verwahrlosung, Verwirrung und Kindesmißhandlung. Deshalb liefen sie ihm nach. Hat sich diese Erziehung schon grundlegend geändert?

Die Diskussion über eine demokratische Erziehung ist noch nicht eröffnet. Niemand will wahrhaben, daß die Fähigkeit, freiheitlich, zur Selbständigkeit und Gewaltlosigkeit zu erziehen, Anforderungen an die Erzieherpersönlichkeit stellt. Sie müßte ihre eigene Kindheit erforschen und verstehen lernen. Außerdem müßten Menschen, die eine demokratische Erziehung wünschen, ihre Kinder zu kräftigen Demokraten machen möchten, Menschen, welche der Gewalt und dem Haß auf Andersdenkende und Anderslebende entgegentreten wollen, antidemokratische hierarchische Strukturen und Institutionen des Patriarchats in Frage stellen und abschaffen. Weil diese Institutionen nur durch Gewaltanwendung und Verwöhnung funktionieren. Um dem Rechtsextremismus zu begegnen, müßte sich zuallererst die Erziehungspraxis ändern, die Schulpraxis, in der bisher auch nationalistisches Gedankengut – im Geschichts- und Deutschunterricht – vermittelt wird.

Oft ist vor Wahlen zu hören, daß Aussiedler und Asylanten die Arbeitsplätze und die Wohnungen wegnehmen. Rep-Wähler bekommen Angst und sind zur Gewaltanwendung bereit. Republikaner geben dem Rechtsextremismus, einer Ansammlung von autoritären, nationalistischen und rassistischen Einstellungen, eine politische Form.

Aber diese Einstellungen waren doch noch nie verschwunden. Wer sieht die Notwendigkeit, an den Einstellungen der Menschen zu arbeiten? An ihren Vorurteilen? Am Gewaltpotential, das durch Gefühle mobilisiert wird?

Arbeitslosigkeit und Wohnungsnot gab es in der Bundesrepublik ebenfalls schon immer. Auch akute Krisen können nicht für die nationalistische Gesinnung der vielen jungen Männer verantwortlich gemacht werden. Die Probleme von Arbeitslosigkeit und Wohnungsnot könnte man auch friedlich lösen. Unzufriedenheit und Unwissenheit, ruppige Umgangsformen, Sinnlosigkeitsgefühle und Straßenbanden gab es ebenfalls schon immer bei heranwachsenden Männern. Wer geht an die Wurzeln der nationalistischen und faschistischen Ideologie, an die Irrtümer und Fehler der gängigen Erziehungspraxis?

Wir haben immer wieder von den Skinheads gehört, von Übergriffen gegen Ausländer, von Gewalttaten gegen Türken, die sogar zu Tode geprügelt wurden. Ufuk Sahin wurde ermordet, weil er Ausländer war, sein Mörder war ein Ausländerhasser, so sagt man. Und man versucht, den Menschen einzureden, die Ursachen wären Wohnungsnot, Arbeitslosigkeit und Zukunftsängste.

Die Ursachen sind ganz andere. Es sind Gewalt und Verwöhnung im Erziehungsprozeß, Einstellungen und Vorurteile. Skinheads benutzen heute Slogans und Symbole, unter denen Millionen Menschen von anderen Menschen ermordet wurden. Sie handeln gemäß dem Recht des Stärkeren: »Der Stärkere setzt sich durch. Deutschland den Deutschen. Ich bin stolz, ein Deutscher zu sein. Türken raus.« Im Menschenbild der Skinheads und Republikaner kommt durchweg ein übersteigerter Männlichkeitswahn zum Ausdruck.

Es ist wichtig, daß Eltern, Lehrer und Psychologen lebenslang Antifaschismus lehren. Nachdem sie bei sich selbst begonnen haben. Vorher werden sie so hilflos bleiben wie bisher. Es ist wichtig, daß wir Weltanschauungen untersuchen, die Nahtstelle zwischen politischem Handeln und Persönlichkeitsstruktur. Und die Rolle der Verwöhnung gehört aufgezeigt. Sie begründet die Ohnmachtsgefühle der politisch Apathischen. Wir müßten merken, daß die gängige Erziehung eine Erziehung zum Ohnmachtsgefühl und zur Gewaltbereitschaft ist. Da sie immer noch mit Maximen der Schwarzen Pädagogik operiert: »Das Denken mußt du den Pferden überlassen, die haben einen größeren Kopf«, »Solange du deine Füße unter meinen Tisch stellst, tust du, was ich sage« oder »Du hast hier gar nichts zu wollen, Kinder haben keinen eigenen Willen zu haben«.

Zu den Zielen der NS-Erziehung gehörte es, Gewissensregungen angesichts krimineller politischer Handlungen zu unterdrücken. Bei rumänischen Securitate-Leuten und DDR-Stasi-Beamten war es ähnlich. Man fühlte sich berechtigt zu töten, aber hinterher war man nicht zuständig und beharrte auf der eigenen Unschuld. Hajo Funke stellt die Frage, inwieweit sich in der Bundesrepublik national-sozialistisch geprägte Einstellungen und Verhaltensweisen bis heute fortsetzen (Republikaner, Rassismus, Judenfeindschaft, Nationaler Größenwahn, S. 86). Funke sagt auch, daß Schönhubers Idealisierung der NS-Kameradschaft die »andere Seite des National-Sozialismus« verdrängt, die suizidale und mörderische Todesverachtung, den Gehorsam gegenüber Führer-Befehlen, das erzieherische »Weghämmern« (Hitler) aller individuellen, liebevollen, zärtlichen, allgemein menschlichen Regungen (S. 114).

Können wir dazu beitragen, daß Gewaltverzicht, Angst, Mitleid und Toleranz Erziehungsprinzipien werden? Bei Funke entdecken wir Ansätze von Prinzipien einer möglichen demokratischen Erziehung: Thematisierung der Geschichte des Nationalsozialismus, Erkenntnis durch Erinnern (S. 82), gegenseitige informelle Stützung in bestimmten Gegenmilieus und Gruppen (S. 87), Einfühlung mit Gewaltopfern durch das Gegenteil einer Erziehung, die »Angst, Schwäche und vor allem liebevolle Seiten als unerreichbar mit dem Männlichkeitsideal... erscheinen ließ« (S. 100), und die Ermöglichung des offenen Gesprächs, welches mit einer radikalen Selbstkritik, Authentizität und Ehrlichkeit einhergeht (S. 126).

Wenn in Deutschland aber etwas gegen die Republikaner unternommen werden soll, tut man so, als hätte man deren Weltanschauungen und Gefühle nicht ebenfalls verinnerlicht, obwohl wir Männer doch alle eine fast ähnliche Erziehung »genossen« haben.

Für ein Verbot von Gewaltanwendung gegen Frauen und Kinder und von Verwöhnung und Erziehung – vor allem von männlichen Jugendlichen – wird nicht plädiert.

Schulfahrten zu Gedenkstätten des Nationalsozialismus sind gewiß nicht abzulehnen. Aber auf diese Reisen nehmen wir unsere Persönlichkeiten, unsere eigenen Kraftlosigkeiten und unsere Gewaltbereitschaft mit. Diese werden nicht problematisiert. Die vorübergehend aufkommende Angst vor Faschismus, Krieg und Zerstörung wird alsbald wieder verdrängt und dann nicht mehr benutzt, um an den eigenen faschistischen Persönlichkeitsanteilen zu arbeiten. Statt dessen greifen wir uns einige versprengte Neo-Nazis und verprügeln sie. Das hilft uns vorübergehend gut, die Arbeit an der eigenen Gewaltbereitschaft und Verwöhnungstendenz aufzuschieben.

Heike Dueball, Organisatorin eines Bremer Antifa-Kongresses, diagnostiziert diesen blindwütigen Faschismus von links, der die Verdrängung der eigenen Feindbilder und Selbstzweifel ermöglichen soll: »Wir müssen weg von diesem freien Spiel der Kräfte... Das ist doch reines Macho-Getue.« Typisch, daß das eine Frau den Männern sagen muß. Der Macho ist der kleine Mann, der von der Straße. Der linke oder rechte Mann, der sich im allgemeinen nicht groß fühlt. Nur manchmal, wenn er draufschlagen und von seiner eigenen Misere ablenken kann, dann fühlt er sich groß. Sonst ist er harmlos. Wenn wir ihm Anerkennung zollen und jubeln, dann geht es einigermaßen.

Sollte aber jemand ihn kritisieren oder gar auffordern, sich zu ändern, dann wird er grob. Antifaschismus darf nicht in Arbeit ausarten, muß schnell und bequem zu haben sein, möglichst einfach durch Gewalt gegen »Faschisten«. So reagiert der kleinbürgerliche Mann aus dem Mittelstand.

Der großbürgerliche Mann und der Proletarier machen es ähnlich. In der Gewalt- und Verwöhnungsfrage geht der Stolz durch alle Klassen und Schichten. Mann ist so richtig, wie Mann ist. Deshalb wird Mann so bleiben: Kein Grund, an sich zu zweifeln. Mann hat alles gelernt, was Mann braucht. Dabei ist es fast nebensächlich, ob Mann die Polizei und die Armee bewundert oder Kriegsdienstverweigerer ist, ob Mann die Demonstranten der Linken beschimpft oder selber bei ihnen mitläuft. Mann weiß Bescheid über Politik. Mann erklärt anderen, was Sache ist. Mann »thront« irgendwo. In der Familie, in der Gruppe oder in der Partei. Mann kann sich eine satte Borniertheit erlauben, weil Mann schon so viel geleistet hat. Mann kommt gar nicht auf die Idee, auch ein kleiner Spießer zu sein. Mann redet faschistisch oder antifaschistisch, jedenfalls ohne Selbstkritik. Mann denkt in Kategorien von links und rechts, weil dann die soziale Welt so schön einfach zu begreifen ist. Mann wird erst munter, wenn Mann jemanden anschnöden kann, der meint, daß Mann es nötig hat, die politische Arbeit bei sich selbst zu beginnen, bei der eigenen Gewaltbereitschaft und bei der eigenen Verwöhnungstendenz. Mann leugnet seine Angewiesenheit auf die Frau, Mann macht sich lustig darüber. Mann bemerkt das eigene stumpfsinnige Schweigen nicht, wenn offen und mutig gesprochen werden müßte. Mann hält sich für stark. Mann sitzt in der Fabrik, in der Behörde oder in der Chef-Etage. Mann sitzt in der eigenen Praxis, in der Kanzlei, im Büro. Mann kann auch in Redakteursbüros sitzen, auf Gewerkschaftsstühlen und in Regierungsämtern. Aber Mann bleibt seinem Lebensstil treu: »Bleibe, wie du bist!« Und: »Verstecke dich selbst!«

Leider ist es fast gleichgültig, ob Mann Untertanenmentalität lebt, Obrigkeitshörigkeit, Autoritatismus oder Rebellion, ob Mann gegen jedes Sich-Führen-Lassen aufbegehrt, der Obrigkeit jederzeit trotzig widerspricht und Demokratie oder Perestroika im Munde führt. Mann ist zutiefst von einem Ekel durchdrungen angesichts der Zumutung jeglicher Denk- und Gefühlsarbeit um die eigene Person und ihre kindlichen Prägungen. Ständig überfordert Mann sich und überschätzt seine Kräfte. Mann hackt zum Ausgleich auf sich herum. Insgeheim beansprucht Mann hiermit die männervergoldende Moralität.

Und so macht Mann seine charakteristische Gratwanderung. Zwischen Größen- und Kleinheitsgetue. Zwischen Wahnsinn und Normalität, die sich oft sehr nahe sind. Weil Mann seiner Angst ständig davonläuft, muß Mann die Auseinandersetzung mit der eigenen Person scheuen. Mann wird munter, wenn einen die Eintagsfliege des Revolutions-, Perestroika- oder Demokratisierungsphantoms kitzelt.

An dieser Spiegel-Phobie leiden viele Männer, dem Widerstand, in den Spiegel zu schauen, um sich zu sehen, wie Mann ist. Auch die »fortschrittlichen« Männer aus den »Bewegungen«, die Arbeiter-, Studenten- und Friedenskämpfer, halten sich an ihren Fetischen fest, am SPIEGEL, an der TAZ, an ihren Pöstchen, an der Bewegung, an ihren Autos, Reisen in die Toskana, an ihrem Weinglas und der glücklicherweise noch immer nicht allzu unwilligen Partnerin. Zufrieden mit sich, schaut Mann auf die Schrebergartenidylle mit den Gartenzwergen herab. Mann mißbilligt Biertrinker, Fernsehgucker und Schäferhund-Besitzer. Mann fühlt sich BZ- und WELT-Lesern überlegen. Die willkürliche Zweiteilung links-rechts, kleinbürgerlich-fortschrittlich ist immer noch gut. Mann kann sich groß fühlen. Mann ist gebildet. Mann liest nicht Goethe, sondern King, nicht Ibsen, sondern Wondratschek, nicht Heine, sondern Hemingway, nicht Freud, sondern PorNo, nicht Sartre, sondern Botho Strauß. Mann liest mit Gewinn. Mann findet den Bruder im Geist, der auch Macho ist und sich nie ändern wollte.

Sie lesen und schreiben, aber sie denken nie ernsthaft darüber nach, wo sie die satte und verzweifelte, behäbige und resignative Weltanschauung des Mannes herhaben: »Hier stehe ich, und hier bleibe ich stehen.«

Der Mann fühlt sich überlegen und dynamisch, obwohl er wehleidig, unzufrieden und sauer ist. Er zerstört und verachtet die Welt, in der er eigentlich sehr gut lebt, weil Frauen ihm die Arbeit abnehmen. Er läßt sich weiter verwöhnen. Intelligent wird Mann, wenn es darum geht, die Aufgaben wegzurationalisieren, die Mann nicht zu übernehmen gedenkt. Mann ist eine Kulturkatastrophe in Erkenntnisverleugnung. Mann sonnt sich in Unfähigkeit zur Selbstkritik. Mann ist verwöhnt. Mann aalt sich im Patriarchat, solange es noch besteht, solange diese Welt noch hält.

Verwöhnte Männer lieben Menschen nicht. Sie lieben ihre Frauen und Kinder nicht, und sie lieben sich selbst nicht. Im Gegenteil, sie hassen sich, weil sie nicht lernen durften zu lieben. Deshalb zerstören sie die Welt. Weil die Frau das lebenserhaltende Wertbewußtsein repräsentiert, entwerten sie sie. Obwohl die Hintergründe in der Erziehung der Männer in ihrer Kindheit liegen, in der sie zu wenig angehalten wurden, lieben zu lernen, in der sie nicht angehalten wurden, rechtzeitig zurückzugeben, was man ihnen gab, leben Männer als Erwachsene mit der Gewalt verflochten, mit dem Krieg, einem prallen eigenen Unbewußten, einem männlich-bornierten Gewissen und der alleinseligmachenden Technik. Diesen Phänomenen und ihrer Verstrickung mit Verwöhnung möchte ich mich abschließend zuwenden.

Verwöhnung und Krieg

Krieg im engeren Sinne, Bomben, Militär, Militarismus, Befehl und Gehorsam, die Bereitschaft, auf Befehl andere Menschen zu töten, und Krieg im weiteren Sinne, Atomkraftwerke, Umweltzerstörung, Sprach- und Gesprächszerstörung, Gewalt gegen Frauen und Kinder, findet seine Ursachen nicht nur in Aggressionsbereitschaft und Haß. Zu den Kriegsursachen gehört die Verwöhnung, die zu einer mangelnden Liebensfähigkeit und zu einem brüchigen Wertbewußtsein für Liebe und Leben geführt hat. Jede Erziehung, die eine Behinderung des Kindes nach sich zieht, ist Mitursache für Krieg.

Zu den Fundamenten der Macht der Männer gehört die Weigerung der Frauen, sich den Männern zu verweigern. Der Widerstand der Frauen gehört dazu, dagegen, den Männern Widerstand zu leisten. Zu streiken, männliche Tabus zu brechen und den Männern ihre Schwächen immer wieder vorzuhalten, sie zu zwingen, sich mit dem männlichen Unbewußten kritisch auseinanderzusetzen. Die Rationalisierung gehört dazu: Jemand, der dieses von Frauen fordert, fordere im Grunde nur wieder den alten Dienst der Frau am Mann, den der Therapie des Mannes zu seinen Gunsten.

Jeder Tiefenpsychologe, vor allem jener, der mit Männern arbeitet, muß zu den Themen Krieg, Nationalismus und Zerstörung Stellung nehmen. Er sollte in die Arbeit mit den Männern die Norm der Liebe, der Friedensfähigkeit und des Internationalismus einbringen. Er hat die Aufgabe, Männer zu ermuntern, von Frauen zu lernen. Krieg, Nationalismus und Zerstörung sind Erfindungen von Männern. Deshalb kommt es auf jeden einzelnen Mann an, auf die Veränderung der Psyche und Persönlichkeitsstruktur jedes einzelnen Mannes, jedenfalls, wenn wir eine wirksame Veränderung der emotionalen Reaktionsweisen und der Gesellschaftsstrukturen in Richtung auf Friedensfähigkeit, Leben und Entwicklung bewirken wollen.

Auch Gorbatschows Perestroika mußte auf die Dauer scheitern, weil es nicht gelang, den subjektiven Faktor in die Politik der Umgestaltung zu integrieren. Denn die Herrschenden befehlen Krieg, weil sie Gewinne machen wollen und weil sie paranoid sind. Die Beherrschten aber machen den Krieg, weil sie zu wenig Angst haben und weil sie gehorchen. Männer gehorchen Befehlen, weil sie in Familien, gegenüber Vätern und Müttern, gelernt haben zu gehorchen. Die Kriegsbereitschaft eines Mannes hängt von den Umständen ab, die in seiner

Kindheit zwischen den Menschen bestanden haben. Er wurde erzogen, und das heißt nicht nur, daß er gedemütigt, entmutigt, erniedrigt und bestraft wurde, das heißt auch, daß man ihn verlassen hat, er allein war und verwahrlosen mußte. Es heißt vor allem, daß er verwöhnt, mit anderen Worten, nicht geliebt wurde. Schon die Kindheit der werdenden Männer entscheidet also über Krieg und Frieden in der nächsten Generation. Allein der Zwang, mit Eltern leben zu müssen, die das Kind nicht als echten Partner und Mitmenschen akzeptieren, bedeutet Bevormundung und Verwöhnung.

David Mark Mantell hat eine empirische Untersuchung angestellt, die die Einübung von Gewalt in der Kindheit belegt (Familie und Aggression). Es zeigte sich, daß Eltern von Kriegsfreiwilligen streng, kalt und objektiv waren, daß sie häufig straften, drohten und Einschränkungen auferlegten. Es gab viele Einschüchterungen und Schläge, aber keinen Raum für Gefühle und Meinungen der Kinder. Die Ansicht des dominierenden Elternteils war Gesetz.

In den Familien der Kriegsdienstverweigerer herrschte wesentlich mehr Gewaltlosigkeit, Rationalität und Toleranz. Die Beziehungen zeichneten sich durch gegenseitige Anteilnahme aus, durch Wärme und antiautoritäres Verhalten. Auch Selbstkritik gab es spürbar mehr, Solidarität und Kooperation.

So wichtig diese Untersuchung ist, scheint sie mir doch von einer gewissen Kritiklosigkeit geprägt. In der Studentenbewegung betrieb man eine typisch männliche Schwarz-Weiß-Malerei. Hier die Bürger und Spießer, die Gewalttätigen, auf der anderen Seite die Studenten und Sozialisten, die Gewaltlosen.

Mich stört etwas bei Mantells Untersuchungen, nicht nur die Fiktion, es gäbe eine so starke Trennung zwischen Gewalt und Gewaltlosigkeit. Es ist außerdem nicht jeder Kriegsdienstverweigerer grundsätzlich gewaltlos. Mir fehlt in seiner Argumentation der Hinweis darauf, daß Gehorsam von Kindern immer mit Verwöhnung gekoppelt ist, daß die Gewaltanwendungen der Eltern ganz entschieden mit Verwöhnungswünschen zu tun haben. Eltern wenden Gewalt an, um sich selbst zu verwöhnen. Wer aber zum Neinsagen befähigt werden soll, muß schon in der Kindheit Kraft zur Nichtübereinstimmung entwickeln dürfen. Wer sich grundsätzlich gegen Gewaltanwendung wenden soll, muß schon als Kind lernen, daß man auch in Nichteinigkeit leben darf. Dies wiederum kann nur bewerkstelligt werden, wenn das Kind nicht zu stark verwöhnt wird. Mit anderen Worten, wenn Konflikte mit den Eltern möglich sind und nicht immer nur Kooperation und Solidarität. Um Verwöhnung zu vermeiden, müssen Kinder sowohl die Kooperation mit den Eltern kennenlernen, gegenseitige Hilfe praktizieren, als auch Möglichkeiten, sich gegen die Eltern durchzusetzen, gegenseitige Auseinandersetzung, Streit und das Zulassen von Gegensätzen. Wenn von Solidarität die Rede ist, höre ich meist einen Zwang zur Einigung heraus. Genau dieser erlaubt dem Verwöhnenden, bestimmte Auseinandersetzungen zu unterdrücken.

Verwöhnung und Gehorsam

Was ermöglicht Herrschaft? Gefolgschaft! Was ermöglicht Macht? Gehorsam! In der feministischen Diskussion wird zum Beispiel ständig über die Macht der Männer gesprochen. Warum so wenig über den Gehorsam der Frauen? Wenn Menschen nicht folgen und kuschen würden, dann könnten andere nicht herrschen. Wer herrscht, wendet Gewalt an. Wer Herrschaft akzeptiert, ist verwöhnt. Er hat sich an die Befehlsempfänge gewöhnt. Es muß Verwöhnung genannt werden, wenn jemand in einer Familie oder Organisation Befehle, Direktiven, Anweisungen befolgt, Aufträge erfüllt, Regeln einhält, ohne selber über diese nachzudenken, sie gegebenenfalls in Frage zu stellen und zu widersprechen. Der Befehlende gibt vor, für den Gehorchenden zu denken. Der Gehorchende kritisiert zu wenig, was ihm befohlen wird. Er unterdrückt seine Gegenwehr, sein Nein. Der Gehorchende verwöhnt sich, weil er die Kraft zum Widerstand spart. Der Befehlende wird verwöhnt, weil er nicht in der Lage ist, sich in Frage zu stellen und führen zu lassen. Das Gegenteil von Verwöhnung wäre, Widerstand zu leisten bzw. Kritik zu akzeptieren. Beides erforderte Kraftanstrengungen.

Wer in der Kindheit verwöhnt wird, entwickelt zu wenig das Gefühl, etwas aus eigener Kraft bewirken zu können. Das heißt in unserem Zusammenhang, daß er nicht erleben kann, auf die anderen, zunächst vielleicht stärker erscheinenden Menschen einen Gegeneinfluß ausüben zu können. Gehorsam zu fordern heißt also auch immer schon zu verwöhnen. Der verwöhnte Erwachsene leidet an Kraftlosigkeits- und Minderwertigkeitsgefühlen.

Gemäß den Erkenntnissen der Adlerschen Individualpsychologie tendieren diese dazu, als Machtstreben oder Geltungsbedürfnis kompensierend zu wirken. Die Verwöhnung der Kinder bewirkt ihre Unselbständigkeit und damit die meist zwingende Notwendigkeit, sich auch als Erwachsener verwöhnen zu lassen, das heißt in der Masse bzw. in einem Kollektiv »aufzugehen« oder »unterzutauchen«, dort Befehle zu empfangen und sich nicht mehr für sich selbst und die eigenen Handlungen oder Unterlassungen verantwortlich zu fühlen. Je länger jemand diese Haltung beibehält, desto mehr leidet seine Selbstachtung. Dieser Mensch entwickelt höchstens noch im Kollektiv ein Machtgefühl, das Gefühl, etwas bewirken zu können. Weil er sich allein nichtig und bedeutungslos, im Kollektiv bzw. mit einem vorgeschriebenen Diktat des Kollektivs versehen, stärker fühlt, entwickelt er dem Kollektiv gegenüber Gefühle der Dankbarkeit. Diese verstärken wiederum seine Loyalität diesem Kollektiv gegenüber, mithin seinen Gehorsam. Dankbar ist er bereit, innerhalb einer bestehenden Führungsstruktur der Organisation, innerhalb der Befehlshierarchie, tätig zu werden und Macht gegenüber jenen auszuüben, die in der Hierarchie niedriger als er stehen.

Verwöhnungstendenzen und Gehorsamsbereitschaft gehören untrennbar zusammen. Diese psychische Gesamtstruktur ist geeignet, unmenschliche und gewalttätige Reaktionen gegenüber anderen Menschen, Nationalismus und Kriegsgeschrei, Haß und Aggressionsbereitschaft entstehen zu lassen. Wenn wir Gehorsam üben, das heißt, innerlich nicht überzeugt sind, selber entscheiden zu können, wenn wir verwöhnen und uns verwöhnen lassen, das heißt, nicht liebesfähig sind, reagieren wir einheitlich und in gewisser Hinsicht »logisch«. Verwöhnung bedeutet in jenen Situationen Gehorsam, in denen Widerstand menschlich und menschenwürdig wäre. Menschen nicht zu verwöhnen hieße, ihre Fähigkeit zu unterstützen, selbst zu entscheiden, wann man sich führen läßt und wann man widerspricht. Ihnen die Entwicklung von Widerstandskraft zu ermöglichen, nein zu sagen und nicht zu folgen, wenn der eigene Verstand einen Befehl als inhuman identifiziert.

Ein nicht-verwöhnter Mensch ist selbständig. Er ist nie gehorsam. Auch dann nicht, wenn er sich führen läßt. Weil er das dann aus eigenem Entschluß und nach eigener Einsicht tut, und nicht aus Kraftlosigkeit. Das generelle Befolgen von Befehlen und Gesetzen muß dagegen als Verwöhnung bezeichnet werden. Wer verwöhnt ist, benötigt Gesetze, weil sie ihm das eigene Denken und die eigene Verantwortlichkeit abnehmen. Wer verwöhnt ist, erläßt auch Gesetze. Damit die Menschen so funktionieren, ihm die zusätzliche Mühe zu ersparen, die ihm bei bestehender Meinungsvielfalt und mehreren Handlungsmöglichkeiten für jeden in jeder Situation unweigerlich erwachsen würde. Hitlers »geniale Gabe zur Vereinfachung« ist ein Beispiel dafür. Durch sie wurde Meinungsvielfalt verhindert und jeder Handlungsspielraum aufs engste begrenzt. Es ist eine unrealistische Illusion zu meinen, man könne durch Regeln und Gesetze irgendeine komplizierte Situation ein für allemal »richtig« beschreiben und ordnen. Verwöhnte Menschen haben einen ganz unangemessenen Respekt vor jenen, die Befehle geben, Gesetze erlassen und Macht gebrauchen, weil sie nicht gelernt haben, vor sich selbst, dem eigenen Denken und den eigenen Entscheidungen Respekt zu entwickeln. Es gibt keinen Zweifel daran, daß der verwöhnte Unterdrücker und der gehorsame Unterdrückte aus derselben Kindheitssituation kommen. Daß beide mitschuldig sind, wenn Gewalt gegen Menschen ausgeübt wird.

Adolf Eichmann gab 1961 im Polizeiverhör in Jerusalem an, sein ganzes Leben lang an Gehorsam gewöhnt worden, ein absoluter Befehlsempfänger gewesen zu sein. Obwohl er sah, daß er sich 1961 nicht mit dem Geständnis reinwaschen konnte, nur Befehle befolgt zu haben, sagte er in seinem Schlußwort: »Den Schuldspruch kann ich nicht anerkennen ... Diese Untaten geschahen nicht mit meinem Willen ... Der Massenmord ist allein die Schuld der Führer ... Meine Schuld ist mein Gehorsam ... Der Gehorsam wird als Tugend gepriesen« (Bernd Nellessen, Der Prozeß von Jerusalem, Wien 1964, S. 304).

Eichmanns Intelligenz wurde im Test anläßlich des Prozesses als »durchschnittlich« eingestuft. Er ertrug aggressionsstimulierende und sexuelle Testbilder schlecht und gab außerdem an, daß sein ganzes Leben ständig von Angst geprägt gewesen wäre. Er spürte seine große Unsicherheit: »Ich konnte nirgends hingehen, wo fremde Leute waren.« Wir können davon ausgehen, daß jemand wie Eichmann erst Angst zulassen konnte, als er keine Chance mehr sah, seinem Leben noch eine produktive Wendung zu geben, nach seiner Ergreifung im Jahre 1960 also. Vorher, als er noch im Dienste der Nazis stand, von denen er bekanntlich einer der Ranghöchsten war, hat er niemals Angst gezeigt, da hat er Gehorsam gegen Stärkere und Brutalität gegen Schwächere geübt. Einzig, wenn Widerstand gegen Inhumanität angebracht gewesen wäre, hat er mit Ohnmachts- und Sinnlosigkeitsgefühlen und Konformität reagiert. Er hat verdrängt und schneidig, zackig und angstlos Befehle befolgt, die von ihm verlangten, für die Erschießung und Vergasung von ungezählten Menschen zu sorgen.

Verwöhnung und Unbewußtes

Nervöse und überlastete Eltern nehmen oft die Probleme und Anliegen ihrer Kinder nicht ernst genug. Auch Eltern, die nicht gelernt haben, mit ihren Kindern zu sprechen, geht es so, außerdem Eltern, die nicht spüren, daß ihre Kinder intelligente, wache und interessierte, manchmal ängstliche und gleichzeitig mutige Menschen sind. Gespräche mit Kindern über deren Schwierigkeiten und Unglückserlebnisse erfordern Geduld und Einfühlungsvermögen. Darum werden Kinder oft mit belanglosen Floskeln, Beschwichtigungen und harten Anordnungen abgespeist. Wie sollen sie mit ihren Gefühlen und Nöten umgehen, wenn sie niemanden finden, der mit ihnen geduldig und aufmerksam, vor allem vorsichtig, darüber spricht? Sie können nichts anderes tun, als zu verdrängen. Die Bequemlichkeit und Verwöhnungstendenz ihrer Eltern bewirkt, daß die kindliche Not ins Unbewußte abgedrängt werden muß.

Die Unfähigkeit der Eltern, mit ihren Kindern ernsthaft über alles zu sprechen, bewirkt und bestimmt die Entstehung des Unbewußten der Kinder. Wenn wir gelernt hätten, mit Kindern gefährliche und bedrohliche Situationen durchzusprechen, bräuchten wir mit Sicherheit nicht so enorm viele Erwachsenenprobleme zu bearbeiten. Dazu kommt, daß viele Eltern gewalttätig und hart mit ihren Kindern umgehen, daß aufkommende Schuldgefühle verhindern, Gespräche mit den Kindern über diese Eltern-Fehler aufzunehmen. Die Verdrängung von Konflikten muß als Folge einer umfassenden Verwöhnung gesehen werden. Insofern ist schon jeder Beginn einer Psychoanalyse bzw. eines engagierten Gesprächs mit einem tiefenpsychologisch geschulten Menschen der Beginn der Aufhebung der Verwöhnung, der Aufarbeitung biographischer Hintergründe und Traumata. Ein Trauma ist ein Ereignis, das so bedrohlich auf das Kind einwirkte, daß es die Bewußtwerdung bzw. Erinnerung dieses Ereignisses verhindern mußte. Es hätte sich dem Ereignis wahrscheinlich in den meisten Fällen mutig stellen können, wenn es Eltern gehabt hätte, die in der Lage gewesen wären, sich dieses Ereignisses anzunehmen, ihre Schuldhaftigkeit gegebenenfalls anzuerkennen und mit dem Kind zusammen alle Aspekte des zwischenmenschlichen Geschehens zu besprechen. Derartiges wird u. a. durch das lächerliche und zugleich tragische Vorurteil verhindert, man dürfe mit Kindern über vielerlei Probleme noch nicht sprechen, weil Kinder überfordert seien. Das Gegenteil ist der Fall. Das versäumte Gespräch überfordert Kinder.

Wir haben in unseren Gruppen damit begonnen, Gespräche von erwachsenen Frauen über sexuelle Übergriffe, Mißhandlungen und Vergewaltigungen in Gegenwart von Kindern jeden Alters zu führen. Wir erfuhren, daß Kinder, die hätten spielen gehen können, oft dabei blieben und intensiv zuhörten. Manche Kinder schliefen ein, weil sie dem Thema nicht gewachsen sind. Andere gingen spielen. Wieder andere blieben dabei und stellten Fragen. Wir können unseren Kindern zutrauen, sich selbst zu entscheiden. Wir können sie freilassen und wir brauchen nicht für sie zu entscheiden.

In einem Fall begann ein siebenjähriges Mädchen, welches selbst einem sexuellen Übergriff durch einen 13jährigen Jungen zum Opfer gefallen war, nach dem Therapiegespräch einer als Kind mißhandelten erwachsenen Frau ein für die meisten von uns Erwachsenen sehr anstrengendes »Gespräch«. Sie sagte immer wieder: »Ich will leben«, »Niemand darf mich einsperren« und »Ich bin ein liebes Mädchen«. Sicher mindestens zwanzig- bis dreißigmal hintereinander. Es bedurfte einiger Konsequenz, den Erwachsenen, die sie mit beruhigenden Worten zum Schweigen bringen wollten, klarzumachen, daß sie mit diesen Beschwichtigungsversuchen der eigenen Verwöhnung gegenüber der Arbeit mit dem Kind den Vorzug gaben. Nachdem das Mädchen sprechen durfte und tatsächlich etwa dreißig Minuten lang immer wieder dieselben Worte wiederholte, eine anstrengende Situation für uns Zuhörer, entspannte sie sich schließlich selbst. Sie sagte am Ende: »Puh, jetzt muß ich aber schnell etwas essen gehen.« Verwöhnte

Erwachsene hatten sich nicht genug um ein Kind kümmern wollen und versucht, dieses autoritär am Sprechen zu hindern. Es hätte nicht die seelische Arbeit leisten dürfen, die es hatte leisten wollen.

Im politischen Rahmen bemüht sich der verwöhnte Erwachsene nicht darum, sein Unbewußtes kennenzulernen. Er scheut die Arbeit des Bewußtmachens und Bewußtwerdens und agiert statt dessen durch Manipulation anderer. Er hätte Anstrengungen zu leisten, um sich selbst und die eigene emotionale Behinderung kennenzulernen. Dann könnte sich der Politiker auch pädagogisch betätigen, indem er sich der Situation der heranwachsenden Kinder und ihrer Menschwerdung zuwendete.

Aber die Arbeit am Unbewußten wird nicht nur gescheut. Das Unbewußte wird systematisch produziert, zum Beispiel in Ausbildungsstätten und Kommunikationsmedien. Männer sind emsig dabei, ein Kriegsunbewußtsein zu schaffen. Um dieses stabil zu machen, schaffen sie außerdem ein Widerstandsunbewußtsein. Die Menschen sollen nicht wissen, was Krieg und was andererseits Widerstand gegen Militarismus, Nationalismus und Chauvinismus bedeutet. Sie sollen nicht lernen dürfen, wie man Inhumanität angehen kann.

Wir wissen, wie Mann den Widerstand gegen Inhumanität verhindert: Verwöhnung macht gehorsam. Die Menschen ziehen gehorsam in den Krieg und üben gehorsam Gewalt gegen andere Menschen aus. Nur der, der seine Verwöhnung überwindet, kann zu Unrecht Nein sagen und sich wehren. Nur der, der sich nicht verwöhnt, kann ein Stück der Arbeit leisten, die zur wirklichen Umgestaltung und Demokratisierung der Gesellschaft nötig ist.

Im Bereich der Pädagogik herrschen Erziehungskonzepte vor, die dem Phänomen der Verwöhnung als Erziehungsfehler keine Aufmerksamkeit widmen. Ein wichtiger Schritt in Richtung Friedensfähigkeit und Demokratie wäre die Arbeit am eigenen Unbewußten. Der herrschende Widerstand gegen Psychologie und Tiefenpsychologie zeigt die unbewußte Tendenz,

Konflikte kriegerisch zu lösen, Menschen zu behindern und zu beseitigen, die mutiger sind, weil sie ihre Ängste im Widerstand gegen Tyrannei und Autoritarismus umformen.

Verwöhnung und Gewalt

Der Gewalttäter benutzt den Verwöhnten, welcher nicht gelernt hat zu widersprechen, und gibt ihm Befehle, Verbrechen zu begehen. Der Verwöhnte benutzt den Gewalttäter, um sich zu ersparen, selbst die Verantwortung für seine Taten zu übernehmen. Wie bei der Erforschung des Sado-Masochismus davon ausgegangen werden mußte, daß in jedem Menschen sowohl sadistische wie auch masochistische Anteile wirksam sind – sie werden je nach »Erfordernis« entwickelt –, muß bei der Erforschung des männlichen Prinzips davon ausgegangen werden, daß in jedem Mann Gewalt- und Verwöhnungstendenzen vorhanden sind. Verwöhnungswunsch und Gewaltbereitschaft gehören zusammen. Je nach Situation wird die eine oder die andere Komponente stärker akzentuiert. Der Mann läßt sich von der Frau lieben, übt aber gleichzeitig direkte oder subtile Gewalt gegen sie aus.

Wir sollten nicht so tun, als gäbe es zwei Typen von Männern: Gewalttätige und verwöhnte. Wir haben es nicht mit Persönlichkeitsstrukturen zu tun, sondern mit situativen Reaktionsmustern, die Männer – mehr oder weniger – verinnerlicht haben.

Dieser will den anderen mit Gewalt zwingen, ihn zu verwöhnen. Jener duldet die Gewalt und verwöhnt sich selbst auf diese Weise. Menschlichkeit beginnt erst mit Selbsterkenntnis. Wir müssen uns bewußt machen, was Liebe bedeutet und was nicht. Im Umgang mit Kindern, der »Erziehung« genannt wird, ist am Anfang die Gewalt. Die Verwöhnung folgt ihr auf dem Fuße. Schuldgefühle nämlich lösen die Gewalt ab, ohnmächtige Wiedergutmachungsbemühungen richten sich auf Ereignisse, die nicht wiedergutzumachen sind. Wer als Kind verwöhnt wurde, will wieder verwöhnt werden. Weil er sich selbst betrogen und ungerecht behandelt fühlt. Er hat sich daran gewöhnt, Hilfe zu bekommen, wenn er es auch selbst schaffen würde; bevorzugt zu werden und im Mittelpunkt zu stehen. Sein vermeintliches (Gewohnheits-) Recht sucht er sich mit Gewalt zu verschaffen.

So gesehen ist Verwöhnung die Nicht-Gewöhnung an die Frustration des Erfolgs von Gewaltanwendungen. Jeder Gewalttätige müßte scheitern, bereits in der Familie, weil die anderen Widerstand leisten und sich wehren. Sein »Erfolg« besteht darin, daß nichts geschieht, was ihn an der Gewaltanwendung hindert. Eltern machen den Fehler, auf eigensinnige und widerspenstige Impulse ihrer Kinder mit Gewalt zu reagieren und nicht mit gewaltlosen Konfliktlösungsmethoden.

Ich möchte abschließend einige Beispiele dafür anführen, wie Gewalt in eins mit Verwöhnung geschieht.

1. Dem Kind wird zum Beispiel gesagt: »Du bist ja noch klein. Du bist ungeschickt. Du kannst das noch nicht. Ich werde das für dich machen.« In dieser Situation wird das Kind nicht ernstgenommen. Ihm wird nicht gestattet, Fehler zu machen, seine Probleme, seine Schwierigkeiten alleine zu überwinden. Der Erwachsene erträgt die Unsicherheit nicht, die die Ungeschicklichkeit und mangelnde Übung des Kindes mit sich bringt. Er kann nicht ruhig zusehen, wenn das Kind Fehler macht. Er verwöhnt sich, indem er diesem Zusehen-Müssen ausweicht. Wer als Kind oft so kleingemacht wird, der entwikkelt die Gewohnheit, sich später selbst kleinzumachen und dadurch unnötige Hilfe zu erzwingen.

2. Eltern sprechen miteinander. Das Kind kommt hinzu und fragt etwas. Die Eltern antworten: »Das verstehst du noch nicht. Laß uns jetzt einmal in Ruhe. Geh schön spielen.« Wir entdecken die Gewalt in dem Umstand, daß das Kind daran gehindert wird, dort zu bleiben, wo es sein möchte. Die Verwöhnung liegt darin, daß das Kind nicht ernstgenommen wird und mit den Eltern gleichberechtigt sprechen kann. Es wird nicht über seine Ungewißheit aufgeklärt. Die kindliche Intelli-

genz kann sich auf diese Weise nicht entfalten, und die Lust am Denken wird entmutigt.

3. Wenn ein Kind ungerecht behandelt oder gedemütigt wird, darf es sich oft nicht dagegen wehren. Mit Gewalt wird seine jugendliche Selbstbehauptungstendenz unterdrückt, es darf nicht üben, sich zu verteidigen. Statt dessen gewöhnt es sich daran, angesichts der autoritären »höheren« Macht zu resignieren.

4. Alle Anzeichen von Unruhe und Zweifel werden unterdrückt. So wird das Leben für das Kind nicht in seiner vollen Realität wahrnehmbar: als Abfolge täglich neuer Konflikte, Gegnerschaften, Leidenschaften und Versuchungen. Durch Gewaltanwendung wird ein falscher Friede erzwungen. Dem verwöhnten Kind wird das Leben als scheinbar ruhiges und harmonisches Geschehen präsentiert.

Eltern, die mir mit dem Gegenargument begegnen, daß sie einfach nicht genügend Kraft dazu haben, alle diese Aufmerksamkeit und Sensibilität für die vielen Ereignisse der Verwöhnung und Gewalt aufzubringen, weil sie abgespannt, überarbeitet, nervös und erholungsbedürftig sind, muß ich fragen, warum sie das Kind in diese Welt gesetzt haben, ohne sich vorher darüber informiert zu haben, was Elternschaft bedeutet. Warum zwingen sie ein Kind dazu, in dieser Atmosphäre von Überforderung aufzuwachsen? Warum bemühen sie sich nicht erst einmal darum, mit dem eigenen Leben und seinen Fragen ruhig umgehen zu lernen, indem sie sich Initiativen der Erwachsenenbildung zuwenden?

5. Fragwürdige, beängstigende, chaotische und entsetzliche Gedanken werden zwanghaft unterdrückt: »Das verstehst du noch nicht. Ich werde es dir später mal erklären.« In Wahrheit versteht es der Erwachsene selbst nicht und unterdrückt seine eigene Furcht. Er vermeidet die ehrliche Selbstkonfrontation, indem er sein Kind belügt.

Die vierjährige Maria fragt ihren Vater: »Müssen alle Menschen sterben?« Er antwortet: »Ja, Maria, alle Menschen müssen sterben.« »Mußt du auch sterben?« fragt Maria weiter.

»Ja, ich muß auch sterben.« Dann schließlich: »Papa, muß ich auch sterben?« Der Vater erzählte uns in der Männergruppe, er habe es nicht über das Herz gebracht, auch diese Frage zu bejahen, und habe mit Nein geantwortet. Damit hat er sein Kind im Stich gelassen und sich verwöhnt. Weil ich ihn mochte und mir offenbar den Konflikt mit ihm ersparen wollte, habe ich in der Gruppe nicht reagiert. Ich verwöhnte mich und unterstützte seine »lieb gemeinte« Heuchelei.

6. Schließlich geschieht es, daß problematische Gedanken und Gefühle in andere Menschen projiziert werden. Bei uns entdecken wir negative, asoziale Verhaltensmuster gar nicht mehr. Wir wollen sie nicht wahrhaben. Darum bauen wir Feindbilder auf. Die Realität wird einer Primitivisierung unterworfen: Der andere ist blöd, verbrecherisch und gewalttätig. Ich bin klug, gerecht und sanft. Ich muß mich gegen den anderen wehren. Dazu ist mir jedes Mittel recht. Gewalttätig darf ich den vermeintlichen Feind bekämpfen. Mich selbst darf ich verwöhnen. Ich habe keinen Anlaß, an mir zu zweifeln und meine aggressiven Motivationen zu verarbeiten.

Unsere Kinder erleben diese Verdrängungen mit. Sie orientieren sich an ihnen und identifizieren sich mit uns. Unsere Kinder brauchen unsere Entwicklung, um sich zu entwickeln. Weg von der Gewalt und der Verwöhnung, hin zu einer produktiven, gewaltlosen, gleichberechtigten Auseinandersetzung mit der menschlichen Realität.

Technik, Politik und Verwöhnung

Robert Jungk verlangt in seinem Buch »Projekt Ermutigung«, daß wir unsere Resignation aufgeben und zugeben, daß wir stärker sind, als wir denken. Er fordert, daß wir die Geschichte realistisch betrachten, standhalten, um die Gefahr des Untergangs der Menschheit abzuwenden. Er meint offenbar, daß wir in der Lage wären, unsere Verwöhnungsbereitschaft abzulegen. Mit einer neuen Beharrlichkeit sollten wir auch häufiges

Scheitern ertragen. Mißerfolge sollten wir nie als endgültig ansehen. Jungk setzt auf Bewußtseinsveränderung.

Er empfiehlt, daß Erziehung und Ausbildung sich nicht immer mehr nur den technokratischen und technologischen Forderungen anpassen, daß wir nicht immer mehr Computer einführen und Technologie, sondern wir statt dessen unsere Sorge, unsere Betroffenheit verwenden, um mit Hilfe unserer Phantasie neue und qualitativ andere Heilungsideen zu produzieren.

Seine Sorge gilt vor allem der elektronischen Kommunikation, die Menschen ganz offensichtlich nicht stärkt, sondern krankmacht. Carola Schewe von der Informationsstelle für Bildschirmgeschädigte aus Frankfurt hat Menschen befragt, die seit Jahren täglich vor einem Computermonitor sitzen. Diese Menschen klagen über Schlafstörungen, Haltungsschäden und Herzschmerzen. Arbeitgeber, Vorgesetzte und Ärzte beschwichtigen sie nur.

Die Überfülle von Informationen führt nach Jungk auf jeden Fall zu einer Verarmung der menschlichen Sinnestätigkeit eigener Beobachtungsfähigkeiten und menschlicher Begegnungen (S. 34). Eine schon vorhandene Abhängigkeit und Passivität wird durch Massenkommunikationssysteme verstärkt.

Computerleute werden durch »Programme« gelenkt, die ihnen das eigene Denken abnehmen. Techniker lassen sich durch Computerprogramme verwöhnen, um die notwendigen eigenen Anstrengungen zu minimieren. Die schädlichen Folgen der Technologieexplosion liegen im menschlichen Bereich. Der Mann isoliert sich von anderen Menschen. Er verroht, wird krank und leistet der eigenen Roboterisierung Vorschub. Direkte Kontakte zwischen Menschen durch Gespräche und Absprachen scheinen immer überflüssiger zu werden. Computerleute empfinden soziale Kontakte als überflüssig, zwischenmenschliche Nähe geht verloren. Dadurch schwindet die Empfindsamkeit füreinander. Sensibilität und Gefühle scheinen nicht mehr in unsere Zeit zu passen: »Naheliegender Ausweg ist Gewalt... Ebenso nehmen Neid, Egoismus und Ellbogenmentalität zu... Besondere Gefahr besteht für Kinder und Jugendliche... Für sie gibt es das Gemeinsame mit anderen nicht mehr, das Zusammenarbeiten, das Sich-Gegenseitig-Unterstützen« (S. 35/36). Die Benutzung der neuen Technologien führt zur »Dressur zum ewigen Säugling«.

Die enge Verbindung mit der Bereitschaft zur Gewaltanwendung bringt Jungk so zum Ausdruck: Isolation und Schwächung der menschlichen Verbundenheit schaffen einen Menschentyp, der »bereit ist, die perfekte Untertanenrolle zu spielen« (S. 38). Gelegentlich, zum Beispiel anläßlich von Katastrophen wie in Tschernobyl, werden aufkommende Kritik und Zweifel an der Sinnhaftigkeit der neuen Technologien verschwiegen, verharmlost und bagatellisiert.

Das haben wir Männern zu verdanken, die nicht mehr in der Lage sind, etwas gegen ihre eigene Zerstörung zu unternehmen. Sie fühlen sich nicht mehr lebendig. In Organisationen und Hierarchien geben sie das eigenständige Denken ab. Allenfalls nach Erreichen des Pensionierungsalters sind sie in der Lage, öffentlich Kritik zu üben (S. 43 f.).

Bis dahin akzeptieren sie nur »Reformen von oben«. Partei- und Staatsapparate unterbinden individuelles, non-konformistisches Denken: »Eingaben an die Bürokratie sind so gut wie aussichtslos, Briefe an Volksvertreter werden selten ernstgenommen, Vorschläge auf Parteiversammlungen müssen mit der ›Linie‹ oder dem ›Programm‹ übereinstimmen.«

Das von Robert Jungk konstatierte geringe Selbstbewußtsein neuer sozialer Bewegungen macht in erschreckendem Maße klar, wie leicht auch »fortschrittliche« Menschen resignieren. Jungk tritt dafür ein, die gängige Erziehung zu reformieren. Er fordert Lehrer auf, ihre Schüler genau über diese Mißstände und die Folgen der technologischen und technokratischen Politik aufzuklären (S. 57). Er unterstützt soziale Experimente, die neue Formen des Gemeinschaftslebens erproben (S. 87), sieht therapeutische Möglichkeiten: »Was gibt es da für Krisen, wie sind die Menschen davon betroffen? Welche Ängste, Träume, Wünsche bewegen sie?... Der ›Freund der

Weisheit‹ ist wahrhaft derjenige, der versucht, die Welt mit Hilfe der in ihr schlummernden Kräfte zu heilen. Er wird als ›Therapeut‹ der Gesellschaft zuerst auf die Stimme des ›Patienten‹ zu horchen versuchen, um dann die Eigenkräfte dieser Gesellschaft für den Heilungsprozeß in Gang zu bringen« (S. 65 f.).

Sechster Teil

WAS SÖHNE VON IHREN VÄTERN WOLLEN

Eine Mutter mit ihrem kleinen Jungen am Badestrand: »Geh nicht ins Wasser! Es ist salzig und brennt in den Augen. Spiel nicht mit dem Sand! Du kriegst ihn zwischen die Zähne. Leg dich nicht in die Sonne! Du bekommst einen Sonnenbrand.« Die Mutter scheint verzweifelt, sie schreit: »So ein nervöses Kind wie meines gibt es kein zweites Mal.« Ein klassischer jüdischer Witz, eine tiefe Erkenntnis.

Jeder Mann kann sich diese Mutter vorstellen, hat solche Mütter erlebt. Viele von uns haben solche Mütter gehabt. Daß es die Mutter ist, die so mit dem Sohn spricht, ruft keine Verwunderung hervor. Aber können wir uns auch einen solchen Vater vorstellen? Oder haben wir nicht eher die Erfahrung gemacht, daß Väter ihre Söhne nicht so sehr verwöhnen, um sie nicht so anstrengend besorgt sind? Warum Väter nicht bei den Söhnen? Wenn Väter schon nicht so sehr verwöhnen, dann müßten sie um so eher bei den Söhnen sein.

Im Patriarchat geschieht Kindern, was seit Jahrhunderten auch Frauen geschieht. Sie werden geschlagen, gedemütigt, verlassen und angeschwiegen, das ist Gewalt. Kinder werden aber auch idealisiert. Dann heißt es, sie müßten geschont, ihnen dürfte nicht zuviel zugemutet werden, wir müßten von den Kindern lernen. Sicher, wir können auch etwas von unseren Kindern lernen. Aber erst einmal müßten sie doch von uns lernen, zum Beispiel lieben. Angeborene Liebesfähigkeit gibt es nicht. Wenn Söhne von ihren Vätern geliebt würden, dann könnten sie zurückgeben, was diese ihnen an Liebe gegeben haben.

Es scheint mir eine typisch männliche, väterliche, romantische Idee: von diesem kleinen Sohn etwas lernen zu wollen. Da treten dem Vater die Tränen in die Augen. Nur leider gelingt der angemessene, vernünftige zwischenmenschliche Umgang nicht, weil der Vater den Sohn nicht ernst nimmt und sich nicht genug um ihn bemüht. Genausowenig wie um die Frau. Die Schwarzweiß-Malerei mit den Extremen Gewalt und Idealisierung sollte aufhören. Statt dessen müssen wir Männer zur Kenntnis nehmen, daß die Söhne uns *wollen*: den Kontakt mit uns, Zeit und Aufmerksamkeit.

Nehmen wir für den Moment einen nicht ganz passenden Vergleich: Für eine Pflanze müssen wir etwas bereitstellen: den Erdboden, das Wasser, die Spurenelemente, die Sonne. Verwöhnen kann man eine Pflanze im Grunde nicht. Zuviel Sonne, zuviel Wasser schaden der Pflanze ebenso wie zuwenig davon. Ähnliches gilt für den Sohn. Natürlich hinkt dieser Vergleich, wir können den Sohn nicht einfach mit einer Pflanze vergleichen. Aber der Sohn braucht das Vertrauen des Vaters, seine Liebe und seine Fürsorge. Er braucht Raum und Zeit für gemeinsame Aktivitäten mit ihm. Also muß der Vater sich für den Sohn vertrauenswürdig und liebenswert machen und ihm Raum für seine Entfaltung und Entwicklung geben. Der Sohn will, daß seine Bedürfnisse befriedigt werden. Dazu braucht er nicht in erster Linie ein Vorbild, sondern die Kooperation, das Zusammensein mit seinem Vater. Was dem Sohn schadet, ist nicht Liebe, sondern Verwöhnung. Zuviel Liebe ist keine Liebe.

Durch die allzu große Nachgiebigkeit der Mütter werden Söhne oft in einer für sie nachteiligen Weise daran gewöhnt, daß ihnen fast jeder Wunsch erfüllt wird. Diesen Vorgang sollten wir vielleicht Bedienung nennen. Bedienung ist etwas anderes als Zuwendung, die bewirken würde, daß Söhne sich wohlfühlen. Bedienung ist übertriebene Sorge, die den Sohn davon abhält, an der Lösung seiner Lebensaufgaben und seiner Entwicklung beteiligt, mit verantwortlich zu sein und daran zu wachsen. Bedienung infantilisiert den Sohn, er wird vom Schutz und von der Hilfe der Mutter abhängig. Die Mutter braucht den Sohn zur Befriedigung ihrer Bedürfnisse, als Mittel zur Selbstbestätigung. So entwickelt der Sohn einen unsozialen Lebensstil, den Anspruch, es sei die Aufgabe der Frauen, ihn ein Leben lang zu versorgen. In emotionalen Belangen zum Beispiel ist er so schwach und unbeholfen, daß er sich allein dafür nicht zuständig fühlen lernt.

Wenn er älter wird, wird er – konfrontiert mit der Realität des Lebens – nicht darauf vorbereitet sein, bestimmte Lebensaufgaben zu meistern. Er wird Frustrationen und Demütigungen erleben, in Krisen und Konflikte hineingeraten, denen er sich nicht gewachsen fühlt. Er wird gewalttätig, um sich zu verschaffen, was er nicht bekommt. Statt den Sohn zu bedienen, sollten Väter im Umgang mit ihm darauf achten, daß es zu einer kooperativen Atmosphäre kommt und daß die Gemeinschaftsfähigkeit beider, des Sohnes und des Vaters, dabei gefördert werden kann. Im Zusammensein mit dem Vater sollte der Sohn Einsicht in die Notwendigkeit bestimmter sozialer Haltungen erlangen.

Das System der Bedienung des Sohnes durch die Mutter haben wir bisher wie folgt beschrieben: In der zu engen Beziehung tut die Mutter vieles für ihren Sohn, was er selbst lernen könnte und müßte. Sie fühlt zum Beispiel für ihn, entwickelt die Gefühle, von denen sie glaubt, daß sie den Sohn schützen und vor Gefahren bewahren. Auf diese Weise lernt der Sohn nicht, sich mit den Gefühlen seiner Mutter zu identifizieren. Ihm fehlt Einfühlungsvermögen – eine Fähigkeit, die er lebenslang an die Frau delegiert. Daraus ergibt sich, daß der Sohn nicht lernt, sich zu wehren. Seine Wehr- und Kraftlosigkeit, die sich zuweilen auch als mangelnde Kampfeslust zeigen mag, beruht auf einer gewissen Angstlosigkeit, seiner Unfähigkeit zu trauern, seiner Verdrängung bestimmter emotionaler Anforderungen, die er nicht vorausfühlen kann.

Auf der anderen Seite haben viele Söhne Größenphantasien der Art: »Mir kann nichts passieren.« Er steht so sorglos im

Leben, als ob er einen »Schutzengel« hätte. Es ist auch so. Die Mutter ist sein Schutzengel.

Aus der fatalen Bedienung ergibt sich die Sexualfeindlichkeit des Mannes in unserer Kultur, ein Leben nach dem Irrealitätsprinzip. Er fühlt sich dazu berechtigt, sich mit Gewalt zu holen, was er durch Werbung und zwischenmenschliche Bemühung, die er letztlich für überflüssig hält, nicht bekommt. Und es resultiert die Suizidalität des Mannes daraus, das fehlende Gefühl für den Wert des Lebens, die Sorglosigkeit, mit der Männer ihr Leben aufs Spiel setzen.

Wäre der Sohn von Anfang an mehr mit seinem Vater zusammen, der bestimmte Gefühlsanstrengungen zu unternehmen in der Lage ist, der zu seiner Angst steht, der trauern, Gefühle wie Freude oder Wut entwickeln kann, dann würde der Sohn lernen, Einfühlungsvermögen zu entwickeln und die entsprechenden Gefühle aufbauen zu lernen, um sich zu wehren und kraftvoll in seinem Leben zu stehen. Statt Größenphantasien würde er Möglichkeiten zur Solidarität und Kooperation kennenlernen, spüren, daß er weder über noch unter irgend jemandem steht. Er würde Freude daran entwickeln, sein Leben zu schützen und zu gestalten. Er würde in die Lage kommen, zu seinen sexuellen Bedürfnissen zu stehen, sich Partnerinnen zu suchen, mit denen er eine befriedigende Sexualität leben kann.

Weil es vielleicht zu Mißverständnissen kommt, möchte ich an dieser Stelle noch einmal betonen, daß es mir nicht darum geht, die Beziehung der Söhne zu den Müttern durch eine zu Vätern zu ersetzen. Söhne sollten zu gleichen Teilen zu Müttern wie auch zu Vätern Kontakt haben.

Während früher in den Männergruppen oft erzählt wurde, wie hart und lieblos der Vater im Gegensatz zur Mutter war, und kaum jemand uns berichtet hat, daß er von der Mutter überwiegend verwöhnt und bedient worden ist, hat sich die Situation inzwischen deutlich sensibilisiert. Männer beklagen, daß die Väter nicht für sie da waren. Sie hätten sich Freunde und Beschützer gewünscht. Manche sagen sogar: lieber einen harten Vater als einen abwesenden. Die sogenannte Verwöhnung bzw. Bedienung durch die Mutter wird häufig keineswegs als angenehm dargestellt, sondern vor allem als Versuch, den Sohn für sich zu behalten und ihn vom Vater abzuschirmen. Auf den Hinweis gegenüber der Mutter, sie würde ihren Sohn zu stark verwöhnen bzw. bedienen, kommt oft die Antwort: Ich kann seine Mitarbeit doch nicht mit Gewalt erzwingen. Als ob dies die einzige Alternative wäre. Daran wird deutlich, daß auch Mütter häufig hart sind und nicht in der Lage, den Sohn unter Beachtung gegenseitigen Respektes aufzuziehen.

Damit sich der Sohn gesund entwickelt, muß er schon in seinen ersten Lebensjahren Erfahrungen der eigenen Macht und Ohnmacht machen. Dazu gehört das Wahrnehmen der Stärken und Schwächen des Vaters, der Vergleich mit den eigenen Stärken und Schwächen, mit dem, was machbar und was noch nicht machbar ist. Den Sohn zu lieben heißt auch, ihm die Grenzen seiner Einflußmöglichkeiten erfahrbar zu machen. In der Beziehung zum Vater kann der Sohn nicht so leicht das Gefühl entwickeln, in gewisser Weise stärker zu sein, ihn zur Bedienung zwingen zu können. Die permanente Bedienung der Mutter verführt den Sohn dazu, die Macht über sie auszuüben. Es ist ein verzweifelter Versuch, Angst zu mindern, sich auf diese Weise Geborgenheit zu verschaffen. So entsteht durch die Erfahrung der Macht über die Mutter auch die Herrschsucht des Sohnes. Die mangelnde Freundschaft und Geborgenheit wird durch Machtattitüden kompensiert. Die Herrschsucht des Sohnes entspricht nicht seinen wirklichen Bedürfnissen, sie ist ein Ersatz zur Aufrechterhaltung des eigenen Selbstwertgefühls. Das dauernde Kontrollieren der Mutter, ihre symbiotische Dienerhaftigkeit erzwingend, versetzt den Sohn in Unruhe, die ihn jede erneute realistische Anforderung an seine Kraftentwicklung als Demütigung bzw. als Unrecht empfinden lassen kann.

Hier zeigt sich uns das Grundmuster des von der Mutter bedienten Sohnes: Macht über sie auszuüben, um sein Unsicherheits- und Ungeborgenheitsgefühl kompensieren zu können. Seine Angst vor dem Verlust der Mutter ist im Grunde eine Angst vor dem Verlust einer Liebe, die auf dem Prinzip der Gegenseitigkeit und nicht auf dem der Unterordnung beruht. Die auf ihren Sohn angewiesene, dienende Mutter erlaubt ihm die Erfahrung, stärker als sie zu sein, eine unrealistische Einschätzung, daß die Mutter seine Hilfe braucht, daß sie »gerettet« werden muß. Seine Verzweiflung über diese beängstigende Erkenntnis kann der Sohn nicht ausdrücken. Wenn die Mutter nicht mehr mit dem Sohn alleingelassen wird, der Vater sich in gleicher Weise mit ihm in Beziehung setzt, wird er den Sohn auch mit seinen Ansprüchen und gegebenenfalls anstrengenden Gefühlen konfrontieren. Er wird ihm dadurch Chancen einräumen, auf Macht zu verzichten und seine entstehenden komplikativen Gefühle und Stimmungen zu erleben, auszudrücken und zu bewältigen. Der Anforderungen stellende Vater, der nicht bedient, sich mit der Mutter den Kontakt zum Sohn teilt, würde die Angst seines Sohnes in stärkerem Maße herausfordern, sie dadurch zugänglich machen und dem Sohn durch Erlebnisse von Wut und Angst die Arbeit an diesen Gefühlen ermöglichen.

In seinem Buch »Erziehungsgewalt« erwähnt Horst Petri unbewußte Reaktionsformen des Kindes gegenüber Ablehnung durch seine Eltern. Reaktionsbildungen führen zum Beispiel auch zur Überfürsorglichkeit, Verwöhnung und Bedienung der Kinder, Reaktionsbildungen gegenüber aggressiven unbewußten Formen der Überforderung (S. 40). Petri spricht von Überbehütung und Überversorgung, Überängstlichkeit, verstärkter Kontrolle (S. 58), von überbehütender Nähe (S. 73). Er erwähnt in diesem Zusammenhang eine Mutter, die sich in einer bestimmten, nur psychoanalytisch zu verstehenden Wiederholung ihrer Kindheitserfahrungen bereit fand, für ihre Kinder alles zu opfern (S. 77). Petri erwähnt auch resignative Tendenzen politischer Apathie und süchtiger Erfahrungen (S. 97), die Söhne dazu verführen, sich aggressive Vorbilder zu suchen, durch deren Führung sie sich für erlittenes Unrecht rächen, indem sie ihre Wut und Enttäuschung zum Beispiel in Aggression gegen Minderheiten ummünzen. Schwächliche Söhne, die nicht durch die Kooperation mit ihren Vätern Kraft gewinnen können, neigen als Erwachsene dazu, sich die Pseudonormen der Männlichkeit, Attitüden aggressiver Selbstbehauptung, Konkurrenz und Gewalt anzueignen. Überwiegend durch Mütter erzogene Söhne fallen uns durch übertriebene Erwartungs- und Bequemlichkeitshaltungen auf, durch regressive Ersatzbildungen wie Freßsucht, Magersucht, Alkoholismus, Tabletten- und Drogensucht (S. 125 ff.). Auch Verwahrlosung und Delinquenz, Diebstahl, Raub, Betrug und Erpressung werden in diesem Zusammenhang genannt. Der Sohn reagiert gewalttätig, er versucht, seine Machtbereiche auszubauen, weil er durch die bedienende Mutter daran gehindert wurde, sich durch eigene Aktivität Erfolgserlebnisse zu verschaffen und Freiheitsspielräume für eigene Kraft zu erobern.

Bei Petri, der in deutlicher Weise auf die negativen Verhaltensweisen von Müttern aufmerksam macht, auf ihre Enttäuschungswut gegenüber dem Kind (S. 50), vermisse ich nur die Erkenntnis, daß die Hauptursache für die Gewalt von Müttern gegenüber Söhnen der Vater dieser Söhne ist, der nicht nur die Mutter, sondern auch seinen Sohn im Stich läßt, weil er überwiegend abwesend ist. Weil Petri von der tiefen emotionalen Beziehung des Kindes zur Mutter spricht, die vom ersten Tag der Geburt an wichtig sei, auch von der schädlichen Abwesenheit der Mutter, möchte ich an dieser Stelle darauf hinweisen, daß wir uns mit diesem Stereotyp, der Sohn gehöre in den ersten Jahren zur Mutter, nicht abfinden dürfen. Der Sohn will auch seinen Vater. Horst Petri trägt diesem Anfordernis wenigstens ansatzweise Rechnung, als er zum Beispiel für die Anwesenheit des Vaters bei der Geburt plädiert (S. 88). Er versteht unter Narzißmus die Beziehung, die der Mensch zu sich selbst hat, Gedanken, Einstellungen und Gefühle, die er im Laufe seines Lebens über sich gewinnt. Deshalb muß seine Feststellung: »Die wichtigste Bedingung für die Entwicklung eines gesunden Narzißmus sind eine ungestörte Mutter-Kind-Symbiose in den ersten Lebensmonaten« unbedingt dadurch ergänzt werden, daß eine genauso wichtige Bedingung für die Entwicklung eines gesunden Selbstwertgefühls für den Sohn auch schon in den ersten Lebensmonaten eine Vater-Sohn-Beziehung ist. Diese Beziehung muß durchaus nicht immer ungestört sein. Das Leben bringt Störungen mit sich, und der Vater ist geeignet, diese zu repräsentieren und dem Sohn bei ihrer Bewältigung zur Seite zu stehen.

1
Kontakt

Meine Auffassungen zur Beziehung zwischen Sohn und Vater könnten mit denen von Alexander Mitscherlich verwechselt werden, der im Jahre 1963 sein Buch »Auf dem Weg zur vaterlosen Gesellschaft« vorgelegt hat, aber sie unterscheiden sich deutlich von denen Mitscherlichs. Er schreibt zum Beispiel: »Am Anfang steht allerdings die Beziehung zur Mutter. In ihr gelingt oder mißlingt die Herstellung des Urvertrauens« (S. 179).

Mitscherlich meint, daß der Vater erst wichtig wird, wenn es um Prozesse des Lernens und der Unterweisung geht, er spricht von der Lehraufgabe des Vaters zwischen dem dritten und dem fünften Lebensjahr, in dem zuallererst Autonomiestreben und Initiative beim Kinde zu beobachten seien. Ich bin der Meinung, daß hier in unzulässiger Weise die Bedürfnisse des Sohnes nicht gesehen bzw. falsch dargestellt worden sind. Am Anfang steht – selbstverständlich genauso wichtig für den Sohn – die Beziehung zu seinem Vater, auch vom ersten Lebenstag an. Mitscherlich hat die Frage nach der speziellen Bedeutung des Vaters durchaus gestellt (S. 158), er meint, der Sohn kann ihn bewundern, bei ihm geborgen sein, ihn fürchten, ihn mißachten. In jedem Fall aber kann er vom Vater lernen, sagt Mitscherlich, beklagt vor allem die von ihm sogenannte Entleerung der Autorität und der Kraft des Vaters (S. 185). Die Söhne hätten sich an die Stelle des Vaters gesetzt, die Väter verachtet und gehaßt.

Ich bin der Meinung, daß die Probleme viel tiefer gehen, als Mitscherlich sie sieht. Es geht nicht nur um einen sogenannten schockierenden Verfall der Vaterautorität (S. 188). Wichtig bleibt zwar, daß der Sohn das Leben seines Vaters anschaulich vor sich hat, wie Mitscherlich es fordert. Es ist für den Sohn wichtig, die Lebenspraxis und Berufsausbildung seines Vaters kennenzulernen, damit dieser nicht nur als Feierabend-Schreckgespenst auftaucht. Aber andererseits braucht der Sohn den Vater nicht nur und vor allem als Vorbild, sondern als Freund, als gleichberechtigten Begleiter und als Beschützer. Diese Feststellung fehlt bei Mitscherlich. Die Abwesenheit des Vaters wird bei ihm nur am Rande erwähnt. Deshalb weise ich darauf hin, daß es mir nicht in erster Linie um eine Identifikation des Sohnes mit dem Vater geht, sondern vor allem um die Kooperation mit ihm. Es erscheint mir nicht einmal als erstrebenswert, daß der Sohn den Wunsch entwickelt, so wie der Vater zu werden. Genauso wichtig wäre es für ihn, so wie die Mutter zu werden, zum Beispiel ihre emotionellen Bereitschaften erlernen. Dies könnte er, wenn er sich weniger mit dem Vater identifiziert und statt dessen mehr mit ihm zusammen unternimmt. Nicht also das Erlöschen des Vaterbildes, die Verwerfung des Vaters (S. 180), wie Mitscherlich es nennt, ist zu beklagen, sondern die Entfremdung, die mangelnde Zusammenarbeit und Brüderlichkeit zwischen Vater und Sohn.

Nur so ist zu erklären, daß angeblich gute Vorbilder so bedauerliche Folgen zeigen. Der Vater kann lernen, seinem Sohn therapeutisch dienlich zu werden, als Begleiter und Kamerad. Das ist die einzige Möglichkeit, die Frauensucht des Mannes im Patriarchat abzuschaffen. Söhne brauchen Trost und Berührungen durch Väter. Frauensucht zeichnet sich dadurch aus, daß entsprechende Wünsche nur von der Frau befriedigt werden könnten. Väter also müßten es lernen, sich einzufühlen, ihre Söhne zu trösten, anwesend zu sein und zu bleiben, wenn es denen schlechtgeht. Männer untereinander, Söhne und Väter können Vertrauen zueinander entwickeln. Dann wird die Angewiesenheit auf die Frau durchbrochen.

Dann wird sich der Sohn in seelischer Not, wenn er sich überfordert hat, wenn er krank ist, an den anderen Mann wenden, weil er dies über Jahre in der Kindheit im Zusammensein mit seinem Vater erleben konnte. Die Mutter hat für die Misere der Söhne nur die halbe Schuld, die andere Hälfte trägt der Vater.

Von ganz eminenter Bedeutung für die Entwicklung der Persönlichkeit des Sohnes ist, daß er schon in der frühesten Lebenszeit eine tiefe Bindung an seinen Vater erleben kann und daß scin Grundbedürfnis nach Geborgenheit auch im Zusammensein mit dem Vater gesättigt wird. Dann wird der Sohn ein Urvertrauen entwickeln. Das Bedürfnis nach Geborgenheit hat Vorrang, aber es wird nicht allein durch den Kontakt zur Mutter befriedigt. Sobald der Neugeborene den Mutterleib verlassen hat, muß er auch am Bauche seines Vaters liegen dürfen. Jeden Tag und jede Nacht braucht der Sohn seinen Vater. Jirina Prekop hat in »Der kleine Tyrann« auf die Kulturkreise hingewiesen, in denen das Kleinkind am Körper der Mutter getragen wird. Sie spricht von Traglingen. Ich füge hinzu, auch der Vater kann seinen Sohn im Tragetuch tragen, in der Hängematte schaukeln oder in der Wiege bewegen. Der Sohn kann sich in seinen ersten Lebenstagen und -jahren genauso oft am Körper des Vaters wohlfühlen wie am Körper der Mutter. Seine Vereinsamung fängt nicht dort an, wo das Sohn-Baby vom Körper der Mutter (vgl. Prekop S. 66), sondern wenn es überhaupt vom anderen Körper isoliert wird. Es könnte auch der Körper des Vaters sein, der den Säugling hält, der ihm die Grunderfahrung, gehalten zu sein, Trost und Schutz zu erfahren, vermittelt. Es ist wichtig, daß der Sohn lernt, Verzicht zu üben und Frustrationen zu ertragen. Es ist aber nicht notwendig, daß er »schließlich doch bei der Mutter Zufriedenheit« erlebt (S. 67), er kann diese auch beim Vater erleben. Er muß es sogar, wenn er ein kraftvoller Mann werden soll.

Durch den Wechsel des Kontaktes des Sohn-Babys von der Mutter zum Vater und wieder zurück werden seine Kräfte zur Bindung herausgefordert. Wenn der Sohn im Kleinkindalter erlebt hat, daß er im Arm der Mutter wie auch im Arm des Vaters gehalten wird, bis es ihm wieder gutgeht, dann wird er diese Erfahrung als Erwachsener fortzusetzen versuchen. Er wird, wenn es ihm schlecht geht, nicht nur Frauen aufsuchen, sondern auch Männer, von denen er Anteilnahme, Hilfe, Solidarität und Zärtlichkeit erfahren kann.

Wenn der Sohn klein ist, will er von seinem Vater gehalten werden, er will gewärmt und von ihm getragen, auch einmal von ihm ernährt werden. Wenn er größer wird, will er von seinem Vater mehr: das Gespräch, die Möglichkeit, Angst, Wut und Haß zuzulassen, auszudrücken und an den Vater heranzutragen. Er will mit dem Vater sprechen und nicht mit ihm schweigen. Deshalb müssen Väter beginnen, an ihrer Verwöhnung zu arbeiten, die Bedienung der Frau zurückzuweisen und sich untereinander zu holen, was sie brauchen.

Der Vater, der das in seiner Kindheit nicht erlebt hat, wird es schwer an seinen Sohn herantragen können. Darum müssen Männer etwas füreinander tun. Der Sohn, der mit seinem Vater mehr Kontakt hatte, wird sich mit diesem nicht mehr so stark identifizieren. Er wird sich vielleicht eher mit der Mutter identifizieren können, weiblicher reagieren und deshalb seinem Vater fremder. Es käme also auf die Väter die Aufgabe zu, in ihren Söhnen weibliche Werte zu entdecken und diese anzuerkennen. Der Vater, der genügend männliche Freunde hat, der nicht auf die dauernde Zuwendung von Frauen angewiesen ist, wird sich seinem Sohn zuwenden können, wird ihn besser verstehen.

Deshalb müssen Männer um die Teilung der Berufs-, Haus- und Kinderarbeit kämpfen. Dabei werden sie sich auch gegen so manche Mutter durchsetzen müssen, die dazu neigt, sich an den Sohn zu klammern. Das ist ihre Aufgabe in den ersten Lebensjahren: nicht darauf warten, daß die Mutter ihnen den Sohn überläßt, sondern von sich aus aktiv werden. Sohn und Vater müssen zusammen Fehler machen dürfen, emotionale, soziale Fehler im Aufnehmen des Kontaktes miteinander.

Zum Leben des Sohnes gehören schon in der frühen Kindheit Konflikte mit dem Vater. Je mehr Kontakt Sohn und Vater miteinander haben, desto mehr Fehler wird der Vater machen, desto mehr Konflikte zwischen Sohn und Vater wird es geben. Diese Konflikte sind nicht überflüssig oder zu vermeiden, sie gehören zur Realität des Sohnes. Konflikte zu haben und zu bewältigen, kann durchaus bedeuten, in der Erziehung vieles richtig gemacht zu haben. Auch der beste Vater wird seinen Sohn nicht vor Konflikten mit ihm und der Mutter bewahren können. Jeder Sohn wird bestimmte Gefühle von Depression, Überforderung, Einsamkeit, Angst und Enttäuschung erleben, die ihn nicht überfordern müssen, wenn er einen Vater hat, der sich mit Konsequenz und Freude den Problemen des Sohnes zuwenden kann, ihn ermuntern, sich diese Gefühle zuzugestehen und darüber zu sprechen. Der geschulte und informierte Vater braucht keineswegs irgendwelche großen Hilfsaktionen zu starten, er braucht nur dazusein, seinem Sohn zuzuhören. Die Schwierigkeiten der ersten Lebensjahre wird er ihm nicht ersparen können, aber er kann dabei sein, zum Sohn stehen und ihm dadurch helfen, seine Probleme durchzustehen. Eine problemlose Kindheit wird es für keinen Sohn geben.

Je dichter die Mutter an ihrem Sohn ist und je entfernter der Vater, desto mehr wird der Vater in Gefahr geraten, den Sohn klein und abhängig zu halten und gegen ihn Konkurrenzattitüden aufzubauen. Je mehr Kontakt zwischen Vater und Sohn besteht, desto mehr Interesse wird der Vater daran haben, daß sein Sohn unabhängig wird, wächst und an Selbstwertgefühl hinzugewinnt.

In der symbiotischen Mutter-Sohn-Beziehung bedeutet jedes Selbständigerwerden des Sohnes einen Verlust für die Mutter. Deshalb klammert sie, weil ihr Sohn das einzige männliche Wesen ist, das sie je bei sich behalten konnte (Christiane Olivier). Die meisten Mütter haben selten im Leben wieder Gelegenheit, einen ihnen so ausgelieferten und Zärtlichkeit suchenden Mann zu treffen, wie sie ihn in ihrem Sohn gefunden haben. Die symbiotische Mutter will ihren Sohn zu dem Mann machen, den sie nicht hat, sich aber schon immer dringend gewünscht hat. Deshalb wird sie den Sohn nicht abgeben können. Je mehr ihr männlicher Partner ihre eigenen Bedürfnisse zu befriedigen imstande ist, desto eher wird sie den Sohn loslassen können.

Aus diesem Grund kann ich Dieter Schnack und Rainer Neutzling zustimmen, wenn sie in ihrer Schrift »Kleine Helden in Not« (S. 27) darauf hinweisen, daß die mütterliche Zuwendung gegenüber dem Sohn sehr vom Engagement des Vaters abhängt. Wenn der Vater in der Lage ist, die Mutter sowohl körperlich als auch seelisch zu unterstützen, wenn er die Kraft aufbringt, sowohl der Mutter als auch dem Sohn Arbeit abzunehmen, dann muß die Mutter sich nicht so intensiv an ihren Sohn klammern. Der Vater, den die Söhne sich wünschen, hat vom ersten Lebenstag des Sohnes an Lust, mit diesem zusammenzusein, nicht in Konkurrenz zur Mutter, sondern zu ihrem Glück und zu ihrer Entlastung. Eine selbständige, emanzipierte Mutter wird sich von ihrem Sohn entfernen. Wenn sie weggeht, muß der Vater da sein, um diese Frustration oder Versagung auffangen zu können. Deshalb braucht der Sohn einen zugewandten, weichen Vater, wenn die Mutter nicht mehr bereit ist, die dienende Rolle gegenüber ihrem Partner und den Kindern auszuüben.

Wenn der Vater eine Beziehung zu seinem Sohn aufgenommen hat, dann wird der Sohn sich freudig auf ihn zu bewegen. Je besser das Verhältnis von Mutter und Vater ist, desto eher wird der Sohn in der Lage sein, sich von der Mutter weg auf den Vater hin zu bewegen. Ein kraftvoller Vater ist mal liebevoll und mal schwierig. Er mutet dem Sohn Versagungen zu, schenkt ihm damit etwas. Einmal tröstet er ihn, und einmal riskiert er mit ihm den Konflikt. Das sind keine Widersprüche. Der zugewandte und engagierte Vater wird darauf achten, daß die Mutter-Sohn-Symbiose nicht durch eine Vater-Sohn-Symbiose ersetzt wird. Der Vater des Sohnes als Partner der Frau ist gefragt. Denn der Sohn sollte erleben, daß Vater und Mutter miteinander kooperieren, daß sie sich einmal näher und einmal ferner sind, Konflikte miteinander haben und diese bereinigen, streiten und sich wieder versöhnen. Wenn das der Sohn erleben kann, wird er weniger chauvinistisch sein und weniger frauenentwertend, weil er nicht so abhängig von der Frau ist.

Der Vater ist derjenige Mensch, der dem Sohn zeigen kann, daß er die Frau liebt, aber nicht total abhängig von ihr ist, daß er in einer mittleren Nähe zur Frau leben kann, ohne von ihr dominiert zu werden. Söhne wünschen sich einen starken Vater, der sich gegen die Mutter behaupten kann und nicht nur im Berufsleben seine Kraft zeigt. Die meisten Väter in unserer Kultur sind bekanntlich für ihre Söhne nicht anwesend, interessieren sich für sie nicht. Deshalb leiden die Söhne an einem furchtbaren Mangel erfahrbarer liebevoller Väterlichkeit.

Bei all diesen Erörterungen über die Bedürfnisse und Wünsche eines Sohnes in der Familie oder in anderen menschlichen Gruppen werden zwei Begriffe häufig benutzt und miteinander verwechselt. Ich komme auf diese noch einmal zu sprechen, weil auch die meisten Fachleute sie nicht akkurat unterscheiden. Ich verstehe unter *Identifikation* den Vorgang, daß der Sohn sich von der Mutter oder vom Vater Gefühle, Haltungen und Werte abguckt und sie für sich selbst wirksam werden läßt. Unter *Symbiose* verstehe ich dagegen eine zu enge Beziehung gegenseitiger Abhängigkeit. Wenn der Sohn in einer Symbiose zu seiner Mutter lebt, hat er keinen Anlaß, sich mit den weiblichen Eigenschaften zu identifizieren und diese für sich zu erobern, weil die Mutter ihm die Bedürfnisse erfüllt.

So gesehen ist für den Sohn die Identifikation mit der Mutter das Gegenteil von Symbiose mit ihr. Je symbiotischer die Beziehung zwischen Mutter und Sohn ist, desto weniger muß der Sohn sich mit den starken Anteilen seiner Mutter und den weiblichen Werten identifizieren. Je stärker die Identifikation zweier Menschen ist, zum Beispiel die zwischen Sohn und Mutter, desto weniger ist der eine, in diesem Fall der Sohn, darauf angewiesen, in eine Symbiose mit der Mutter hineinzugehen. Symbiose und Identifikation sind in gewissem Sinne konträre, komplementäre Begriffe. Ich wünsche mir, daß der Sohn genauso eng mit seinem Vater zusammenlebt wie mit der

Mutter. Dann allein hat der Sohn die Gelegenheit, sich sowohl bei der Mutter als auch beim Vater partiell zu identifizieren. Bei Schnack und Neutzling finde ich in ihrem Buch »Kleine Helden in Not« eine Vermischung der Begriffe Identifikation und Symbiose. Die Autoren verfallen dadurch in den Irrtum (S. 17), daß in der Symbiose mit der Mutter für den Sohn auch Identifikation mit weiblichen Werten möglich ist. Genau das ist aber nicht der Fall. Der normale Mann unserer Kultur verzichtet darauf, ein eigenständiger und unabhängiger Mensch und Mann zu werden, weil er auf die Kräfte der Frau zu stark angewiesen ist. Der Sohn, der sich von der Mutter ablösen kann, muß vorher weibliche Werte für sich persönlich aufgebaut haben. Der andere, der die weiblichen Werte nicht aufbauen kann, weil er sich mit der Mutter nicht identifiziert, wird lebenslang auf die Frau angewiesen bleiben. Die Verwechselung der Begriffe Identifikation und Symbiose bei den genannten Autoren kommt in folgendem Zitat zum Ausdruck: »Ein Junge muß seine ursprünglich weibliche Identifikation mit der Mutter aufgeben. Er hat sich damit abzufinden, daß er sich aus der Symbiose mit ihr lösen muß.« Ich bin dagegen der Meinung, daß der Sohn sich aus der Symbiose mit der Mutter nur dadurch lösen kann, daß er sich mit der Mutter identifiziert. Das geschieht, wenn der Sohn mit dem Vater mehr kooperieren kann. Für den Sohn ist also nicht nur eine frühe Identifikation mit dem Vater notwendig, um eine persönliche Identität zu finden, sondern auch eine Identifikation mit der Mutter. Für den Sohn genügt es nicht, sich mit dem Vater zu identifizieren, um Ich-Stärke als Mann zu entwickeln. Dazu sind die Väter zu kraftlos, weil zuwenig in der Lage, weibliche Werte zu verwirklichen.

2
Gefühle und Ermutigung

Söhne wollen nicht irgendwelche Väter, sondern gefühlvolle, die ihre eigenen Emotionen kennen und deshalb auch die Gefühle ihrer Söhne berücksichtigen. Das wäre die beste Ermutigung.

Der Sohn braucht einen Vater, der sich einfühlen kann, der spürt, daß Schläge schmerzen und daß geschlagene Söhne sich gedemütigt fühlen. Wir können davon ausgehen, daß sehr viele Väter in der eigenen Kindheit geschlagen worden sind und es heute nicht mehr fühlen. Ich lasse einige Männer zu diesem Thema zu Wort kommen.

Kurt (geb. 1949, Grafiker): »Ich habe mir vom Vater später nur noch gewünscht, daß er mich in Ruhe läßt. Erst als ich zurückgeschlagen habe, hat er mich in Ruhe gelassen. Als ich klein war, habe ich mir gewünscht, daß er mich einfach wahrnimmt, aber er hatte gar kein Interesse an mir. Auf Spaziergängen war er offenbar froh, daß er einmal von Zuhause wegkam, redete vor sich hin, Gedanken, die er sonst keinem erzählen konnte. Und ich lief neben ihm her, hörte ihm aufmerksam zu. Wenn ich eine Frage stellte, bekam ich zu hören: ›Dafür bist du zu klein, das verstehst du noch nicht.‹ Ansonsten habe ich nur Schläge und Befehle bekommen. Darüber hinaus war der Vater nicht da. Gewünscht hatte ich mir, daß er mit mir redet, mit mir etwas macht, mit mir spielt, etwas bastelt, meine Fragen beantwortet, sich um mich kümmert.«

Thomas (geb. 1952, Zahntechnikermeister): »Er hat sich

erst um mich gekümmert, als er jemanden brauchte, weil er bei allen anderen fünf Geschwistern versagt hatte, die hatte Mutter alle auf ihre Seite gezogen. Was ich vermißt habe: Zuwendung, daß ich ernstgenommen werde, mich in Schutz nehmen, wenn ich von anderen Geschwistern, von der Mutter oder auch von Lehrern geschlagen werde.«

Daß Söhne sich keine gewalttätigen, sondern sanfte Väter wünschen, ist heute allen klar. Wir müssen die Bedürfnisse der Söhne aber noch auf einer tieferen emotionalen Ebene verstehen. Der Vater könnte spüren, daß sein Sohn wissen will, was in ihm, dem Vater, vorgeht, wie er sich in der Arbeit fühlt, in seinen Beziehungen und Freundschaften und wie er mit anderen Problemen des Lebens umgeht. Der Vater kann außerdem spüren, daß der Sohn ihn das noch nicht fragen kann.

Andreas (geb. 1962, Student): »Ich hätte gewollt, daß er sich zeigt. Ich war neulich bei seinem Geburtstag und muß jetzt erst hingucken, wer mein Vater überhaupt ist. Er war zwar da, aber für mich war er verschwunden. Ich wußte nicht, was er fühlt und was er will. Als ich ihn fragte, reagierte er zunächst verständnislos und schickte mir dann seinen Lebenslauf. Ich konnte ihn nicht greifen, er war nicht präsent. Ich hätte mir gerne etwas abgeguckt, wenn er der Mutter entgegengetreten wäre. Das tat er nicht, und trotzdem hat er ganz stark mein Männerbild geprägt: Er verschwand hinter meiner starken Mutter.«

Der Sohn interessiert sich für die Belange seines Vaters. Er ist neugierig, ihn interessieren zum Beispiel der Arbeitsplatz des Vaters, die Arbeitskollegen, was der Vater außerhalb des Hauses, außerhalb der Familie erlebt. Den Sohn interessieren auch die Erfolge des Vaters, die Situationen, in denen er sich richtig verhalten hat, für die der Sohn auf ihn stolz sein kann. Er braucht die Lebendigkeit des Vaters, seine Lebensfreude, seinen Zorn. Wenn der Vater in einer bestimmten Situation deutlich laut, auch eventuell hart, jedenfalls markant reagiert, der Konflikt damit auf den Tisch kommt, auf den Punkt gebracht wird, dann schadet das dem Sohn nicht unbedingt. Der Konflikt wird beseitigt und der Zorn legt sich. Etwas anderes wäre es, wenn der Vater seinen Zorn nicht zeigt und dieser zur unterdrückten, dauernden, anhaltenden Wut wird, die der Provokation nicht angemessen ist. Die Wut, die nie aufhört, schadet dem Sohn. Sie kann nicht als konstruktiv empfunden werden. Der Vater aber, der sich stets um seinen Sohn bemüht und mit ihm den Kontakt pflegt, darf auch einmal wütend auf ihn sein. Das wäre keine grundlegende Hinderung der Liebe. Denn wir haben es heute manchmal mit Vätern zu tun, die aus lauter Angst vor einem kräftigen und markanten Auftreten, eventuellen väterlichen Affekten in einen langweiligen, schwächlichen erzieherischen Umgangston verfallen. Diese Väter tun den Söhnen nicht gut. Der Sohn hat den berechtigten Wunsch nach einem starken Vater. Diese Stärke muß nicht immer aus olympischer Heiterkeit bestehen.

Ebenso wichtig ist, daß der Vater seine eigenen Schwächen kennt und über diese spricht. Übertriebener Stolz gegenüber dem Sohn ist unangebracht, auch übertriebenes Schwärmen von irgendwelchen Erfolgen außerhalb der Familie wird dem Sohn nicht guttun. Statt dessen sollte der Vater in der Lage sein, seine Trauer zu zeigen.

Wenn er nicht trauern kann oder auf keinen Fall möchte, daß irgend jemand von seinen traurigen Gefühlen erfährt, bewirkt er, daß auch der Sohn seine Zähne zusammenbeißt, nicht trauert, dafür aber aggressiv wird. Damit der Sohn zum Gefühl von Trauer stehen kann, müßte erst einmal der Vater ihm das erlaubt und vor allem gezeigt haben.

Damit ist nicht gemeint, daß ein Vater seine permanente Unzufriedenheit auf den Sohn übertragen soll, wenn er gehetzt im Leben steht, so daß der Sohn sich dauernd gegen die Verdrängung dieser Gefühle des Vaters wehren muß. Aber ein depressiver Vater, der nicht über seine Trauer spricht, programmiert permanent seinen Sohn mit dieser eigenen Verdrängung. Das Unbewußte des Vaters sagt dem Unbewußten des Sohnes dann: »Ich trauere nicht. Du, mein Sohn, darfst auch nicht trauern.« Oder »Mache es wie ich, verhärte dich.« Oder auch: »Ich zeige meine Schmerzen nicht, meine Angewiesenheit auf Trost. Gucke es dir von mir ab, mache es genauso wie ich.«

Holger (geb. 1950, Lehrer) dazu: »Hand in Hand zu laufen mit meinem Vater, das hätte ich mir gewünscht, die Hand und der große starke Vater ... Ich hätte mir gewünscht, daß er mich an die Hand nimmt und mich führt, liebevoll zugewendet ins Leben hineinführt, wie man den Alltag bewältigt, mir zeigt, was Mannsein heißt. Ich habe es nicht lernen können von ihm. Ich habe nur irgendwelche blöden Sprüche und Ausgrenzungen erlebt. Ich weiß nichts von ihm. Er hat mir nie etwas erzählt. Er hat mir auch beigebracht, daß ich von mir auch nichts weiß und nicht gesprochen habe.«

Dazu gehört im Grunde auch das Einfühlungsvermögen des Vaters in den eigenen Ekel, zum Beispiel in den Ekel vor dem Sohn. Denn der verkörpert häufig Anteile der väterlichen verdrängten und verleugneten Charakterpositionen. Denen gegenüber entwickelt der Vater Ekel, entdeckt diese bei seinem Sohn und behindert, bedrängt, demütigt ihn.

Es wäre wichtig, daß der Vater die freudigen Ereignisse im Leben seines Sohnes, die Erfolge spürt, daß er fühlen kann, daß der Sohn ihm davon erzählen will, wie zum Beispiel, wenn er Freunde gewonnen, eine Prüfung bestanden, ein Mädchen angesprochen hat, das einigermaßen nett darauf reagiert hat. Der Vater könnte spüren, wann solche Anlässe waren, und auch, wann heikle Anlässe bevorstehen, die den Sohn fordern, ihn in Unsicherheit stürzen. Dazu müßte dieser Vater natürlich mit seinen eigenen Erfolgen einigermaßen zufrieden sein, überhaupt Erfolge und Freude erleben können. Sonst kann er diese Stimmungen auch bei seinem Sohn nicht zulassen.

Was der Sohn vom Vater auch will, ist Schutz vor der Mutter, Trost im Konflikt mit ihr. Die emotionale Durchdringung der Situation des mit der Mutter alleingelassenen, eingesperrten Sohnes ist eine vorrangige Aufgabe für den Vater

Lutz (geb. 1954, Sozialarbeiter): »Beistand und Unterstützung, um zu verhindern, daß ich nicht ganz bei der überfürsorglichen Mutter hängenbleibe, hätte ich mir von meinem Vater gewünscht. Schutz vor der Mutter. Meine Mutter hat mich gekrallt. Er hätte bewirken müssen, daß ich ihr nicht ganz überlassen bleibe.«

Walter (geb. 1948, Studienrat): »Ich hätte mir gewünscht, daß mein Vater mit meiner Mutter eine vernünftige Beziehung geführt hätte. Denn er hat gesagt: ›Kindererziehung ist Sache der Ehefrau. Erst wenn die Kinder vierzehn sind, interessieren sie mich.‹ Das hat er wirklich auch so gemacht. Er hat mich meiner Mutter ausgeliefert. Ich war nur mit ihr zusammen. Die beiden hatten eine schlechte, ewig ungeklärte Beziehung, und sie hat dafür gesorgt, daß ich ungefähr so werde, wie sie sich ihren Ehemann vorgestellt hat. Mein Vater war das Feindbild. Ich wollte nie so werden wie er. Erst als ich sechzehn oder siebzehn war, hat er sich für mich interessiert, ein geschäftliches Interesse war da, aber er hat auch eine partnerschaftliche Beziehung gesucht. Als ich zwanzig war, ist er gestorben. Und darüber war ich sehr verletzt, weil ich immer gehofft hatte, daß es doch noch irgendwie möglich werden würde, mit ihm über all die Sachen zu sprechen. Ich habe mich noch nicht damit abgefunden.«

Ein Vater, der seinem Sohn Gefühle ermöglicht, die eigenen Gefühle kennt und sich deshalb in seinen Sohn einfühlen kann, wird auch merken, wenn der Sohn sich in der Mutter-Sohn-Symbiose eingesperrt fühlt, spüren, daß der Sohn sich nicht wehren kann. Er wird erkennen, wenn die Mutter ihm den Zugang zu seinem Sohn versperrt; dann wird er sich gegen diese Frau wehren. Dazu müßte er die Not des Sohnes spüren, die Einsamkeit, und das kann er nicht, wenn er seine eigene Kindheit noch nicht bearbeitet hat.

Martin (geb. 1964, Student): »Mehr Liebe, Aufmerksamkeit mir gegenüber, positives Interesse an meiner Person hätte ich mir gewünscht. Mich vor allen Dingen gegenüber meiner Mutter zu verteidigen, das wäre wichtig gewesen. Auch eine positive Kritik an mir wäre wichtig gewesen, meine Entwicklung zu unterstützen. Er hat sich einfach herausgehalten, eigentlich nie um mich gekümmert. Er hat immer nur zu mir gesagt: ›Du wirst das schon schaffen.‹ Hier und da einmal gelobt, einmal Bücher geschenkt, die ich lesen sollte, aber nie etwas zu den Büchern gesagt. Ich weiß überhaupt nicht, wie er irgend etwas sieht, welche Einstellung er zu irgendwelchen Fragen oder Leuten hat. Er brachte eine diffuse Ansammlung von Äußerungen, mit denen ich nichts anfangen konnte, viel Ironie. Wenn er etwas gesagt hat, dann war es ironisch. Sehr traurig ist das heute für mich immer noch. Ich weine viel darüber, eine enorme Enttäuschung sitzt in mir.«

Der geschulte, empfindsame Vater könnte spüren, wenn der Sohn ihm etwas erzählen will und sich eigentlich nicht traut, wenn er Angst hat, ihm irgend etwas zu erzählen, Angst vor anderen Jungen auf der Straße, in der Schule, vor den Lehrern, vor Prüfungen usw.

Joachim: »Ich hätte mir gewünscht, daß er mir ausgeglichen, ruhig, freundlich, nicht jähzornig, etwas gezeigt hätte, mich auch etwas gefragt hätte, statt zu fordern, oder mir nur zu sagen, wie es zu sein hat. Das berührt mich noch heute sehr, wenn ich daran denke.«

Ein Vater müßte auch spüren können, wenn der Sohn sich von ihm zärtliche Berührungen wünscht. Es genügt nicht, daß er versucht, den Körperkontakt oder sonstigen Kontakt seines Sohnes zu anderen Menschen anzubahnen, zum Beispiel zur Mutter oder zu Freunden. Der Sohn will ihn mit dem Vater. Er will mit ihm Fahrrad fahren, schwimmen gehen, Ball spielen. Er will mit ihm aber auch allein in die Stadt gehen. Er wäre schon froh, wenn er mit ihm spazierengehen würde, wenn er vielleicht einmal ins Kino, ins Theater, ins Konzert gehen, mit ihm über diese Erlebnisse hinterher sprechen würde. Ein einsamer Vater spürt dies nicht, er hat zuviel mit seinen eigenen Kontaktwünschen zu tun. Ein aufmerksamer Vater, der seine eigenen Gefühle kennt, wüßte zum Beispiel, wenn er seinen Sohn nur anschauen würde, was dieser möchte. An der Mimik und Gestik könnte er erkennen, wie traurig, einsam, gequält oder verwirrt sein Sohn ist.

Oder ob sein Sohn Freunde hat, Freundinnen, Mädchen kennt, wie diese Freunde und Mädchen sich verhalten, wie sie ihm begegnen, wie er ihnen begegnet, wie er sich vielleicht besser verhalten könnte, geschickter, werbender usw., das könnte der Vater einfühlen, daß sein Sohn ein dringendes Wissens- und Fühlbedürfnis hat, welches ein Vater mit Selbsterkenntnis befriedigen könnte.

Der einfühlsame Vater könnte sich in die Schwermut und in die schwierigen Situationen seines Sohnes einfühlen, aber auch in das starke Bedürfnis, das enorme Bemühen, es dem Vater rechtzumachen, tüchtig zu sein und die Anerkennung des Vaters zu bekommen. Söhne wollen keine Väter, die mit ihnen nur Konkurrenz aufbauen. Viele Väter sind dauernd dabei, mit ihren Söhnen zu rivalisieren. Söhne brauchen nicht den Wettbewerb, zum Beispiel beim Laufen, Ballspielen, Schachspielen, bei Mathematikaufgaben, sondern brüderliche Freunde.

Ein Sohn will einen einfühlsamen Vater, der mit seinen Lebensproblemen vertraut ist, zum Beispiel mit sexuellen Regungen. Daß man onanieren darf, müßte der Vater dem Sohn sagen. Er sollte es ihm zeigen, das nackte Miteinanderumgehen und den Penis, wie man ihn säubert usw., ihm erzählen, daß Onanieren Spaß macht, wie oft es angebracht und unschädlich ist, und ihm andererseits eröffnen, daß mit der Zeit auch Sexualpartner in Frage kommen. Dieser einfühlsame Vater würde erspüren, daß sein Sohn ihn wegen dieser Fragen gar nicht beanspruchen kann, daß er die sexuellen Probleme ausblenden wird, solange sie nicht vom Vater angesprochen werden.

Obwohl der Sohn viel von seinem Vater wissen will, könnte der Vater fühlen, daß der Sohn ihn nicht bitten kann, mit ihm zusammensein zu wollen. Nicht zuletzt deshalb, weil die Mutter den Sohn immer bedient und verwöhnt hat, nicht an die Bewältigung der Schwierigkeit, um jemanden zu werben, um Gespräche und Aufklärung zu bitten, herangeführt hat. Und noch etwas würde der einfühlsame Vater fühlen: daß der Sohn ihn schont und berechtigtes oder unberechtigtes Mitleid mit ihm hat, daß er dem Vater nichts mehr zumutet oder daß er ihn idealisiert. In diesem Zusammenhang wünschen wir uns Väter, die fühlen, daß Söhne Kampf- und Konkurrenzangebote annehmen, aber seltener die Angebote, Schwäche zuzulassen, das Brüderliche, das Versöhnliche. Der einfühlsame Vater kann spüren, daß sein Sohn nicht trauert, wenn der Vater ihm verlorengeht. Denn die Symbiose mit der Mutter ist allgegenwärtig, sie deckt alles zu, auch lebenswichtige Bedürfnisse, wie der nach Kontakt mit dem Vater.

Der Sohn, der keinen brüderlichen, einfühlsamen Vater hatte, ist in Gefahr, sein Leben lang die falschen Männer zu idealisieren, sein Herz an Männer zu hängen, die gar keine richtigen Freunde sind. Und hier sehen wir wieder einen Aspekt der Verwöhnung des Sohnes: Er ist mit zu wenig zufrieden, hat kein Bewußtsein von der Schwierigkeit der Bemühung um Freunde, wenn er dieses nicht in der Beziehung zum Vater gelernt hat, als der Vater ihn an Beziehungen zu anderen Männern heranführte.

3
Mitarbeit im Haushalt

Ich habe in einer ziemlich engen Beziehung zu meiner Mutter gelebt. Manche Mitarbeit im Haushalt hat sie von mir erwartet, zum Beispiel habe ich Kohlen geholt aus dem Keller, bin einkaufen gegangen, habe beim Aufwischen und Staubsaugen geholfen. Anderes wurde von mir überhaupt nicht verlangt, meine Mutter hat nicht darauf bestanden. Wenn es zum Beispiel ums Essen ging, dann stand sie stundenlang allein in der Küche, drang nicht darauf, daß wir ihr beim Kochen halfen. Wenn sie das Essen auftrug, bekam sie vom Vater oft Vorwürfe zu hören, daß sie Töpfe auf den Tisch gestellt hat statt Porzellanschalen. Dann wurde in fünfzehn Minuten das Essen aufgegessen, meistens sehr schnell, wir waren hungrig, wir hatten es eilig, wir schlangen alles hinunter. Zur Qualität des Essens äußerten wir uns nicht lobend oder positiv. Mutter hat das Geschirr abgetragen, stand hinterher wieder in der Küche und mußte abwaschen, während wir alle schon längst unserem Spiel oder Aufgaben nachgegangen sind und Vater auf der Couch lag, Zeitung las oder schlief. Ich hatte mit meinem Vater sehr selten Kontakt, identifizierte mich aber mit ihm insofern, als ich es nicht für meine Aufgabe erachtet habe, beim Kochen zu helfen, bei Prozeduren der täglichen Haushaltsarbeit.

Es ist auch heute noch so, daß Frauen die Hausarbeit überlassen wird. Nur 25 Prozent der Männer helfen Frauen beim Kochen, 31 Prozent beim Aufräumen und Saubermachen. Wenn Hausarbeit weiterhin Frauensache bleibt, werden die

Söhne nicht lernen, sich mit dieser Aufgabe zu identifizieren und sie zu leisten. Es käme darauf an, daß Väter und Männer sich die Hausarbeit mit den Frauen teilen, daß Vater und Sohn gemeinsam die Wohnung säubern, einkaufen gehen, Wäsche waschen, sich überlegen, wie das Kochen einzurichten ist. 92 Prozent aller Männer, die mit einer Frau zusammenleben, haben angegeben, daß sie sich von Hausarbeit nicht belastet fühlen. Warum gibt es Hausarbeitskurse nicht für Jungen schon in der Schule? Das wäre ein Beitrag zur Selbständigkeit der Jungen und zur Kooperation mit den Vätern.

Es ist selbstverständlich, daß jeder Junge und jeder Vater an der Hausarbeit spontane Freude entwickeln könnte, vor allem, weil sie für die Männer eine Alternative zum beruflichen Streß darstellt. In der beruflichen Arbeit engagieren sich viele sehr stark. Wenn ich einen Mann frage, wie es ihm geht, antwortet er meist mit bestimmten Hinweisen auf seine Arbeitssituation. Dort arbeitet er schnell und gründlich, dort ist er tüchtig, will er etwas schaffen. Dort will er perfekt sein, Leistung bringen, Anerkennung bekommen. Von der beruflichen Arbeit läßt er sich förmlich auffressen. Da kommt Ehrgeiz ins Spiel, ist er stolz auf seine Arbeit. Er hat einen anderen tollen Mann gefunden, seinen Vorgesetzten oft, von dem er sich mitreißen, zur Arbeit motivieren läßt: die Vaterfigur, von der der jüngere Mann Anerkennung will, für die er etwas tun, mit der er zusammen etwas auf die Beine stellen, mit der zusammen er es der Welt zeigen will.

Männer erleben nicht nur Konkurrenz im beruflichen Feld, da kommt es oft zu sehr guten Kooperationsleistungen. Warum nicht auch im Haushalt? Warum fängt das nicht im Haushalt an, zum Beispiel nach getaner Berufsarbeit, am Feierabend oder am Wochenende?

Das Arbeiten könnte der Sohn besser von seinem Vater lernen als von der Mutter. Der Sohn, der es von früher Kindheit an lernt, hätte als erwachsener Mensch keine Arbeitsstörungen. Er wäre arbeitsfähig, stolz auf die Arbeit im Hause, hätte auch den Mut dazu, diese zu leisten, würde sich nicht klein fühlen, wenn er das tut. Viele Eigenschaften, die wir heute als Arbeitsfähigkeit bezeichnen, Geduld, Interesse an der Sache, Arbeitstechniken, Konzentration, können im Haushalt genausogut erworben werden wie irgendwo anders, in der Schule, im Kindergarten oder an beruflichen Arbeitsplätzen.

Junge Männer arbeiten deshalb nicht gerne im Haushalt, weil sie es nicht gelernt haben, nicht, weil sie faul sind. Auch Söhne würden im Haushalt, wenn die Väter mit ihnen zusammen arbeiten würden, gerne mitmachen. Es ist fast das Schönste für Kinder, mit ihren Vätern und Müttern zusammen zu arbeiten. Warum bringen Erwachsene die Geduld und den Mut nicht auf, die Hausarbeit an Väter und Söhne zu delegieren? Frauen fordern die Männer nicht. Deshalb erfüllen Männer ihre Lebensaufgabe der Arbeit im Haushalt und der Beschäftigung mit den Söhnen nicht. Viele Männer halten diese Situation prinzipiell auch nicht für veränderbar.

Ich halte nichts von dem Argument, daß es eine vernünftige Arbeitsteilung sei, wenn die Frau im Hause arbeitet, mit den Kindern ist und der Mann in den Beruf geht. Diese sogenannte Arbeitsteilung ist bisher immer zu Ungunsten der Frau ausgegangen. Nein, jede einzelne Arbeit muß geteilt werden, die Hausarbeit eben gemeinsam von Frauen und Männern und auch von den Kindern, die Lust dazu haben. Auch wenn es stereotype mechanische Arbeiten sind, wenn sie gemeinsam verrichtet werden, machen sie den Söhnen Spaß.

Die Hausarbeit als Zusammenarbeit zwischen Vater und Sohn könnte ein ganz wichtiges Gemeinschaftserlebnis im Leben des Sohnes werden. Er kommt nicht egozentrisch und frauensüchtig auf die Welt, sondern wird durch dieses Arrangement in der Familie geprägt. Dabei wäre die Hausarbeit hervorragend geeignet, um dem Sohn Sachlichkeit zu vermitteln. Auch im Bereich der Hausarbeit wäre es möglich, logisch denken zu lernen, Schlußfolgerungen ohne Denkfehler konsequent bis zum Ende zu führen. Auch bei der Hausarbeit könnten Söhne eine Bereitschaft zur Leistung entwickeln, für die anderen etwas zu tun, sich an die Gemeinschaft und an die

Arbeit hingeben zu lernen, schließlich auch die Verantwortung zu übernehmen für das, was sie getan haben, was sie sich überlegt, was sie durchgeführt und überprüft haben. Die Söhne, die nicht lernen, mit ihren Vätern zu kooperieren, im Hause mitzuarbeiten, erleben unangenehme Folgen für ihre Charakterbildung. Der Sohn könnte in seiner Kindheit eben schon in der Hausarbeit lernen, systematisch zu arbeiten, langsam oder schnell, je nach Erfordernis, ruhig und sachlich und ohne innere Aufregung, nicht übertrieben pedantisch, nicht perfektionistisch, nicht auf äußeren Effekt bedacht.

Die Söhne, die nicht gelernt haben, im Haushalt mit ihren Vätern zu kooperieren, neigen dazu, sich selbst wichtig zu nehmen, egozentrische Gedanken auszubilden, sich gegenüber Frauen zu erheben und die Hausarbeit als Frauenarbeit zu empfinden. Der Sohn schließt mit einem Ziel persönlicher Überlegenheit die Arbeit im Haushalt für sich aus, er entzieht sich ihr, betrachtet die Frau als seine Dienerin und wird streitsüchtig, wenn sie bestimmte Forderungen an ihn heranträgt. Er lernt nicht, sich für diese gemeinsame Arbeit zu interessieren und sie zu werten.

Im Bereich der Hausarbeit könnte der Sohn die Zusammenarbeit mit seinem Vater lernen und das Gespräch, also Kooperation und Kommunikation. In dieser Kooperation könnte der Vater zum Beispiel versuchen zu vermeiden, seinem Sohn irgendwelche Anweisungen zu geben, sondern mit ihm zusammen zu besprechen, wie sie die Arbeit organisieren können, ihm auch zu gestatten, in dieser Arbeit Fehler zu machen, ohne ihn zu beschimpfen. Dann würden Söhne auch Sozialkompetenz erwerben. Es scheint ein typisch männliches Problem zu sein, sich für die Hausarbeit nicht zuständig zu fühlen, weil sie nicht als Leistung anerkannt wird. Und das sollte sich ändern. Solange dies nicht geschieht, sieht der Sohn überhaupt nicht die Notwendigkeit, im Haus Arbeit zu leisten. Er wird sich immer auf die Frau verlassen. Die ersten Ansätze zur Gruppenarbeit, zur Teamarbeit würden in dieser Vater-Sohn-Beziehung gelebt und geübt werden können. Der Vater könnte den

Sohn ernst nehmen in all seinen Möglichkeiten und Ungeschicklichkeiten. Er könnte sich selbst offen darüber äußern, wie er diese Arbeit empfindet, welche Stimmungen er dabei hat und welche Verbesserungen der Stimmungen sie gemeinsam herstellen können. Wohlwollendes Miteinanderumgehen wäre möglich, wenn der Vater die entsprechende Einsicht hätte, als Vorbild für jede weitere Arbeit im Leben. Es gäbe Solidarität zwischen Vater und Sohn bei der Hausarbeit, sie wäre die erste Solidarität im Leben des Sohnes, die er nicht vergessen, an die er gern sich erinnern würde.

4
Gespräche

Die meisten Väter sprechen lieber mit Erwachsenen als mit Kindern, am liebsten mit Frauen. Aber Kinder brauchen Väter, die ihre Freunde sind. Sie wollen mit ihnen freundschaftlich über ihre Probleme und Schwächen sprechen. Die Erwachsenen unterschätzen oft die Denkmöglichkeiten der Kinder, sie nehmen sie nicht ernst genug, trauen ihnen zuwenig zu. Kinder sind oft noch unverstellt in ihren Denkprozessen, nicht so gehemmt und festgelegt. Vätern sollte kein Teil des Lebens ihrer Söhne verschlossen sein; sie sollten sich ihren Söhnen gegenüber öffnen. Das Gespräch mit dem Sohn könnte ein Abenteuer werden, ein Dialog, dessen Wichtigkeit beide erst im Lauf der Zeit feststellen.

In der Beziehung zwischen Sohn und Vater könnte eine gefühlvolle Atmosphäre hergestellt werden, ohne daß eine Frau dabei ist. Beide könnten versuchen, sich gegenseitig zu fühlen, empfinden zu lassen. Es geht nicht nur im intelligente Dialoge zwischen Vater und Sohn, sondern auch um sensible. Die Lage des Sohnes ist nachvollziehbar, sie ist dem Vater zugänglich, wenn er sich darum bemüht. Ein Vater könnte sich auch durch das definieren lernen, was sein Sohn ist: Versuch, Irrtum, Hilflosigkeit. Er spiegelt dem Vater, was dieser schon längst verdrängt hat, enthüllt auf diese Weise viele Möglichkeiten zum gemeinsamen Wachstum. Dazu brauchen Vater und Sohn eine einigermaßen ruhige und wohlwollende Atmosphäre, die von Gegenseitigkeit getragen wird.

Vater und Sohn könnten Freunde werden, obwohl sie Meinungsverschiedenheiten haben. Dazu könnten Väter ihre bornierte Gleichgültigkeit den Söhnen gegenüber aufgeben. Meinungsverschiedenheiten und Streitigkeiten sollte es ruhig geben dürfen. Aber dabei darf der Vater nicht von seiner Übermacht Gebrauch machen, zu laut werden, zu poltrig. Viele Väter merken nicht, daß sie dauernd drauf und dran sind, ihre Söhne einzuschüchtern und mundtot zu machen. Oft hören Väter nicht richtig zu, was ihre Söhne ihnen zu sagen haben, weil diese in ihrem sprachlichen Ausdruck noch unbeholfen sind. Der Sohn braucht Hilfe, vielleicht auch Ratschläge, aber keinen Vater, der ihm Vorschriften macht, ihn dirigiert und schon seine Ausdrucksweise kritisiert.

Andererseits läßt der Sohn sich gerne helfen, obwohl er noch nicht gelernt hat, Hilfe von seinem Vater zu erbitten oder einzufordern. Auch das könnte der Vater seinem Sohn vormachen, im Gespräch mit der Mutter, aber auch im direkten Kontakt. Es wäre schön, wenn der Sohn erleben könnte, daß der Vater von anderen Menschen Hilfe erbittet und wie er mit diesen Hilfeangeboten umgeht. Auch im Streit sollte die Sympathie nicht verlorengehen bzw. nach dem Streitgespräch müßte ein Vater in der Lage sein, wieder Sympathien für seinen Sohn zu empfinden. Er kann ihm deutlich und klar antworten, vielleicht manchmal auch hart, sollte aber nie das Verhältnis beenden, sondern den Sohn in den nächsten Tagen ansprechen.

Dazu würde gehören, daß die Väter von ihren eigenen Problemen sprechen, von ihren Schwächen, von Fehlern und Gefühlen, die der Sohn verstehen kann. Das wird man nicht immer vorher wissen, man muß es eben probieren. Es hat keinen Zweck, daß Väter ihren Söhnen von ihren Erfolgen und Großartigkeiten vorschwärmen. Söhne müssen nicht belehrt werden, wir können sie wie wissende Erwachsene behandeln. Wir sollten ihre Fragen ernst nehmen und nicht mit Floskeln abspeisen wie: »Dafür bist du noch zu klein.« Es gibt keine Frage, die nicht vernünftig beantwortet werden kann. Wir sollten Söhnen klarmachen, daß wir nicht alles wissen, daß wir mit ihnen zusammen mehr herausfinden wollen. Der Vater müßte sein Leben so einrichten, daß er immer noch genügend Zeit, Ruhe und Konzentration hat, auf seinen Sohn zuzugehen. Wenn das nicht mehr möglich ist, läuft irgend etwas schief. Selbstverständlich muß der Sohn auch manchmal umworben oder gebeten werden. Daran können wir viele Väter erkennen, daß sie Widerstände gegen ihre Söhne leisten, gegen produktive Ideen, die sie im Berufsbereich von Kollegen wahrscheinlich akzeptieren könnten, beim Sohn abtun oder sich ihm gegenüber dumm stellen.

Eine wichtige Kalamität der Gespräche zwischen Vater und Sohn werden die Tabus sein, die der Vater setzt, die Themen, über die der Sohn nicht sprechen darf, ohne daß der Vater ausrastet, wütend wird und das Gespräch abbricht.

Die meisten Söhne leben heute in zwanghaften Verhältnissen zu ihren Vätern, die gar nichts über sie verstehen. Deshalb wählen Söhne oft den Rückzug von ihren Vätern. Sie verweigern sich ihren Vätern. Das ist für den Sohn der erste Schritt in die Depression. Der Vater darf deshalb nicht als Besserwisser auftreten, dem es der Sohn nie rechtmachen kann, der immer mehr von ihm verlangt. Mütter machen manchmal den Fehler, den Söhnen zu sagen, sie sollen die Väter nicht belasten. Väter müssen belastet werden, sonst kommt nie ein vernünftiger Kontakt zwischen Sohn und Vater zustande. Die Frau sollte sich daran beteiligen. Sein Sohn wird ihn nicht von seinen Lebensproblemen ablenken, sondern ihm dabei helfen, diese zu lösen, ohne daß der Sohn ausgebeutet wird.

Jeder von uns hat wahrscheinlich schon Gelegenheit gehabt, Kinder zu erleben, die ernst und klug wirken und dennoch nicht mehr sprechen. Der Grund dafür liegt nicht in dem Kind allein, sondern vor allem in der mangelnden Kooperation mit seinem Vater. Durch dieses Schweigen prüft der kleine Junge alle Menschen darauf, wie sie auf ihn reagieren. Er prüft, ob er die Menschen durch sein Schweigen aus der Ruhe bringen kann.

Es wäre für den Sohn nicht gut, wenn er sich immer gegen

seinen Vater durchsetzen könnte. Söhne wollen keine Väter, die ihnen alles abnehmen. Sie wollen Väter, die sie auf die Realität des Lebens und auf die Möglichkeit von Gefahren aufmerksam machen. Dazu darf der Sohn nicht die Gelegenheit bekommen, seinen Vater ständig aus der Ruhe zu bringen. Manche Söhne sind unzugänglich, sehr schnell beleidigt, sprechen nur noch mit sich selbst. Daran erkennen wir die gestörte Beziehung zum Vater. Ein Sohn, der sich seiner Umwelt gegenüber verweigert, kann am ehesten dadurch Hilfe erfahren, daß der Vater mit ihm die Kooperation wieder aufnimmt. Das ist eine schwierige Aufgabe. Der Vater kann immer auf der Suche danach sein, welche Äußerungen ihre Söhne noch von sich geben. Verbale oder non-verbale Äußerungen, Körperkontakte, Blicke, spontane Handlungen – alle enthalten bestimmte Botschaften, die der Vater verstehen lernen kann.

Wenn Söhne nicht zuhören, kleine Jungen schon dadurch auffallen, daß sie die Antwort verweigern, bestimmen wollen, dann wissen wir, daß diese Jungen von ihren Vätern behindert bzw. verwöhnt worden sind. Söhne, die gelernt haben, mit ihren Vätern zu kooperieren, berichten sehr gerne über ihre eigenen Erlebnisse. Die anderen tun es nicht.

Wenn der Sohn genügend Kontakt mit seinem Vater haben durfte, wird er auch mit Gleichaltrigen spielen. Von Müttern verwöhnte, von Vätern eingeschüchterte Söhne spielen häufig lieber mit wesentlich jüngeren Kindern oder mit deutlich älteren. Mit Gleichaltrigen vertragen sie sich schlecht. In vielen Reaktionen des Sohnes entdecken wir mutige Bereitschaften zu einer neuen Offenheit und Zusammenarbeit mit dem Vater, weil Söhne im Grunde niemals endgültig und total mit ihren Vätern brechen. Wenn der Vater seinerseits in der Lage ist, sich in diese Ansätze einzufühlen, wird sich für beide daraus eine kreative Kraft entwickeln.

5
Berührungen und Pflege des Körpers

Je besser der Vater die eigenen Gefühle kennt und je ernsthafter und aufmerksamer er mit sich selbst und anderen Menschen umgeht, desto mehr wird der Sohn von ihm lernen.

»Wenn Jungen beispielsweise erleben können, daß erwachsene Männer in ihrer Umgebung Gefühle zulassen, anstatt sie zu verleugnen, und daß sie auch über Situationen, in denen sie sich hilflos und schwach gefühlt haben, sprechen können, dann wird es für die Jungen leichter sein, erlittene sexuelle Mißhandlungen mitzuteilen« (Nele Glöer/Irmgard Schmiedeskamp-Böhler, Verlorene Kindheit, S. 180).

Die Autorinnen weisen darauf hin, daß Jungen, die sexuell mißbraucht worden sind, häufig das Gefühl haben, mit diesem Geschehen allein zu sein. Sie behalten den sexuellen Übergriff als Geheimnis bei sich: »Erst wenn sie spüren, daß sie nicht allein sind, daß Erwachsene ihnen vorbehaltlos glauben, ihnen zuhören wollen und sie vor weiteren Übergriffen schützen, wird es möglich sein, das Schweigen zu brechen« (S. 180). Für den Vater ist es zunächst einmal wichtig, daß er sich fragt, ob er sich zutraut, mit seinem Sohn über Sexualität und eventuelle Mißhandlungen zu sprechen. Das wird ein Täter nicht können. Die erste Aufgabe für ihn wäre, sich selbst in therapeutische Behandlung zu begeben und seine Situation offenzulegen. Auch ein Vater, der kein Täter ist, hat viele Schwierigkeiten, mit seinem Sohn über Sexualität zu sprechen. Er hat es nicht geübt, darum ist es ihm peinlich. Er schreckt davor zurück und entwickelt bestimmte Abwehrmechanismen wie Angst, Scham oder Ekel. Die meisten Väter sind auf Gespräche über Körperlichkeit und Sexualität mit ihren Söhnen nicht vorbereitet, sind noch nicht einmal auf das Gespräch über Sexualität und Körperlichkeit unter gleichaltrigen Männern. Im Gespräch mit dem Sohn ist es noch schwieriger, es muß nämlich eine intime und vertrauensvolle, schützende Zweiersituation hergestellt werden. Welche Gelegenheit zu benutzen ist, um dieses Gespräch herbeizuführen, wann es stattfinden kann, wie der Sohn dazu eingeladen wird, wer den Vater bei der Bemühung um seinen Sohn unterstützt, wie lange dieses Gespräch dauern kann, ob es am Wochenende stattfinden muß oder spät am Abend, wenn der Vater nach Hause kommt – all das ist Vätern im allgemeinen nicht geläufig. Es könnte passieren, daß wir den Vorsatz fassen, jetzt mit unserem Kind über diese Dinge zu sprechen, und dann Druck ausüben, nicht in der Lage sind, eine Situation herzustellen, die von Ruhe getragen ist. Sexualität sollte nicht als etwas Besonderes herausgestellt werden, sie ist ein alltäglicher Gesprächsgegenstand, eine natürliche Angelegenheit: »Es geht in dem Gespräch erst einmal darum, das Kind besser kennenzulernen. Schule, Sport, Hobbies sind Themen, die das gegenseitige Vertrauen fördern. Für das weitere Gespräch ist es wichtig, dem Kind durch Nachfragen, Wiederholungen der kindlichen Äußerungen etc. das Gefühl zu vermitteln, daß ihm genau und interessiert zugehört wird« (S. 168).

Den sexuell mißbrauchten Söhnen fällt es schwer, mit ihren Vätern zu sprechen und sich ihnen anzuvertrauen. Aber nicht nur der sexuelle Mißbrauch ist tabu, sondern überhaupt das offene, interessierte, einander zugewandte Gespräch zwischen Vater und Sohn. Deshalb braucht der Sohn einen Vater, der auf ihn zugeht und ihn auf alle möglichen Probleme anspricht, nicht nur auf den Fußball und die Klassenkameraden, den Lehrer, die Freizeitbeschäftigungen, sondern auch auf Körperlichkeit und Sexualität. Väter müssen erst einmal ihre eigenen Hemmungen überwinden, nicht etwa nur über harmlose zwischenmenschliche Probleme zu sprechen, sondern auch über sexuelle Mißbrauchserlebnisse. Wir Väter können uns überlegen, wie wir lernen könnten, unseren Söhnen bei der körperlichen und sexuellen Selbstbestimmung zu helfen.

Deshalb ist es wichtig, daß der Vater seinen Sohn nicht anfaßt, wenn dieser es nicht mag. Er kann ein Gefühl dafür entwickeln, wann sein Sohn das Schmusen, In-den-Arm-Nehmen mag und genießt und wann nicht, wann er hochgehoben, auf den Schoß genommen oder in die Luft geworfen werden will. Dann weiß er, daß der Sohn noch nicht Nein sagt, wenn ihm nicht gefällt, was man mit ihm anstellt. Das ist die schwierige Aufgabe eines Vaters: seinen Sohn darin zu bestärken, auch ihm gegenüber Nein zu sagen. Wenn der Sohn das mit seinem Vater lernt, lernt er auch, sich gegen unangenehme Berührungen und Übergriffe anderer Menschen zu wehren. Nur reicht es nicht, eine Atmosphäre herzustellen, in der über Sexualität gesprochen werden könnte, und auf Fragen des Sohnes zu warten. Natürlich ist es schön, wenn ein aufgeweckter, mutiger, selbstbestimmter Sohn Fragen stellt. Häufig ist es aber so, daß die Kinder nicht mehr fragen. Dann können Väter die Initiative ergreifen. Sie sollen mit Fragen auf das Kind zugehen, nicht mit bohrenden Fragen, nicht mit übergriffigen und verständnislosen und solchen, die nur ihre eigenen Bedürfnisse befriedigen sollen, sondern mit selbstverständlichen, alltäglichen Fragen, die Söhne ermutigen können, ihre Gefühle ernstzunehmen und Vätern anzuvertrauen.

Wichtig ist, daß Väter lernen, das Nein ihres Sohnes zu ertragen, wenn er nicht will, und daß sie trotzdem nicht aufgeben, das Gespräch wieder zu suchen, mit dem vielleicht auch häufiger geäußerten Nein umzugehen, sich davon nicht entmutigen zu lassen. Gespräche dürfen genausowenig aufgezwungen werden wie sexuelle oder körperliche Berührungen. Wenn der Vater seinen Sohn kennenlernen will, dann ist es gut, wenn er häufig nachfragt, wenn er auch die Äußerungen des Sohnes wiederholt, wenn er ihm sagt, daß er schon mit anderen Menschen über dieses gesprochen hat, die Gefühle selbst auch kennt (nicht nur aus seiner Kindheit, sondern jetzt in seiner Erwachsenenwelt). Daß er seinem Sohn vieles von sich aus erzählt, ohne auf sofortige Antwort zu warten.

Es wird Söhne geben, die direkte Fragen nicht beantworten können. Das ist ein Zeichen dafür, daß das Gespräch zwischen Vater und Sohn noch nicht geübt worden ist, der Sohn zuviel Angst hat, daß er vielleicht früher schon unangenehme Erfahrungen damit gemacht hat, wie mit seinen Äußerungen und seiner Offenheit umgegangen worden ist. Glöer und Schmiedeskamp-Böhler weisen darauf hin, daß es durchaus möglich ist, dem Sohn Geschichten zu erzählen, Geschichten von anderen Kindern, vielleicht von anderen Jungen oder Mädchen, in denen die Problematik des sexuellen Mißbrauchs und die Gefühle der Kinder vorkommen. Die Autorinnen empfehlen, darauf zu achten, daß in den Geschichten und durch die Beschäftigung mit diesen Geschichten deutlich wird, daß sexueller Mißbrauch nicht geheimgehalten werden muß. Das Kind soll erleben, daß man ihm glaubt, was er selbst erlebt hat – die eventuellen Übergriffe oder auch die Drohungen von seiten des Erwachsenen. Der Sohn darf vom Vater direkt gefragt werden, ohne ihm die Antwort abzunötigen. Es genügt, wenn der Vater immer wieder Gelegenheiten schafft, überhaupt miteinander zu sprechen.

Ich finde es vor allem wichtig, daß Väter nicht erst, wenn sexueller Mißbrauch oder Gewaltanwendung gegenüber dem Sohn stattgefunden hat, auf die eine oder andere Weise mit ihm reden. Deshalb brauchen Väter Freunde, andere Väter, mit denen sie sich zusammentun, um diese Situation der Sohnesbeziehungen zu klären. Mir erscheint es sinnvoll, daß sich jeder Vater, der mit seinem Sohn zurechtkommen will, darüber klar ist, daß gewisse Grundkenntnisse therapeutischer Interventionen für ihn wichtig sind. Diese sollte er sich erwerben.

In einer Männergruppe kann der Vater erleben, daß er nicht der einzige ist, dem es schwerfällt, mit seinem Sohn eine vertrauensvolle und intensive Beziehung aufzubauen. Er wird erleben, daß es ihn entlastet, wenn er mit anderen Vätern über

Schwierigkeiten reden und seine Gefühle ausdrücken kann. Denn schließlich ist auch der Vater in irgendeiner Form falsch behandelt, emotional mißhandelt oder autoritär mißbraucht worden. Er hat es nicht gelernt, seine Gefühle wahrzunehmen, auch Gefühle der Distanz seinem Sohn gegenüber, eine gewisse Unfähigkeit, mit ihm zu sprechen.

Deshalb braucht der Vater freundschaftliche und unterstützende Kontakte zu anderen Männern und gegebenenfalls zum Therapeuten. Wenn es ihm ermöglicht werden soll, mit seinem Sohn zärtlich umzugehen, ihn zu berühren, ohne daß dabei Sexualität eine Rolle spielt, dann muß der Vater Gelegenheit bekommen, vieles mit anderen Männern zu erleben, man könnte auch sagen, zu üben.

Ich habe dieses Kapitel mit dem Thema sexueller Mißbrauch begonnen, weil ich der Meinung bin, daß dieses bisher tabuisiert wurde, auch von mir, weil ich fühle, daß hier nur die Spitze eines Eisbergs sichtbar wird. Aber es gibt auch viele andere Themen für Väter, die kraftvoll genug sind, sich um ihre Söhne bemühen zu wollen: »Männer, die ihren Söhnen oder anderen ihnen anvertrauten Jungen bei der Suche nach ihrer Männlichkeit helfen und die danach fragen, weshalb so viele Jungen und Männer ihr Leben gestört, krank, aggressiv, verbittert vergeigen« (Dieter Schnack/Rainer Neutzling, Kleine Helden in Not, S. 256). Männer werden gebraucht, die die Verantwortung für sich selbst übernehmen, sich entwickeln. Nun reicht es nicht, daß wir Männer finden, die sich »die Erinnerung an ihre Kindheit bewahrt haben« (a. a. O., S. 258). Es ist nicht zu erwarten, daß es solche Männer gibt. Nicht nur Mut und Zivilcourage sind erforderlich, es steht Arbeit an. Die Verwöhnung schlägt immer wieder durch, und Arbeit ist ein ungeliebtes Wort. Es bedeutet in der Tat jahrelange Arbeit, um sich an seine eigene Kindheit zu erinnern. Und wenn man diese auf sich genommen hat, die auch Freunde und neue Freundschaften bringt, allerdings erst einmal eine Aufdeckung des Leidens, der bisherigen Abwehr gegenüber krankheitsverursachenden Faktoren in dieser Gesellschaft, können wir erwarten, daß Mann Vater wird, der seinen Sohn umsorgen, sich für ihn verantwortlich fühlen, ihm beibringen kann, wie man auf Verwöhnung verzichtet. Versagung gegenüber dem Sohn kostet den Vater Kraft, gehört aber zur Realität der Vater-Sohn-Beziehung.

Erst einmal wird dem Vater bewußt werden, daß sich seine Sexualität genau nach seinem männlichen Lebensplan im Patriarchat richtet. Die männliche Sexualität steht im Dienst der männlichen Rolle und nicht umgekehrt (Brigitta Kreß, Der neue Mann, S. 168). Kreß weist darauf hin, daß die männliche Sexualität ein Bestandteil der berufsorientierten Geschlechtsidentität ist, daß es auch dabei um Macht und Besitz geht. Wir Männer entdecken hier ein Argument gegen die biologistische Einstellung vieler neuer Männerforscher, daß nämlich die männliche Biologie die Inbesitznahme des Weibes verlangt.

Hier hat der Vater die Verantwortung, durch ein näheres Heranrücken an seinen Sohn diesem die Übernahme weiblicher Werte, weiblichen Verhaltens und weiblicher Empfindungsfähigkeit zu ermöglichen. Ist er nun in der Lage, durch eine Beziehungsaufnahme die Körperlichkeit des Sohnes anzunehmen, mitzuempfinden und darüber in einen Dialog einzutreten, der auch Zärtlichkeiten enthält, dann müßte der Sohn seinen eigenen Körper und seine physischen Bedürfnisse nicht mehr unterdrücken und verdrängen. Er könnte lernen, Zärtlichkeitsbedürfnisse und Geborgenheit beim Vater zu empfinden. Kreß ist der Meinung, daß gerade die Unterdrückung dieser Bedürfnisse bei Männern die Unterdrückung der Frau und die Gewalt gegenüber der Frau verursacht: »Nur die männliche Mißachtung und Verachtung des eigenen Körpers ist der Grund für die Verachtung des weiblichen Körpers« (S. 173). Kreß ist der Meinung, daß zum Beispiel Impotenz ein Selbstschutz des Mannes ist, ein Signal *gegen* die weitere Drangsalierung eigener körperlicher Befindlichkeiten und *für* Neuorientierung.

Es ist eine fatale patriarchalische Gegebenheit, daß die Zärtlichkeitsbedürfnisse der Söhne nicht wahrgenommen werden können, weil Väter Zärtlichkeit meist nur im Zusammenhang mit genitaler Sexualität zulassen. Und diese bezieht sich der Homophobie der patriarchalischen Männer wegen eben überwiegend auf die Frau.

Der Vater, der sich seinem Sohn zuwendet, würde sich ihm ganz zeigen können, auch mit seinen Schwächen, Schwierigkeiten und körperlichen Krankheiten. Eine produktive Haltung den eigenen Krankheiten gegenüber könnte der Vater seinem Sohn vermitteln, wenn es ihm gelingt, seine körperlichen Grenzen nicht zu überschreiten. Heute drangsalieren und entwürdigen die meisten Männer ihren Körper, indem sie ihn wie einen Apparat, wie eine Maschine behandeln. Sie merken nicht, wenn er in Gefahr ist, spüren das auch deshalb nicht, weil sie noch nicht in genügendem Maße begonnen haben, Frauen zuzuhören und von ihnen zu lernen. Väter, die von Frauen gelernt haben, könnten eine neue Empfindungsfähigkeit und körperliche Sensibilität erschließen, die Sinnlichkeit erlaubt. Wenn der Vater seinen Körper nicht mehr nur als lästiges Anhängsel betrachtet, wenn er auf ihn hört, ihn zu seinem Freund macht, ihn pflegt und schont, dann wird auch für seinen Sohn die Körperlichkeit eine Quelle von Aktivität, Lust und Schmerz sein. Lust und Schmerz gehören zum körperlichen Leben des Mannes wie die Nahrungsaufnahme und der Schlaf.

Ich erinnere mich daran, daß meine Mutter mir gezeigt hat, wie ich mir meinen Penis waschen kann. Das wäre eigentlich Sache des Vaters gewesen. Der Vater sollte mit seinem Sohn in die Badewanne gehen, ihn waschen, ihm zeigen, wie man die Vorhaut vom Penis herunterzieht, und mit ihm über diese Dinge reden. Immer wenn die witzige Penis-Neid-Theorie diskutiert wird, fällt mir ein, daß ich mich eigentlich nie mit Mädchen vergleichen konnte, daß ich Mädchen nie nackt gesehen habe. Aber ich habe mich mit anderen Jungen verglichen, zum erstenmal bewußt in der Umkleidekabine des Schwimmbades, als wir in der fünften Klasse, ich war acht Jahre alt, Schwimmen lernten sollten. Dort zeigten wir uns anderen Jungen gegenüber nackt, und ich habe natürlich hingeguckt, wie die anderen Penisse aussehen, habe oft empfunden, meiner sei sehr klein. Wenn mein Vater vorher mit mir darüber gesprochen hätte, daß die Größe des Penis überhaupt keine ausschlaggebende Bedeutung für irgend etwas hat, dann hätte ich nicht Minderwertigkeitsgefühle anderen Jungen gegenüber gehabt. Also wäre es schön gewesen, wenn mein Vater mit mir Baden gegangen wäre, sich nackt gezeigt hätte. Wenn er mich darauf aufmerksam gemacht hätte, daß seine Körpergröße seiner Penisgröße entspricht und daß ich wachsen würde, wäre ich sehr beruhigt gewesen, hätte keine Ängste mehr gehabt, als Mann nicht genügen zu können.

Wenn ich irgendwelche Krankheiten hatte, hat sich immer meine Mutter um mich gekümmert. Warum nicht der Vater? Wahrscheinlich, weil er sich selber nicht gestattete, krank zu sein und offen über seine Krankheiten zu sprechen.

Krankheiten sind Schwierigkeiten, und die Krankheit des Sohnes stellt besondere Anforderungen an den Vater. In dieser Situation will der Sohn, daß sein Vater ihn pflegt und betreut. Die Krankheit macht den Sohn schwach und hilflos, und Mütter neigen dazu, Söhne in diesen Situationen zu verwöhnen und zu verzärteln. Mütter halten den Sohn oft in der Krankheit fest, indem sie dazu beitragen, daß er sich nur und vor allem als Kranker sicher und wohl fühlt. Deshalb wäre es wichtig, daß der Vater seinem Sohn, wenn er krank ist, eine halbe bis eine Stunde pro Tag widmet und mit ihm spricht. Dann würde er zum Beispiel feststellen, daß viele Krankheiten des Sohnes nicht einfach Infektionskrankheiten sind, sondern mit Angst und ungelösten Konflikten zu tun haben, daß sie anzeigen: Irgendwo im Leben bringt der Sohn nicht genügend Mut auf, um weiterzulaufen. Deshalb hüllt er sich in Schwäche und Hilflosigkeit ein. Die Liebe seines Vaters würde ihn da wieder herausholen können.

Es ist ein großes Vorurteil in unserer Kultur, daß die Mutter sich um den kranken Sohn kümmern muß. Man spricht von Mutterliebe und meint die symbiotische Beziehung. Dann kommt es zu Gefühlsansteckungen, zu einem zu starken Einfluß der Mutter auf den Sohn, aber nicht im Sinne von Kraft zur Bewältigung des Lebens. Es kann durchaus sein, daß auch das Nicht-Essen-Können eines Sohnes, seine Verdauungsstörungen, dauerndes Herumzappeln und seine Nervosität Ausdruck des fehlenden Vaters sind, daß die Krankheit nicht unbedingt einen Schrei nach der Mutter zum Ausdruck bringt, sondern einen nach dem Vater, von dem der Sohn sich wünscht, daß er ihm die Angst nimmt.

Die meisten Jungen haben Schwierigkeiten mit ihren Spiel- und Schulkameraden, sie haben Minderwertigkeitsgefühle entwickelt und Ängste. Diese lassen sich ohne seelischen Aufwand nicht bewältigen. Wenn der Vater dabei ist, sich dem Sohn in diesen Situationen zuwendet, weiß, was in ihm vorgeht, dann wird er ihm helfen können, Ohnmachtsgefühle abzubauen. Dann würde ein kranker Sohn auch schneller wieder aufstehen wollen. Der gesündere Vater könnte ihm Freude auf das Wiederaufstehen und das Durchstehen der Krankheit machen.

Die mangelnde Beziehung der Söhne zu ihren Vätern im Bereich der Kindererziehung spiegelt genau die gesellschaftliche Entwicklung. Was fragt sich ein Vater bei dem Gedanken, mit seinem Sohn zusammen ins Bett zu gehen? Wahrscheinlich hat er Angst, daß der Sohn schwul wird, daß er selbst erotische Gefühle seinem Sohn gegenüber entwickeln wird, wenn sie im Bett liegen und er diesen nicht gewachsen sein könnte. Die meisten Väter haben Angst, daß ihre Söhne verweichlichen. Dabei wäre es schön, wenn der Sohn weicher würde als der Vater. Das würde gesellschaftliche Entwicklung anzeigen, weg vom Erziehungsdrill und von den idiotischen Leistungsanforderungen der Männer, die sie zu Automaten machen und ständig überfordern. Ein richtiger Mann nämlich hat oft Angst. Das kann ein Vater seinem Sohn zeigen, darin sollte er Vorbild werden, das wäre gesellschaftlicher Fortschritt.

Der nächste Schritt wäre der Umgang mit Angst, das Sprechen darüber, das Probieren neuer Möglichkeiten, das Riskieren weiterer Schritte. Wenn der Sohn auf der Straße in Prügeleien hineingerät, wie sehr wünscht er sich den Vater, der ihn tröstet, der ihn beschützt, ohne aggressiv gegenüber den anderen Jungen zu werden.

Schnack und Neutzling haben in »Kleine Helden in Not« auf die körperliche Anfälligkeit der Jungen gegenüber Mädchen hingewiesen, darauf, daß Jungen sich nicht so gut wie Mädchen den Lebensumständen in unserer Kultur anpassen können, weil sie körperlich schwächer und seelisch labiler sind (S. 102). Jungen sind häufiger krank als Mädchen. Die Autoren sprechen von einer mehr als dreimal so hohen Selbstmordrate der Jungen bis zum Alter von 20 Jahren gegenüber der der Mädchen. Da zeichnet sich die nächste Aufgabe der Väter ab. Sie sollten sich Gedanken machen über ihre eigenen suizidalen Tendenzen und dann über die entsprechenden Gefühle bei ihren Söhnen.

Es ist lange bekannt, daß Jungen wesentlich mehr psychische Störungen entwickeln als Mädchen. Es sterben mehr Jungen als Mädchen durch Selbstmord, wahrscheinlich auch deshalb, weil sie weniger gelernt haben, über ihre depressiven Gedanken zu sprechen und sich Hilfe zu holen. Das gehört nicht zum Bild eines richtigen Jungen. Deshalb werden bei allen Erziehungsberatungsstellen und therapeutischen Beratungen sehr viel mehr Jungen vorgestellt als Mädchen. Sie leiden unter Leistungsversagen, Aggressivitäten, auffälligen und unangenehmen Verhaltensweisen. Ihre Not und ihre Leiden dürfen diese Jungen nicht zeigen. Hier wäre der Vater gefragt, er wäre der geeignete Ansprechpartner für den Jungen. Wie wir leider wissen, haben Väter nicht gelernt, sich bei ihren entsprechenden Störungen an andere Männer zu wenden, sondern an ihre therapeutische Frau. Und deshalb lernen es auch die Söhne nicht. Die Frau in der Familie fühlt sich für diese Dinge zuständig. Und weil sie diese Arbeit stillschweigend leistet, erscheinen die Männer, Väter wie Söhne, psychisch und körperlich gesünder, als sie es wirklich sind.

Der Selbstmord junger Männer ist eine selbstzerstörerische

Verzweiflungstat. Wir können davon ausgehen, daß noch erheblich viel mehr Selbstmord*versuche* gemacht werden, daß die Verneinung des Lebens, das Gefühl, das Leben nicht mehr zu ertragen, auf bestimmten Stimmungen beruht, in die jeder Junge hineingeraten kann. Der Selbstmord drückt einen Protest aus gegen die Behandlung durch die Mutter, die oft eine große Überforderung bedeutet. Protest aber auch gegen den Vater, der nicht da ist und dem Jungen in seiner Schwierigkeit nicht hilft. Das Leben eines Jungen kann zur unerträglichen Last werden, wenn er mit seinen Lebensaufgaben in der Schule, in den Freundeskreisen und mit den Mädchen nicht fertig wird und deshalb seine Selbstachtung verliert. Ein Junge, der sich selbst nicht akzeptieren kann, Leistungen in der Schule nicht bringt, mit seiner äußeren Erscheinung unglücklich ist, weil er glaubt, deshalb bei Mädchen nie ankommen zu können, beginnt, sich zu hassen. Und die Erziehung, die autoritär, zerstörerisch und kriegerisch eine Erziehung zum aggressiven Lebensstil ist, findet im Suizid ihre konsequenteste Ausprägung.

Ich gehe davon aus, daß der Junge, der Selbstmord begeht, mit dieser Tat vor allem seinen Vater anklagen will, weil dieser ihn im Stich gelassen, nicht beschützt und ihm keine Geborgenheit vermittelt hat. Insofern können wir nicht einmal sagen, daß der Selbstmord des Jungen aus einer falschen Lebensperspektive resultiert. Wenn ein Junge emotional und sozial vor allem oder nur mit Frauen zu tun hat, fühlt er sich isoliert von dem Geborgenheit gewährenden Mann. Die Erziehung zum Ehrgeiz, zum Prinzip, daß ein Mann sich selbst helfen muß, betrifft alle nur denkbaren und fühlbaren zwischenmenschlichen Situationen. Es wäre psychologisch falsch und uneinfühlsam, wenn wir annähmen, daß es nur menschenscheue, ängstliche und gehemmte Jungen sind, die in Gefahr geraten, keinen Sinn im Leben zu sehen, Eigenbrödler, Angsthasen oder wehleidige Charaktere. »Weil ich keinen Vater habe, der mich liebt und beschützt«, könnte der Junge sagen, »deshalb denke ich nicht mehr mit Freude an mein Leben und leide unter Sinnlosigkeit.«

Der Erwerb des Wissens um solche psychischen Schwierigkeiten ist gemeint, wenn ich von einem Schulfach Liebe spreche. Für Väter ist es zu spät, die müssen sich das Wissen woanders aneignen. Wenn aber jeder Junge in der Schule schon über Suizid, Sexualität und Psychosomatik aufgeklärt werden würde, dann würde er später stärker sein.

Die Grundsituation eines Jungen ist uns heute klar: »Das klassische Elternpaar von psychosomatisch erkrankten Kindern ist die überfürsorgliche, als übermächtig erlebte Mutter und der schwach konturierte, innerlich abwesende Vater...« (Schnack/Neutzling, S. 114). Die Autoren vertreten die Meinung, daß die psychosomatische Erkrankung eines der Kinder den Eltern ermöglicht, von ihren Eltern-Konflikten abzulenken und diese nicht ausbrechen zu lassen. Der Junge ist anfälliger und empfänglicher für psychosomatische Krankheiten, die ihm durch das Unvermögen seiner Eltern und, wie ich betonen möchte, vor allem durch die Abwesenheit des Vaters nahegelegt werden. Der Junge gilt dann als Versager, nicht die Eltern. Jungen haben im Vergleich zu Mädchen eine wesentlich schwächere körperliche und auch psychische Konstitution, sie sind verletzlicher. Es wäre an dem Vater, die Organsprache seines Sohnes sprechen zu lernen, ihn dann einerseits vor übertriebenen Leistungs- und Ehrgeizanforderungen zu schützen und andererseits vor Regressionen und Verwöhnungen zu bewahren, die wir im allgemeinen auch unter dem Stichwort Muttersöhnchen zusammenfassen können: »Wenn der Junge versucht, aus der Umklammerung seiner Mutter auszubrechen, kann er sich auf seinen Vater kaum verlassen« (Schnack/Neutzling, S. 116).

Wir wollen noch psychosomatische Krankheiten erwähnen, die in der Kindheit ihren Ursprung haben und als für Männer typisch gelten müssen.

Zum Beispiel Rückenprobleme, die wir unter den Stichworten Bandscheibenschaden, Ischias, Lumbago zusammenfassen. Der Junge oder Mann, der unter diesen Problemen leidet, hat Schwierigkeiten mit seiner Haltung. Er schwankt zwischen

Hartnäckigkeit und Steifheit, sich nicht beugen wollen, trotzig und eigensinnig seine eigene Linie verfolgen und dem Sich-Beugen-Müssen, dem Buckeln, dem Sich-Anpassen und Unterwerfen. Meistens sind es Männer, die sich körperlich in einer bestimmten Haltung zusammenreißen, welche sie im Grunde nicht spontan und freiwillig einnehmen würden. Das erscheint als Unbeugsamkeit, Unnachgiebigkeit. Sie lasten sich zuviel auf ihre Schultern, der Körper reagiert mit Rückenschmerzen und zwingt zu mehr Ruhe. Dahinter steht die Motivation, äußerlich groß und tüchtig zu erscheinen, Kleinheitsgefühle zu verdecken. Wenn der Junge mit seiner Mutter zusammen ist, die ihn dauernd darauf aufmerksam macht, daß er einen tüchtigen Vater hat, dem er nacheifern soll, will er diesem (abwesenden) Vater immer beweisen, daß auch er tüchtig ist. Deswegen strengt er sich an. Die Vaterliebe ist im Grunde nicht zu haben, daher wird sich dieser Junge sein Leben lang anstrengen, immer noch fleißiger, noch klüger, noch arbeitsamer sein wollen, noch reicher, berühmter. Der Zweifel, ob er geliebt wird, bleibt dennoch sein Leben lang bestehen, weil er von seinem Vater die wirkliche Anerkennung nicht bekommen hat. Im Schmerzanfall geht er gebückt und krumm, im Grunde so, wie er sich fühlt, nicht tüchtig, aufrichtig und geradlinig.

Erhöhter Blutdruck ist eine typische männliche Krankheit, die anzeigt, daß der Mann in einer starken Gegenbewegung zu seiner mitmenschlichen Umgebung lebt, weil er ängstliche und aggressive Gefühle in sich hat, die ihm die Umwelt feindlich erscheinen lassen. Der Hochdruckpatient hat immer in stark unterdrückten schweren Konflikten mit seiner Mutter gelebt oder tut dies noch. Diese Jungen bekommen nicht die Gelegenheit, sich mit ihren Müttern, die sie überfordern oder auf andere Weise unterdrücken, auseinanderzusetzen. In der Schule erscheint ein solcher Junge dann angestrengt, nervös, gehetzt und nicht entspannt. Zu Hause kann er sich, weil sein Vater ihn nicht unterstützt, mit den problematischen Seiten seiner Mutter nicht auseinandersetzen. Er ist oft ein lebhafter, expansiver und vitaler Mensch, der allerdings auch gerade in der Beziehung zu seiner Mutter entsprechende Motivationen und Bedürfnisse nicht ausleben kann, weil er immer auf sie Rücksicht nehmen muß, weil seine Mutter ihm beigebracht hat, daß ihr Partner sie im Stich läßt. Der Hochdruckpatient ist im Grunde genommen ein übermäßig Braver, der dauernd Rücksicht auf seine Mutter nehmen, seine Aggressionen verdrängen und gegen sich selber wenden mußte. Er lebt in einer demütigenden Situation seiner Mutter gegenüber, gegen die zu wehren er nicht gelernt hat.

Magenbeschwerden sind ebenfalls eine typisch männliche Krankheit, die hervorgerufen wird, weil der Magen bei allen möglichen Gelegenheiten mehr Säure produziert, als eigentlich notwendig ist. Sodbrennen und Verstopfung gehören zu diesem Krankheitsbild. Der Mann oder Junge mit Magenproblemen leidet unter starkem Liebeswunsch; er legt zu diesem Zweck einen ehrgeizigen Leistungswillen an den Tag. Er hat das Gefühl, noch nicht genügend geleistet zu haben. Weil er andererseits verwöhnt worden ist, kann er sich kein Zurückstecken oder Verzichten leisten. Im Zusammenleben mit der Mutter ist sein Liebesbedürfnis nie befriedigt worden, so daß seine Wünsche nach Geliebtwerden und Umsorgtwerden niemals abnehmen, sondern im Grunde immer nur größer werden. Auf der anderen Seite hat dieser Mensch einen starken Unabhängigkeitswillen und muß dauernd eine eingebildete oder wirkliche Verantwortung übernehmen. Er lebt in dem Konflikt zwischen einem ständigen und starken Geliebtwerden-Wollen und einer gleichzeitig ehrgeizig angestrengten Auseinandersetzung mit der Umgebung, die ihm Liebe nicht im ausreichendem Maße gibt.

Als letztes Beispiel dieser männlichen Krankheiten soll Bronchialasthma genannt werden. In einem Anfall ringt der Junge oder der Mann nach Luft, fühlt sich beengt und in Panik. Schnack und Neutzling beschreiben die typische Konstellation eines Asthmakranken als Familie, in der der Vater eher depressiv und im Selbstwertgefühl beeinträchtigt ist und die Mutter die dominante Stellung einnimmt. Dem Asthmapatienten gehörte die Aufmerksamkeit der Mutter. Es bestehen strenge Aggressionstabus und Harmoniebestrebungen: »Die Nähe zur Mutter ist gleichzeitig Folge und Bedingung der behinderten Identitätsentwicklung« (Schnack/Neutzling, S. 118).

Ich erkenne in all diesen psychosomatischen Reaktionen einen Notschrei nach dem Vater. Der Vater könnte sich den körperlichen Problemen seines Sohnes zuwenden, indem er zum Beispiel mit ihm zusammen zu bestimmten Körpertherapien, bioenergetischen, gestalt-organisierten oder zu Chiatsu-Behandlungen geht. Es muß schließlich nicht immer Fußball sein oder Autoraserei oder Fahrradfahren, was dem Vater einfällt, wenn er sich um Aktivitäten bemüht, die er mit seinem Sohn zusammen machen könnte. Ein Wochenendseminar zum Beispiel, das Vater und Sohn gemeinsam besuchen, könnte dem Sohn zeigen, daß der Vater auch zu anderen Männern Kontakt sucht.

Ich will hervorheben, daß mir in dem Buch von Schnack und Neutzling vor allem das Kapitel »High-Noon im Jugendheim. Skizzen zur Sozialarbeit« (S. 148 ff.) gefallen hat. Da geht es um die Beziehung zwischen dem Sozialarbeiter Klaus und einem Jungen, der Fetzer genannt wird und siebzehn Jahre alt ist. Die Beziehung zwischen beiden ist auf anrührende Weise dargestellt. Sie haben es schwer miteinander, bereiten sich gegenseitig Niederlagen, wissen jeweils um des anderen Schwäche, nehmen ihn auch in Schutz, versuchen, ihn nicht bloßzustellen, nehmen Beleidigungen hin, um den anderen nicht in der Gruppe unmöglich zu machen. Die Beziehung zwischen einem Siebzehnjährigen und einem 37jährigen, der im Grunde Vater sein könnte, wird hier auf einfühlsame Weise dargestellt. Sie vergleichen ihre Körper miteinander, erzählen sich, wie sie an Frauen herankommen. Es wird deutlich, daß ein Mann weich und zart sein will, daß er Zärtlichkeiten braucht, weint und Gefühle zeigen möchte. Es wird auf der anderen Seite auch deutlich, daß diese weiblichen Anteile für einen Mann nicht ausreichen, der ältere Mann auch deutlich sein muß, kraftvoll und durchsetzungsfähig: »Klaus wird dafür bezahlt, Fetzers

Scheitern zu verhindern... Fetzer hat er richtig gern. Klaus macht sich Sorgen um Fetzer« (S. 158). Die beiden erleben wohltuende Nähe, können über ihre gegenseitigen Zuneigungen und Wertschätzungen miteinander reden. Im Grunde so, wie ich mir Vater und Sohn miteinander wünsche. Aber sie reden zuwenig miteinander, das Gespräch von Mann zu Mann findet zu selten statt, weil beide ihre Bedürftigkeit zu verbergen suchen, auch die Angst vor Homosexualität. Die Homophobie entsteht schon in der frühen Kindheit, zum Beispiel durch die enge Symbiose zwischen Mutter und Sohn. Ihretwegen suchen Männer lebenslang ihren Vater, phantasieren sich einen Vater, einen anderen Mann, der lieb ist, auf den man sich verlassen kann, der zuverlässig ist und Zeit hat. Die Phantasie von der unerfüllten väterlich-brüderlichen Freundschaft trägt jeder Mann mit sich herum und verdrängt sie gleichwohl ununterbrochen. Das ist der Grund, warum Jungen immer auf der Suche nach Mädchen sind, Männer auf der Suche nach Frauen, und beide den Kontakt mit anderen Männern vernachlässigen. Echte Freundschaft halten sie kaum für möglich. Nur bei der Frau gibt es scheinbar Schutz, Trost und Geborgenheit, emotionalen Rückhalt. Groteskerweise suchen Männer Freundschaft auch bei der Frau, Nähe, Vertrauen, enges Miteinander, intimes Beisammensein, immer nur bei Frauen. Wie wichtig wäre es also, wenn die Väter mit ihren Jungen über Sexualität reden würden, über die Möglichkeiten der Befriedigung, Onanie, Samenerguß, das Eindringen in die Frau, den Koitus, den Orgasmus, damit die Homophobie reduziert wird. Söhne wünschen sich diesen Austausch, diese Informationen, diese vertrauliche Intimität. Warum haben Männer so eine große Angst vor dem anderen Mann, vor der Zärtlichkeit mit dem Mann? Weil sie damit die Frau verraten würden, Wiederholungserlebnisse befürchten, Übertragungserlebnisse aus der Kindheit, an Gefühle herankommen würden, die Mutter zu verraten, in Einsamkeit zu stoßen. Wenn ich zum Vater gehe, dann verlasse ich die Mutter. Das hat sie mir klargemacht. Denn sie konnte auf den Vater nicht bauen.

Auch die Homophobie hat zwischenmenschlich soziale Ursprünge, weniger mit Sexualität zu tun. Weil die Söhne mit den Vätern nicht vertraut waren, keinen Kontakt zu den Freunden ihrer Väter bekamen, haben sie sich mit seelischen und sexuellen Intimitäten immer nur an Frauen gewendet. Unsere Väter haben uns über ihre Freundschaften deshalb nichts mitteilen können, weil sie keine hatten und weil sie nicht wußten, wie wichtig die Freundschaft zu anderen Männern gewesen wäre. Sie haben uns gezeigt, daß der Mann auch ohne Freunde leben kann, wenn er nur die Frau hat. Und die Sehnsucht nach dem anderen Mann haben sie verdrängt. Wahrscheinlich reicht es nicht, wenn der Vater seinem Sohn die Freundschaft anbietet. Sollte er wirklich Freunde haben, dann sollten die dem Sohn auch die Freundschaft anbieten. Wenn der Vater keine Freunde hat, wird der Sohn auch keine haben. Deshalb möchte ich an dieser Stelle ein Wort von Roswitha Neumann aufgreifen, in etwas abgewandelter Form: »Dein Sohn braucht deine Entwicklung.« Oder: »Dein Sohn braucht deine Unabhängigkeit, deine Freundschaften, deine Kraft. Dein Sohn braucht dich ganz.«

6

Etwas über Mädchen erfahren

Besonders in der Zeit der Pubertät, in der die meisten Jungen ihre Sexualität und ihre sexuellen Bedürfnisse meist zufällig entdecken, brauchen sie den Vater, der mit ihnen spricht, Onanieren nicht mißbilligt, sondern begrüßt, den Sohn aufklärt. Wäre das der Fall, dann kämen Söhne nicht in so unerhört verunsichernde Gefühle hinein. Wenn der Sohn mit dem Vater Zärtlichkeiten hätte austauschen können, dann würde ihm der Austausch von Zärtlichkeiten auch mit Mädchen leichter fallen. Mädchen hätten nicht immer den Eindruck, daß sie unbeholfene, sperrige Knaben erst auf den Austausch von Zärtlichkeiten vorbereiten, ihnen erst das ABC der Körperlichkeit beibringen müssen. Welcher Vater weiß schon, wann sein Sohn den ersten Samenerguß herbeigeführt, wie er sich dabei gefühlt hat? Der Haß gegen sich selbst, wenn man mit der Selbstbefriedigung nicht fertig wird, sie unterdrücken zu müssen glaubt, würde verschwinden, wenn die Söhne mit ihren Vätern darüber sprechen könnten. Dann würden sie sich nicht so einsam fühlen.

Eher haben sie Ohnmachtserlebnisse in Erinnerung, wenn sie vom Vater geschlagen oder sexuell mißbraucht wurden. Berichte von sexuellen Übergriffen gegenüber kleinen oder größeren Jungen gehören in das Gespräch zwischen Vater und Sohn: Was kann passieren, wenn ein Sohn sexuell mißbraucht wird, wenn er seine Angst verdrängen muß, Selbstmord erwägt, Gewalt gegen sich selbst richtet?

Wir müssen das Übel an der Wurzel packen, daß heißt, die Sprachlosigkeit in der Beziehung zwischen Vater und Sohn aufheben. Das beschwichtigende Schulterklopfen »du wirst es schon machen« ist im Grunde eine zynische Verachtung des Sohnes.

Über die Sexualität zwischen Vater und Mutter will der Sohn mit dem Vater auch sprechen. Er will wissen, wie es dem Vater dabei geht, ob es ihm Spaß macht, wie die Mutter darüber denkt. Er will auch einmal Gespräche der beiden darüber miterleben. Vor allem will er von seinem Vater erfahren, daß die Sexualität nicht nur im Penis konzentriert, sich im ganzen Körper ausbreiten kann, wenn bestimmte Verspannungen und Verbarrikadierungen aufgehoben werden. Deshalb sprechen wir von einem Schulfach Liebe, weil Väter die Aufgaben, die sie erfüllen sollten, nämlich Probleme der Liebe im weitesten Sinne an den Sohn heranzutragen, nicht erfüllen.

Beim Schwulsein erfahren wir die Entfremdung des Sohnes zum Vater kraß: »Oft ist die Mutter die erste, die von ihrem Sohn eingeweiht wird. Zum einen, weil von ihr größeres Einfühlungsvermögen erwartet wird, und zum anderen, weil sie dem Vater die Sache schonend beibringen soll. Dem Vater in einer solchen Situation in die Augen zu sehen erfordert mehr als Mut. Der Vater, der seinem Sohn den Segen als Sohn verweigert, schlägt ihm eine kaum zu heilende Wunde« (Schnack/Neutzling, S. 212 f.). Söhne haben Angst davor, homosexuell zu sein, vor allem, wenn sie keine enge Beziehung zum Vater hatten. Je enger die Beziehung zur Mutter ist, desto mehr fühlt sich der Sohn darin gefangen, desto weniger kann er sich überhaupt auf Beziehungen einlassen. In der Angst der Jungen, als schwul beschimpft zu werden, steckt die Angst vor der Identifikation mit der Frau. Weiblich sein darf er nicht. Die Söhne, die schon als Kind schützende männliche Nähe beim Vater erfahren haben, laufen nicht ihr Leben lang mit der verdrängten Sehnsucht nach dem großen, starken, liebevollen Mann durch die Welt.

Wenn der Sohn im Umgang mit dem Vater erfahren durfte,

daß er nicht unbedingt hart, überlegen und gewalttätig sein muß, um ein richtiger Junge zu sein, dann wird er auch nicht gezwungen sein, die fiktive Überlegenheit über Mädchen und Frauen in seinen Lebensplan einzubauen. Je mehr Kontakt er mit dem Vater hatte, mit ihm rumtoben und spielen durfte, mit ihm Zeit verbracht und gesprochen hat, desto eher ist sein Drang nach Aufmerksamkeit und Beachtetwerden gestillt. Den braucht er dann nicht mehr dadurch zu beschwichtigen, daß er sich über die Mädchen stellt und ihre scheinbare Schwäche beweisen muß. Der Sohn, der mit dem Vater vieles erlebt hat, möchte sich nicht dauernd mit Mädchen vergleichen und Konkurrenz aufbauen. Ein weiblicherer Junge würde die Qualitäten des Mädchens anerkennen, jedenfalls versuchen, sie abzuschauen. Die Tatsache, daß der Junge das Mädchen als weniger wert erlebt, als ihm untergeordnet, hängt eng mit der Sexualisierung des Mädchenkörpers zusammen. Schon das jüngere Mädchen wird vom »vaterlosen Sohn« zum Objekt gemacht. Er muß es unterdrücken, weil er nicht in den Stand versetzt worden ist, Kraft zu entwickeln. Er hat das Gefühl bekommen, daß der Mädchenkörper wie eine Sache ist, mit der man alles machen kann, daß man über ihn verfügen und ihn ausbeuten darf. Das Mädchen gilt ihm nur noch als Körper. Deshalb muß sie schön sein. Aber ihre sensiblen, emotionalen und intelligenten Werte hat er nicht wahrnehmen dürfen. Er braucht gar nicht erst zwischen dem Körper und der Seele des Mädchens zu unterscheiden. Das Mädchen wird auf den Körper reduziert und wie seelenlos empfunden und behandelt. Der Junge muß schneller sein, klüger, stärker als das Mädchen. Ein realistischer Vergleich mit diesem Mädchen wird aber dazu führen, daß er seine tatsächlich vorhandene Unterlegenheit und Schwäche verdrängt. Das Mädchen zu respektieren und mit ihm auf einer gleichen Ebene zu kooperieren, hat der Vater ihm nicht gezeigt. Nicht nur seine wirkliche, sondern auch die verdrängte Schwäche führt schließlich zur Gewaltanwendung gegenüber dem Mädchen. Es muß immer zur Verfügung stehen, der vaterlose Sohn darf es jederzeit anfassen, schlagen, schubsen, und er ist auch noch stolz darauf, es nicht als menschliches Wesen wahrzunehmen und zu respektieren.

Einen gewaltlosen Umgang mit Mädchen könnte der Sohn von seinem Vater lernen, indem er ihm abschaut, wie dieser gewaltlos mit der Mutter, mit seiner Frau umgeht. Das Schlimme an dieser Problematik ist wohl, daß viele Männer glauben, gewaltlos zu sein, es aber nicht sind, ja daß sie die verschiedenen Ausprägungen der Gewalt gegen Frauen gar nicht kennen.

Der Umgang des Sohnes mit der Frau beginnt bei seinem Männer- und Frauenbild. Die Söhne lernen von der frühen Kindheit an von ihren Vätern das Falsche, nämlich daß Männer stark, aktiv, erobernd und besitzergreifend sind, daß es ihnen zukommt, über die Frau zu herrschen, daß der Mann zerstören, schlagen, Gewalt ausüben, Macht ausüben darf. Die Frau dagegen ist für den Mann da, sie muß schön sein, begehrlich sein, sinnlich und emotional. Auch im sexuellen Bereich ist sie gemäß diesem Bild Dienerin des Mannes, dazu da, ihn zu verwöhnen. Dieses Frauen- und Männerbild ist unsere Brille, durch sie hindurch sehen wir Männer die Frau. Der Vater macht es dem Sohn vor, der Sohn macht es nach.

Es wäre schön, wenn der Vater seinem Sohn zeigen könnte, daß die Frau Liebe ganz anders erlebt als der Mann, daß »Liebe« für die Frau oft Gewalt ist, Gewalt gegen ihren Körper, daß Liebe ein Märchen ist, der Beginn aller Schrecken für die Frau, wie Helke Sander einen ihrer Filme nannte, daß Lieben für die Frau Leiden ist, Getäuschtwerden, Aufhören der Selbständigkeit. Die meisten Männer haben sich fortgepflanzt, ohne daß so etwas wie Liebe für sie notwendig schien, ohne daß sie den Eindruck gewannen, daß sie lieben lernen könnten.

Ich stelle mir einen Vater vor, der seinem Sohn folgende Geschichte vorliest:

»Ich bin neun Jahre alt. Es ist November, kalt und naß. Ich gehe von der Schule nach Hause. Hinter mir geht ein Mann. Erst denke ich mir nichts, dann wird mir unheimlich, und ich gehe schneller. Es hilft nichts. Er holt mich ein, faßt mich am

Arm und zieht mich in ein Trümmergrundstück. Ich bin starr vor Schreck. Ich sehe, daß er ein Messer hat. Ich bin unfähig, mich zu bewegen, zu schreien. Er drückt mich auf den Boden. Der Mann drückt mich auf den Boden, reißt meine Kleider herunter und macht sich über mich her. In der einen Hand hat er immer noch das Messer und sagt: ›Wenn du schreist, bringe ich dich um.‹ Erstarrt liege ich auf dem Boden, kann nicht einmal vor Schmerz schreien, bin wie hypnotisiert, denke, daß ich das sowieso nicht überlebe. Als er genug hat, tut er das Messer weg und sagt, ich sei ein braves Kind, gibt mir zehn Pfennig für eine Brezel. Immer noch völlig im Schock gehe ich los, kaufe mir eine Brezel. Ich esse sie und kotze sie gleich wieder aus. Eine Frau bringt mich nach Hause. Ich sage ihr, Jungens hätten mich gehauen, deshalb sei ich so dreckig. Sie ist schockiert, als sie hörte, daß bei mir niemand zu Hause ist, weil meine Mutter arbeitet. Ich ziehe zu Hause meine Sachen aus, wasche sie, die blutige Unterhose verbrenne ich im Ofen. Der Mann sagt, wenn ich etwas davon erzähle, kommt er wieder und bringt mich wirklich um. Ich erzähle zwanzig Jahre lang niemandem etwas davon« (Elisabeth Wae aus »Nach dem Brennen zu singen«, S. 18 ff.).

Hier handelt es sich um die Realität so mancher Frau, die Opfer von Vergewaltigungen war. Das Durchschnittsalter mißbrauchter Frauen liegt bei elf Jahren. Es gibt aber auch Vergewaltigungen von Kindern, die wesentlich jünger sind. Was kann der Vater mit seinem Sohn tun? Ihm erzählen, daß Mädchen in größerer Gefahr sind. In der Schule wird über diese Probleme bisher noch kaum gesprochen. Ein Mann ist für ein Kind immer eine potentielle Gefahr, eine Frau viel weniger. Natürlich kann nur der Vater mit seinem Sohn über diese Themen sprechen, der selber mit seinen Gewaltanteilen einigermaßen umgehen kann, der nicht in der Lage ist, jemanden zu vergewaltigen, mit dem Messer zu bedrohen.

Das Wichtigste jedoch bleibt, daß dem attackierten Kind geglaubt wird, dem Mädchen oder dem Jungen, daß der Vater seinem Sohn zuhört, seine Gefühle ernst nimmt und nicht leugnet, was der Sohn ihm erzählt. Wenn ich mit Vätern über solche Aufgaben spreche, habe ich oft das Problem, daß sie sich über meine Anforderungen ärgern, sie so empfinden, daß ich Männer, Väter einseitig angreife und Frauen verherrliche. Mir wird dann zum Beispiel entgegengehalten, daß auch Frauen gegenüber Männern Gewalt ausüben und sogar gegenüber Kindern. Aber 98 Prozent der Vergewaltiger sind Männer. Anstatt sich damit auseinanderzusetzen, Trauer und Angst zu entwickeln, wird der Vater mir entgegenhalten, daß Frauen eine subtile Form von Gewalt ausüben, wenn sie sich dem Mann entziehen. Aber erst einmal muß doch die nackte Gewalt aufhören, die Bedrohung, die Vergewaltigung, das Schlagen. Die Frage geht mir immer nach: Warum sind wir so apathisch, warum regt uns gar nichts mehr auf, warum fühlen wir nichts? Warum leiden wir nicht, wenn wir derartige Schilderungen hören? Warum breitet sich kein Gefühl des Schreckens, der Trauer, des Entsetzens angesichts der Gewalt in uns Männern und Vätern aus? Weil wir als Kinder auch geschlagen worden sind und es uns angeblich nicht geschadet hat. Weil das Söhne offenbar so wollen, weil sie es herausfordern. Wir Männer leiden nicht, wenn wir von Vergewaltigungen von Frauen hören, weil wir meistens nicht erlebt bzw. verdrängt haben, vergewaltigt worden zu sein. Und selbst, wenn wir es erlebt haben sollten, haben wir nicht die Gelegenheit gehabt, darüber zu sprechen und zu trauern. Wir durften die Schmerzen nicht zeigen. Darum leiden wir nur nach innen und verpanzern uns nach außen.

7

Bemühung um die Mitmenschen

Auch die Bemühung um den Mitmenschen kann der Sohn in der Kooperation mit dem Vater lernen. Dazu gehört zum einen, daß er sich bemüht um den Vater, daß der Vater es ihm auch ermöglicht, auf seine Werbung einzugehen. Zum anderen gehört dazu, daß der Sohn gemeinsam mit dem Vater mit Dritten zusammenkommt und sehen kann, wie der Vater um diese Menschen wirbt. Wenn ein Sohn nicht mehr wirbt, haben die Erwachsenen häufig den Eindruck, daß er trotzt. Sie sprechen dann von einer Trotzphase, die lange andauern kann, wenn der Betroffene seinen Willen nicht durchsetzt, sich auf andere Menschen nicht einstellen kann. Was kann der Vater dem Sohn nahebringen? Daß er nicht jederzeit zu haben ist, aber zu gewinnen wäre, wenn der Sohn sich energischer einsetzt. Daß er selten mit irgendwelchem dummen Gerede oder Clownerien zu beeindrucken ist, auch nicht mit Wutanfällen, aber mit einer normalen Ansprache. Auf die sollte der Vater reagieren. Zu dieser Fähigkeit würde gehören, daß eine bestimmte soziale Intelligenz entwickelt wird, sich in den anderen einzufühlen, wie er angesprochen werden will, wie Kompromisse geschlossen werden können, Herrschsucht und Kommandieren entmutigt wird. Sohn und Vater könnten lernen, sich gegenseitig voneinander abzugrenzen, aber auch etwas miteinander zu unternehmen und auf die Wünsche des anderen einzugehen.

Das ist das Gegenteil von Trotz und Machtausübung. Die

Mutter dagegen ist häufig so dicht an ihrem Sohn, daß er sie nie vermißt, nie um sie werben muß. Er kann sie mit kleinen Tricks dazu bewegen, für ihn dazusein. Kleine Tricks aber sind keine Vorbereitung auf die Realität des Lebens. Gegenüber dem Vater sollte Trotz und Machtausübung keine jederzeit herstellbare, zuverlässige Methode werden, ihn für die eigenen Anliegen einzuspannen. Wenn der Sohn, der Lebensstärke entwikkelt, immer bestimmen darf, wird sein Partner, sei es nun die Mutter oder der Vater, überhaupt nicht mehr zur Ruhe kommen. Mit dem Bestimmen ist es wie mit jedem gegenseitigen Prozeß, er muß von beiden ausgeübt werden dürfen, mal bestimmt der Vater, mal der Sohn. Man handelt in gewissem Sinn miteinander aus, was geschieht. Erfolge und Frustrationen werden einander abwechseln. Der Sohn ist nicht immer stärker oder wichtiger als zum Beispiel seine Schwester oder seine Brüder, aber manchmal wird er es sein. Er wird nicht immer Zärtlichkeit haben können, wenn er sie will, aber er wird sie auch bekommen. Er kann nicht immer der souveräne Helfer sein und der Stärkste, er wird manchmal auch der sein, der Hilfe braucht und der sich schwach fühlt. Mal wird er etwas leisten, mal wird er mit der Leistung scheitern. In manchen Situationen wird sein Bedürfnis nach Geborgenheit befriedigt, und in anderen wird es frustriert. Bei Söhnen, die zur Herrschsucht erzogen worden sind, immer bestimmen durften, stellen wir später selbstzerstörerische Tendenzen, Suizidalität, Einsamkeit und Depressionen fest. Sie wollen immer bestimmen, und wenn irgend etwas im Leben einmal nicht klappt, bricht innerlich alles zusammen. Ein Bedürfnis des vaterlosen Sohnes wird es sein, immer über alles entscheiden zu dürfen. Und wenn er das nicht kann, wirft er die Flinte ins Korn, gibt total auf.

Der Sohn kann im Zusammensein mit dem Vater lernen, daß er sich einmal anpassen muß, ohne das als Verlust oder Verlieren zu erleben, und daß er ein anderes Mal bestimmen kann, sich vielleicht auch aggressiv wehren darf. Es geht um Flexibilität und um einen natürlichen Wechsel von Erfolg und Mißerfolg. Darauf müßte der Vater achten, auch darauf, daß er mit seinen Geschwistern ebenso umgehen lernt, daß sein Sohn bestimmen darf und daß er nachgibt, wenn die anderen bestimmen wollen. Viele Söhne haben gelernt, um Menschen zu werben, indem sie Hilfe anbieten. Auch das kann zu einseitigen Ausprägungen und Charaktereigenschaften werden. Die Helferrolle ist nicht die günstigste. Es muß auch möglich sein, seinerseits um Menschen zu werben, wenn man Hilfe braucht. Auch in der Schwächesituation kommt es darauf an, die Bemühung um den Mitmenschen nicht aufzugeben. Der Sohn, der Gelegenheit hat, mit seinem Vater diese Dinge einzuüben, wird später auch in der Schule zeigen, daß er nicht nur das macht, was er will. Er wird sich einmal anpassen und trotzdem Interesse am Unterricht behalten, ein anderes Mal wird er den Ton angeben, nicht gezwungen sein, sich dauernd in den Mittelpunkt oder aber ins Abseits zu stellen.

Söhne, die immer sofort bei ihrer Mutter und am Körper der Mutter Nähe und Trost bekommen, leiden an mangelnder Frustrationstoleranz. Der Vater, der seinen Sohn versteht, muß sich manchmal geradezu darum bemühen, nicht auf alle Wünsche und Regungen des Sohnes einzugehen, nicht auf jedes Händeschnippen, Lippenspitzen oder Augenzwinkern, nicht auf jedes Ausstrecken der Hände zu reagieren. Durch die Bewältigung der ganz normalen realistischen und alltäglichen Kooperationen kann der Sohn nicht das Bedürfnis ausbilden, dauernd recht haben zu müssen und ständig unersättlich auf der Wahrnehmung seiner Rechte zu bestehen. Mißerfolge werden ihm erträglich. Er wird nicht der Herrschertyp sein. Und wenn er einmal ungeschickt ist, wird er auch nicht aufgeben. Er wird es lernen, warten zu können auf seinen Erfolg, auf die Hilfe des Vaters, auf den Austausch, und er wird Distanzen aushalten lernen. Die zwanghafte Abhängigkeit, die häufig in den Beziehungen der Söhne zu den Müttern besteht, kann vermieden werden, wenn der Sohn einmal mit der Mutter und das andere Mal mit seinem Vater in Kontakt steht. Die einseitige Ausrichtung auf eines der beiden Elternteile ist in jedem

Fall falsch, endet mit entsprechenden Zwängen, mit einseitiger Ausrichtung auf Menschen überhaupt.

Statt dessen hat der Sohn, der mit der Mutter wie auch mit dem Vater abwechselnd kooperieren lernt, Lust daran, sich den Anforderungen der Kooperation mit dem anderen zu stellen, sich in ihn einzufühlen und mit ihm zu verhandeln. Freie Vereinbarungen sind immer wieder neu zu suchen und erfordern den Erfindungsgeist wie das Einfühlungsvermögen des Sohnes. Einen Teil der starken Gefühle, die auch widersprüchlich sind in solchen Verhandlungsphasen, zum Beispiel Zorn und Liebe oder Angst und Kraft, entwickelt der Sohn nicht, wenn der Kontakt zu seinem Vater unterbunden wird. Seine Kräfte ausprobieren will jeder Sohn.

Das Verhalten und die Gefühle des Sohnes sind in erster Linie durch die Mutter und in zweiter, genauso wichtiger Linie durch die Ablösung von ihr und durch das Verhalten des Vaters bedingt. Durch die Schwierigkeiten der Söhne wird auch dem Vater ein Spiegel vorgehalten. Jeder Vater hat vor allem Anlaß, in dem, was ihm an seinem Sohn nicht gefällt, seine eigene problematische Charakterstruktur zu entdecken. Es hat fatale Folgen, wenn der Vater sich darauf beschränkt, seinen Sohn als schlaff, faul, bequem, als unmotiviert und lustlos hinzustellen, was häufig mit der Pose des Allwissenden geschieht, der sich in der Lage sieht, selbstherrliche psychologische Deutungen über den Sohn abzugeben. Es ist wichtig, daß der Vater zur Kenntnis nimmt, daß die Verhaltensweisen seines Sohnes eine Folge der sogenannten eigenen väterlichen Erziehungsanstrengungen sind. Dann könnte der Vater die Unzulänglichkeiten seines Sohnes als Hilfsmittel zur Selbsterkenntnis und zur Erkenntnis der eigenen Kraftlosigkeiten ansehen. Die Erziehung, die Beziehung zwischen Vater und Sohn ist nicht nur einseitig zu sehen. Krisen in den Beziehungen zwischen Vater und Sohn sind wahrzunehmende Chancen für den Vater; er kann erkennen, an welchen Stellen er an sich arbeiten müßte.

Gerade an der mangelnden Bemühung um den Mitmenschen, an welcher der Sohn leidet, kann der Vater seine eigenen Resignationen und Bequemlichkeit erkennen, wenn er zugibt, daß er bisher weder die Verantwortung für den Sohn noch für sich selbst übernimmt. Von Natur aus ist der Sohn darauf eingestellt, Wärme und Kontakt bei seinem Vater zu suchen und den Weg zum Gefühl und zum Engagement seines Vaters zu finden. Die Natur hat dem Sohn die Bereitschaft mitgegeben, seinen Vater zu beobachten, mit ihm zusammen Dinge anzupacken, ihn gegebenenfalls zu imitieren und sich mit ihm zu identifizieren.

Ich habe noch nie viel von der Theorie der Trotzphase gehalten. Mir wird immer deutlicher, daß diese Phase der kindlichen Entwicklung, die man etwa im dritten Lebensjahr ansiedelt, vor allem deshalb so gravierend wird, weil sich Väter jetzt besonders unerwachsen aufführen. Es handelt sich bekanntlich um die Zeit der Ich-Findung. Der Sohn fängt an, Ich zu sagen statt Peter. Er hat Freude beim Aussprechen der Worte »Ich will« oder »Ich will nicht«. Väter, die kindlich geblieben sind, fangen an zu trotzen, wenn der Sohn zum erstenmal »Ich will« sagt, und sie fühlen »Nein, ich werde dich besiegen, ich werde es dir nicht erlauben, deinen Willen durchzusetzen«. So kommt es zur Ausbildung von unkooperativen Eigenschaften.

8
Realistische Anforderungen

Wir wissen aus Gesellschaft und Politik, daß eine absolute Freiheit auch Gefahren birgt. Gegen die absolute Freiheit, gegen die Entartungen der menschlichen Freiheit helfen keine übergeordneten weisen Männer, keine autoritären Institutionen, keine Einführung eines sogenannten Laissez-Faire oder autoritären Prinzips in der Erziehung. Der Sohn kann in früher Kindheit keine absolute Freiheit erhalten. Dafür muß der Vater sorgen. Es wäre zum Beispiel gut, wenn die Väter mit ihren Söhnen zusammen einkaufen gehen würden, wenn der Sohn dabei auch einige Taschen trägt und nicht der Vater alles allein. Nun kann es passieren, daß der Sohn absolute Freiheit beansprucht und herumlaufen will, ohne mitzuhelfen. Hier muß der Vater eingreifen, ihn an sich binden und dafür sorgen, daß der Sohn sich am Tragen beteiligt. Es ist für den Vater in jedem Fall wichtig zu überlegen, wieweit der Sohn freigelassen werden kann und wann er gebunden und verpflichtet sein sollte. Wann darf er loslaufen, und wann muß man aufpassen, vielleicht hinterherlaufen und sehen, was passiert?

Oder der Vater will, daß sein Sohn laufen lernt. Nun läuft er auf der Straße entlang, unbeholfen, stapft vielleicht im Schnee und möchte gern auf den Arm genommen werden. Wann kann er auf den Arm genommen und getragen werden, wann muß er selber laufen? Wann darf er gehalten und geborgen sein, wann muß er sich selbst Raum erobern? Das sind Fragen, die für jeden Vater, der sich intensiv um seinen Sohn bemüht, jeden

Tag wieder auftreten werden. Da gibt es keine allgemeinen Regeln, muß jedesmal neu entschieden werden. Und dazu braucht der Vater Ruhe und auch Gespräche mit der Mutter des Sohnes, mit Freunden, vielleicht mit Fachberatern. Und es gibt immer Kompromisse zwischen Freilassen, Halten und Verwöhnung, Probleme abnehmen. Das häufig propagierte sogenannte Freilassen kann sogar Überforderung für das Kind sein und auch Zwang. Der Vater kann sich verwöhnen, wenn er sein Kind frei laufen läßt und ihm nicht Halt, Schutz und Sicherheit vermittelt. Zur Stärkung des Sohnes würde auch die Kritik des Vaters an sich selbst gehören, der zwar nicht dauernd zerknirscht ist, aber über seine Schwierigkeiten nachdenkt und das seinem Sohn mitteilt. Auch das kann übertrieben werden, aber im Ansatz ist es richtig. Realistisch sind Erfolge, die mit Mißerfolgen abwechseln. Um Erfolge zu haben im Umgang mit Menschen, braucht der Sohn Einfühlungsvermögen. Toleranz und Gelassenheit kann er am besten lernen, wenn sein Vater nicht bestimmt, sondern mit ihm spricht und mit ihm verhandelt. Das kann ganz konkret zum Beispiel so aussehen, daß der Sohn den Vater fragt: »Wann soll ich zu Hause sein?« und der Vater ihn zurückfragt: »Wann denkst du denn? Was steht denn morgen für dich an?« Dann können die beiden versuchen, sich zu einigen, indem sie darüber sprechen, welche Konsequenzen ein zu spätes Ins-Bett-Kommen eventuell haben könnte, ob der Sohn das verantworten kann, weil er vielleicht am nächsten Tag nicht so viel Kraft hat und müde ist.

Ein weiteres realistisches Thema ist Trennung. Die symbiotische Bindung an die Mutter wird für Söhne mit Störungen verbunden sein, wenn sie nicht lernen, sich von ihr zu trennen. Wenn der Sohn in die Schule kommt, ist es schon zu spät. Die vorübergehende Trennung von der Mutter, die Wiederzusammenführung muß im Austausch mit dem Vater zum erstenmal erfolgen. Dem verwöhnten Sohn wird die soziale Loslösung im Leben schlecht gelingen oder jeweils immer nur in Ansätzen. Er hat gelernt, sich dauernd symbiotisch an bestimmte Charakterzüge der Mutter zu binden, und er wird später andere Menschen suchen, die ihn an die Mutter erinnern. Einerseits will er sich überhaupt nicht trennen, kompensatorisch wird er dazu neigen, sich überschnell zu trennen, von Menschen, die nicht sofort seine Bedürfnisse einfühlen und befriedigen. Der vaterlose, mutter-symbiotische Sohn schwankt zwischen Entfernung und Distanzlosigkeit.

Die ersten eigenständigen Schritte für den Sohn würden schon ermöglicht werden, wenn er laufen lernt und der Vater da ist. Denn wenn der Sohn zu laufen beginnt, löst er sich von der Mutter. Häufig wird sie das unterbinden, um ihn möglichst lange und nah bei sich zu behalten. Deshalb ist die Mutter in Gefahr, erste Schritte der Eigenständigkeit und Trennung von ihr zu verhindern. Ihre Stimmung ist überängstliche Besorgtheit. Es kommt zu regelmäßigen Machtkämpfen zwischen Mutter und Sohn, wenn sie das Gefühl hat, die Trennung überhaupt nicht mehr verhindern zu können. Und dann muß der Vater da sein (vgl. Petri, Erziehungsgewalt, S. 47 f.).

Wenn der Sohn in eine Kinderkrippe oder Kindertagesstätte gebracht wird, wo es unumgänglich ist, daß er mit anderen Beziehungspersonen Kontakt aufnimmt und sich von seinen Eltern trennt, wird deutlich, ob er im Zusammenhang mit der Auflösung der Mutter-Symbiose gelernt hat, sich von der einen Person zu trennen, um sich mit der nächsten zu verbinden. Meistens sind die Wechsel der Beziehungen im Grunde zu selten, so daß die Kinder nie lernen, sich mutig zu trennen.

Um an dieser Stelle kein Mißverständnis aufkommen zu lassen, soll gesagt sein, daß Tagesmütter oder irgendwelche Ersatzpersonen, Mini-Clubs oder Kinderläden, in die man die Kinder einfach abschiebt, hier nicht gemeint sind. Es ist wichtig für die Söhne, daß sie auch solche Situationen bewältigen. Aber wenn ich von der Wichtigkeit früher Trennungserfahrungen spreche, dann meine ich vor allem die Trennung von der Mutter, Hinwendung zum Vater und umgekehrt. Wenn der Sohn Gelegenheit hatte, vom Vater in dieser Weise auf die spätere Realität in anderen Institutionen vorbereitet zu werden, werden ihn diese vielfältigen Trennungserfahrungen, die auf ihn zukommen, nicht zu traumatischen Reaktionen und zu schwierigen Hospitalismus-Erscheinungen führen. Es geht immer um die realistische Ausgewogenheit zwischen einer behütenden Nähe und einer notwendigen Distanzierung, wobei es völlig klar sein sollte, daß sehr lange Trennungen von der Mutter genauso schlecht sind wie lange Trennungen vom Vater, die um so unangenehmer für den Sohn sind, je jünger er ist.

Schließlich gehört zu den Trennungserfahrungen auch der Umgang mit Trennung zwischen Mutter und Vater. Es ist auch für den Sohn besser, Mutter und Vater trennen sich, wenn sie nicht mehr miteinander auskommen können, als sie daß zusammenbleiben und der Sohn diesen Psychoterror zweier Menschen, die sich dauernd gegenseitig im Wege stehen, miterleben muß. Aber wenn eine Trennung in irgendeiner Phase erforderlich wird und der Sohn schon groß genug ist, um sie zu verstehen, dann ist es wichtig, daß beide ihm erklären, warum sie die Beziehung beenden. Der Vater darf sagen, warum er mit der Mutter nicht mehr zusammensein will, was ihm fehlt. Und die Mutter darf sagen, wie sie die ganze Sache erlebt. Diese Diskrepanzen auszuhalten, gehört zur Realität eines Sohnes. Die Alternative ist oft, daß einer der beiden, Mutter oder Vater, dem Sohn die einseitige Darstellung zumutet und ihn damit überfordert. Am besten wäre das Gespräch zu dritt; es würde ihn auf jeden Fall davon befreien, sein Leben lang mit Haß auf den Vater oder die Mutter herumlaufen zu müssen. Er könnte realistisch damit umgehen, wenn die Eltern aufrichtig und offen über ihre schmerzhaften Erfahrungen sprechen, ohne in Schwarz-Weiß-Malerei zu verfallen.

Eine weitere Möglichkeit zur Kräftigung des Sohnes hat der Vater, wenn er ihm erlaubt, weibliche Werte zu integrieren. Je dichter der Sohn an seiner Mutter in der Symbiose lebt, desto weniger ist er genötigt, ihre Werte zu übernehmen, weil er ja von ihrer Dienstleistung profitiert. Wenn er mit seinem Vater in Berührung kommt und sich von der Mutter etwas distanziert, dann wird es notwendiger, auch weibliche Werte zu erobern. In »Die Stärke weiblicher Schwäche« von Jean Baker-

Miller habe ich Anhaltspunkte für weibliche Werte gefunden: Die Frau holt sich eher Hilfe als der Mann. Sie kann Hilflosigkeit und Verletzlichkeit ausdrücken. Was sie sich noch nicht zutraut, kann sie als Quelle von Wachstum erleben. Sie kann sich den Stimmungen anderer Menschen anpassen und diese vorausfühlen, kooperativ an der Entwicklung von Menschen teilnehmen, ohne mit ihnen zu konkurrieren. Sie kann andere Menschen unterstützen, sich dabei entwickeln, ohne eifersüchtig zu werden, durch unablässige Geduld, Bemühung und das Aushalten von Rückschlägen.

Leider denken Männer schnell, daß Frauen nicht ernstzunehmen sind. Und wenn es Probleme gibt, machen sie den Fehler, versöhnlerisch darauf einzugehen und im Inneren den Konflikt weiter mit sich herumzutragen. In ihrer Kritik weist die Frau häufig auf die fehlenden weiblichen Werte des Mannes hin. Die Situation eines Sohnes wird in dem Buch »Krankheit als Rezept« von Peter Sichrovsky beschrieben (S. 166 ff.). Die Mutter eines zehnjährigen Jungen beklagt sich: »Er leistet nichts, er traut sich nichts, er unternimmt nichts.« Er hat auch Schwierigkeiten in der Schule, ist einer der schlechtesten in der Klasse. Die Mutter geht in die Schule und hofft, daß es ihr gelingt, den Trotz des Sohnes zu brechen. Eine typische Situation für einen Jungen, der eigentlich kraftvoll ist und sich manches zutraut, dabei auch ungebärdig, jähzornig, lebhaft und wild war, von der Mutter dominiert und gezähmt wurde und nun das Resultat zu beklagen hat, daß er in der Schule an Passivität leidet. Das dürfte der Mutter nicht gestattet sein. Da müßte der Vater einschreiten. Dazu natürlich bräuchte es einen Vater, der sich in seinen Sohn einfühlen kann und vor allem die Bildung weiblicher Werte in seinem Sohn toleriert. Das ist häufig nicht so. Denn oft haben »Väter Angst, daß der Knabe verweichlicht und nicht zu einem richtigen Mann wird. Das Groteske ist nun, daß die Väter die Mütter mit den jungen Männern zum Arzt schicken, also nicht etwa selbst gehen. Es scheint so, als schämten sie sich für ihren Sohn, der in seiner Männlichkeitsentwicklung zurückbleibt, und geben vor allem der Mutter die Schuld, den Jungen nicht männlich genug erzogen zu haben« (Sichrovsky, S. 167). Wenn der Vater sich in derart gravierender Weise gegen die Übernahme weiblicher Werte bei seinem Sohn sträubt, dann zeigt er, daß er in eben der gleichen Weise von der Frau abhängig ist. Solch ein Vater verhindert eine Erziehung seines Sohnes zu einem kraftvollen Menschen, der in der Lage ist, zwischen weiblichen und männlichen Werten hin- und herzufluktuieren, sich auf die Situation einzulassen, um diese männlich bzw. weiblich zu interpretieren und so zu bewältigen, wie die Realität es erfordert.

Auch das Verhalten und die Einstellung zum Geld sind beim Sohne deutlich anders als beim Mädchen. Söhne neigen mehr zum Ausgeben des Geldes und weniger zum Sparen, sind etwas leichtfertiger, weniger diszipliniert und auch sprunghafter. Es liegt nahe, den etwas verschwenderischer erscheinenden Söhnen den Umgang mit Geld auch dadurch zu erleichtern, daß zum Beispiel der Vater mit ihnen über Taschengeld und ähnliches verhandelt und nicht, wie in den meisten Fällen, nur die Mutter. In Befragungen haben sich Männer dreimal so häufig als inkonsequent, doppelt so häufig als bequem eingestuft wie die Frauen (Günter Schmölders, Psychologie des Geldes, S. 37 f.).

Am Bankschalter legen Jungen und Männer nicht so viel Wert auf Höflichkeit, mehr auf Rendite. Männer sparen weniger, um Rücklagen für unerwartete Ausgaben zu bilden, für Anschaffungen oder ähnliche Finanzierungen. Es geht ihnen im Gegenteil vor allem darum, daß sich das Geld möglichst schnell und deutlich vermehrt. Sicherheit und kurzfristige Verfügbarkeit sind dabei nicht so wichtig. Männer spielen mehr mit Geld, unterhalten sich viel mehr über Geld als Frauen. Es gibt charakteristische Merkmale bei Männern, ungünstig, verschwenderisch oder verwöhnt mit Geld umzugehen. Hier müßte der Vater diese Themen kommunizieren.

Die Beachtung des Realitätsprinzips läßt auch im Bereich der Ernährung bei Männern mehr zu wünschen übrig als bei Frauen. Ein Aspekt wird von Horst Petri erwähnt, der meint, daß Väter in der Regel auf die orale Versorgung des Kindes durch die Mutter mit heftiger Konkurrenz, Neid und Eifersucht reagieren (S. 46). Dem Vater wird, wenn sein Sohn genährt wird, deutlich, daß die Frau ihn nicht mehr so verwöhnt und bedient. Er fühlt sich infolgedessen vernachlässigt und nicht mehr so recht versorgt. Dann fängt er an zu streiten und mit dem Sohn zu konkurrieren. Wenn bestimmte Rituale am Frühstücks- oder Mittagstisch von den Müttern durchgesetzt werden, beteiligen sich die Väter meistens unreflektiert und bequem. Der Neid verbietet dem Vater, für den Sohn Partei zu ergreifen.

Die Problematik des Essens geht aber weit über den kleinen Bereich der Beziehungsaufnahme im Familienkreis hinaus. Volker Elis Pilgrim hat in seinem Buch »Zehn Gründe, kein Fleisch mehr zu essen« auf den Anteil der Männer am Fleischkonsum hingewiesen. Er meint, daß die Industrialisierung, die die Männer in Gang gesetzt haben, auch zur Schlachtung von Tieren und Menschen führt. Männer lassen das Tier bluten, essen gerne Fleisch: »Die Männergesellschaft geht davon aus, das Tier sei etwas anderes ... Es sei weniger bedeutungsvoll ... als der Mensch, als der Mann, den sie zum höchsten Lebewesen stilisiert« (S. 35). Pilgrim sieht sich immer auf seiten der Schwachen: für die Söhne gegen die Väter, für die Väter gegen die herrschenden Männer usw. Menschen, die Tiere töten und dafür sorgen, daß Fleisch gegessen wird, stehen seiner Meinung nach nicht im Einklang mit sich selbst und mit dem Seienden. Auch Tiertöter und Menschen, die Fleisch essen, sind für Pilgrim Mörder. Viele Männer gehören für ihn zu den lebensfeindlichsten Wesen auf der Erde. Sie provozieren technische Unfälle, schwören Kriege herauf und essen Fleisch. Die Folge davon ist, daß sie ihre Fähigkeit zu lieben verlieren. Auch Tiere haben eine Seele. Ebenso wie die Kriegführung und der Drang zum Krieg dem männlichen Verhalten entspringen, kommt der Wille zum Schlachten aus der Männerseele: »Wenn dem Mann in seiner Kindheit und Jugend lebensbedrohlich zugesetzt wird – die Erziehung des Knaben zum Mann geschieht immer noch als Bedrohung –, verinnerlicht er die Lebensfeindschaft und mutet sie seiner Umwelt zu. Er empfindet nichts dabei, Tiere und erst recht Menschen millionenfach zu quälen und zu töten. Das Fleischereiunwesen ist Folterung Hilfloser und Abhängiger. Ihm unterliegt Sadismus, eben derselbe, der in Militärmaschinerie und Rüstungsindustrie steckt« (S. 80).

Aus eigener Erfahrung berichtet Pilgrim darüber, daß er gesünder geworden ist, als er mit dem Fleischessen aufgehört hat. Er fühlte sich kraftvoller, hatte mehr Luft, nicht mehr so viele Schmerzen im Körper, keine Krampfadern, keine Fettpolster, keine Infektionskrankheiten, die Zähne sind gut. Fasten brachte Schmerzen, Süchte, Entzündungen, Müdigkeit weg (S. 56). Es ist unmöglich, gefühlsgenauer zu werden, hellsichtiger und aufgeschlossener, wenn man weiterhin die Augen zumacht angesichts des Tötens und Verzehrens von Tieren.

In der Geschichte der Menschheit ist es nach Pilgrim immer wieder zur Unterdrückung zwischen Vater und Sohn gekommen. Der Vater hat den Sohn unterdrückt, der ältere Mann den jüngeren. Väter haben sogar ihre eigenen Söhne umgebracht. Im Patriarchat wird das Sohnesleben von der Morddrohung des Vaters verfolgt, er muß so werden wie der Vater, damit er beim Vater und bei der Mutter anerkannt wird (S. 79). Wir sind mit der Tatsache konfrontiert, daß die meisten Väter Fleisch essen, darüber nicht nachdenken, gedankenlos mit dem Sohn zusammen am Mittagstisch sitzen und Fleisch verspeisen. Das wäre wiederum eine Gelegenheit, ins Gespräch zu kommen über solche Zusammenhänge, über das Patriarchat und die Tötungsmechanismen. Eines ist klar: Söhne wollen das essen, was ihre Väter essen, sie wollen sich das auch nicht nehmen lassen. Söhne wollen so verwöhnt werden, wie ihre Väter verwöhnt werden. Und nur der Vater, der Konsequenzen zieht, kann seinem Sohn die Kooperation anbieten, die dem Sohn den Aufbau eines gesünderen Lebens ermöglicht, der andere bleibt unglaubwürdig.

9

Ängste annehmen und Konflikte durchstehen

Kräftig, durchsetzungsfähig und aggressiv soll der Sohn sein. Ein richtiger Mann soll aus ihm werden. Folglich haben die Jungen viel Angst, weil sie sich überfordert fühlen. Sie verbergen ihre Ängste hinter lautstarkem Imponiergehabe, zeigen sich unverletzlich und unbeeindruckbar, versuchen, wie Holz zu wirken. Aber wie gehen die Väter mit ihren kleinen Jungen um? Merken Väter überhaupt, wenn diese ängstlich sind oder sich hilflos fühlen? Die meisten Väter haben Angst, daß ihr Sohn verweichlicht, daß er in der Männerwelt nicht bestehen kann. Sie wollen keinen ängstlichen Sohn und versäumen es deshalb, ihm den Umgang mit Mißerfolgen, Niederlagen und Schwächesituationen in Kooperation beizubringen. Wieder wird uns deutlich, daß es nicht reicht, wenn Männer über Männer reden, forschen und schreiben. Wir müssen Väter sein, die sich ihren Söhnen direkt zuwenden, die mit ihrem Sohn etwas zu tun haben wollen. Den Vätern muß es um das Gefühlsleben ihrer Söhne gehen, um die psychischen Grenzen, um die Ängste vor dem Versagen, dem Mißerfolg und der Impotenz im weitesten Sinne. Je früher in der Lebensgeschichte wir Väter anfangen, mit den Söhnen zusammen etwas zu erforschen, um so weniger müssen sie später als Erwachsene in ihrer Lebensgeschichte herumsuchen, um ihre Nöte zu verstehen und zu bewältigen. Väter können die Aufgaben übernehmen, die sie bisher Müttern zugeschoben haben, den Umgang mit den Söhnen, die Hausarbeit.

Kleine Jungen sind keine angstlosen Menschen, sie haben ständig Angst. Daran haben sie sich gewöhnt. Das führt dazu, daß sie in gewissem Sinn dauernd im Feindesland leben, auf der Hut sind, argwöhnisch gucken, mißtrauisch, verteidigungsbereit. Aggressivität lauert direkt darunter. Das Angstniveau ist allerdings noch kein Zeichen für Kraftlosigkeit. Nur bei psychisch sehr gestörten Jungen finden wir keine Angst; oft wird Angstlosigkeit mit Gelassenheit oder mit Ruhe verwechselt. Es hilft nicht, wenn ängstliche Gefühle der Jungen in Aktivität und Bewegung umgewandelt werden, wie zum Beispiel beim Fußballspiel. Sie werden nur vorübergehend unbemerkt bleiben, ungefühlt sein. Väter erinnern sich, daß sie als Kinder Angst gehabt haben, unsicher waren und eingeschüchtert. Doch: »Anstatt Jungen beizubringen, daß Niederlagen, Kummer und Angst auch zu einem männlichen Leben dazugehören, möchten viele Erwachsene Jungen lieber in Zustände vermeintlicher Großartigkeit und Rücksichtslosigkeit hineinmanövrieren« (Schnack/Neutzling, S. 48). Deshalb versuchen Väter den Söhnen gegenüber Macht zu demonstrieren, jagen ihnen Angst ein, weil die angebliche Leistung der Söhne ihnen so wichtig ist. Sie vergessen, sich in ihre Söhne einzufühlen, können Angst und Schwäche bei ihren Jungen schon im Kleinkindalter nicht zulassen. Sie ignorieren häufig die Angst, weil sie unter Wahrnehmungsstörungen und Parataxien leiden, weil die Ängstlichkeit der Söhne ihnen selber so viel Unbehagen macht und sie an ihre eigene Angst heranführen würde, wenn sie sie einfühlen würden. Ich bin zutiefst davon überzeugt, daß Jungen und Söhne vor allem deswegen so viele unverarbeitete Ängste mit sich herumtragen, dann in aggressive Gewaltpotentiale umwandeln, weil sie mit ihren Vätern zu wenig zu tun haben.

Die private Realität des Sohnes entspricht heute genau den gesellschaftlichen Standards, daß Jungen keine Angst zeigen dürfen. Männer zeigen im öffentlichen Leben auch keine Ängste. Die vielen verwirrten, verunsicherten und psychisch kranken Jungen spiegeln uns den Zustand unserer Gesellschaft.

Väter, die ihre Ängste verdrängt haben, um in der harten Berufswelt der Männer bestehen zu können, billigen ihren Söhnen keine Ängste zu, sondern drillen sie zu irgendwelchen idiotischen Leistungen, erlauben ihnen nicht den Mißerfolg und das Versagen, nicht die Angst, so daß der Junge auch niemals Tränen zeigen darf. Die würden ja seine Angst verraten. Schnack und Neutzling sind mit einer Schulklasse zusammen verreist, mit einer nicht schlecht geführten: »Wir haben allerdings mehr auf die Jungen geschaut und einen Riesenberg von Not, Angst und Hilflosigkeit miterlebt« (S. 136).

Die Jungen dieser Schulklasse haben Angst und zeigen diese auch. Sie treffen nicht nur auf vernünftige männliche Erwachsene, die mit ihnen die Angst aufarbeiten, sondern meist auf Erwachsene, auch auf Väter, die zwanghaft versuchen, die Angst niederzuhalten und Unabhängigkeit und Stärke demonstrieren, wo sie in Wirklichkeit Angst haben, auch Angst vor der Abhängigkeit, ja sogar Angst davor, Angst zu zeigen. »Manche Jungen verdrängen ihre Angst so gründlich, daß sie sie selber nicht mehr wahrnehmen ... Durch ihr ausgeklügeltes Instrumentarium der Angstabwehr haben sie kaum Möglichkeiten, mit Situationen umzugehen, die mit Angst verbunden sind. Sie werden nicht mutiger, sondern in Wirklichkeit immer ängstlicher, auch wenn die Angst im Laufe der Jahre bis zur Unkenntlichkeit hinter Machtstreben, Unruhe, Rationalisierungen usw. versteckt werden wird« (S. 145).

Der Vater, der möchte, daß sein Sohn realistisch im Leben steht und seine Grenzen kennenlernt, wird sich mit der Angst seines Sohnes auseinandersetzen müssen. Die Auseinandersetzung fängt beim Eingeständnis an, daß kein Mensch ohne Angst sein kann. Es stimmt, daß Angst kraftlos macht, ungeschickt und abhängig, bewußte Angst aber weniger als verdrängte. Angst anzunehmen, bedeutete einen Entwicklungsschritt für den Sohn: »Die Schule müßte mehr als bisher den Jungen beibringen, mit angstvollen Situationen, Schwächen und unangenehmen Gefühlen umzugehen. Nicht, damit sie wie das Kaninchen vor der Schlange erstarren, sondern damit sie lernen, daß Angst zum Leben dazugehört. Auch zu einem Männerleben« (S. 147).

Dieser Appell an die Schule kommt zu spät. Der Vater muß mit dieser Arbeit beginnen, nicht zum Beispiel erst der Sportlehrer oder später der Sozialarbeiter. Der Alkoholkonsum, den man heute in den Schulen findet, ist ein Indiz für verdrängte Angst. Der Mann, der schon frühzeitig Alkohol konsumiert, hat keine anderen Probleme als der Durchschnittsmann, eigentlich keine anderen Probleme als sein Vater. Der Vater, der alkoholabhängig ist, fühlt sich durch das Eingeständnis dieser Sucht bedroht, verleugnet sie und kann deshalb auch seinem Sohn und dessen Regressionsbedürfnis nicht nachkommen. Er wehrt die Angst des Sohnes und seine Minderwertigkeitsgefühle ab. Es gibt eine ungeheuer breite Palette von Möglichkeiten für Jungen, ihre Angst abzuwehren, ohne sie produktiv anzunehmen und durchzuarbeiten. Weil Väter sich in der Befriedigung der emotionalen Bedürfnisse ihrer Söhne so stark zurückhalten und sich überhaupt nicht dafür zuständig fühlen, behält die Mutter ihre Macht über den Sohn. Der in der Symbiose mit der Mutter lebende Sohn würde nie auf die Idee kommen, daß er wirklich ein Mann ist, wenn er Angst hat. Denn er fühlt im tiefsten Innern die Angst seiner Mutter. Und mit der Mutter darf er nichts zu tun haben. So wie die Mutter werden darf er nicht. Sind nun die Väter an der Misere ihrer Söhne schuld, die ständig ihre eigene Angst unterdrücken, die Angst, zu versagen und unmännlich zu sein? Ich will nicht von Schuld sprechen, es reicht, daß wir sagen, die Väter haben die Verantwortung bisher noch nicht übernommen, nicht nur für die Söhne nicht. Verantwortung würde ein Mann, ein Vater übernehmen, der beginnt, die Erinnerung an seine Kindheit aufzufrischen. Dies erfordert Mut und Gemeinschaftsgefühl. Wir sollten mit den Vorurteilen von Freud aufräumen, der Ängste auf traumatische Erfahrungen zurückführen wollte, die mit der Unterdrückung des Trieblebens im frühen Kindesalter zu tun haben. Nein, das soziale Bedürfnis nach Kontakt mit dem Vater ist unterdrückt worden, und deshalb hat der Junge Angst.

Auch an dieser Stelle ist es wieder wichtig, sich die subtilen Vorgänge vor Augen zu führen, die zur Verdrängung von Angst bei Söhnen führen. In bestimmten schwierigen Situationen entwickelt der Sohn Angst, bekommt aber zu oft, sobald er nur das geringste Signal von sich gibt, am Körper der Mutter oder des Vaters Trost. Mütter lernen, auf alle Regungen des Sohnes einzugehen. Sie reagieren höchst einfühlsam auf jedes Zucken um den Mund, auf jedes Augenzwinkern und auf jedes Ballen der Fäuste des Kleinen, weil sie irrtümlich annehmen, daß dieser Sohn nichts verkraften kann. So lernt er nicht Verzicht zu üben, Frustrationen zu ertragen und die eigene Angst auszuleben. Die Mutter gewährt ihm zu schnell die Zufriedenheit als Angstbeschwichtigung. Kaum, daß er erkennt, daß seine Signale, die auf die Befriedigung seiner Bedürfnisse ausgerichtet sind, nicht immer erkannt werden können, daß er sie aufschieben muß. Dann würde er sich nicht als allmächtig erleben, müßte er seine Angst nicht verdrängen, könnte die Grenzen der Belastbarkeit austesten und damit die reale Welt erkennen. In unserer Zeit, in der die Väter meist noch relativ autoritär erzogen worden sind, neigen manche dazu, mit ihren Söhnen alles *anders* zu machen, sich auf die Söhne einzulassen, Körperkontakt zuzulassen und sich dem Sohn zu fügen, wenn er es will. Sie wollen ihm nichts aufzwingen, sondern ihm seinen eigenen Willen lassen. Aber das geht nicht immer. Diese Männer sind in Gefahr, ihrem Sohn nachzugeben, wenn er Geborgenheit haben will, um ihm angeblich Liebe zu schenken, obwohl er in bestimmten Situationen klar die Grenze der Zuwendungsbereitschaft des Vaters sehen müßte, um am Umgang mit dieser Grenze seine Kraft entfalten zu lernen, seinen Willen einzusetzen, Schwierigkeiten zu überwinden.

Der symbiotische Sohn bekommt durch einen verwöhnenden Vater das Gefühl, stärker als der Vater zu sein. Die Mutter erlebt er oft ebenfalls als die Schwächere. Das Ergebnis ist, daß er tyrannisch wird, zur Herrschsucht erzogen. Er hat einen natürlichen Wunsch nach einem kraftvollen Gegenüber und nach der Stärke seines Vaters, der ihm Grenzen anbietet, ihm aber auch Grenzüberschreitungen ermöglicht. Wenn der Vater seinen Sohn verwöhnt, sich nicht um ihn gekümmert und ihn der Symbiose mit der Mutter überlassen hat, dann hat er ihn in seinem Selbstwertgefühl geschädigt. Das tut er nicht mit Absicht, aber er bewirkt dennoch, daß sein Sohn sich von ihm bedroht fühlt und auch vor ihm Angst bekommt. Wenn die Angst einmal da ist, kann der Vater sie häufig nicht mehr durchschauen, weil sein Sohn nicht mehr das Vertrauen hat, sich zu öffnen. Die Ratschläge und Anweisungen des Vaters nimmt der Sohn nicht mehr ernst oder begegnet ihnen mit Trotz und Opposition. Wenn der Vater sich beleidigt fühlt und seinen Sohn mit Macht und Aggression zwingen will, bestärkt er diesen in seiner Streikhaltung. Streik ist bekanntlich manchmal sehr sinnvoll. Solche Väter sind deshalb nicht in der Lage, die Schwierigkeiten und Schwächen ihres Sohnes zu heilen, sie verschlimmern sie. Sie sind ungeduldig bei jeder kleinen spielerischen Trotzattitüde des Sohnes, die er ganz harmlos ausprobiert, weil er sie oft bei seinem Vater gesehen hat.

Der zugewandte Vater könnte durch langes und intensives, geduldiges Werben um den Sohn dessen Zutrauen zu ihm wiederherstellen. Zur Verweigerung und zum Trotz gehören immer zwei, ein Sohn und ein Vater. Es gibt Söhne, die inzwischen so symbiotisch verbogen worden sind, daß sie sich angewöhnt haben, durch Knopfdruck die Welt ihrer Väter in den Griff zu bekommen, durch Wutanfälle, Provokationen, Schreien oder allzu langes Schweigen: alles Attitüden der Machtübernahme. Dieser Sohn genießt dann Narrenfreiheit. Man erlaubt ihm das Herrschen. Mutter und Vater ordnen sich seinen Unlustgefühlen bei der Konfrontation mit der Realität unter, versuchen, ihm jeden Wunsch abzulesen, um ihre Ruhe zu haben. Und der muttersymbiotische Sohn wird immer noch Mittel erfinden, um seine Mutter und seinen Vater zu beunruhigen. Der Vater kann seinen Sohn aber nicht vor Krisen und Konflikten bewahren. Er braucht sich gar keine Selbstvorwürfe zu machen, wenn sein Sohn in Krisen und Konflikte hineingerät.

Die in diesen Fällen anstehende Angstarbeit erinnert durchaus an die von den Mitscherlichs beschriebene Trauerarbeit. Angst und Trauer sind Gefühle. Sie zuzulassen, sie in sich ausbreiten zu lassen, anzunehmen, gegebenenfalls zu kommunizieren und mit wem anders in diese Gefühle hineinzugehen, ist die Aufgabe. Es geht darum, daß der Vater die Angst bei seinem Sohn zuläßt, damit der auch lernt, die Angst bei seinem Vater zuzulassen. Es ist für keinen Sohn gut, einen angstlosen Vater zu haben. Natürlich kann der Vater den Sohn nicht mit jeder meiner Ängste befrachten und belasten. Aber einige Befürchtungen kann er schon erfahren, in zunehmendem Alter mehr.

Was muß der Vater tun im Umgang mit seiner eigenen Angst, um dem Sohn Hilfestellung zu leisten? Die Situation des Vaters ist die, daß auch er Angst vor Menschen, bedrohlichen Stimmungen hat, zum Beispiel davor, abgelehnt zu werden. Da kann es immer passieren, daß jemand seine schwache Stelle findet, Vorwürfe und Vorhaltungen macht, die ihn regredieren, die Kindheitssituationen wiederholen lassen, weil er den verdrängten Angstaspekt aus der Kindheit immer noch in sich trägt, noch Erinnerungen an die ehemals traumatische Situation hat und die Strafe, die er damals bekommen hat, heute auch unbewußt noch befürchtet. Nun ist es wichtig für den Vater, daß er selber Übung bekommt im Umgang mit der Angst. Dazu muß er wissen, daß es erst einmal wichtig und nötig ist, das Gefühl der Angst in sich selber entstehen zu lassen. In der Stimmung von Angst wird er darüber nachdenken, was in ihm vorgeht, wenn zum Beispiel irgendwelche Ängste vor beruflichen Kalamitäten auftreten oder Ängste, daß die Frau ungehalten ist, ihn vielleicht verlassen will, oder wenn er Angst vor dem Tod bekommt. Dann kann der Vater das aufschreiben. Er kann seinem Sohn zeigen, daß es gut ist zu schreiben, auch andere Menschen mit einzubeziehen und Gespräche zu führen. Es kommt darauf an, daß der Vater nicht nur lernt, sich in seine Ängste einzufühlen, ebenso wichtig ist, daß er sich wieder aus seiner Angst herausfühlen kann, daß er in der Verwirrtheit, der eventuellen Klage und Depression nicht verbleibt. Über all das kann der Vater mit dem Sohn sprechen, nicht immer, aber oft.

Auch die direkte Hilfestellung, die Therapeuten geben, kann der Sohn erfahren, nämlich, wenn jemand dem Vater oder dem Sohn Vorwürfe macht, wenn eine Zuschreibung erfolgt wie: »Du bist faul«, oder: »Du bist dumm«; »Du bist autoritär«; »Du bist moralisch«; »Du bist typisch männlich«. Es ist sehr wichtig, daß ein Vater in Gegenwart des Sohnes ausgewogen und differenziert reagiert. Dazu gehören vier Schritte der Reaktion auf Vorwürfe:

1. Die mögliche und eventuell stimmige Kritik akzeptieren.
2. Den falschen Anteil an dieser Kritik, der übertrieben ist oder überhaupt nicht den Sachverhalt trifft, zurückweisen.
3. Seinerseits den betreffenden Kritiker ins Auge fassen und seine positiven Anteile und Fähigkeiten würdigen.
4. Die Stellen des anderen, die nicht in Ordnung sind, wo der andere Fehler macht, die kritisierenswert sind, benennen.

Dieser vierfache Schritt im Umgang mit Kritik, Selbstkritik und Weiterentwicklung kann der Vater üben; er kann seinem Sohn zeigen, daß man mit Anfeindungen, die zunächst völlig uneinfühlbar erscheinen, am besten auf diese Weise umgeht.

Ich möchte gerne die Gedanken über Angstarbeit mit einer kurzen Bemerkung zum Thema Streitfähigkeit abschließen, die immer auch mit Ängsten zu tun hat. Den Sohn auf die Realität vorzubereiten, heißt für den Vater auch, mit ihm den Streit in angemessener Form zu gestalten und sich nach Durcharbeitung der Problemsituation wieder zu versöhnen.

Zwischen Vater und Sohn werden sich Streitigkeiten nicht vermeiden lassen, es wird Versöhnung unerläßlich sein. Mit dem Vater kann der Sohn wesentlich besser streiten lernen als mit der Mutter, weil sich die Söhne meist für die Mütter in so fataler Weise verantwortlich fühlen, daß sie glauben, sie retten zu müssen.

Der Sohn wünscht sich, daß der Vater auch in Streitatmosphären und -stimmungen wieder die Nähe zu ihm herstellt. Es ist das Recht des Sohnes, daß der Vater den ersten Schritt tut. Doch Väter haben leider Stolz im Gefühl und meinen, der Sohn müsse auf sie zukommen. Hier liegt ein fundamentales Mißverständnis vor, eine Schwäche des Vaters, der im Grunde seinem Sohn nicht gewachsen ist. Die Anklammerungstendenzen in der symbiotischen Beziehung und die Harmonisierungstendenzen sind Verwöhnungswünsche. Väter und Söhne können sich nicht leisten, darüber hinwegzufühlen. Der Sohn wünscht sich in allen Situationen einen Vater, der mit ihm spricht und nicht schweigt. Selbstverständlich ist der Vater berechtigt, seine Gefühle von Empörung und Zorn wahrzunehmen und in einer Weise zu äußern, die den Sohn nicht allzusehr verunsichert. Das erfordert viel Beschäftigung mit den eigenen Affekten, Auseinandersetzung damit und Übung, sie auszudrücken. Der Sohn wünscht sich, daß sein Vater, wenn er empört und zornig ist, Hilfe für diese Konfliktsituation holt. Die kann er auch einmal bei der Mutter erhalten, das wäre gar nicht so schlecht, aber eben nicht immer. Männliche Freunde des Vaters sind ebenso wichtig.

Söhne wollen Vätern helfen, das können sie schon sehr früh: sich einfühlen, dem Vater ernsthaft zuhören und ihn trösten. Sie können es lernen, wenn der Vater ihnen dazu Gelegenheit gibt. Es kann sein, daß der auf ein Gesprächsersuchen seines Sohnes sofort eingeht. In einer anderen Situation wird er ihn um etwas Abstand bitten, vielleicht darum, einige Tage zu warten. Das Konfliktgespräch kann nicht immer sofort geführt werden. Diese Geduld kann sich der Sohn vom Vater abgucken und sie seinem Vater auch zurückgeben. Dabei ist es wichtig, daß der Sohn in seinem Vater das Gefühl erlebt, daß er ihn als gleichberechtigten Gesprächspartner anerkennt, ihm zuhört, sich mit seinen Argumenten ernsthaft auseinandersetzt und sie nicht einfach abtut.

Da steckt die nächste Aufgabe für die Väter: Es wird nicht zu umgehen sein, daß zwischen Sohn und Vater tagelang Unsicherheit besteht. Es sollte allerdings nicht dazu kommen, daß der Vater das Gespräch grundsätzlich verweigert, durch Liebesentzug und Schweigen straft. Das sind Unmenschlichkeiten, die in den Beziehungen zwischen Vätern und Söhnen nicht auftreten dürfen. Streiten kann eine angenehme Aktivität für den Sohn werden, wenn es mit dem Vater einigermaßen klappt. Streitigkeiten gehören in jede Familie und in jede Beziehung. Der Sohn sucht nach einem Schutz, und der Vater darf nicht vergessen, was sein Sohn ihm gesagt hat. Er kann die Wünsche seines Sohnes ernstnehmen, gegebenenfalls aufschreiben und den Sohn, wenn der sie vergessen hat, daran erinnern. Er kann dem Sohn klarmachen, daß der nicht immer nachgeben muß, daß der Vater nicht immer Sieger bleiben will. Tips will der Sohn vom Vater nicht. Er will, daß er seine Vorschläge, die Konflikte zu lösen, ernst nimmt. Kompromisse sind anzubahnen, wechselseitiges Einlenken, wechselseitiger Verzicht. Sich zu verstehen ist oft ein langwieriger Prozeß, ein allmähliches Hineinarbeiten ist erforderlich. Das ist für den Sohn besonders schwierig, weil er ja vom Vater nicht unabhängig ist. Der Vater muß Verantwortung dafür übernehmen; ihm fällt schwer, daß der Sohn allmählich unabhängiger von ihm wird. Er wird erleben, daß der Sohn allmählich Konkurrent wird, immer ernstzunehmender ist, vielleicht manches besser kann. Das wünscht sich der Sohn vom Vater: die Fähigkeit, ihn, den Sohn, als stark anzuerkennen.

Ich möchte zum Schluß an einem Beispiel ein Mißverständnis aufklären, das in manchen Vorträgen entstanden ist, wenn ich davon gesprochen habe, daß es wichtig ist, Männern Angst zu machen. Man hat mir vehement widersprochen: Nein, Angst machen dürfe man niemandem. Ja, so wörtlich ist das auch nicht gemeint. Ich beziehe mich nun auf die Situation einer bestimmten Familie. Vater und Mutter kamen zusammen zu mir. Die Mutter hat große Angst, sie war an Krebs erkrankt, sie bekam Todesängste und Eifersucht auf andere Frauen, überhaupt auf Menschen, die freudig waren, scherzten und Spaß wollten. Sie hat große Angst, bei dem Arzt anzurufen, bei dem sie die Krebsuntersuchungen machen läßt. Sie traut sich nicht, nach den Befunden zu fragen, wünscht sich, daß ihr

Partner, der Vater, mit ihr geht, mit ihr zusammen dort anruft. Er aber reagierte angstlos, also unfähig zu helfen, ihm mußte ich Angst machen. Ich empfahl häufigere Gespräche über Angst, die auch stattfanden. Die Frau sagte mir, daß sie auch vor mir Angst hat, sie Kritik an mir empfindet, die sie sich nicht zu äußern traut. Darüber wolle sie sprechen. Ich habe ihr gesagt, daß ich das für einen Leckerbissen halte, einen Köder, den sie mir vorsetzen will. Nein, heute wolle ich nicht über die Kritik an mir sprechen, es ginge um ihre Angst, vor der Operation, vor den Arztbesuchen, vor neuen Befunden, vor Telefonaten und so weiter. Der angstlose Partner der Frau fällt auf ähnliche Ablenkungsmanöver herein und deshalb als Helfer aus.

Alle diese Themen, Angst vor Krankheiten, vor dem Tod, vor der Eifersucht müssen dem Vater vertraut sein, wenn er mit dem Sohn Kontakt aufnehmen und auf ihn eingehen will. Deswegen gebe ich meine Erfahrung wieder. Ich möchte dem Vater ermöglichen, in seine Angst hineinzukommen. Wenn ich sage, es ist wichtig, dem Menschen Angst zu machen, dann meine ich damit, es ist wichtig, ihm zu ermöglichen, daß er an die Angst herankommt und sie bearbeiten kann. Jeder Mensch, der zu seinen Ängsten steht, wird irgendwann erleben, daß die Angst wirklich durchgearbeitet, abgearbeitet ist, und daß er die Sache weglegen kann. Sogar die Themen Tod oder Gewalt gegen Mitmenschen kann ich, wenn ich lange genug daran gearbeitet habe, vergessen. Deshalb ermuntere ich zu Gesprächen über Angst, in der Gruppe, in der Zweierbeziehung und auch in der Beziehung zwischen Sohn und Vater. Dieses Beispiel mit den Eltern habe ich angeführt, um zu zeigen, daß es charakteristische Widerstände gibt, die ich kennen muß, mit denen Menschen dem Gespräch über Angst ausweichen. Selbstverständlich muß dieses Gespräch unendlich vorsichtig geschehen, mit Einfühlungsvermögen und Rücksicht. Das wird der Vater mit seinem Sohn genauso erleben. Wenn er seine eigene Angst nicht bearbeitet hat, dann wird er jeden Köder seines Sohnes, nicht in die Angstsituation hineinzugehen, zum Beispiel einen aggressiven Vorstoß, mit Erleichterung registrieren. Er wird die wirklich problematische Angst des Sohnes vergessen und nicht in der Lage sein, sich auf die Angst seines Sohnes wirklich einzulassen.

10
Keine Erziehungsdoktrinen

Wir haben dafür plädiert, daß der Vater sich seinem Sohn mehr zuwendet, daß die Mutter den Sohn losläßt und dazu beiträgt, die Symbiose zu ihrem Sohn aufzugeben. Wir haben außerdem verschiedene Aspekte der Verwöhnung der Söhne angesprochen, die nicht richtig auf ihr Leben vorbereitet werden. Wenn man solche Auffassungen vertritt, muß man sich klar darüber sein, daß man Mißverständnisse hervorrufen kann. Das Mißverständnis zum Beispiel, daß wer gegen Verwöhnung ist, für Härte sein muß. Oder daß jemand, der gegen die Symbiose des Sohnes mit der Mutter und gegen seine Verwöhnung Stellung nimmt, automatisch für Ehrgeiz eintritt.

Dazu muß gesagt werden, daß im Westteil Deutschlands der Ehrgeiz der Eltern in Bezug auf die Söhne immens hoch ist. Der Zehnjährige hat schon einen ausgebufften Wochenplan, montags Tischtennis, dienstags Judo, mittwochs Tischtennis, donnerstags Gitarre, freitags Tischtennis. Für Freunde bleibt höchstens mal das Wochenende. Die Woche manchen Sohnes ist verplant und durchrationalisiert, in alle möglichen Gruppen hineingepreßt, in Schwimmgruppen, Kindergruppen, musische Gruppen, Tanzgruppen, Musikgruppen usw. Urlaub darf nicht mehr vertrödelt werden, da gibt es dann Computer-Grundkurse. Jungs haben ihre Termine. Sie sollen schneller lernen. Der Ehrgeiz ihrer Väter steckt dahinter. Die Mütter stehen den Vätern darin in nichts nach. Nur das tüchtige, das leistungsmotivierte und erfolgreiche Kind kann das Selbstwertgefühl vieler Eltern beruhigen. Deshalb wird Druck ausgeübt. Es gibt eine große Angst vor Gammelkindern, vor Leistungsverweigern. Ehrgeiz der Eltern bewirkt, daß Nachhilfe gegeben wird, sobald die Eltern nicht mit den Leistungen der Kinder zufrieden sind. So etwas gibt es kaum noch: sich selbst, die Kinder- und Spielwelt, die Nachbarschaft zu erobern. Das Erstaunlichste an der ganzen Ehrgeizproblematik ist, daß sie mit Verwöhnung zusammenhängt. Die allzu ehrgeizig gedrillten Kinder sind auch verwöhnt, leiden unter Langeweile, haben keine Spielkameraden, nicht gelernt, sich Freunde und Kontakte aufzubauen. Statt dessen sollen sie in irgendwelche Entspannungstrainings gehen. Der Erfolg ist psychosomatische Krankheit, auch für die Kinder schon, Herzrasen, Schlafstörungen, feuchte Hände, Kopf- und Magenschmerzen. Ehrgeiz bei gleichzeitiger Verwöhnung, das kann nicht funktionieren, dann werden den Kindern schon Tabletten gegeben.

Elternehrgeiz macht Schüler krank. Eltern wollen Verwöhnung vermeiden, setzen sich für eine hohe Leistungsmotivation ihrer Kinder ein und für deren schulische Erfolge. Sie merken nicht, daß Kinder gesundheitsgefährdet sind. Die hohen Leistungsanforderungen bereiten neue Anfälligkeiten für Verwöhnung und Suchtkrankheiten vor. Heutzutage wird zum Beispiel das Abitur enorm hoch bewertet: ein Zeichen von Ehrgeiz.

Diese Spirale zwischen Ehrgeiz und Verwöhnung sah in den neuen Bundesländern anders aus. Sie wirkt sich aber genauso schlimm für die Kinder aus. In der DDR ging es um ideologische Aufrüstung. Die Kinder sollten Liebe zum sozialistischen Vaterland lernen. Die Werte hießen Solidarität mit Menschen, die für Frieden und Fortschritt kämpfen, Achtung vor den Werktätigen, Stärkung der DDR. Natürlich wurde auch der Stolz der Kinder auf Soldaten gedrillt.

Wir sehen, daß es ungeheuer wichtig ist, genau zu gucken, *wozu* die Kinder erzogen werden sollen, in welche Richtung der Ehrgeiz geht. Im Einzelfall muß genau untersucht werden, in welche Richtung schließlich die Verwöhnung geht. Die gesellschaftliche Situation in Deutschland ist überwiegend die, daß die Söhne einseitig erzogen werden, weg von weiblichen Werten. Und deshalb die Warnung, wenn Verwöhnung aufgehoben werden soll: genau hinzuschauen, in welche Richtung der Ehrgeiz der Eltern geht. Im realexistierenden Sozialismus wurden bürokratische Ersatzmütter herangebildet, sie sollten gefühlsbetont und ruhig mit den Kindern umgehen, unnötiges Tadeln vermeiden, sich statt dessen auf Lob und Streicheln beschränken. Jedes Kind war vor Kränkungen zu schützen: Wieder die Kombination von Ehrgeiz und Verwöhnung. Keine rechte Vorbereitung auf das wirkliche Leben.

Und das Kind ist traurig dabei. Der Vater hat keine Zeit, die Mutter hat zu wenig Zeit. Der Sohn würde so gerne in der Nähe seines Vaters sein, mit ihm frühstücken und von ihm gestreichelt werden, mit ihm spielen. Dazu kommt es nicht. Ehrgeiz plus Verwöhnung entdecken wir in den alten Bundesländern auch im Bereich der Ernährung. Die Kindergeneration wird nach wissenschaftlich ausgeklügelten Kriterien versorgt, zum Beispiel mit frischem Gemüse und Rohkost. Da haben wir es mit dem Problem zu tun, daß eine autoritäre Erziehung abgelöst werden soll und zur Laisser-faire-Erziehung entartet, und umgekehrt. Die Kinder sind jeweils die, welche die Zeche bezahlen. Sie bezahlen mit psychosomatischen Krankheiten und Verhaltensstörungen. In den neuen Bundesländern waren brave Kinder gefragt, frisch gewaschen und gekämmt, ununterbrochen bitte und danke sagend, gesittet, zügig essend, mit leiser Unterhaltung, alles fein ordentlich und sauber, pünktlich, fleißig, sorgfältig arbeitend, Freude bereitend.

Ich spreche die Warnung vor den Extremen auch deshalb aus, weil beiden Teilen Deutschlands bestimmte Verwöhnungserscheinungen im Umgang mit den Kindern anhaften, die nicht ins Bewußtsein der Erwachsenen gedrungen sind. Es muß zum Beispiel in beiden Teilen Deutschlands immer schnell gehen, Schwieriges, Langwieriges und Trauriges darf nicht allzu breiten Raum einnehmen. Die Wünsche nach Verständigung und Trost, die die Kinder haben, werden vernachlässigt oder vertagt. Menschliche Zuwendung wird überhaupt mißverstanden, sie bringt angeblich nichts, ist außerdem zeitraubend. Schnelligkeit und Beschleunigung sind die Ziele, die Menschen sind hastig, aber nicht mehr lebendig. Sie sind ruhelos im Inneren und im Äußeren. Langsamkeit erscheint als Behinderung des wirklichen Lebens. Muße und Geduld sind nicht mehr vorhanden. Die Kinder kommen nicht mehr in den Genuß mußevoller und geduldiger Eltern. Wir müssen diesen Umgang mit Kindern benennen: Ehrgeizherrschaft mit der notwendigen Kompensation, sich verwöhnen zu müssen. Es fehlt die Kinderzeit, die Erwachsenen haben nicht mal für sich selber Zeit. Sie haben auch nicht Zeit, über ihre Lebenssituation und die Beziehung zu den Kindern nachzudenken. Nachdenklichkeit und Besinnlichkeit gehören nicht mehr in unsere Zeit hinein. Flotte Sprüche sind statt dessen da, und pseudokräftiges Auftreten. Die Kinder kommen nicht in den Genuß, mit den Eltern zum Beispiel langsame und langdauernde Wanderungen zu machen, Söhne haben keine Väter, die ihnen was vorlesen. Väter sind darauf bedacht, alles schnell und effektiv zu erledigen, was ihre Söhne anbetrifft. Das heißt heute produktiv sein und hat mit der männlich lebensverachtenden Ehrgeizproblematik zu tun.

Siebter Teil

SELBSTVERANTWORTUNG ALS MANN UND VATER

1

Entwöhnung von der Ehe-Symbiose und Frauensucht

Jedes schlichte Gemüt glaubt heutzutage, zum Thema Männlichkeit Stellung zu nehmen und zu können. Unverschämt und uninformiert machen alle möglichen traditionell orientierten Männer Propaganda gegen die Arbeit patriarchatskritisch eingestellter Männer. Eine der vielen Initiativen stammt aus der Joachim-Kellner-Unternehmensberatung in Frankfurt am Main. Mir liegen Teile einer Studie »Der neue Mann« von Kellner vor, die von der Industrie finanziert worden ist.

Ich gebe einige sogenannte Grundsatzergebnisse aus der Studie wieder. Kellner hat sich auf ein- bis anderthalbstündige persönliche Interviews gestützt. Er wollte herausfinden, ob es einen »neuen Mann« gibt, welche Einstellung er hat und ob er ein Leitbild für Marketing und Werbung sein kann.

Kellner kam zu dem Ergebnis, daß der neue Mann ein auf selbstverständliche Weise emanzipierter Mann ist, der die Frau als gleichberechtigte Partnerin anerkennt und ihr genauso wie sich selbst das Bedürfnis nach Unabhängigkeit zugesteht. Karriere und Erfolg sind ihm sehr wichtig. Dabei zeigt er ein hohes Maß an sozialer Verantwortung und sozialem Bewußtsein. Der neue Mann liebt die Mode, hat einen gewissen Hang zu luxusorientierten Produkten, trägt Boss-Mode, Nike-Sportschuhe, eine Swatch und pflegt sich mit Davidoff-Kosmetik. In seinem BMW hat er hinten eine Nikon-Kamera, fährt zum Tennis, trinkt hinterher ein Warsteiner. Abends hört er Sony-Schallplatten.

Familie und Partnerschaft sieht der neue Mann nicht mehr lediglich als Pflicht- und Schicksalsgemeinschaft. Er findet dort auch Raum für seine persönliche Entfaltung, Individualität und Autonomie, hat wenig Probleme mit seiner Sexualität, auch keine mit gleichgeschlechtlicher Liebe. In Bezug auf seinen Körper zeigt er eine unproblematische Selbstverständlichkeit.

Seine Grundeinstellung ist weder erklärt antiautoritär noch despotisch. Er ist gegen körperliche Strafen.

Der Verstand hat nicht Vorrang vor dem Gefühl. Er trifft Entscheidungen auch aus dem Bauch heraus. Im Berufsleben ist er bereit, Verantwortung zu übernehmen. Durchsetzungsfähigkeit hat er auch. Er zeichnet sich durch ein deutliches Karrierebewußtsein aus, will vorwärtskommen, Verantwortung übernehmen und Geld verdienen. Gefühle von Überlastung sind bei ihm kaum zu finden. Außerdem bekennt er sich zum Genuß und zu den entsprechenden Produkten.

Im Freundeskreis des »neuen Mannes« sind Frauen und Männer gleich vertreten. Politik steht er eher passiv gegenüber. Er hat ein ausgeprägtes Körperbewußtsein, tut etwas zur Veränderung seines Körpers, treibt Sport, ißt gesünder. Prominente neue Männer sind angeblich Günther Jauch, Thomas Gottschalk, Björn Engholm und Herbert Grönemeyer. Nach der 68er Generation, den Protestlern, Verweigerern und Alternativorientierten spiegelt angeblich der neue Mann eine neue gesellschaftliche Entwicklung. Er verbindet Leistung und Konsum mit Luxus, hat Gefühle und zeigt sie.

In dieser Untersuchung, in der auch nicht eine einzige der getroffenen Feststellungen als redlich und die Einwände der Frauen und Kinder wahrend gesehen werden kann, spiegelt sich die rotzige Unverschämtheit des im Patriarchat erfolgreichen Mannes, der kein Interesse hat, etwas an dieser Situation zu verändern. Ich kenne Männer, die gegen jede Veränderung sind und zum Beispiel auch gegen Therapie etwas haben, in meinem Bekanntenkreis auch. Es sind zum Beispiel sogenannte Wissenschaftler, politisch Arbeitende, Friedensbewegte, ökologisch Motivierte. Sogar einige Feministinnen gehen wohl in diese Richtung. Die Männer haben noch nie etwas unternommen, um sich selber besser kennenzulernen oder etwas an ihrer patriarchalisch gewalttätigen Orientierung zu verändern. Sie haben in die entsprechenden Initiativen noch nicht einmal hineingerochen. Aber sie »wissen« ganz genau, daß dort individualistischer Krempel abgelassen wird, daß »Therapie« nur Mittelstandskomfort ist, der sie abhängig macht vom Therapeuten. Ich treffe solche jungdynamischen Alleswisser auch in Kreisen der sogenannten »neuen Männer«, die in Männerprojekten arbeiten. Dann sehe ich mich nicht nur genötigt, ihre Therapieblindheit wegzustecken. Ich muß auch noch unter allerhand anderen »Schrullen« leiden, die ich immer wieder erlebe, die immer im Gefolge der Entwicklungsmuffelei des Freundes auftreten. Er hat zum Beispiel oft keine Partnerschaft, Ärger im Beruf, häufig Streit mit seinen Freunden. Immer muß ich als Männerarbeiter oder als Freund, der hauptberuflich mit Männern arbeitet, einspringen. Ich höre zu, das erwartet man von mir. Ich spreche, deute, ermutige, beruhige, richte auf, bin zugewandt und freundlich. Ich habe Zeit und bin gefragt.

Aber wenn ich etwas zurückhaben möchte, weil eine Freundschaft eben keine »Therapie« ist, sondern auf Gegenseitigkeit aufgebaut sein sollte, dann bekomme ich wenig oder gar nichts. Nicht, weil die veränderungsmuffligen Freunde nicht helfen wollen, sondern vielmehr deshalb, weil sie es gar nicht können, bisher immer gegen Psychos und Therapie polemisiert, wichtige zwischenmenschliche Fähigkeiten und Fertigkeiten nicht erworben haben. Oder weil sie immer die nützlichen Idioten an ihrer Seite hatten, Helfer und Frauen, die diese Leistung erbracht haben. Deshalb haben diese »neuen Männer« soziale Könnerschaft nicht erwerben müssen, die »alten« natürlich erst recht nicht.

Darum schnöden sie weiter, manche ganz unverblümt, auch gegen meinen Beruf. Aber sie wollen viel von mir. Was ich geben kann, wollen sie von mir, gerade weil ich diesen Beruf habe. Dankbar sind sie mir dafür nie. Sie nehmen meinen Einsatz als selbstverständlich hin.

Aber ich bin nicht nur Therapeut, ich bin auch egoistisch. Ich suche mir gern meine Freundinnen und Freunde aus, will für meine sozialen Verträglichkeiten und Selbstverständlichkeiten etwas zurückhaben. Und dann sage ich nein, wenn meine Freunde wieder einmal an Einsamkeit leiden, weil sie nicht gelernt haben, eine Beziehung aufzubauen. Ich sage nein, wenn sie mit mir, ihrem Freund, herumnörgeln und streiten wollen, weil ihr eigenes Leben gerade zuwenig interessant ist und Produktives bietet, weil sie beruflich stagnieren oder stolpern. Und prompt bin ich dann ihr Feind, weil sie verwöhnt sind. Dann kämpfen sie in Ermangelung eines anderen Kampfhahnes eben mit mir. Wieder einmal gilt ihnen als bewiesen, daß Therapeuten Nichtsnutze sind, Geldschneider, Gurus und Besserwisser.

Was hatte doch der dynamisch simple Kellner herausgefunden? Der Typ des neuen Mannes akzeptiert die Frau als gleichwertige Partnerin, hat soziales Bewußtsein, sieht Ehe, Familie und Partnerschaft als Möglichkeit, sich zu entfalten. Ich greife einen Punkt heraus, um einmal etwas zu solchen Untersuchungen zu sagen, die Ehe: Für Frauen ist es weiterhin außerordentlich gefährlich, sich auf eine Ehe einzulassen, weil sie nicht nur der Tod der Liebe ist, wie Simone de Beauvoir verharmlosend gesagt hat. Auch das bloße ständige Zusammenwohnen mit einem Mann ist für eine Frau schon schwierig und gefährlich, für den Mann selbstverständlich auch. Denn die Ehe oder die enge Beziehung zwischen einem Mann und einer Frau ist meiner Meinung nach die Ermöglichung der Gewalt und des Mißbrauchs dieser Frau und der eventuell aus dieser Beziehung hervorgehenden Kinder. Simone de Beauvoir wußte gar nicht, was in der Ehe passiert. Sie hat eine romantisierende Formulierung benutzt. Tatsächlich erscheint mir die Ehe wie eine Kinderkrankheit liebender Menschen, wie fast alle Institutionen in dieser Kultur. In der Ehe und engen Partnerschaft, in der sich die meisten aus bloßer Gewohnheit wiederfinden, aus Bequemlichkeit und Gedankenlosigkeit, findet das permanente Duell zwischen Mann und Frau statt und später auch mit den Kindern. Es ist sicher nicht falsch, wenn wir die Ehe als eine schlechte Gewohnheit bezeichnen. Aber sie ist mehr, sie ist ein Gefängnis zweier oder mehrerer miteinander kämpfender Menschen, die einander nicht freilassen, im Gemeinsamen unerwachsen bleiben und unselbständig, die mit Hilfe von Eifersucht gegenseitig ihre Freiheit beschneiden.

Die Ehe ist eine Institution zur Verwöhnung des Mannes und zur Ausbildung bzw. Unterstützung seiner Frauensucht. Auch der Ausdruck Symbiose für die Ehe ist wieder zu harmlos, da in einer Symbiose beide sich gegenseitig etwas geben, in der Ehe der Mann der Frau aber viel weniger als umgekehrt.

Das Vertrauen jeder Frau auf einen humanen Partner wird fast immer enttäuscht. Das Vertrauen des Mannes auf eine Versorgungsanstalt und die Verwöhnung in der Ehe nicht so häufig.

Ich möchte es noch prägnanter formulieren: Die Ehe ist oft die organisierte Vergewaltigung der Frau, die organisierte Gewalt gegen die Frau und die Kinder, alles rechtlich abgesichert, der institutionalisierte Krieg der Geschlechter. Die Frau wird ausgebeutet, erniedrigt, unterworfen und entwertet. In der Ehe haben wir es häufig mit Vergewaltigungen zu tun, mit juristisch sanktionierten und erlaubten.

So ist die Ehe der Hort der Grausamkeit und des Hasses auch gegen die Kinder. Mädchen werden sexuell mißbraucht, Jungen nicht so häufig, aber in deutlichem Maße auch. Und Jungen wie Mädchen werden autoritär mißbraucht durch Anwendung von Gewalt und Strafen. Weiterhin sind Ehe und Familie Agenten der patriarchalischen Gesellschaft, Horte von Abhängigkeit und Unmündigkeit.

Ich habe diese etwas zugespitzte Auseinandersetzung mit der Institution Ehe hier vorgebracht, weil ich Männer nicht in Ruhe lassen, sie auffordern will, sich mit der Männerfrage auseinanderzusetzen. Es wird nicht ohne Streitigkeiten untereinander und auch nicht ohne Streit mit Frauen gehen. Männer sollten Frauen einmal in Ruhe lassen. In den Familien, in den Ehen, in den Partnerschaften ist immer noch zu viel Gewalt. Bisher tragen vor allem die Frauen die soziale Verantwortung im privaten Bereich, Männer werden entlastet. Diese müßten sich gegenseitig auf ihre soziale Verantwortung aufmerksam machen. Das wäre dann auch für Frauen gut. Aber Männer haben Angst vor dem Verlust ihrer sogenannten Männlichkeit. Sie wollen sogenannte starke Männer bleiben.

Aber es sind nicht nur gesellschaftliche Strukturen für unser Verhalten verantwortlich zu machen. Männer sind veränderungsfähig. An der herrschenden Männlichkeit und der patriarchalen Gewaltstruktur haben Männer Anteil und wir partizipieren alle an ihr. Wir reagieren mit Konkurrenzkämpfen und mit Entwertung der Frau, um unserem Angst- und Ohnmachtsgefühl ausweichen zu können.

Und ich sehe weiterhin immer den Zusammenhang zwischen Destruktivität und Männlichkeit. Wir Männer haben resigniert und uns zynisch mit dem Gegebenen abgefunden. Kompensierend entwickeln wir Depressivität und andere Kontrollsymptome, Allmachtsphantasien.

Die Frau darf nicht die Therapeutin des Mannes bleiben. Sie kann damit aufhören. Und wir Männer sollten uns nicht nur deshalb verändern wollen, weil wir die Ehe und die Unterdrükkung der Frau in der Ehe ungerecht finden, sondern weil wir unsere eigene Deformation in dieser Institution spüren, merken, daß wir selber uns in dieser Institution nicht richtig entfalten können. Wir Männer sollten etwas gewinnen dürfen, unsere politische und private Apathie aufgeben. Unsere Veränderung darf nicht nur durch den Druck der Frauen erfolgen, sonst wäre sie nur eine männliche Anpassung an eine weibliche Forderung. Wir Männer könnten die Zerstörung der Welt und der Mitmenschen, vor allem der Frauen und Kinder, als Anstoß zur Erkenntnis und zur Veränderung annehmen. Jeder Mann könnte bei sich selbst anfangen. Und unser Gespräch über diese Dinge muß konkreter werden, auch über uns selbst. Wir können persönlich werden. Allgemeine Erörterungen und

Polemiken gegen die Beziehung zwischen Mann und Frau, gegen die Ehe werden nicht ausreichen. Es gibt viele Männer, die allgemein, abstrakt und besonders intelligent sprechen, obwohl sie ihre Frauen entwerten und verachten. Und es gibt viele Frauen, die allgemein, abstrakt und abgehoben sprechen, obwohl sie sich den Männern anpassen, masochistisch und gehorsam bleiben. Deshalb müssen wir über unsere persönlichen Beziehungen, über das Konkrete sprechen, dürfen uns nicht privat verstecken und öffentlich renommieren.

Ich möchte mich deshalb im folgenden noch einmal auf einige Aussagen von Männern beziehen. Bevor wir uns verändern, muß uns die Situation bewußt werden. Ein Mann erzählt: »Die alltägliche Hausarbeit bleibt bei mir liegen. Ich wohne mit zwei anderen Männern in einer Männerwohngemeinschaft. Jeder spült zum Beispiel, wenn er dran ist. Es funktioniert ohne Absprache. Je mehr berufliche Arbeit ich habe, um so mehr muß ich mich zur Hausarbeit zwingen. Hausarbeit empfinde ich immer als zusätzliche Arbeit, nicht als selbstverständlichen Bestandteil meines Lebens. Ich erledige sie eher anfallartig als kontinuierlich. Sie erscheint mir fast immer als unwahrscheinlich zeitaufwendig. Wenn ich sie dann allerdings beginne, wundere ich mich, wie schnell sie doch erledigt ist. Ich beschließe, am Wochenende Wäsche zu waschen, weil ich keine saubere Kleidung mehr habe. Erst am Sonntag abend mache ich es tatsächlich. Und das, obwohl ich nun schon 33 Jahre alt bin und seit ca. 14 Jahren nicht mehr bei meinen Eltern lebe. Ich warte immer noch darauf, daß mir meine Mutter diese Arbeit abnimmt. Ich will aber meinen Beitrag zu dieser Arbeit leisten. Es ist mir peinlich, von meinen männlichen Mitbewohnern darauf angesprochen zu werden. Meine persönlichen Dinge erledigt keiner, also muß ich sie selbst erledigen. Wir drei Männer haben ein sogenanntes Haushaltsbuch. Es wird wöchentlich ausgerechnet, wer wieviel für die Lebensmitteleinkäufe ausgegeben hat. Für mich eine gute Möglichkeit zu überprüfen, ob ich genug zur Gemeinschaftsleistung erbracht habe.«

Ein anderer Mann: »Ich bin ein Verwöhnter. Ich kann in mein Zimmer, in meine Arbeit keine rechte Ordnung und Sauberkeit bringen, habe viel vor, übernehme mich. Mir und uns in angemessener Ruhe etwas Gutes zu essen zu machen, vergesse ich häufig über meiner Arbeit und meinen Vorhaben. Obwohl ich schon viel im Haushalt mache, wird mir immer deutlicher, daß ich noch viel weniger übernehme als meine Partnerin. Auch für Beziehungen und Menschen zu sorgen, fällt mir schwer. Je mehr ich selbst im Haushalt übernehme, desto mehr sehe ich, was meine Partnerin bisher jahrelang mehrheitlich allein für mich und uns in der Familie getan hat. Ich muß noch sehr viel dazu lernen, werde langsam selbständiger, zum Beispiel beim Essenmachen, Einkaufen, Putzen, Wäsche waschen, Wäsche aufhängen, Wäsche legen, Wäsche bügeln. Ich nähe manchmal auch Knöpfe oder Reißverschlüsse selbst an. Meine Partnerin bleibt mir in den meisten Haushalts- und Beziehungsbereichen immer noch etwas voraus. Sie kann immer noch besser für sich und für mich sorgen. Meine Partnerin macht mich auf meine Verwöhnung aufmerksam. Ich höre auf sie. Wenn meine Partnerin verreist, merke ich, daß ich selber auch ganz gut zurecht komme, wenn es mir auch schwerfällt. Meine Partnerin hat mir gesagt, daß ich Dreck anscheinend in der Wohnung zu selten sehe. Überall liege oder stünde etwas von mir herum. Ich breite mich aus. Ich kaufe Dinge, die unnütz dastehen. Wenn zuviel zu tun ist, schaue ich Fernsehen oder fange an zu stöhnen. Meine Partnerin reagiert zwar sauer, frißt aber ihren Ärger in sich hinein, statt ihn herauszulassen.«

Besonders eindrücklich erscheint mir die Stellungnahme eines etwa 50-jährigen Mannes, der verheiratet ist und drei Kinder hat. Ich habe ihn im Sommmer 1990 gefragt und ein Jahr später noch einmal. Seine Antworten fielen unterschiedlich aus. Er hat offenbar hinzugelernt. Seine erste Antwort lautete in etwa so: »Es gibt bestimmte Bereiche gemeinsamen Handelns. Wir gestalten die Wohnung, wir versorgen den gemeinsamen Haushalt, die Reparatur von Gegenständen. Wir kochen, genießen die Mahlzeiten, betreuen die Kinder, teilen die Sorge um die Kinder, erleben gemeinsame Freizeit, beschaffen Geldmittel zum Lebensunterhalt, gestalten Sexualität und Erotik, diskutieren über berufliche Dinge und Erlebnisse, besprechen die Ziele für die Zukunft. Bei all diesen Bereichen gemeinsamen Handelns geht es nach Laune, Kraft und Fertigkeiten. Die Arbeitsteilung ist sehr unterschiedlich, verändert sich auch zeitlich. Die Erfordernisse und Bedürfnisse meiner Partnerin erscheinen mir sehr unterschiedlich und verändern sich: Dies empfinde ich aber nicht als nachteilig, und ich fühle mich auch nicht verwöhnt. Ich fühle mich verantwortlich. Die Aufgaben des Bemutterns, selbständige Übernahme von Aufgaben, wie zum Beispiel bügeln, kochen, stopfen, putzen, Kinder pflegen und so weiter, habe ich selbst teilweise übernommen. Ich werde nur in sehr bescheidenem Maße von meiner Frau bemuttert.«

Ein Jahr später, offenbar durch die Männergruppenarbeit ehrlicher und selbstkritischer geworden, äußert sich der Mann folgendermaßen: »Hausarbeiten sind mir ein Greuel. Ich erledige sie, wenn es sein muß. Aber eigentlich hält man sich dazu Personal, delegiert die Arbeit und zahlt. Hausarbeiten kann ich zwar ausführen, beherrsche die Technik, aber es macht mir in keiner Weise Spaß, Zeit dafür zu verwenden. In anderen Arbeiten, wie zum Beispiel Nachhilfe für die Kinder, Vertretung in der Elternschaft, in der Schule und so weiter, geht es mir ganz ähnlich. Ich schiebe ab, nehme mich selbst nicht in die Pflicht, sondern delegiere, meist an meine Frau. Die muß sich dann darum kümmern. Andererseits fordere ich aber auch von den Kindern ihren Anteil und Beitrag bei der Erledigung dieser gemeinsamen Pflichten. Ich will nicht, daß sie von meiner Frau verwöhnt werden. Die Bedürfnisse meiner Frau und Kinder zu erkennen bzw. zu erfüllen, fällt mir unendlich schwer. Ständig bin ich voller Projektionen, voller Wunschvorstellungen und Ansprüche, die aus meiner Sicht formuliert sind. Ich ärgere mich, wenn die anderen kleinere Schritte als ich machen und andere Wege gehen. Ich fühle mich trotz Bemühungen nicht sehr erfolgreich, gewöhne mich sehr schwer an die Tatsache, daß Personen so sind, wie sie sind, und nicht, wie ich sie gerne hätte.«

2
Fühlen lernen

Ich bin dafür, daß wir die Frauen endlich in Ruhe lassen. Manche Feministinnen verfolgen nur noch die Strategie, Männer lächerlich zu machen, zu verspotten. Anders haben sie uns offenbar nicht erreicht. Diese ganzen politischen Diskussionen sind mir zu wenig. Ich möchte mit Männern zusammenarbeiten, Männern Gelegenheit zum Weinen geben, meinen Mitmann ängstigen wie mich selbst, seinen arroganten Panzer gegebenenfalls auch aufweichen, ihm zeigen, daß wir uns gegenseitig helfen können. Ich warte auf niemanden mehr, ich beginne mit der Männerarbeit in der Männergruppe, reagiere auch auf Frauen nicht mehr, die uns Männer lächerlich machen wollen. Wir müssen die Angst vor der Homophobie überwinden, die Karriere loslassen, uns in die Depression hineintrauen, die dann kommt, wenn wir Arbeit und Karriere loslassen, Sinnlosigkeitsgefühle und Identitätsverunsicherung annehmen. Wir sollten uns gegen biologistische und instinktivistische Argumente, (Männer sind sozial unverträglich, nicht veränderbar, nicht lernfähig) gar nicht mehr wehren, uns aus dem Streit um bloße Worte heraushalten und uns verändern. Wir Männer sollten uns nicht irgendwelchen Frauen anbiedern wollen, sondern den Kampf untereinander aufgeben.

In ihrer Schrift »Die Unfähigkeit zu trauern. Grundlagen kollektiven Verhaltens« haben Alexander und Margarete Mitscherlich sich mit den Gefühlen der Deutschen befaßt. Nach der Beendigung des Zweiten Weltkriegs stellten die Psychoanalytiker fest, daß Trauerreaktionen in Deutschland überwiegend ausblieben. Sie diagnostizierten dies als eine Störung der Trauerarbeit, die den einzelnen bei seiner seelischen Entwicklung, in seinen zwischenmenschlichen Beziehungen und seinen schöpferischen Fähigkeiten behindert. Wir wissen heute, daß vor allem Männer sich gegen eine Gefühlsbeteiligung bei vielerlei Vorgängen in zwischenmenschlichen und politischen Bereichen sperren und entsprechende Erinnerungen abzuwehren versuchen, weil ihr Selbstwertgefühl die damit verbundenen Schmerzen und Erschütterungen nicht aushalten würde bzw. nicht aushalten will. Die Autoren befürchten, daß statt einer Durcharbeitung der Vergangenheit, der Schuld- und Trauergefühle in bestimmten politischen Krisensituationen wieder der Ruf nach dem starken Mann laut werden würde. Immer wieder würden sich Männer finden, die sich aufgrund der Fähigkeiten, die sie sich zuschreiben, für prädestiniert halten, über andere zu herrschen. Nach meinen Erfahrungen steht im Zusammenhang damit auch die Abwehr der Trauer um die vielen Opfer der männlichen Aggressionen gegen Frauen und Kinder. Die Männer sind in ihrem Selbstwert betroffen, wenn ihnen ihre Schuld bewußt wird. In der notwendigen Trauer über die eigene Täterschaft und Gewalttätigkeit würde sich der Mann sehr verarmt fühlen, sein Selbstwert würde angekränkelt. Deshalb schützt er sich durch Verdrängung und Verleugnung.

Angst und Trauer sind, wie wir wissen, nicht die einzigen Gefühle, die Männer unterdrücken. Männer haben auch nicht gelernt, sich über ihre Erfolge zu freuen, sich über Menschen zu freuen, über Zuwendung, Einfühlung, Sympathie, Humor. Deshalb drohen depressive Einbrüche, gegen die der freudlose Mann kein Gegengewicht hat.

Ich möchte an dieser Stelle auf zwei Phänomene eingehen, zwei sogenannte Krankheiten, denen Männer häufig völlig ungeschützt ausgeliefert sind, weil sie nicht in der Lage sind, ihre Gefühle zuzulassen: auf Krebs und auf Aids.

Dabei haben wir Gelegenheit, männliche Gefühlsverschlossenheit zu erleben. Der krebsgefährdete Mann ist nämlich der, welcher bestimmte Gefühle nicht zulassen kann.

Es gibt psychische Bereitschaften, die mit der Krebsgefährdung in Zusammenhang stehen: Der Gefährdete kann Zorn und Ärger nicht zum Ausdruck bringen, versucht, unter allen Umständen und ohne sich zu beklagen, seine Belange zu regeln. Seine zwischenmenschliche Orientierung ist meist auf eine einzige Beziehung, die Arbeit, den Partner, das Kind, so daß beim Verlust dieser einen Beziehung das Leben seinen Sinn verlieren kann. Der krebsgefährdete Mann hält sich nicht für einen liebenswerten Mitmenschen, fühlt sich oft einsam, von anderen zurückgewiesen und isoliert. Er tut im Leben nicht das, was er eigentlich möchte.

Männer wollen sich nicht helfen lassen. Traditionelle Männer suchen die Ursachen für die Krebserkrankung im körperlichen, nicht im psychischen Geschehen, obwohl bekannt ist, daß das Seelische bei Krebs eine große Rolle spielt, zum Beispiel die Unempfindlichkeit der Seele, die Asexualität (vgl. Fritz Zorn »Mars«).

Im Leben des Mannes spielen ungeweinte Tränen eine ungeheuer große Rolle, Resignation angesichts der Möglichkeiten, sein Leben zu ändern, Hoffnungslosigkeit, die auf unbefriedigten Bedürfnissen beruht. Damit im Zusammenhang steht die Unfähigkeit, innere Spannung nach außen zu bringen, die Verleugnung der Lebensfreude.

Es geht darum, Selbstfürsorge zu leisten. Das heißt zum Beispiel, ein Gefühl für den Sinn des Lebens zu gewinnen, wichtige menschliche Beziehungen nicht loszulassen, sondern festzuhalten, gegebenenfalls konflikthaft aufzuarbeiten. Es geht auch um den Aufbau der Fähigkeit, Gefühle auszudrükken. Männer sind häufig aggressiv, wenn sie vorher lange geschwiegen und ihre beginnenden Ärgergefühle heruntergeschluckt haben. Sie sprechen selten über ihre Selbstzweifel, wenn sie sich für dumm, faul oder mittelmäßig halten. Sie entwickeln statt dessen hohe Perfektionsnormen, die immer mit Selbstbeschimpfungen einhergehen. Einsamkeitsgefühle –

nach dem Motto: Ich beklage mich nicht, ich komme sowieso im Leben immer zu kurz – begleiten die männliche Entwicklung zur Krankheit. Freude, Spaß und Lust werden höchstens vorübergehend empfunden, Ansprüche an das Leben werden pessimistisch reduziert. Männer hassen ihre Arbeit, bleiben aber doch dabei, lösen sich nicht aus Zwangssituationen und Einschränkungen. Es ist vor allem eine männliche Gangart, sich dem Schicksal zu ergeben, apathisch und resigniert zu reagieren und sich an bestimmte soziale institutionelle Gegebenheiten anzupassen. Männer befinden sich in chronischen Streßstimmungen, weil sie Konflikte verdrängen, dauernd automatenhaft arbeiten, nicht auf ihre psychischen und körperlichen Befindlichkeiten achten. Nach außen geben sie sich fröhlich, dynamisch und aktiv, innerlich geben sie ihre Wünsche auf. Zu den Charakteristika der Psyche des krebsgefährdeten Mannes gehört das totale Fehlen von Angstgefühlen bzw. die Verdrängung der Ängste. Es gehören chronischer Schlafmangel, falsche Ernährung, Konsumieren von Alkohol, Tabak und anderen Drogen, auch Medikamenten dazu, sowie das Verbleiben in schädlichen, eigentlich unerträglichen Situationen, vor allem auf dem Arbeitssektor oder in Beziehungen.

Siegfried Rudolf Dunde hat uns in seinem Buch »Positiv weiterleben« einige Überlegungen im Zusammenhang mit der Aids-Erkrankung mitgeteilt. Er empfahl Männern, die an Aids erkrankt sind, eine Zwiesprache mit sich selbst und mit der Krankheit: Was will die Krankheit mir sagen?

Dunde weist darauf hin, daß es Möglichkeiten gibt, die psychische, körperliche Abwehr zu kräftigen: Trauerarbeit, das Hineingehen und Durcharbeiten, Kommunizieren der Trauer. Dazu gehört auch, daß wir uns nicht mit der Unzufriedenheit in unserem Leben abfinden, sondern uns mit anderen zusammensetzen, um darüber nachzudenken, welche Ursachen die Unzufriedenheit hat. Wir sollten uns darüber unterhalten, wie wir uns in unserem Freundeskreis fühlen. Es gehe darum, immer die Frage zu stellen: »Was kann mir jetzt nützen?«, mit der Maxime: Ich lasse mich von der Krankheit nicht fertigmachen. Ich weine und schreie, wenn ich Schmerzen empfinde. Ich lasse meine Aggressivität an geschützten Orten heraus, weil das für mich lebenswichtig ist. Ich werde den Versuch machen, anderen zu helfen. Und zwar, weil es mir Spaß macht, weil es befriedigend ist, anderen Männern zu helfen, weil es egoistisch ist, auf meine Gesundheit zu achten, genügend zu schlafen, mich zu entspannen. Ich werde es sehr ernstnehmen, mich auf Menschen, die Begegnung, den Austausch mit ihnen zu freuen, festliche Anlässe wahrzunehmen, bei denen ich Gelegenheit habe, mit anderen Menschen in Berührung zu kommen, Familienfeiern, Hochzeiten, Geburtstage. Es ist wichtig, das Gefühl zu haben: Dies will ich miterleben. Daran will ich mich freuen. Männern fällt es immer noch schwer, etwas für sich zu tun, zu sich zu stehen, egal, was andere Menschen denken, zu wissen, wozu sie da sind, zu wissen, was sie im Leben noch erreichen wollen.

Dunde weist darauf hin, daß Männer häufig Übungen anzetteln, die wie ein innerer Krieg gegen den Krebs aussehen. Er rät davon ab. Es komme viel mehr auf Wohlbefinden, Friedlichkeit und Harmonie in uns an, also nicht auf Kampf und Abwehr gegen etwas Böses. Immer ist es dann wichtig, sich keine generellen Lebensvorschriften zu machen, sondern zu fragen: Wie lebe ich? Wie fühle ich mich dabei? Mit wem fühle ich mich wirklich wohl? Ich möchte etwas probieren, mein Leben umstellen. Ich möchte sagen können, wonach ich mich sehne, und andere Männer fragen, die mich verstehen, darin unterstützen. Dazu aber ist es wichtig, die verwöhnte Haltung abzubauen, über die wir gesprochen haben, die Arbeit an meiner Gesundheit selbstverantwortlich in die eigenen Hände zu nehmen und Lust daran zu entwickeln.

Die Frage, was Männer für ihre Gesundheit tun können, körperlich und psychisch, wird auch von Peter Sichrovsky in »Krankheit auf Rezept« aufgeworfen. Sichrovsky widmet dem Problem der Männer ein Kapitel und schickt voraus, daß es besonders schwerfällt, als Mann über Männer zu schreiben. Die Sterberate der Männer ist in allen Lebensabschnitten deutlich höher als die der Frauen, schon von Geburt an. Sichrovsky sagt ganz klar, daß die männliche Lebenserwartung von seinem Lebensstil her betrachtet werden muß. Der Lebensstil wird erlernt: Die Erziehung des Jungen ist von einem Widerspruch geprägt: Männer wurden dazu erzogen, daß sie keine Schwäche zeigen dürfen (S. 181). Und sie halten sich an die Regel: »Das Tragische an der Unfähigkeit des Mannes, um Hilfe zu bitten, ist, daß er sie am meisten braucht. Seine Angst und seine Unsicherheit gegenüber seiner eigenen Schwäche machen ihn zu einem Kartenhaus, das entweder steht oder zusammenfällt – dazwischen gibt es nichts. Viele Beispiele von Streßsituationen zeigen, daß Frauen ihre Ängste schneller offenbaren, aber auch schneller überwinden und wahrscheinlich dadurch in weit geringerem Maße schwere psychische und psychosomatische Schäden davontragen. Männer sind hauptsächlich damit beschäftigt, Furcht zu verbergen, um erst Jahre später an den Folgen der zurückgehaltenen Ängste zusammenzubrechen« (S. 190). Statt dessen aber würde uns Männern dauernd vorgemacht, daß wir so weiterleben können wie bisher, wenn man nur diese und jene Pille schlucke. Alles würde erträglich werden, Streß, Enttäuschungen, Hierarchiedruck, Konkurrenz und Erfolgszwang. Der Arzt verschreibt die Pille, weil er ein Mann ist, durchhalten muß, nicht gelernt hat, seinen Lebensstil zu ändern, die Kur der Lieblosigkeit propagieren muß, die er sich selbst antut. Der Arzt soll ein erfolgreicher Mann sein und kann die Schwächen der männlichen Patienten nicht akzeptieren, weil alle Ängste seiner Patienten auch die eigenen sind.

In der Essay-Sammlung »Mit leiser, persönlicher Stimme« hat Doris Lessing auf das Problem der Gefühlsabstumpfung hingewiesen. Sie fragt sich, wie es möglich ist, daß Männer ihre Fähigkeit verlieren, andere Menschen als Menschen zu sehen und diese ohne Gefühlsregung foltern oder töten zu können: »Wir sind abgestumpft. Wir sind unempfindlich gemacht worden. Abend um Abend, Tag um Tag, Jahr um Jahr haben wir die Schreckensmeldungen der ganzen Welt gesehen, und das hat uns unempfindlich gemacht; genauso wie diese Soldaten, die absichtlich brutalisiert wurden.«

Doris Lessing nennt den Prozeß der Erziehung Gehirnwäsche (S. 153). Nicht nur in Verhören und Prozessen werden die Praktiken angewandt, die wir als Gehirnwäsche bezeichnen. Den dauernden Wechsel von Anspannung und Entspannung zum Beispiel kennen wir in der Familie als ständigen Wechsel von autoritärem Verhalten und Gewalt auf der einen Seite sowie Verwöhnung, Laisser-Faire und Verwahrlosungsverhalten auf der anderen Seite. Nicht nur der Vernehmungsbeamte, auch der Vater ist seinem Sohn gegenüber oft abwechselnd hart und einfühlsam, in einem Moment ein sadistischer Tyrann, im nächsten ein sogenannter Freund. Nicht nur in Vernehmungen wird die Methode angewandt, das gleiche immer wieder zu sagen, auch in der Familie ist es so, stereotype Wiederholungen, ohne wirkliche Gespräche mit Fragen und Antworten, echtem Interesse an dem anderen. Auch die dritte Methode der Gehirnwäsche, der Gebrauch von Slogans, die Reduzierung komplexer Gedanken auf einfache Wortreihen werden nicht nur von Regierungen, Armeen, politischen Parteien und religiösen Gruppen angewandt, sondern auch in der Familie, bei der Erziehung der Söhne.

3
Arbeit in der Männergruppe

Nach einigen Jahren in der Männergruppe wissen die meisten, daß sie mit dem Problem der Verwöhnung zu tun haben, und das auf sehr verschiedene Weise. Viele Männer sitzen ihre alltäglichen Aufgaben einfach aus, warten ab, bis es zu spät oder fast zu spät für deren Erledigung ist. Deshalb stehen sie dauernd unter Druck. Sie arbeiten wie unter Zwang. Sie haben sich etwas Größeres vorgenommen, machen Pläne, unternehmen aber lange Zeit nichts, bleiben passiv und warten ab. Dazu gehört auch, daß der Mann schweigt. In der Männergruppe geht es nun vor allem erst einmal um Geborgenheit.

Joachim Parpat arbeitet als Psychotherapeut seit längerer Zeit an einer Untersuchung darüber, wie sich die längerfristige Mitarbeit an der Männergruppe auf die Männer auswirkt. Er hat Männer auch aus meinen Gruppen befragt und das Gefühl der Geborgenheit als wichtigste Entwicklungsbedingung genannt. Die Männer sehen es als Voraussetzung an, sich in der Männergruppe gut aufgehoben und geborgen zu fühlen, um den Mut zu entwickeln, ihr Schweigen aufzugeben. Joachim meint allerdings, daß auch diese Sehnsucht nach Geborgenheit den Männern beim Beginn der Gruppenarbeit keineswegs bewußt ist.

Das Schweigen der Männer ist zunächst eng verbunden mit der Unfähigkeit, Kontakte zu anderen Männern auch im Konfliktfall aufzunehmen. Damit beginnen sie dann in der Gruppe. Ein Mann äußerte sich nach zwei Jahren in der Männergruppe dazu folgendermaßen: »Eine große Hilfe sind mir die Männer in der Männergruppe. Ich gucke mir bei ihnen und mit ihnen vieles bewußt ab und beginne immer mehr, mir Unterstützung zu holen. So bin ich mittlerweile nicht mehr so schweigsam, habe Freundschaften und Kontakte geschlossen, bin mutiger und selbstbewußter geworden. Ich nehme mich ernster und habe Verantwortung für mich übernommen. Wichtig ist dabei, daß sich Werte für mich durch die Mitarbeit in der Männergruppe ändern. Angst zum Beispiel, die ich früher immer vermeiden wollte, betrachte ich heute als Aufgabe; ich gehe schrittweise in die Angst hinein... Um Verwöhnung abzubauen, benötige ich Zuspruch, Ermunterung, Unterstützung, die ich auch bekomme.«

Es wird sicherlich an meiner persönlichen charakterlichen Orientierung und meiner Art des Umgangs mit Männern liegen, daß ich in diesen Äußerungen, die sehr häufig von Männern zu hören sind, nach einigen Jahren der Männergruppenarbeit auch ein Problem sehe. Die Erziehung zum Mannsein in dieser Kultur kann eine gefährliche Konditionierung für die in der patriarchalischen Kultur benötigten männlichen Werte sein. Und Männer, die sich einer Männergruppe anschließen, um Kumpane zu finden, sehen oft die Gefahr nicht, in dieser Männergruppe in neue Kumpaneien hineinzugeraten. Es ist sehr wichtig für uns, daß wir uns immer wieder vor Augen führen, daß unsere Männergruppe keineswegs im Besitz der Wahrheit ist und daß die meisten Männer außerhalb unserer Gruppe auch keine für die Humanität verlorenen Männer sind. Wir müssen aufpassen, daß wir uns nicht selbst zu wichtig nehmen. Es ist nicht so, daß unsere erste Pflicht nun dieser neuen Männergruppe gilt.

Einerseits ist mir bewußt, daß das einige Jahre braucht, damit Männer von der patriarchalischen Zwanghaftigkeit und Gewalttätigkeit wegkommen. Auf der anderen Seite wäre es aber auch Verwöhnung, aus Angst, daß jemand die Gruppe verläßt, keine Konflikte auszutragen. Wir haben es immer wieder mit Männern zu tun, die so sind wie wir, die Probleme nicht austragen, sondern jahrelang Problematisches nicht ansprechen. Viele Männer weisen uns zum Beispiel immer wieder darauf hin, daß sie in ihren Partnerschaften mit Frauen Trennungen niemals wagen würden, weil sie sie sich nicht zutrauen. Sie leisten passiven Widerstand und warten, bis die Frau den ersten Schritt zur Trennung macht. Deshalb muß ich manchmal entscheiden, ob es für einen bestimmten Mann gut ist, noch in der Männergruppe zu bleiben, oder ob seine Passivität inzwischen einem potentiellen Neubewerber für die Gruppe den Platz versperrt. Wer nicht mehr in Not ist, aber einfach unentschlossen in der Gruppe klebenbleibt, wird mitunter angeregt, zu gehen.

Manchmal ist es sogar unumstößlich, daß ich einen Mann, der ununterbrochen mit mir und anderen aus der Gruppe kämpft, passiv oder aktiv Resistenz übt und kein gutes Haar an der Arbeit läßt, kräftig und unmißverständlich hart konfrontiere. In einem Fall habe ich tatsächlich so einen am Kragen gepackt, angehoben und in seinen Stuhl zurückfallen lassen. Das war keine Gewalt, sondern hat sich anbahnende Gewalt verhindert. Frauen verstehen derartige Männersachen manchmal nicht, aber wir Männer brauchen auch Kraftdemonstrationen zur Bewahrung des Friedens.

4

Vater werden

Starke Kräfte im Patriarchat sind ununterbrochen damit beschäftigt, die Aufgabe für Männer, kräftiger zu werden und unabhängiger von der Frau, zum Beispiel soziale Aktivitäten in Richtung Vaterschaft zu entwickeln, herunterzuspielen. Männer wie Frauen propagieren weiterhin die Entmündigung des Mannes und seine Verwöhnung. Im Hamburger Abendblatt vom 18. Februar 1991 fand ich einen Artikel über die »neuen Väter«. Im Rahmen des 16. Westdeutschen Therapieseminars der Technischen Hochschule Aachen und mehrerer Ärzteverbände berieten 1500 Ärzte, Pädagogen und Therapeuten über Perspektiven der Vater-und-Kind-Beziehung. Die Tagungsleiterin Professorin Dr. Waltraud Kruse, offenbar eine verharmlosende Mittäterin, stellte den neuen Vätern ein gutes Zeugnis aus. Sie füllen ihre Rolle angeblich heute wirklich aus und werden den Anforderungen gerecht. Es gäbe kaum noch Patriarchen und Despoten und auch keine Softies, die sich aus allen Konflikten heraushalten und die Kinder einfach gewähren lassen. Die antiautoritäre Erziehung sei vorbei, der Vater sei der verständnisvolle Freund, der den Kindern Freiraum zur Entwicklung zur Selbständigkeit lasse. Die meisten Kinder seien heute Wunschkinder, und der Vater habe für seine Kinder mehr Zeit. Außerdem seien die sogenannten neuen Väter, Alter bis 35 Jahre, in der Kindheit weitgehend von Frauen geprägt: »Man hat heute weniger Scheu, Liebe und Gefühle zu zeigen.« Männer übernähmen Aufgaben im Haushalt und in der Familie und hätten mehr Kontakt zu den Kindern. Der neue Konfliktstoff sei vor allem die Eifersucht der Frauen auf die Männer. Frauen nämlich hätten die Tendenz, ihre Kinder an sich zu binden und sie vom Vater abzuschirmen!

Zu ganz anderen Schlußfolgerungen und Beobachtungen kommt Horst Herrmann, Professor für Soziologie an der Universität in Münster. Er betreibt schon seit Jahren Männerforschung: »Den neuen Mann gibt es nicht.« Herrmann sagt zu recht, daß die Mentalität des gewohnt Männlichen nicht einfach abzulegen sei wie ein alter Anzug.

Der neue Vater sei ein bloßer Rhetoriker, hätte sich manches angelesen, einiges probiert und möchte damit anerkannt und geliebt werden. Er hat gemerkt, daß in bestimmten Kreisen Anerkennung für neue Väter gegeben wird. Herrmann fügt hinzu, daß Männer von Frauen Liebe erwarten und auch bekommen. Wenn Männer zum Beispiel »Ich liebe dich« zur Frau sagen, meinen sie eigentlich: Ich brauche dich. Dies, so Herrmann, sei eigentlich nur dazu da, eine bestimmte Gewalt, auch partnerschaftliche Gewalt, zwischen den beiden Komponenten Mann und Frau, Vater und Kind, abzudecken: »Männer, die geliebt werden wollen, Männer, um das Wort aufzugreifen, die lieben lassen, die eigentlich nie gelernt haben zu lieben, müssen sich ihre Vorstellung von Liebe zurichten.«

Und deshalb definieren Männer Liebe auf ihre Weise, als Verwöhnung, die »ohne Umwege eingeschlagene ganztägige, ganznächtliche Geborgenheit ein Leben lang... diese Normen müssen... darin bestehen, daß meine Frau und meine Kinder... mich lieben, aber auf so eine Art, wie mir das paßt.« Und die Männer klagen: »Mich mag niemand, ich schaffe das Geld heran, ich arbeite für alle, das ist der Ausdruck meiner Vaterliebe, aber die anderen tun nichts für mich, ich fühle mich vernachlässigt und ungeliebt.«

Die Bonner Rechtsanwältin Barbelies Wiegmann hat zum Problem der Neuen Väter folgendermaßen Stellung genommen: Wir haben vergeblich nach neuen Vätern unter den Männern gesucht. Es muß sie vereinzelt geben, aber sie sind in einer

Minorität. In den Medien, in Büchern und auf Kongressen tauchen solche Männer auf, und Barbelies Wiegmann nennt einige Typen neuer Väter: Der »Chauvi alter Schule«, der davon ausgeht, daß seine Frau sehr gerne Hausfrau und Mutter ist, wird nur noch selten angetroffen. Auch der »aufgeklärte Chauvi« sieht die beruflichen Möglichkeiten für den Mann viel größer als die in der Familie und im Hause. Der »aufgeklärte Linke«, dessen Kinder groß sind, meint, er hätte doch lieber im Beruf zurückstecken sollen. Er hätte von den Kindern viel zurückbekommen und hat viel verpaßt, er ist traurig drüber. Der aufgeklärte Linke, dessen Kinder noch klein sind, bedauert zwar, daß seine Frau bei den Kindern ist, er hätte es wirklich lieber anders, meint er, aber in seinem Beruf ginge es nun mal nicht, und die Frau bliebe gern zu Hause.

Dann gebe es einen Vater, der weinerlich sagt, daß die Frauen ungerecht sind, er hätte sich dem Sohn gewidmet, keine Lust gehabt, wieder in den Beruf einzusteigen, weil er es zu Hause viel schöner fand, die Frau verdiente gut, die Hausarbeit hielt sich in Grenzen, weil die Frau ihm viel abnahm. Aber eines Tages hat sie ihn verlassen, mit so einem Waschlappen wolle sie nichts mehr zu tun haben. Der letzte Typ, den Barbelies Wiegmann beschreibt, ist der »Wegweiser-Vater«: Er weist den Weg, aber er geht ihn nicht. Er verpaßt viel, das weiß er. Mit dieser Trauer meint er leben zu müssen: »Die Gesellschaft wird sich nur zum Guten verändern, wenn Mütter und Väter im gleichen Umfang Familienarbeit leisten und den Kindern zuliebe zuweilen zeitweilig den Beruf zurückstellen, Kinder brauchen Mütter und Väter.«

In der Zeitschrift »Theorie und Praxis der Sozialpädagogik« (März/April 1991) fand ich eine Stellungnahme zum Thema »Vater werden«. Bernhard Schön, Pädagoge und Lektor, hat drei Jahre lang mit seiner Frau zusammen berufliche Haus- und Erziehungsarbeit geteilt. Er hat festgestellt, daß Männer und Frauen in dieser Gesellschaft systematisch daran gehindert werden, Berufstätigkeit und Erziehung, Kindererziehung unter einen Hut zu bringen. Er diskutiert mit anderen Paaren über immer die gleichen Forderungen: Schaffung von Teilarbeitsplätzen, mietgünstiger Wohnraum für Familien, flächendekkende Betreuungsangebote für Kinder, adäquater Lohn für Erziehungsarbeit. Er wollte auf keinen Fall nur zu Hause bleiben und die Kinder betreuen. Die Gerüchte von Hausmännern hatten ihn gewarnt. Aber es ist Bernhard Schön klar, daß es uns Vätern leichter fällt, uns mit den beruflichen Anforderungen zu arrangieren. Die Konzentration auf die Berufsarbeit hätten wir Männer gelernt.

Ich möchte hinzufügen, daß wir Zärtlichkeit im Umgang mit Kindern, das Gespräch mit ihnen, Geben und Nehmen, Zusammenleben, Ernstnehmen der Kinder nicht gelernt haben. Wir haben vielleicht gute Absichten, können sie aber schlecht umsetzen. Wir müssen etwas lernen, um Väter werden zu können. Wir brauchen zwar die Erfahrung, mit Kindern zu leben, aber auch die Aufarbeitung unserer eigenen Sohnes-Probleme. Dazu stellt unsere Gesellschaft bisher noch kaum Möglichkeiten zur Verfügung. Noch immer wird die Erziehung der Kinder fast ausschließlich von Frauen übernommen, und die Frau ist die kraftvolle Energie im Hause.

Nach meiner Erfahrung sind kraftvolle Väter, die keine Tyrannen sind und ihre Söhne nicht verwöhnen, heute eine Utopie. Söhne würden lernen, Männer zu werden, wenn sie mitkriegen, wie ihre Väter sich gewaltlos, ernsthaft, verantwortungsvoll und kraftvoll verhalten würden.

Die Weltanschauung des kraftlosen Mannes in unserer Kultur, der seine Schwächegefühle und seine desolate Situation durch die Ausbildung von Schwärmerei für Aggression und für Krieg kompensieren will, bringt vor allem Robert Bly in seinem Buch »Eisenhans« zum Ausdruck. Was Bly über Vaterschaft schreibt, ist reine Utopie, bringt nur eine diffuse Sehnsucht nach Vätern zum Ausdruck.

Er wünscht sich den entschlossenen Mann und alte Männer, die als Väter nicht versagen. Sie sollen ihre Söhne aufziehen, Fürsorge für diese erobern, einen weiblichen Wert. Und sie sollen die Ablösung der Söhne von den Müttern ermöglichen, den Bruch mit der Mutter. Ich stimme zu. Bly beklagt die Wertlosigkeit der Väter, dieser lächerlichen Figuren, der Mißtrauen erregenden, schlechtgelaunten Trottel, die für ihre Söhne Hoffnungslosigkeit verkörpern. Er diagnostiziert bei Vätern Arbeitssucht, Schwäche, Isolation, Drogenkonsum, Flucht, Feigheit.

Robert Bly propagiert die kameradschaftliche, lebhafte und impulsive Beziehung des Vaters zum Sohn, die dem Sohn Wagemut, Wissensdurst und Tatendrang vermittelt. Er hat recht, es gibt diese Väter nicht. Und die Söhne haben große Sehnsucht nach ihnen. Söhne wünschen sich Väter, von denen sie sich geliebt fühlen können. Väter lieben aber nicht, sie haben es nicht gelernt. Bly hat auch recht, wenn er sagt, daß die Mutter den Schutz durch den Vater nicht ersetzen kann. Er hat immer noch recht, wenn er sagt, daß er sich Väter wünscht, die die Söhne bei ihrer Arbeit mit zusehen, mitarbeiten lassen. Weil dies nicht geschieht, fehlt dem Sohn etwas. Er entwickelt Mißtrauen gegen die alten Männer. Natürlich weiß die Frau nicht alles über die Männer besser als die Männer selbst. Natürlich führt die starke Mutterbindung, die sich für den normalen Mann in unserer Kultur niemals auflöst, zu einer negativen Sicht der Männer überhaupt, also auch zu einer negativen Selbstsicht. Und Bly hat richtig beobachtet, daß Männer erst zwischen 40 und 50 Jahren eine Bewegung auf den Vater zu machen, weil es vorher keine seelische Verbindung zu Männern gibt. Das begreift Robert Bly als seelische Verletzung. Aber wenn ich das Buch »Eisenhans« genau lese, merke ich, daß alle diese schönen Worte wirkungslos bleiben, weil Bly eine inhumane Weltanschauung transportiert. Ich werde vier Kritikpunkte formulieren.

Erster Kritikpunkt:

Bly meint, der Sohn müsse »irgendwann« in das Haus des Vaters ziehen, um mit dem Vater zusammenleben zu können. Das muß ich kritisieren. Ich bin der Meinung, der Vater muß nicht irgendwann, sondern von Anfang an, vom ersten Lebenstag des Sohnes an mit dem Sohn zusammensein. Den Vater zu erleben, kann nicht nur ein vereinzeltes Ereignis von Initiation sein, wie Bly fordert. In seiner Auffassung liegt der Mythos von Heilung, im Grunde tiefe Religiösität. Wir müssen nicht einzelne Situationen herstellen, sondern jahrelange Zusammenarbeit mit unseren Söhnen ermöglichen, mit den Männern untereinander überhaupt. Auch die sogenannten Workshops, die Bly beschreibt, betreffen jeweils nur einige wenige Tage. Und dann wird so getan, als ob in diesen wenigen Tagen schwerwiegende Veränderungen bei Männern zu erzielen wären. Das ist Propaganda für das Patriarchat.

Zweiter Kritikpunkt:

Robert Bly ist ein Triebist, er glaubt an Triebe, an das instinktiv Männliche. Das drückt er direkt aus. Es gehe ihm nicht um das Seelische und Geistige, sondern um etwas Nasses, Dunkles und Tiefes, eben Instinktives. Schon die Nebulosität der Sprache stößt mich ab. Er spricht von Wildheit, Irrationalität, Emotionalität, Instinkten und Intuitionen. Hier sieht man, daß er alles in einen Topf wirft. Emotionalität und Intuition sind wichtig, aber sie haben nichts mit Instinkten und Wildheit zu tun und gar nichts mit Irrationalität. Hier wird durch Sprachverwirrung patriarchalische Propaganda betrieben. Bly ist Anhänger der Triebtheorie, also ein Instinktivist: »Irgend etwas im heranwachsenden Mann verlangt nach Risiko, sucht die Gefahr, geht bis zum Äußersten – selbst bis an den Rand des Todes.« Bly ist also auch Anhänger der Todestriebtheorie. Er spricht von Jagdinstinkten bei Jungen, Instinkten der Wildheit und von Aggressionstrieben. Außerdem hören wir auch etwas von Vererbung. Natürlich, das paßt dazu.

Dritter Kritikpunkt:

Robert Bly versucht, alle Initiativen, die in den letzten Jahrzehnten unternommen worden sind, um den Mann friedlicher zu machen, zu diskriminieren. Er schnödet über den Mann der fünfziger Jahre, der auf der Suche nach der Frau war, seine Aggressivität ablegen wollte. Dabei scheut sich Bly nicht, ganze Berufsgruppen zu diffamieren. Er polemisiert gegen Zahmheit und Nettigkeit, schmäht den sanfteren Mann und meint damit leitende Angestellte, fundamentalistische Prediger, ordentliche Professoren, auf die die Eltern stolz sind. Er diffamiert Mitarbeiter von Naturkostläden, greift die sogenannten Vorurteile der modernen Psychologie an und behauptet, Männer können nur von Männern initiiert werden. Aus wilden Ebern, meint er, werden zahme Hausschweine gemacht. Priester als gezähmte Männer, Beamte als domestizierte Männer, Manager als naive Männer, die gut ins Team passen.

Vierter Kritikpunkt:

Robert Bly ist ein Kriegstreiber. Er schwärmt für Brutalität und Sadismus. Er spricht davon, daß Männer lernen sollten, Schwerter halten zu können. Das würde Entschlossenheit bedeuten. Sie müßten Verwundungen erdulden, mit Messern umgehen, Schläge aushalten, ausgeschlagene Zähne in Kauf nehmen, bis an den Rand des Todes gehen. Bly spricht von einem Vater mit Zustimmung, der seine Axt erhob und seinen Sohn schlug. Der Sohn fiel ohnmächtig zu Boden, der Vater ging weg und ließ ihn einfach liegen. Das seien nicht so schlimme Verletzungen, meint Bly, im Gegensatz zu denen des distanzierten, abwesenden, arbeitssüchtigen Vaters, der würde seinen Sohn wirklich verletzen. Den friedfertigeren Mann nennt Bly naiv. Dem naiven Mann fehle die natürliche Brutalität. Er verstecke Schläge und übergehe seine Schmerzen: »Kriegertypen lehren den Umgang mit Waffen und Disziplin, alte Männer lehren Rituale und Seele – und alle sind sie ihnen Väter.« Für Bly gibt es konstruktive Krieger: »... müssen wir wie Kafka ... unsere Fähigkeit steigern, Grauen, Lebenshaß, Tyrannei, Eifersucht und Mordlust zu empfinden.« Und schließlich wird es unmißverständlich, ich zitiere: »... der Junge als nächsten Schritt das Kriegshandwerk lernen muß; nach dem Garten kommt das Kriegshandwerk ...« (S. 207).

»In den letzten Jahren sind die Krieger in den amerikanischen Männern schwach geworden.« (S. 207)

»Die Augen des Kriegers sehen Kampf und den Einsatz von Gewalt im Kampf.« (S. 211)

»Das Gebiet, auf dem der Krieger seinen Sachverstand und seine Erfahrung einbringt, ist das Schlachtfeld. Der Krieg, der dort stattfindet, kann ein physischer Krieg sein, ein psychologischer Krieg oder ein geistiger Krieg. Innerhalb dieses rituellen Raumes bauen sich Armeen, Gottheiten, selbst Ideen in feindlichen Schlachtordnungen auf. Flaggen werden gehißt, Stimmen werden tiefer, Gedanken schärfer, Muskeln spannen sich vor Erregung ... Stahl trifft auf Stahl, die Heiligkeit des Schlachtfeldes ... den Kampf Mann gegen Mann ... den Reiz der Gefahr, selbst die Freude eines ehrenvollen Todes ...«

Hier hat sich Bly selbst entlarvt: Wir Männer sollen uns in den Dienst einer Sache stellen, die größer ist als wir selber, in den Dienst eines Königs, eines Gurus wahrscheinlich. Wir sollen heilige Krieger werden, das Böse bekämpfen, das Schlachtfeld lieben. Und Woody Allen sollen wir vergessen. Der Krieg sei ein fröhlich Ding, eine süße Freude steige in uns auf, im Herzen, im Gefühl, wenn wir den Krieg erleben. Wir gehen hin und sterben. Das ist Entzückung.

Ich finde das schlimm, weil es mich sehr an nationalsozialistische Parolen und an Hitlers »Mein Kampf« erinnert.

Aus Amerika kommen angeblich neue Väter, Männer, die eine neue Kooperationsform untereinander suchen, sogenannte »wilde Männer«. Sie wollen nicht Macho oder Softie sein, sie sind auf der Suche nach einer neuen Identität und Männlichkeit. Dazu üben sie sogenannte Initiationsrituale. Ich finde diese Versuche nicht falsch. Das typische Verhalten der Männer, stark zu sein, nie aufzugeben, keine Gefühle zu zeigen, keine Schwäche preiszugeben, wird vielleicht in solchen Camps verändert. Männer lernen es, Gefühle zu erleben, Gefühlsausbrüche zuzulassen; sie lernen es, Fesseln zu sprengen, zu weinen, gemeinsam zu lachen, zu trommeln, sich zu umarmen (vgl. einen Artikel von Christian Krug im STERN, September 1991). Auch ich finde es richtig, daß Männer sich versammeln, sich erzählen, was sie bisher im Leben erlebt haben, über Beziehung, Freundschaft, ihre Väter, ihre Kindheitstraumata.

Es ist die Rede davon, daß man sich in Gruppen aufteilt, »Beichten« ablegt, sich die Seele aus dem Leib schreit.

Männer, die von ihren Vätern mißhandelt worden sind, Prügel bezogen haben, versuchen Kontakt aufzunehmen zu anderen Männern, um die Väter-Erfahrung zu korrigieren. Sie suchen Väter, Wut, Verzweiflung und Trauer kommen auf. Männer sind von ihren Gefühlen überwältigt. Sie merken, daß ihr Verhältnis zum Vater zerrüttet ist, daß sie einen neuen Vater, neue Brüder wollen. Viele der Übungen, die in Zusammenhang mit Robert Blys »Eisenhans« für Männer empfohlen werden, können wir gut nachvollziehen.

Wenn Christian Krug dann aber sagt: »Viele werden hinterher sagen, diese zwei Stunden hätten ihr Leben verändert. Noch nie seien sie sich selbst so nah gekommen. Noch nie seien sie andern so offen und ehrlich entgegengetreten. Viele haben die Hoffnung, nun nicht mehr verschlossen, intolerant und machtbesessen zu sein«, dann liegt darin zwar begründete Hoffnung, doch zugleich unbegründete Aussicht auf ein so schnell zu veränderndes Leben als Mann. Wir wissen aus unseren Männergruppen, daß diese Wochenenden, diese Zusammenkünfte für einige Tage und Wochen nie ausreichen werden. Ich sehe deshalb in diesen Versuchen, die alte Männerrolle schnell aufzugeben, keine Macho, kein Softie und kein cooler Karrierist mehr zu sein, auch die alte Verwöhnungstendenz der Männer. Verwöhnung heißt: Ich will mich schnell verändern, ich will schnell ein anderes Leben. Das geht aber im Patriarchat nicht. Das Patriarchat ist dauernd dabei, uns wieder zu verbiegen und uns zur Gewalt zu überreden. Deshalb brauchen wir Männer jahrelange, vielleicht jahrzehntelange Arbeit an uns selbst.

Wir haben langjährige Erfahrung damit, wie schwer es ist, die Verwöhnung bei Männern aufzuheben. Wir Männer haben gegen den Vater, die Mutter keine Kräfte entwickeln dürfen. Die Eltern haben uns unterdrückt und bevormundet. Wir durften nicht erwachsen werden, nicht selbst verantwortlich sein. Weil wir auf diese Weise verwöhnt worden sind, haben wir nicht gelernt, uns für uns selbst einzusetzen. In unseren Männergruppen gibt es die Möglichkeit, mit Vätern und Brüdern, Vater- und Brüderfiguren Kontakt aufzunehmen, und das geht nicht nur an Wochenenden oder ein paarmal im Jahr für ein paar Tage. Da brauchen wir eine intensivere Arbeit, eine jahrelange, vielleicht jahrzehntelange. Dann würde es vielleicht gelingen, wirkliche Gespräche untereinander zu führen.

Das läßt sich in so kurzer Zeit nicht bewerkstelligen, wie es Bly behauptet.

Zu den Aufgaben eines veränderten Vaters würde es gehören, den Sohn über die Gewalt gegen Frauen und über Vergewaltigungen aufzuklären, ihn dabei zu unterstützen, Beziehungen zu Frauen auf friedliche und kooperative Weise aufzunehmen, nicht ausbeuterisch, besserwisserisch, gewalttätig.

Nur der Vater, der selber mit Freunden und Freundinnen Beziehungen aufgebaut hat, wird in der Lage sein, in Zusammenarbeit mit dem Sohn diesem die Möglichkeiten dafür zu vermitteln. Nicht nur durch Imitieren und Identifizieren, sondern durch Zusammenarbeit. Dazu würde es gehören, den Sohn darüber aufzuklären, daß das absolute Prinzip der Treue in unserer Gesellschaft oft nicht einzuhalten ist. Offen für andere Frauen zu sein, Kontakte herstellen zu dürfen ohne Ehe- und sexuelle Absichten würde sich aus der Männerarbeit ergeben können.

Auch über Sexualität kann der Vater mit seinem Sohn nur sprechen, wenn er gelernt hat, mit anderen Männern über Sexualität und die problematischen Komplikationen zu sprechen. Kann ich als Vater mit meinem Sohne über diese Dinge sprechen, unbefangen, wenn ich selber darüber noch nie mit anderen Männern gesprochen habe? Wir können lernen, daß wir nicht Anspruch auf den Körper der Frau haben, sondern nur darauf, unsere Wünsche an sie heranzutragen, und darauf, von ihr gehört zu werden. Wenn wir gelernt haben, eine produktive, freundliche, einladende Stimmung herzustellen, werden wir es auch mit Frauen können, und das wiederum wird der Sohn miterleben. Er wird es mit uns zusammen fühlen und dann auch tun. Der Mann, der gelernt hat, andere zu fragen, was sie sich wünschen, der wird seinem Sohn diese Frage stellen. Der Sohn, der ernstgenommen worden ist, gefragt worden ist, der fragen durfte, was er wollte, auch nein sagen durfte, der wird das in seinem Leben weitertragen.

Geborgenheit braucht der Sohn. Aber ich muß auch erwachsen mit ihm sprechen, über Entwicklungsziele, Lernmöglichkeiten, Wachstumschancen.

Es wäre gut für jeden Sohn, wenn er seinen Vater weinen sehen würde, emotional engagiert und beteiligt. Wenn er seinen Vater schwach und trostbedürftig erleben dürfte. Der Vater aber muß dieses vorher in einer Atmosphäre unter Männern erlebt haben dürfen. Nach meiner Erfahrung geschieht dieses Erlebnis nicht in einigen Wochenenden, dauert es Jahre, bis wir uns gegenseitig diese Erfahrung ermöglichen. Wir haben in der Kindheit erlebt, daß uns keine Entwicklung zugebilligt wurde. Wir wurden klein gehalten. Wir haben nicht gelernt, mit Trennung umzugehen. Wir haben Distanz gelernt, wo sie unangebracht ist, Distanzlosigkeit ebenso, weil wir kleingemacht worden sind. Die Verwöhnung abzubauen hieße auch, die Männer nicht in Ruhe zu lassen.

Wir Männer haben massive, jahrzehntelang eingeübte konfuse Vorstellungen und Vorurteile über das, was männlich und was unmännlich ist. Was weiblich ist und was nicht weiblich ist. Wir sind jahrzehntelang gedrillt worden, bis wir diesen Männlichkeitswahn leben mußten. Wir sind Opfer unseres Männlichkeitswahns, der uns nicht erlaubt, Liebesfähigkeit zu lernen.

Männer, die etwas mutiger sind, mehr Verantwortung übernehmen, sollten damit aufhören, an Frauen zu appellieren und Müttern Vorwürfe zu machen. Wir sollten dazu übergehen, uns gegenseitig und unsere Söhne zu erziehen, vom ersten Lebenstag an. Dazu gehört auch, daß wir Säuglinge betreuen. Deshalb müssen wir väterliches Einfühlen und Sorge für die Schwachen lernen. Wenn das ein Mann einige Jahre geübt hat, dann kann er mit der Frau zusammen auch Kinder erziehen. Beide im Hause, beide berufstätig, beide mit gleichen Rechten.

5
Mit sexuell mißbrauchten Frauen umgehen lernen

Ich bin Mann, Psychotherapeut und arbeite, nicht nur, aber seit 1983 vor allem und überwiegend mit Männern. Und dennoch habe ich auch mit Frauen zu tun, auch solche, die sexuell mißbraucht worden sind, kommen in meine Gruppe. Ich habe in den letzten Jahren viele Lesereisen unternommen und kam auf einer von diesen, in einer größeren deutschen Stadt, nach einem Vortrag, noch mit einigen der Teilnehmerinnen ins Gespräch. Eine Frau saß dabei, ich nenne sie Maria, und guckte mich an. Sie sagte wenig, schaute mich unverwandt an. Ich sagte ihr, daß sie mir sympathisch sei, wie sie denn den Vortrag gefunden hätte. Sie sagte weiterhin wenig und verabschiedete sich nach einer halben Stunde. Wir waren nicht ins Gespräch gekommen. Mir war das etwas rätselhaft, aber auch die Nachfragen bei ihrer Freundin, die noch länger im Restaurant geblieben war, brachten mich nicht weiter.

Einige Monate später bekam ich einen Brief von Maria. Ob es möglich sei, wenn sie nach Berlin käme, daß wir uns mal träfen und miteinander sprächen. Wir taten dies, und sie eröffnete mir, daß sie in ihrer Kindheit mißbraucht worden sei. Ich sagte ihr, daß ich der Meinung sei, sie wäre wahrscheinlich bei einer Frau besser aufgehoben als bei einem Mann. Sie sagte mir dann, daß sie erwogen hatte, mit mir auch Gespräche über den sexuellen Mißbrauch in ihrer Kindheit zu führen. Sie hätte mich beobachtet und gedacht, mit diesem Mann könnte es vielleicht gehen. Außerdem sei sie der Meinung, daß Männer sich dieses Problems der Frauen annehmen müßten, sie wünsche sich sehr dringend, daß einmal ein Mann sich dem Problem ihrer Kindheit stellt und sich diesem gewachsen fühlt. Außerdem sei es so, daß sie die Familienmitglieder, die sich an ihr sexuell vergangen hätten, auch immer sehr geliebt hätte, und gerade diese Mischung aus Zuneigung und Schrecken mache ihr so zu schaffen.

Wir unterhielten uns längere Zeit. Langsam und zögernd machte sie einige Eröffnungen, erzählte etwas über ihre Kindheit. Wir verabschiedeten uns, und nach wiederum einigen Monaten trafen wir uns in Bonn wieder, saßen im Park auf der Bank. Es war schönes Wetter, die Sonne schien, Maria weinte. Sie erzählte mir lange von ihrer Situation, ich war zunehmend erschüttert, wußte nicht recht, wie ich ihr helfen konnte, war mir auch darüber im klaren, daß die Entfernung zwischen Berlin und ihrer Heimatstadt sehr groß ist.

Schließlich kam ich auf die Idee, ihr den Vorschlag zu machen, auf eine unserer Therapiereisen mitzukommen. Sie überlegte sich das eine Weile und willigte dann ein. Etwa 1 ½ Jahre nach unserem ersten Kennenlernen war Maria dann dabei. Im Laufe dieser acht Tage dort sprach sie dreimal über ihren sexuellen Mißbrauch. Die Gespräche waren für sie selbst sehr anstrengend. Sie konnte sich auf ihre Kindheit einlassen und in bestimmte gewalttätige Situationen wieder hineingehen, obwohl eine Reihe von Männern aus unserer Männergruppe dabei waren. Maria fühlte sich gut aufgehoben bei uns, wir begleiteten sie in ihre Schmerzen und ihre Trauer hinein, in ihre Verzweiflung und in ihre riesengroße Angst, versuchten dabei, ihre Hand zu halten, sie in den Arm zu nehmen. Maria fuhr einige Jahre mit auf die Therapiereisen. Jedesmal sprach sie dort mehrmals, nahm Kontakt zu Männern auf, fühlte sich mit den Männern aus der Männergruppe sehr wohl, konnte auch wieder das kleine Mädchen sein, das ängstlich ist, aber auch Zuwendung braucht, körperliche Zärtlichkeit von Männern haben will.

Bei einem der Aufenthalte lernte Maria Irmgard Hülsemann

kennen. Nachdem Irmgard einiges gehört hatte von dem, was Maria bewegt, machte sie den Vorschlag, sie könne doch einen Brief an ihre Mutter und an ihren Bruder schreiben. Dies geschah. Maria schrieb an ihre Mutter: »Bitte nimm zur Kenntnis, daß dein Mann mich über mehrere Jahre mißbraucht hat, mich an den BH gegrabscht, mich mit Zungenküssen geweckt, sich zu mir ins Bett gelegt, die Hose ausgezogen, mich am Unterleib berührt und gestreichelt hat. Er hat seinen erigierten Penis auf meinen Bauch gelegt, er hat Samenflüssigkeit dort hinterlassen, er hat mich gefragt, ob ich mit ihm schlafen will, mich angeschnauzt, als ich mich gewehrt habe, weil du mich hören könntest. Dein jüngster Sohn hat mich, als ich neun Jahre alt war, ganz brutal vergewaltigt. Von dir fühlte ich mich im Stich gelassen. Nie mehr möchte ich von dir hören, daß du die Tatsache, daß dein Mann mich sexuell mißbraucht hat, als Komplex abtust oder meiner Phantasie zuschreibst. Nie mehr möchte ich von dir hören, daß du den Wahrheitsgrad meiner Aussage anzweifelst.«

Alle Frauen aus der Frauengruppe, Irmgard Hülsemann und ich unterschrieben diesen Brief. Sie schickte ihn an ihre Mutter, bekam von ihr aber niemals eine Antwort. Maria schrieb auch an ihren Bruder, mutete ihm zu, daß er sie brutal vergewaltigt hat, sagte ihm, daß dieses Erlebnis schrecklich war, ihr ganzes Leben geprägt, ihre Einstellung zu Männern und zur Sexualität sehr verschlimmert habe, die Arbeit in der Therapie für sie furchtbar anstrengend sei und sie immer wieder viel Kraft koste: »Sie war ein Kampf ums Überleben, über Monate, damit ich mich nicht umbringe. Monatelang habe ich kaum geschlafen, Erstickungsanfälle und Herzbeschwerden gehabt. Ich möchte mit dir darüber nicht sprechen. Wenn du dich zu meinem Brief äußern möchtest, tu das bitte ebenfalls brieflich.« Auch der Bruder hat Maria niemals auf diesen Brief geantwortet.

Vor einem meiner Vorträge in der Lessing-Hochschule über dieses Thema fragte ich Maria, ob sie bereit sei und sich in der Lage fühle, einen Beitrag zu leisten und ihn dem Auditorium vorzutragen. Es sei damit zu rechnen, daß etwa 300 Personen anwesend sind. Maria stimmte schließlich zu und trug in der Lessing-Hochschule folgendes vor:

»Ich heiße Maria, bin 34 Jahre alt, arbeite im Notruf für vergewaltigte Frauen. Ich bin im Alter von etwa zehn Jahren von meinem Bruder vergewaltigt und von meinem Vater als Jugendliche sexuell mißbraucht worden. Mein Vater war Religionslehrer in einer Realschule. Er war autoritär, gewalttätig und brutal. Meine Mutter war kalt, lieblos und hart. Meine Geschwister, von denen zwei mich sehr gut mit Liebe, Zuneigung und Zärtlichkeit versorgten, zogen alle nach und nach von zuhause aus, so daß schließlich nur noch mein sechs Jahre älterer Bruder mit mir und meinen Eltern zusammenlebte. Ich fühlte mich als Kind meistens einsam und ungeliebt. Ich hingegen liebte meine Mutter und meinen Bruder sehr. Mein Bruder schien mich nicht zu mögen. Die Zeit, die er mit mir spielte, war mir sehr kostbar, meistens jedoch wollte er mich nicht bei sich haben. Er wollte mich abschütteln, weil ich ihm lästig war. Wenn er mit mir stritt, gewann er immer, denn er war viel stärker als ich. Etwas, womit ich ihn für mich gewinnen konnte, war, wenn er Klavier spielte und ich ihm zuhörte. Ich konnte lange zuhören und bewunderte ihn sehr. Seine Musik berührte mich. Er mochte es, wenn ich bei ihm saß und ihm zuhörte. In den Pausen seines Spiels war er lieb und zugewandt. Das habe ich sehr genossen. Ein weiterer Bereich, mit dem ich ihn für mich interessieren konnte, war alles, was mit Sexualität und Nacktheit zu tun hatte. Dieser Bereich galt in meiner Familie als ganz große Schweinerei und war deshalb tabuisiert. Ich genoß es, dieses Tabu zu brechen, nackt herumzulaufen oder Begriffe aus dem Bereich der Sexualität zu benutzen. Ich genoß auch die Heimlichkeit. Es gab mir ein Gefühl, Rache an meinen Eltern zu nehmen. Außerdem war es ein sicheres Mittel, meinen Bruder für mich zu interessieren. Er gab mir Anerkennung über meinen Wissensstand über Sexualität, als ich ihm ganz erschrocken erzählte, was der Nachbarjunge mir über Zeugung und Koitus erzählt hatte. Er hatte zu meinem

Erstaunen auch schon davon gehört und schlug mir vor, diese ›Schweinerei‹ auch einmal zu probieren. Ich war sofort begeistert, wir zogen uns aus und legten uns auf sein Bett. Als ich jedoch seinen Penis sah, bekam ich einen großen Schreck. Wir hatten uns lange Zeit nicht nackt gesehen, weil meine Mutter uns das gemeinsame Baden verboten hatte. Beim letzten Mal, als ich seinen Penis gesehen hatte, sah er sehr klein und niedlich aus. Jetzt aber war er riesengroß und erschien mir unheimlich. Ich sagte, daß ich glaube, es gehe nicht, daß er seinen Penis in meine Scheide einführt, er sei viel zu groß. Meine Scheide war sehr zart und klein und weich, und ich wußte sehr genau, daß er mit seinem Penis da nicht hineinpaßt. Er wollte es aber trotzdem probieren und konnte mich, da er größer war und alles besser wußte, dazu überreden. Als er mit seinem Riesenpenis gegen meine winzige Scheide drückte, spürte ich genau, daß es nicht ging, es begann weh zu tun. Ich wollte aufhören, mein Bruder hörte aber gar nicht hin, er drückte weiter. Ich begann zu schreien und wild auf ihn einzuschlagen. Da nahm er ein Kopfkissen und legte es über meinen Kopf und über meinen Oberkörper und hielt es an beiden Seiten fest, dann machte er weiter. Ich wurde immer wütender und wehrte mich noch ohnmächtiger. Als ich merkte, daß er immer fester zudrückte, je mehr ich mich wehrte, bekam ich keine Luft mehr und hatte Angst zu ersticken. Ich entschloß mich, mich nicht mehr zu wehren.

Als mein Bruder von mir abließ, setzte er sich ans Fußende des Bettes und sah nachdenklich und abwesend vor sich hin. Er war für mich nicht erreichbar, und ich hatte das Gefühl, ich habe etwas falsch gemacht. Nach dem, was ich gerade erlebt hatte, wäre ich gern getröstet worden. Doch das war natürlich unmöglich, denn ich konnte niemandem erzählen, was mit mir passiert war, weil es doch so eine außerordentliche Schweinerei war. Also vergaß ich meinen Schmerz, meine Angst und meine unbeschreibliche Wut auf ihn und begann erneut um sein Interesse zu werben. Später habe ich über lange Zeit in die Hose gemacht, habe gestottert, war häufig wegen Bauchschmerzen beim Arzt und wurde schlagartig schlechter in der Schule. Aber niemand war da, der meine Signale verstand. Als ich ein wenig älter wurde, begann mein Vater sich für mich zu interessieren. Er war plötzlich nicht mehr streng, sondern mir zugewandt, liebevoll und zärtlich. Er sprach sich bei mir über meine Mutter aus und ließ sich von mir trösten. Ich war stolz darauf, von ihm so ins Vertrauen gezogen zu werden. Es ging manchmal soweit, daß er mich mit seiner Partnerin zu verwechseln schien. Morgens weckte er mich mit einem Zungenkuß. Ich fand das immer äußerst eklig, aber ich vergaß es schnell. Übergriffe dieser Art kamen dann immer häufiger vor. Erst als ich 17 Jahre alt war, er zudringlich wurde, änderte es sich. Da konnte ich es nicht mehr vergessen. In Erinnerung blieb mir bis heute ein fürchterlicher Ekel und Abscheu vor seinem erigierten Penis und vor der glitschigen Flüssigkeit, die er auf meinem Bauch hinterließ. Diese Erlebnisse haben einen Teil meines Lebens völlig zerstört. Sie haben mir sehr große Angst vor Männern gemacht. Mein Bruder hat meine Fähigkeit, mich gegen Männer zu wehren, zerstört. Mein Bruder und mein Vater haben in mir die Überzeugung zerstört, das Recht auf eine schöne und befriedigende Sexualität zu haben. Sie haben bei mir das Gefühl hinterlassen, daß Vergewaltigung das ist, was mir in der Sexualität zusteht. Mit dieser Einstellung habe ich viele Jahre in meiner Partnerschaft gelebt und konnte nichts anderes für mich fordern. Ich kannte nicht das Recht, über meinen Körper zu bestimmen, und ich traute mich auch nicht, meinen Körper näher kennenzulernen. Es saßen noch viele unverarbeitete Schmerzen in meinem Unterleib, als daß ich hätte dorthin spüren können. Erst jetzt in meiner Therapie bei Wilfied Wieck, wo ich durch diese Schmerzen noch einmal hindurchgehe und sie verarbeite, hört auch die Anästhesie meines Unterleibs auf. Enorm schmerzhaft und anstrengend kann ich so das Zerstörte langsam wieder aufbauen. Manchmal hilft mir mein Partner dabei, wenn ich ihm erzählen kann, Stück für Stück, was mir damals passiert ist, wenn er dabei Ruhe hat, seine Wut auf meinen Bruder und meinen Vater zurückstellt und statt dessen den Schmerz, die Traurigkeit und Verzweiflung dieses zehnjährigen Mädchens mitfühlt. Über viele Jahre habe ich über meine Erlebnisse mit niemandem gesprochen. Mein Bruder und mein Vater haben es geschafft, mit mir so umzugehen, als sei das alles nie gewesen. Meine Mutter hat anscheinend von der sexuellen Gewalt mir gegenüber nie etwas gemerkt. Später, als ich meine Eltern mit dem, was passiert war, in Gesprächen konfrontierte, hat mein Vater verleugnet, was er getan hat, und meine Mutter hat sich auf seine Seite geschlagen. Diese Tabuisierung und Verleugnung der sexuellen Gewalt von seiten meiner Familie hat dazu geführt, daß ich an meiner Erinnerung und Wahrnehmung zu zweifeln begann und Gefühle bekam, verrückt zu werden, weil ich mir vorkam, in zwei Realitäten zu leben. Der in meiner Elternhausfamilie, in der es die sexuelle Gewalt nicht gab, und meiner eigenen sehr lebendigen, in der ich sehr verstört war, ängstlich, verletzt, wütend und ohnmächtig von der sexuellen Gewalt, die ich erfahren hatte. Als ich an diesem Beitrag gearbeitet habe, habe ich gemerkt, daß es mir helfen wird, vor so vielen Menschen von der sexuellen Gewalt, die ich erfahren habe, zu sprechen. Es hilft mir, in meiner eigenen Realität zu leben, und die Realität meiner Elternhausfamilie, die der Verleugnung, zu verlassen.«

Diese Begegnung mit Maria und anderen Frauen, die in unseren Gruppen inzwischen seit etwa 1981 waren, haben meine Sicht über diese Probleme sehr verändert. In den Jahren bis 1980 habe ich von sexuellem Mißbrauch der Frauen fast nichts gewußt. Das hat mit sich gebracht, daß ich genötigt war, mich in die Situation der Frauen einzufühlen, mich so zu konfrontieren mit dem Problem, daß ich den Frauen Gesprächspartner werden konnte.

Es ist für uns Männer eine große Chance für die eigene menschliche Entwicklung, wenn wir uns der Probleme der Frau annehmen. Die Vergangenheit der Frau, das, was sie in der Kindheit erlebt und meistens verdrängt hat, bestimmt die aktuelle Beziehung und die Möglichkeit sexueller Kontakte in der Gegenwart immer sehr stark, auch wenn einer von beiden das nicht weiß. Es kann vorkommen, daß die Frau schlecht gelaunt ist, deprimiert, völlig abwesend erscheint, selbstzerstörerisch mit sich umgeht, ihre destruktiven Verhaltensweisen auslebt. Es kann auch sein, daß die Frau aggressiv ist in der Sexualität, daß sie Distanz will, wenn ich es als Mann nicht verstehe. Dann passiert es sehr oft, daß wir Männer glauben, zuwenig zu bekommen, daß wir die Frau sehr fordern.

Am Anfang einer sexuellen Beziehung ist es oft sehr schön, auch mit mißbrauchten Frauen. Die Lust nimmt dann ab, und schließlich haben die Männer Angst, etwas zu fordern. All diese schwierigen Verhaltensweisen leben Frauen oft aus, weil sie gar nicht anders können, ihre Kindheit sie noch zu sehr belastet, ohne daß wir Männer das verstehen. Viele Männer fühlen sich dem gegenüber völlig hilflos, sprechen auch nicht darüber. Einerseits nehmen Männer oft das, was Frauen ihnen dazu gesagt haben, nicht ernst, andererseits haben Männer niemanden, mit dem sie über diese Probleme sprechen können. Außerdem müssen wir damit rechnen, daß unsere eigenen schmerzhaften Gefühle und Ängste wieder hochkommen, wenn wir der Frau wirklich zuhören und uns auf sie einlassen. Unsere eigene Kindheit spielt uns einen Streich. Und so kommt es dazu, daß der Mann in der Beziehung zu einer Frau, die mißbraucht wurde, sexuelle Bedürfnisse zurückstellt, auch wenn er nichts für die Probleme der Frau kann, keine Verantwortung dafür trägt. Deshalb ist es für uns wichtig, daß wir lernen, der Frau zu helfen und Verständnis für sie aufzubringen.

Ich habe mit Irmgard Hülsemann Gespräche über dieses Muster »Mißbrauch der Frau – naiver Mann« geführt. Sie sagte mir, daß es sehr häufig so ist, daß die Frau, die mißbraucht wurde, sehr kraftvoll wirkt, sehr cool. Daß in der Gruppe, in der man sich gemeinsam aufhält, niemand dabei ist, der richtig Bescheid weiß, weil die Frau unbeeindruckbar scheint. Weil sie alles vergessen will, hat sie alle Gefühle abgespalten; wenn sie dem Mann was erzählt, dann cool. Sie durfte das Schmerzhafte nicht fühlen, und jetzt darf sie es nicht fühlen, weil das Geheimnis des Mißbrauchs gewahrt werden muß. Der Mann versteht es dann nicht. Er denkt, die wirkt ja so cool und so unbeeindruckbar, das kann doch gar nicht so schlimm gewesen sein. Sie ist ja ganz beherrscht. So kommt der Mann an die Angst nicht heran, wenn sie erzählt. Manche Frauen wirken dann fast wie tot, wie unterkühlt. Sie erleben innerlich die Situation des damaligen Mißbrauchs und sind dauernd dabei, die furchtbare Verzweiflung und die Schmerzen herunterzudrücken. In der Phantasie der Frau wiederholt sich die Mißbrauchszene in der gegenwärtigen Sexualität. Gleichzeitig ist der Wunsch nach Sexualität, nach Nähe da.

Unter Umständen wird eine Ähnlichkeit mit dem früheren Täter erlebt, phantasiert oder durch die Partnerwahl hergestellt. Die Frau bildet sich ein, es sei Schutz, sie will aufgehoben sein, das Mädchen sein dürfen, sexy und verführerisch. Auf der anderen Seite hat sie furchtbare Angst vor der Hingabe an diesen Mann.

Wir müssen lernen zuzuhören. Ein Mann, der mit diesem Problem konfrontiert ist, hat die Möglichkeit, sich in der Männergruppe Hilfe zu holen, damit er lernt, mit der Frau zu sprechen. Wir wissen inzwischen, daß mindestens jede dritte, vielleicht jede zweite Frau davon betroffen ist. Daß die Frauen sich deshalb so »komisch« benehmen und daß es passieren kann, daß nach zwanzig, dreißig Jahren auf einmal die Erinnerung an den sexuellen Mißbrauch in der Kindheit wieder da ist. Solange war kein Gedanke daran.

Irmgard hat mich darauf hingewiesen, daß es zunächst, am Anfang eines Erkenntnisprozesses, für den Mann nicht um spektakuläre Taten geht, sondern um einfache Gesten. Die Frau möchte getröstet, in den Arm genommen werden, sie will ganz schlicht zwischenmenschliche Hilfe. Wir Männer können an die Gefühle der Frau herantreten, lernen, uns zu stellen. Wichtig ist, daß wir uns bei anderen Männern Hilfe holen und nicht einfach weglaufen. Auch wenn der Mann im Gespräch mit der Frau zunächst Angst bekommt, ist es wichtig, daß er sich die Frage stellt: Wann habe ich mich am ängstlichsten gefühlt? Die Frau darf nicht allein bleiben mit ihren Problemen. Es ist wichtig, daß der Mann der Frau nicht das Gefühl vermittelt, daß er davon gar nichts wissen will.

Ich habe viele wichtige Hinweise aus dem Buch »Trotz allem« von Ellen Bass und Laura Davis erhalten. Es ist ein außerordentlich subtiles und einfühlsames Buch, auch über das Thema des Umgangs der Männer mit mißbrauchten Frauen. Aus meiner eigenen Erfahrung möchte ich noch einige Aspekte zu dieser Thematik formulieren. Mir scheint es wichtig, daß ein Mann nicht schimpft, jammert und nicht brutal fordert, sondern um Sexualität mit der Frau bittet, ebenso wichtig, daß er mit seinen Frustrationen, die unvermeidlich sind, seinen Verwirrungen, mit der Verweigerung der Frau umzugehen, zu anderen Männern geht, daß er sich einen Raum sucht, in dem seine Gefühle zur Sprache kommen können und wo er ernst genommen wird. Er sollte seine Frau um Gespräche bitten, versuchen, ihre Gefühle anzuhören und sich nicht angegriffen zu fühlen durch die Widerstände und Abwehr der Frau. Er braucht sich auch nicht schuldig zu fühlen für das, was die Frau in ihrer Kindheit erlebt hat. Viele Männer, die das nicht wissen, fangen an zu kämpfen und lösen mit ihren Kampfattitüden bei der Frau wieder alte Erinnerungen aus, rufen Übertragungssituationen hervor. Die Frau gerät wieder in Angst und Schrecken. Durch etwas größere Nähe, aber auch durch Distanzlosigkeiten, Leidenschaft, durch einen besonderen Wunsch, den der Mann in der Sexualität äußert, eine Phantasie, die er der Frau erzählt, durch Ärger, den er ihr mitteilt, kann er etwas auslösen, das er nicht mehr versteht. Dann wird der Mann zum Opfer der anderen Männer, die die Frau mißbraucht haben.

Auch seine unbewußte Partnerwahl trägt dazu bei. Die Frau hat wunde Punkte wie der Mann auch. Sie wurde verletzt, wo er nicht verletzt wurde. Aber schon durch die Partnerwahl werden die Probleme vorprogrammiert, weil beide sich suchen und finden. Die Frustration ist auch vorprogrammiert. Es ist dann für den Mann wichtig, die Frau zu fragen: Was sind denn eigentlich die Auslöser? Wie löse ich bei dir Angst und Schrekken aus, Widerstände, Abscheu und Ekel? Vielleicht können die beiden dann auch das erste Auftauchen dieser Widerstände in der Lebensgeschichte der Frau zusammen erforschen. Ihre kämpferische Übertragung sollte keine Ausrede für den Mann sein, das nun gänzlich ad acta zu legen.

Die Situationen, in die der Mann hineingerät, sind sehr vielfältig. Es kann sein, daß er denkt, die Frau ist mißbraucht worden, sie weiß es noch gar nicht. Es kann sein, daß sie es weiß, auch Erinnerungen hat, es ihm erzählt, sich überfordert fühlt. Es kann sein, daß er denkt, er hat damit nichts zu tun, wenn sie von dem sexuellen Mißbrauch erzählt, das ist ihre Sache, sie ist verantwortlich. Sie soll das mit ihrer Therapeutin besprechen. Alle möglichen Situationen für den Mann kommen in Frage. Sie können schon lange darüber gesprochen haben, aber einige Problembereiche bedürfen noch der intensiven Arbeit an der eigenen Person und der Unterstützung durch einen Fachmann bzw. durch eine Fachfrau. Manche Männer sehen sich vor die schwierige Situation gestellt, daß ihre Partnerin suizidgefährdet ist. Sie werden dann unruhig, wissen sich gar keinen Rat.

Für uns ist immer wichtig, daß wir unsere eigene Kindheit erforschen, weil wir sonst nicht verstehen, welche Lebensmuster aus der Kindheit die Frau wiederholt. Frauen, die den Mißbrauch erlebt haben, sind Überlebende. Wir können nur verstehen, daß die Frau sich ärgert, schimpft und traurig ist, allein sein will, keine Lust auf Sexualität hat, wenn wir unsere eigene Kindheit verstehen und den Mißbrauch, den wir erlebt haben, durcharbeiten. Außerdem müssen wir Männer auch für uns sorgen, für unsere Bedürfnisse, wenn die Frau sich nicht sexuell oder zärtlich auf uns einlassen kann. Männer schämen sich vor anderen Männern, daß sie überhaupt am Thema des sexuellen Mißbrauchs der Partnerin dran sind, weil sie oft in der Illusion leben, alle anderen Männer erwarteten von ihnen phantastische Sexualität. Sie empfinden dann Scham, über die

Beziehung zu sprechen, in der es Schwierigkeiten gibt. Doch es gibt keinen Grund, sich zu schämen, wenn ich mit einer Frau zusammenlebe und sie liebe, während sie an einem ihrer Kindheitstraumata arbeitet. Wieso schämt der Mann sich für seine Unsicherheit? Weil er ein typischer Sicherheitsfanatiker ist, der keine Fehler machen darf und weil er sich außerdem auch schlecht helfen lassen will. Er wendet sich dann häufig nur wieder an diese Frau, von ihr will er die Hilfe, von ihr kann er nicht loskommen. Es kann sein, daß der Mann eine mißbrauchte Frau »braucht«, seine Partnerwahl so trifft, weil er an einem Helfersyndrom leidet, unbedingt helfen will, weil er auch sexuelle Hemmungen und Widerstände hat.

Das Wichtigste ist vielleicht, daß der Mann, der manchmal ärgerlich und frustriert ist, weil sie nicht auf seine sexuellen und zärtlichen Bedürfnisse eingehen kann, sich klarmacht, daß er es mit einer »Überlebenden« zu tun hat und daß Konflikte entstehen müssen, die gar nicht zu vermeiden sind. Daß sie ein Gegenüber braucht. Das Gespräch über Sexualität verlangt ein Vorgespräch, so wie die Sexualität angeblich ein Vorspiel verlangt. Ein Vorgespräch über Nähe und Vertrauen. Die Frau muß hören, wie es dem frustrierten Mann geht, was er denkt und fühlt. Der Mann hat zwar kein Recht auf Sexualität in jeder Situation, aber er hat ein Recht auf ein Gespräch. Er hat ein Recht, daß sie ihn an ihrem seelischen Kummer teilnehmen läßt, ihn nicht ausgrenzt aus ihrer seelischen Arbeit. Er hat auch ein Recht, daß sie ihm zuhört und sich auch mit seinen Problemen und Gefühlen befaßt. Wenn die Frau Widerstand leistet und darüber nicht sprechen will, dann darf der Mann auch fordern, denn sonst bleibt er einsam und ohne Verständnis. Natürlich wird er darum auch werben, manchmal bitten müssen, Verständnis haben, daß sie nicht immer über alles sprechen kann. Aber den Anspruch generell zu stellen, das ist ein Recht des Mannes. Er kann ihr sagen: »Ich möchte dir nahe sein, ich brauche deine Berührung, kannst du mich streicheln, kannst du mir wieder mal sagen, daß du mich liebst, kannst du uns nicht Zeit einräumen?« Aber Männer sollten solche Fragen auf sanfte, nicht bedrohliche Weise stellen, versuchen, gemeinsam entspannt zu sein, ohne daß die Frau Angst haben muß, daß der Mann wieder sauer wird. Auch die Frage mag angebracht sein: »Was kannst du mir (überhaupt) noch geben? Was (noch) nicht? Arbeitest du daran? Wie kommst du damit vorwärts?« Immer muß der Mann auf sich selbst hören, nicht erst reagieren, wenn die Grenze seiner Belastbarkeit überschritten ist, sondern fühlen lernen. Der Mann braucht sich nicht vorzunehmen, den Schmerz der Frau zu lindern. Es genügt, daß er liebevoll bleibt, fragt, zuhört und Geduld aufbringt, zu verstehen sucht, sie in ihren Gefühlen annimmt, unterstützt und sie aufmerksam macht, daß sie sich von anderen Frauen Hilfe holen kann. Wenn sie in der Krise ist, wenn sie so große Schmerzen und Erinnerungen und Hoffnungslosigkeitsgefühle hat, daß sie ihr alltägliches Leben nicht mehr bewältigt, dann ist es wichtig für den Mann, daß er ihr die Lebensaufgaben erleichtert und für sie einspringt. Sie wird ihm vielleicht sogar manchmal die Schuld geben, ihn angreifen, Streit mit ihm suchen, total hysterisch erscheinen – und er kann sie überhaupt nicht mehr trösten, weil sie ihm völlig unberechenbar erscheint. Der Hinweis ist wichtig, daß er ihr klarmacht, daß sie jetzt ihre Überlebensmechanismen aus der Kindheit wiederholt. Heute hat sie keine andere Möglichkeit, es ist ihr zur Gewohnheit geworden, so zu reagieren. Deshalb ist es so wichtig, daß er durch Mitarbeit an ihrer Lebensgeschichte ihre Bedürfnisse und ihre Abwehrmechanismen verstehen lernt.

Wenn ein Mann eine Frau neu kennenlernt, sollte er sich immer klar darüber sein, daß beide eine Menge ungelöster Probleme aus der Kindheit mit in die Beziehung einbringen, daß beide sehr viel darüber sprechen und ihr Schweigen aufgeben müssen. Er sollte sich zugestehen, daß er nicht für alle ihre Bedürfnisse zuständig ist, und umgekehrt. Er sollte sich einräumen, daß es nicht wichtig ist, sofort miteinander ins Bett zu gehen. Sexualität braucht immer auch Gespräche über Bedürfnisse, Ängste, Verhütungsmethoden, Aids, Kinderwünsche usw. Wenn das in Ruhe und gründlich durchgesprochen wird, dann ist die Chance größer, daß die Beziehung offen ist für Gefühl und Lust.

6

Frauen in Ruhe lassen

Männer leiden in dieser Kultur immer unter der Distanzlosigkeit zu Frauen. Sie zeigt sich normalerweise dadurch, daß die Männer auf der Suche nach einer Frau sind, die geeignet ist, ihre »Therapeutin« zu sein, zuständig für alle psychischen Schwierigkeiten. Zusätzlich zu ihrer Arbeit im Haushalt und für die Kinder und zu ihrer Bedeutung in der Sexualität soll sie auch des Mannes Therapeutin sein. Wenn die Frau beginnt, sich von dieser Rolle zu lösen und die Frauensucht des Mannes nicht mehr zu bedienen, diese Art von Symbiose und Distanzlosigkeit aufzugeben, fällt der Mann häufig in ein absolutes Schweigen, kooperiert überhaupt nicht mehr, leistet passiven Widerstand oder wird krank. Er kann auch eifersüchtig werden und sich grollend zurückziehen, eine andere Frau suchen.

Der Mann, der lernen will, die übergroße Nähe und Distanzlosigkeit zur Frau aufzugeben, wird eine Reise beginnen, die ihn strapaziert. In der Erzählung »Geschlechtertausch« von Christa Wolf verwandelt sich eine Frau in einen Mann, unterzieht sich einem entsprechenden Experiment. Für dreißig Tage ist sie ein Mann und kommt dem Geheimnis des Mannes auf die Spur. Dieses erschreckt sie so sehr, daß sie sich zurückverwandeln läßt. Sie entdeckt nämlich das Geheimnis, daß Männer nicht lieben können: Frauen, wenn sie Frauen sein und bleiben möchten, müssen den Mann, den sie lieben wollen, erst erfinden. Ein düsterer Ausblick. Männer, die sich auf den Weg machen, etwas von der männlichen patriarchalischen Rolle abzulegen, riskieren es, weiblicher zu werden. Auch sie werden sich wahrscheinlich erschrecken, in eine Zone von Gefühlen und zwischenmenschlichen Beziehungen hineingeraten, die sie noch nicht kennen, die sie verunsichert, Angst macht. Ein bisher total unbekanntes Gebiet, auch für uns Männer. Man begibt sich in Gefahr, wenn man dort hineingeht. Es sind Kräfte wirksam, die völlig undurchschaubar und unbeherrschbar sind. Es gibt niemanden, der uns in diese Zone hineinführen und uns die Angst ersparen kann.

Das eigentliche Abenteuer eines Mannes in der heutigen Zeit geschieht mit ihm, wenn er beginnt, weiblicher zu werden, den männlich-starren Panzer abzulegen. Er wird Erschreckendes und Bedrohliches erleben, auch Überraschendes. Er wird große Unsicherheit erfahren, Heimweh haben nach der alten Sicherheit in der Männerrolle. Er gerät in das Niemandsland zwischen den Rollen von Mann und Frau hinein. Dieser Mann wird nicht mit Bewunderung rechnen können, auch nicht mit Neid oder Respekt. Sowohl Männer als auch Frauen werden ihn verhöhnen und verspotten. Vorübergehend wird niemand auf ihn hören, niemand ihn beachten.

Können wir Männer also in diese Zone hineingehen, auf die Angst verzichten, die man uns bisher entgegengebracht hat? Können wir uns dem Hohn und Spott aussetzen? Was werden wir noch alles entdecken bei diesem partiellen Rollentausch? Wir werden nicht sofort die Gelegenheit bekommen, ruhiger, entspannter und froher unser Leben gestalten zu können. Christa Wolf hatte gemeint, Mann und Frau leben auf verschiedenen Planeten. Auf dem Planet der Männer herrschen Zahlen, Regeln, Unbedingtheit und Grausamkeit, und die Umwelt übt Druck auf uns aus. Wir sollen unseren Planeten nicht verlassen. Niemand wird uns Anerkennung geben und uns dabei unterstützen, wenn wir die Reise ins Niemandsland unternehmen. Die Gesellschaft, das Patriarchat erlaubt uns nicht, in die Frauenwelt einzudringen, wirklich die Gefühle der Frauen zu erleben. Sie erlaubt uns nicht, schwach zu sein, lieben lernen zu wollen, angewiesener und trauriger zu sein, Angst zu haben.

Aber Männer sind nicht gefühllos. Sie haben bisher nur andere Gefühle als Frauen. Wenn wir aber der Lebendigkeit und dem Leben näher kommen wollen, müssen wir auf fast alles verzichten, was man uns bisher eingebleut hat. Wir setzen uns dabei total aufs Spiel.

Etwas anderes kommt hinzu. Männer verwechseln die erwünschte Nähe zur Frau oft mit Distanzlosigkeit. Sie leben Distanzlosigkeit, Symbiose, Verwöhnung, die dauernde Verklammerung zweier Menschen. Diese Distanzlosigkeit, in der wir verwöhnten Männer zusammen mit der Frau leben wollen, ist oft mit Aggression verknüpft. Wir sind zu eng zusammen, wir können uns nicht mehr richtig sehen und verstehen, wir haben nicht die nötige Verstehensferne. Wir machen uns gegenseitig kaputt. Sowohl Mann als auch Frau verhalten sich so, daß der andere ihm/ihr gegenüber nicht die Distanz wahren kann, die sie oder er brauchen würde, um ihre Würde und ihr Ich aufrechtzuerhalten. Wir versuchen immer wieder, gegenseitig unsere Ichgrenzen zu durchstoßen, zu provozieren, Übergriffe zu starten, sadistische, sadomasochistische Manöver.

In der Distanzlosigkeit werden die Ichgrenzen des Partners, der Partnerin nicht akzeptiert. Es wird unter Bedingungen gelebt, die einem realen Erwachsenenleben nicht entsprechen, die Verwöhnung bedeuten. Man hat auch kein Gefühl für die Berechtigung eigener Ichgrenzen, kann sich deshalb nicht vom anderen abgrenzen, hat räumlich und zeitlich viel zu viel miteinander zu tun und will ständig anwesend sein, am Tage wie in der Nacht. Jeder verlangt vom andern, total ansprechbar und verfügbar zu sein, man läßt sich gegenseitig keine Ruhe. Es kommt zu dauernden Ruhestörungen und zu Gewaltanwendungen. Beide versuchen einander zu beherrschen, auch mit der Gewalt in der Sprache, die als Respektlosigkeit auftritt. Man macht sich gegenseitig Angst, belebt Minderwertigkeitsgefühle, um seine Größenphantasien behalten zu können. Mann lernt auf diese Weise nicht, kompakt gegen die Welt dazustehen, weil er in der Symbiose und unter Harmoniezwang steht. Wenn die Harmonie durchbrochen wird, setzt er auf Gewalt. Das intime Wissen über die Frau kann er nur aggressiv benutzen, ihre schwachen Stellen ausnutzen. Der Mann beansprucht in seiner Distanzlosigkeit und Verwöhnung, die Frau jederzeit anfassen zu können, umarmen zu dürfen, sie sich auf den Schoß zu setzen, ohne zu fragen, ob ihr das jetzt angenehm ist. In der Verstehensferne zu leben würde bedeuten, seine Ichgrenzen zu bewahren.

Zu einer wirklichen Nähe zwischen Menschen braucht es große Distanz, Ferne, um sich zu verstehen. In dieser Zone erscheint der Rückzug als Ersatz für Distanz, Rückzug als Entfremdung im Streit. Rückzug als Notwehr gegen Distanzlosigkeit.

Die seelische Haltung, die hier gemeint ist, Verwöhnung, wird auch Regression genannt. Wenn der eine der Partner regrediert, sieht der andere keinen Grund mehr, Distanz zu wahren und Respekt zu leben. Um eine wirkliche Beziehung aufzubauen, müssen Männer vor allem lernen, Distanzarbeit zu leisten. Erst Distanzarbeit würde wirkliche Nähe ermöglichen. Diese totale Identifikation, diese verstrickte Empathie gerät zur Distanzlosigkeit, zur Überdosis Nähe, die uns Männern nicht hilft. Der echte Austausch mit einer Frau in einer engeren Beziehung würde im Grunde erst dann möglich sein, wenn ich mich in die Unsicherheitszone hineinbegebe, meine Männerrolle aufgebe. In dieser Unsicherheitszone wird es auf jeden Fall passieren, daß die Frau wütend wird, daß sie mich scharf angreift und attackiert. Das gehört zur Entwicklung der Frau, die aus ihrer Frauenrolle herauskommen will, hinein. Das aber auszuhalten fällt uns schwer. Wir schlagen zurück und wollen aus der Unsicherheitszone heraus.

Wirkliche Nähefähigkeit wäre nun in gewissem Sinne das Angebot, nicht zu kämpfen, wenn die Frau aus ihrer Frauenrolle aussteigt. Schwierig ist es in dieser Situation, weil ich vorübergehend meine Identität nicht mehr spüre und auch die der Frau nicht. Frauen in Ruhe zu lassen, die Distanzlosigkeit zur Frau aufzugeben, würde für den Mann bedeuten, daß er sich in seine Angst hineinbegibt, dafür die Verantwortung übernimmt, daß er sich auf den Streit mit der Frau einläßt, der unvermeidlich aufkommen muß, da beide sich auf den Weg gemacht haben, die bisherige Rolle im Patriarchat zu verändern.

7
Das Klimakterium des Mannes

Die Verwöhnung der Männer geht mit ihrem Ehrgeiz einher. Ehrgeizig verfolgen sie das Ziel, von Frauen verwöhnt zu werden. Andere lebenswichtige Ziele sparen sie aus. Zum Beispiel sind Männer daran interessiert, technische Probleme zu erforschen. Ihre eigene körperliche und seelische Befindlichkeit interessiert sie dagegen nicht. Deshalb möchte ich mich an dieser Stelle dem Thema Klimakterium des Mannes, auch Wechseljahre oder Midlife-crisis genannt, zuwenden.

Zwischen 45 und 55 Jahren kommt es bei Männern zu Störungen im hormonellen Haushalt, vielleicht nicht so stark wie bei Frauen. Hitzewallungen, nächtlicher und tägliche Schweißausbrüche, Herzklopfen, vielleicht sogar Schwindelanfälle, vermehrter Fettansatz, Haarausfall und krankhafte Erscheinungen an den Gelenken, an Knien, Fingern, Armen und Wirbelsäulen, Durchblutungsstörungen der Extremitäten und seelische Krankheiten, etwa depressive Verstimmungen treten auf. Diesem Problem haben sich männliche Wissenschaftler bisher kaum zugewandt. Allenfalls macht Mann therapeutische Hilflosigkeiten: reizlose Kost, Rohkost, kein Alkohol, kein Tabak, Bewegung in frischer Luft, befriedigende und ausfüllende Beschäftigung, Gymnastik, Schwimmen, Wechselduschen, manchmal auch Hormonbehandlungen, alles nicht falsch, aber ungenügend.

Klimakterium virile nennt man das beim Mann. Das männliche Geschlechtshormon wird weniger produziert, die physische und psychische Leistungsfähigkeit läßt nach, es kommt zu vielfältigen Ausfallerscheinungen. Männer reagieren auf ihre Wechseljahre auf männliche Weise. Sie gestatten sich zum Beispiel nicht die Gefühle der Impotenz, Einsamkeit, der Angst und verdrängen sie. Sie verdrängen auch, daß sie nicht mehr so fit, allen Anforderungen des Lebens gewachsen sind, sie verdrängen ihre Müdigkeit, die Möglichkeit des Todes.

Als ich begann, mich mit diesem Thema zu beschäftigen – seit etwa dem 47. Lebensjahr –, habe ich Hitzewallungen und Schweißausbrüche erlebt. Vormittags, wenn ich einkaufen gehe, oder auch, wenn ich am Schreibtisch sitze und arbeite, leide ich unter Unruhezuständen, unerklärlichen Aufgeregtheiten. In Streßzeiten kommt es bei mir seit einigen Jahren vor, daß ich bis zu vier Mal pro Nacht aufwache, mit nassem Nachthemd. Nach meinen Dauerlaufübungen, die ich oft eine halbe Stunde lang mache, habe ich kalte Füße und kalte Hände. Begehren und sexuelle Lust scheinen nachzulassen, während die Wünsche nach Zärtlichkeit größer werden. Riechen und schmecken kann ich längst nicht mehr so differenziert wie früher.

Meist ist es Männern furchtbar peinlich, derart sichtbare und unkontrollierbare »Beschwerden« zu haben. Deshalb schweigen sie noch viel mehr darüber als Frauen. Mystifikationen werden aufgebaut. Dabei sind die Befunde eindeutig: Die Produktion der Geschlechtshormone, die man Östrogene bzw. Androgene nennt, vor allem Testosteron, das in den Zwischenzellen des Hodengewebes gebildet wird, den sogenannten Leydigschen Zellen, die für die Ausprägung des männlichen Geschlechts verantwortlich sind, findet nicht mehr im selben Maße wie früher statt. Die Motivation läßt nach, Beweglichkeit und Lebensdauer der Spermien sind nicht mehr so stark, die Stimmung nicht mehr so häufig auf Sexualität ausgerichtet.

Männer haben große Schwierigkeiten, über solche Beschwerden, die sie an sich feststellen, zu sprechen. Zum Beispiel, daß sie häufiger weinen, stärker reizbar sind, daß sie sich über das Altern ärgern, manchmal Todesängste haben. Folgende Symptome werden zum Klimakterium der Frau gerechnet: nervöse Störungen, Gelenkprobleme, Ängste, Herzjagen, Schwindel, geschwollene Füße, Schlaflosigkeit, Schwächegefühle, Kopfschmerzen, Müdigkeit, Depressionen. Alles bei Männern auch vorhanden. Eventuell indirekte Folgen des Klimakteriums sind Schlafstörungen, Gereiztheit, Nervosität, Beklommenheiten, Unbehagen. Der männliche Körper stellt sich offenbar darauf ein, keine Kinder mehr zeugen zu müssen. Darüber könnten Männer ja auch Erleichterung empfinden. Aber das Problem liegt im gesellschaftlichen Ideal ewiger Jugend und Kraft, strahlender Schönheit und Attraktivität. Wir Männer sind völlig verständnislos, nicht nur dem Klimakterium der Frauen gegenüber, auch unserem eigenen. Und wir fangen an, mit Rationalisierungen zu operieren, daß man sich diese Zustände nur einbilde.

Dabei könnten wir auch über die angenehmen Begleiterscheinungen noch vieles lernen. Zum Beispiel, daß die Zärtlichkeiten wichtiger werden, der Mann toleranter wird, nicht mehr so rumprotzen muß, nicht mehr so scharf auf Sexualität sein muß, nicht mehr dauernd an die Frau denkt und die Frau infolge dessen mehr in Ruhe lassen kann, selber auch mehr zur Ruhe kommt, von der Unersättlichkeit befreit ist. In der männerbeherrschten medizinischen Forschung wird das Klimakterium des Mannes als Thema völlig vernachlässigt. Allenfalls könnte wieder angefangen werden, irgendwelche Tabletten gegen Depression zu geben. Schlaftabletten, Aspirin, hormonelle Ersatzleistungen sind hier gar nicht angebracht. Es handelt sich beim männlichen Klimakterium um einen natürlichen Vorgang, der krisenhaft verlaufen kann, aber nicht zu vermeiden ist.

Die alternativen Behandlungsformen, als Alternative zu Östrogengaben zum Beispiel, wären Verständnis und Unterstützung durch Freunde, die Männer häufig nicht haben. Für Männer ist es wichtig, ihre Körpergefühle wahrzunehmen, Schmerzen auch als sinnvollen Ausdruck körperlicher Organsprache verstehen zu lernen. Es könnte ein ganzheitliches Menschenbild an Bedeutung gewinnen, daß der Mann sich zum Beispiel auch auf homöopathische, natürliche Heilmittel ausrichtet, daß er sich dazu bereit erklärt, sich ausführlich der Anamnese und der Diagnose des Klimakteriums zu stellen. Wenn der Mann bereit wäre, seine Anamnese mit zu erarbeiten, würde er emotionale Gefühlsarbeit leisten. Da geht es nicht nur um Ernährungsgewohnheiten und körperliche Aktivitäten, sondern um die Aufarbeitung der Lebensgeschichte. Jeder reagiert anders auf das Klimakterium, gemäß seiner Charaktereigenschaften, Schwächen und Stärken. Der Mann könnte bereit sein, sich aktiv in die Therapie der Schwierigkeiten des Klimakteriums einzubeziehen.

Das Hauptproblem des Klimakteriums des Mannes ist wohl das Nachlassen seiner Potenz. Freud hat darauf hingewiesen, daß auch Männer ein Klimakterium zeigen in der Zeit ihrer abnehmenden Potenz und Angstneurosen produzieren können. Wir weisen an dieser Stelle schon auf die Möglichkeit der Überarbeitung und erschöpfenden Anstrengung bei Männern im Klimakterium hin.

Alfred Adler sprach von Insuffizienz und von im Klimakterium des Mannes gesteigerten Minderwertigkeitsgefühlen, verstärkter Unsicherheit, auch der körperlichen Veränderungen wegen. Das Persönlichkeitsgefühl des Mannes sei herabgesetzt; die verschärfende Fiktion sei dann: »Ich bin kein Mann mehr, ich bin wie eine Frau«, oder »Ich habe zuwenig vom Leben gehabt, ich habe zuwenig geleistet, meine Ziele nicht erreicht, ich werde sie auch nicht mehr erreichen«, oder »Handle so, als ob du noch Geltung oder Macht erringen müßtest«.

Der Mann kommt sich nutzlos vor und versucht, seine Minusgefühle im Klimakterium zu kompensieren, indem er noch mehr Gier entwickelt, noch mehr Machtstreben und Konkurrenz, vor allem auch mit jüngeren Männern. Im Beruf und in der Öffentlichkeit darf er die Gefühle seiner Unsicherheit nicht zeigen, er muß darüber schweigen, entwickelt statt dessen verborgenen Neid, Geiz und Herrschsucht. Wir wissen, daß Frustrationen oft durch Aggressionen kompensiert werden.

Selbstverständlich wird dem Mann in dieser Phase seines Lebens auch bewußt, daß sein Leben nicht endlos ist. Ihm wird klar, daß psychische und geistige Funktionen abnehmen, daß er schwächer wird. Mit Schwäche umzugehen ist immer schon sein Problem gewesen. Er müßte Bilanz ziehen, sich vielleicht neue Ziele stecken oder andere aufgeben, mit Versagensängsten und Müdigkeit fertig zu werden versuchen. Die Anzahl der Selbstmorde bei Männern steigt in dieser Zeit steil an, denn sie entwickeln Haß gegen sich selbst, Schuldgefühle, im Leben vieles falsch gemacht zu haben, Gefühle der Hoffnungslosigkeit und Sinnlosigkeit, Gefühle, es werde nun alles schlechter werden: »Ich habe meine Zeit verschwendet, ich habe mich falsch entschieden.« Männliche Krankheiten nehmen zu, Herzleiden, Krebs, Arterienverkalkung, aufgrund falscher Lebensführung und Verdrängung.

Es ist charakteristisch für den Mann, daß die Tatsache des Todes ihm erst bewußt wird, wenn sich ihm einige unübersehbare körperliche Symptome aufdrängen. Aber nur der Mann, der die Möglichkeit seines Todes wirklich wahrgenommen und durchgearbeitet hat, kann wirklich zu leben beginnen, Hoffnung auf eine andere Art des Lebens aufbauen.

Albert Schweitzer scheint ein glücklicher Mann gewesen zu sein, der keine größeren Sorgen hatte, als sein Lebenswerk zu vollenden: »Wieviel werde ich von der Arbeit, die ich mir vorgenommen habe, noch fertigbringen? Mein Haar beginnt zu ergrauen. Mein Körper fängt an, die Strapazen, die ich ihm zumute, und die Jahre zu spüren. Dankbar blicke ich auf die Zeit zurück, in der ich, ohne mit meinen Kräften haushalten zu brauchen, rastlos körperliche und geistige Arbeit leisten durfte. Gefaßt und demütig schaue ich auf die aus, die kommt, damit mich verzichten, ... nicht unvorbereitet treffe.«

Es ist für Männer offenbar eine völlig ungewöhnliche, aber wichtige Frage: Was habe ich im Leben noch zu erwarten, welche Ziele kann ich mir noch stecken? Im allgemeinen wird die Beantwortung dieser Frage dadurch erleichtert, daß die Lebensgeschichte aufgearbeitet wird. Die Frage »Welchen

Sinn hat mein Leben?« kann aufgegriffen werden, und zwar nicht als resignierte Frage, sondern als produktive, in die Zukunft gerichtete. Welchen Sinn will ich aktiv meinem Leben noch geben?

Statt dessen ist bei Männern die Vergangenheit oft nur eine innere Belastung, das Gefühl, das Leben wertlos vertan zu haben. Viele Männer erleben das im Klimakterium so, daß das einzige, was sie wirklich leidenschaftlich gerne getan hätten, von ihnen nie verfolgt worden ist, weil sie mutlos waren, sich zu schwach fühlten, andere Aufgaben wichtiger waren. Das Klimakterium des Mannes kann eine Umstrukturierung des männlichen Lebensplanes bedeuten. Dabei bedarf es der Flexibilität, der Fähigkeit zur Umstellung der Lebensweise. Die Leistungen werden nun auf andere Weise erbracht, mit anderen Menschen zusammen.

Männer erleben in den Wechseljahren, daß vieles nachläßt. Das Gedächtnis läßt nach. Anderes kann sich aber auch erhöhen, die Charakterstärke zum Beispiel kann größer werden. Die Erfahrung, die wir haben, Verläßlichkeit, Geduld und Ausdauer könnten stärker gewertet werden. Wir sind eher in der Lage, etwas durchzustehen, sind nicht mehr so auf Augenblickserfolge aus. Unsere Genauigkeit nimmt zu, die Selbständigkeit, das geradlinige Angehen der Probleme. Positive Aspekte unseres Lebens: Wir haben weniger Selbstzweifel, sind optimistischer, entwickeln mehr Interesse für die Sache, sind nicht mehr so stark auf die Herausstellung unserer eigenen Person bezogen. Die Selbstachtung ist gewachsen. Wir fühlen uns dem Realitätsprinzip verpflichteter.

Wenn wir uns entschließen würden, uns dieser Lebensphase produktiv zuzuwenden und sie individuell zu erforschen, könnten wir unter Umständen viel besser und mit größerer Begeisterung arbeiten. Der gesunde Mann will arbeiten, und wenn ihm sein Tod handgreiflich bewußt wird, durch körperliche Defizienzerscheinungen, kann er ein neues Leben aufbauen. Er kann seine Zeit anders einteilen, zum Beispiel mehr Zeit für Erholung und Regeneration zur Verfügung stellen, nicht in den ungesunden Formen wie Konsum, Sex, Drogen, Fernsehen, Partnerschaftsquerelen und Seitensprüngen usw., sondern im produktiveren Sinn. Aber Lebensumstellungen, neue Aktivitäten kann man nicht plötzlich aus dem Boden stampfen. Man muß schon sehr früh anfangen, sein Leben zu verstehen, aufzubauen und zu verfeinern, sich zu vervollkommnen. Deshalb dürfen wir Männer auch nicht erst im Klimakterium anfangen, uns diese Gedanken zu machen.

Wir können nicht früh genug anfangen mit den Fragen nach dem Sinn unseres Lebens, dem Sinn der Werte und der Richtung unseres Lebens. Je früher im Leben der Mann damit anfängt, um so eher wird er dann nicht so furchtbare Schwierigkeiten bekommen, das Klimakterium als eine Entwicklungsphase begreifen können und nicht als zunehmenden Verfall des Selbst. Es gibt durchaus Männer, die während des Übergangs zur Lebensmitte weniger Probleme haben als andere. Diesen Männern ist bewußt, daß sie jetzt Veränderungen durchmachen, daß auch Charakterzüge sich ändern können, Verluste und Schmerzen unvermeidbar sind und durchgestanden werden können, die als Möglichkeiten zur Fortentwicklung und Bereicherung des Lebens angesehen werden.

Wir müssen damit rechnen, daß wir im Klimakterium Enttäuschungen, Verbitterungen und Kummer zu bewältigen haben, die zu heftigen Kämpfen innerhalb unseres Selbst und in der Außenwelt führen, zu schweren Krisen, starken Gefühlen. Unter Umständen wird jeder Aspekt des bisherigen Lebens in Frage gestellt, Entsetzen und Selbstvorwürfe können auftreten.

Wir Männer brauchen Zeit für das Finden des neuen Weges. Unseren Mitmenschen werden wir vielleicht in dieser Zeit verwirrt und krank erscheinen. Unbewußte, schon frühzeitig in der Kindheit verdrängte Konflikte werden neu aktiviert, auch Abhängigkeiten, Haßgefühle, und die machen es dem Mann schwer, eine bedrückende Lebensstruktur zu verändern.

Daniel Levinson hat in seinem Buch »Das Leben des Mannes« diese Lebenskrise beschrieben (S. 263 ff.). Er spricht vom Aufruhr der Gefühle des Mannes, von der Verzweiflung, der

Qual und den Schmerzen, und fügt hinzu, daß eine Neubewertung des männlichen Lebens keine kühle, rationale und intellektuelle Auseinandersetzung sein kann, daß eine Katharsis nicht zu umgehen ist, eine innere Krise mit anschließender Wandlung. Levinson sagt, das Gefühl, »ich weiß nicht, wie es weitergehen soll, ich schaffe es nicht mehr«, sei normal und gesund. Menschen, die mir wertvoll sind, sind inzwischen gestorben. Die Frage ist aufgetaucht, ob ich mich nochmal verlieben kann, ob ich noch Wünsche nach Zärtlichkeit haben darf, romantische Phantasien, ob mein jetziger Beruf wirklich der richtige ist oder ob ich ihn ändern muß, ob ich im tiefsten Inneren meines Lebens ein konservativer Charakter bin, Neuorientierungen, die anstehen, zu vermeiden suche.

Im männlichen Klimakterium geht es also vor allem darum, daß ich Selbständigkeit zeige und Verantwortung für mein Leben übernehme. Das kann ich nicht gut jetzt zum erstenmal schaffen; wichtig ist, daß ich schon früh im Leben begonnen habe, Prioritäten zu setzen, Entscheidungen für mein Leben zu treffen. Männer sind im Klimakterium oft noch nicht selbständig geworden, haben noch nicht die Bestätigung, Unabhängigkeit und Mündigkeit, die sie gewollt hatten. Zu den Aufgaben des Mannes in der Lebensmitte gehört eine neue Bewertung seiner Vergangenheit, ein neues Bewußtsein von der eigenen Sterblichkeit und die klare Entscheidung, die verbleibende Zeit jetzt besser zu nutzen: Was gebe ich Menschen, was bekomme ich? Was will ich wirklich für mich und andere? Was sind meine zentralen Werte? Und welche Werte habe ich mir noch nicht erobert?

Leider leben die meisten Männer mindestens bis zum Klimakterium, viele auch danach noch, mit großen Illusionen über sich selbst. Sie halten sich für unabhängig, statt dessen leiden sie an Frauensucht. Sie halten sich für ausgeglichen und zufrieden, statt dessen sind sie eifersüchtig und konkurrenzmotiviert. Sie halten sich für kraftvoll, sind aber kraftlos und schwach. Sie denken, daß sie im sozialen und emotionalen Austausch leben, statt dessen haben sie Schweigen zu ihrem

Lebensprinzip gemacht. Sie stehen nicht zu ihrer Angst, verdrängen ihre Ängste, leben aber mit Ängsten. Sie halten sich für konfliktfähig, verdrängen aber Konflikte. Sie möchten tüchtige Menschen sein und nicht versagen, leiden aber an Mutlosigkeiten und Routinelangweiligkeiten. Sie denken, daß sie Freunde haben, sind in Wirklichkeit einsam. Sie halten sich für gute Väter, sind in Wirklichkeit autoritär, lieblos und verwöhnend.

Männer halten sich im Grunde für unsterblich, jedenfalls bis zum Klimakterium, für gewaltlos, als Mann für attraktiv und begehrt. Ich spreche da durchaus auch aus eigener Erfahrung. Im allgemeinen haben alle diese Illusionen uns Männern die bisherige desolate Lebensstruktur erst ermöglicht. Jetzt steht Desillusionierung an, Schmerz kommt auf, bestimmte Illusionen und Werte müssen aufgegeben werden. Viele Männer reagieren mit Entfremdung und Zynismus auf die Notwendigkeit der Veränderung ihrer Lebensstruktur. Jetzt aber kann neu geplant und entschieden werden. Sind bestimmte Beziehungen zu ändern? Vielleicht stehen Scheidungen, Trennungen an, Wiederverheiratungen oder neue Beziehungen, Berufsumstellungen, vielleicht auch Änderungen von Beziehungsstrukturen. Jedenfalls kann die Beschäftigung mit dem Klimakterium eine Chance zum Wachstum der Person werden. Die Veränderung der Haltung, sich selbst und der Außenwelt gegenüber, kann sehr viel Leben und Lebensqualität bringen.

In bestimmten Aspekten meiner Persönlichkeit bin ich noch jung, in anderen bin ich älter. Dazu muß ich eine Einstellung finden. Eine Bilanz ist zu ziehen. Ich kann mir die Frage stellen: Wieviel männliche, wieviel weibliche Anteile sind in meinem Leben verwirklicht? Durchsetzungsfähigkeit oder Hingabefähigkeit, Bindungen oder Trennungen? Bisher erleben zu viele Männer, weil sie sich mit dem Problem nicht beschäftigt haben, in diesen Zeiten Selbstmordphantasien, Herzinfarkte, Partnertrennungen, die Abnahme von Libido und Ehrgeiz und gleichzeitiges Verdrängen dieses Problems: »Diese Schwächen habe ich nicht, ich will sie nicht wahrnehmen, ich will sie verdrängen, ich will sie nicht kommunizieren, ich will mir nicht helfen lassen.«

Dazu kommt, daß im Alter zwischen 45 und 55 manche Frau im Klimakterium ein gesteigertes Sexualbedürfnis erlebt, jetzt mehr vom Mann möchte. Er will vielleicht nicht; sie fühlt sich wohler, er fühlt sich nicht wohl und versucht unbewußt nach der Maxime zu leben, daß es ihm besser gehen müsse als ihr. Die Frau wird dann aktiver und fordernder, und obwohl er das immer auch geäußert und sich gewünscht hat, fühlt er sich jetzt unbewußt gegenüber der Frau schwächer und beginnt, sich zu verweigern. Dazu gehört das Abnehmen seiner Potenz, was der Mann als Schwäche und Kraftlosigkeit erlebt, die er verachtet. Anstatt mild und freundlich mit sich selbst umzugehen, verachtet und beschimpft er sich. Hier wäre die Chance, daß der Mann sich lieben lernt, indem er über sich redet, auch seinen männlichen Freunden gegenüber, bei denen er viel lieber protzen würde, die er lieber übertrumpfen würde. Weil Männer sich mit ihren Schwächen und Kraftlosigkeiten nicht beschäftigen wollen, gibt es ihre Verdrängung als Verschiebung: Die Frau hat ein Klimakterium, ich als Mann nicht. Mit solchen Lappalien gebe ich mich nicht ab.

8
Weltanschauliche Orientierung des Vaters

Den meisten Vätern scheint es völlig selbstverständlich, daß Söhne mit Kriegsspielzeug und Kriegsliteratur in Kontakt gebracht werden. Der Vater sollte sich überlegen, ob er damit nicht zur psychischen Aufrüstung seines Kindes beiträgt (vgl. Horst Petri, Erziehungsgewalt, S. 96 ff.). Die Friedlosigkeit des Sohnes findet ihre Schulung in bestimmten gewalttätigen und brutalen Filmen. Manche Väter setzen sich mit den Söhnen zusammen vor das Fernsehen, weil es bequem ist, zeigen damit, daß sie resigniert haben angesichts bestimmter politischer Probleme, apathisch und fernsehsüchtig den Sohn zum gleichen Tun konditionieren. Ich sehe es als selbstverständlich an, daß ein Fernsehprogramm, welches dem Zuschauer pro Woche durchschnittlich 500 Morde zumutet, einen wichtigen Beitrag zur Kriegsbegeisterung vor allem der Söhne leistet. Politisch apathisch, im Konfliktfall aber aggressiv. Der Vater ist verantwortungslos, der seinen Sohn diesen Gewaltszenen aussetzt, ohne mit ihm darüber zu sprechen und gelegentlich bestimmten Fernsehkonsum zu verhindern. Das Fernsehen enthält aggressive Vor- und Leitbilder. Und der Sohn mag sich mit bestimmten Helden identifizieren, die scheinbar allmächtig und stark sind, kraftvolle Männer, die das Prinzip Männlichkeit und aggressive Selbstbehauptung zu verkörpern scheinen. Es widerspricht sich durchaus nicht, daß ein Junge passiv vor dem Fernseher sitzt und bestimmte Erwartungen hat, daß man ihn verwöhnt und befriedigt und auf der anderen Seite aggressive

Phantasien bildet, die irgendwann nach Entladung verlangen. Die in unserer Gesellschaft zu beobachtende ständige Zunahme von Kriminalität, Diebstahl, Raub, Betrug und Erpressung deutet darauf hin, daß die Väter in der Erziehung versagt, ihren Söhnen nicht gezeigt haben, aktiv und gestalterisch gesellschaftliche Räume zu erobern. Horst Petri hat in »Erziehungsgewalt« in diesem Zusammenhang auch die Weltanschauung der Kriegsfreiwilligen zur Sprache gebracht. Ihr Charakter zeichnet sich durch Gehorsam gegenüber Vorgesetzten und einer Aggressionsentladung gegenüber Untergebenen aus. Petri verweist auf die Untersuchung »Familie und Aggression« von David Mark Mantell, dessen Beschreibung des Charakterprofils kriegsfreiwilliger junger Männer. Sie wurden angeblich geliebt, hatten aber wenig offene Konflikte mit ihren Familien, keine Differenzen, weil die Söhne sich nicht erlauben konnten, Widerstand gegen ihre Väter zu leisten.

Hier wird eine der wichtigsten weltanschaulichen Erziehungsaufgaben des Vaters deutlich. Er darf auf keinen Fall das Nein, die eigenständige Regung und Opposition seines Sohnes ersticken oder mit Gewalt unterbinden. Meinungsverschiedenheiten sind wichtig. Der unter Konformität leidende Sohn wird sich im Kriegsfall nicht anders retten können, als der gewalttätigen, bisher unterdrückten Seite seiner Existenz zum Durchbruch zu verhelfen. Das wirkt sich darin aus, daß er Menschen foltert, ermordet und erschießt, auch Frauen und Kinder. Petri erwähnt, daß die besonders gehorsamen Soldaten besonders viel Spaß am Erschießen von Menschen hatten.

Die Erziehungsaufgabe ist für den Vater eine sehr verantwortungsvolle. Er darf den Gehorsam seines Sohnes auf gar keinen Fall mit Gewalt erzwingen, er sollte sich über seine eigene Wut im klaren sein und über seine Gewaltanteile gearbeitet haben. Denn auch der Vater hatte wahrscheinlich einen unterdrückenden autoritären, gewalttätigen Vater. Die meisten Männer unserer Kultur haben die Beziehung zu ihren Vätern nicht aufgearbeitet, Wut- und Gewaltanteile nicht verstanden und keine anderen Möglichkeiten gefunden, damit umzugehen, als sie an ihre Söhne weiterzugeben. Deshalb kommt es so selten zur Auflehnung der Söhne gegenüber ihren Vätern und der Infragestellung ihrer Autorität. Die Wut und die Gewalt aber, die der Sohn seinem Vater gegenüber nicht zum Ausdruck bringen konnte, wird er gegen den nächsten hilflosen Menschen richten, mit dem er zu tun hat, um so mehr, wenn er dazu auch noch den Befehl bekommt.

Oft reagieren Väter mit Empörung, Widerstand in psychoanalytischem Sinne, wenn man ihnen sagt, daß sie zu autoritär und zu aggressiv mit ihren Söhnen umgehen. Das ist eine ähnliche Situation, wie wenn man einer Mutter sagt, daß sie ihren Sohn zu nah bei sich behalten möchte. Es geht um unbewußte, bisher verdrängte Bedürfnisse und Traumata. Wer einem Vater diesbezüglich die Wahrheit sagt, kann ziemlichen Zorn auf sich ziehen, weil er die inzwischen eingespielte familiäre Ordnung in Frage zu stellen droht. Das mag das gesamte bewußte weltanschauliche Orientierungssystem des Vaters erschüttern. Es ist eine große Anforderung an ihn, wenn die Wutanfälle, der Eigensinn seines Sohnes, das Geschrei und alle möglichen anderen Methoden, mit denen er sich gegenüber seinem Vater durchzusetzen versucht, vom Vater in einer adäquaten und trotzdem noch versöhnlichen Weise beantwortet werden sollen. Es darf nicht dabei bleiben, daß im Normalfall der Sohn vor der überlegenen Macht seines Vaters kapitulieren muß. Der Sohn hat eine ungeheure Motivation dazu, bei seinem Vater etwas zu bewirken, Einfluß zu haben, dem Vater gegenüber aktiv zu werden. Wenn er diese Gefühle ausleben darf, wird er nicht so viele Ohnmachtsgefühle ausbilden müssen, wie es im Normalfall in unserer Kultur bei den Jungen der Fall ist. Die Erziehung des Sohnes auf der weltanschaulichen Basis erfordert von jedem Vater eine geduldige und angestrengte Arbeit an sich selbst. Wenn Vater und Sohn gemeinsam vor dem Fernseher sitzen und dort destruktive Attitüden und Gewalttätigkeit gezeigt werden, dann ist es für einen Vater wichtig, daß er sehr sensibel darauf achtet, von welchen dieser Brutalitäten und Verbrechensszenen sich der Sohn eventuell angezogen, in Erregung gesetzt fühlt, und wann er sich langweilt. Es ist oft nur ein kleiner Schritt von der passiven Freude an Gewalttätigkeit zu aktivem sadistischen und destruktiven Verhalten. Viele Knaben interessieren sich für fast gar nichts, haben keine Freunde und wenig zwischenmenschliche Kontakte. Sie sind gefühlsmäßig erfroren, können sich nicht mehr freuen, aber auch keinen Schmerz mehr empfinden. Sie fühlen überhaupt nichts mehr. Die Frage, die sich jeder Vater immer wieder zu stellen hat, lautet: Welches sind die Arbeiten an mir selber, die dazu führen, daß sich mein Sohn zum vollen Menschsein entwickeln kann?

Erich Fromm hat in seinem Buch »Anatomie der menschlichen Destruktivität« ein besonders eindrückliches Beispiel eines schwächlichen Sohnes geschildert, der von seinem Vater im Stich gelassen worden ist, Heinrich Himmler. Der Vater war äußerst pedantisch, konservativ, eigentlich ein schwacher Mensch, der von seinem Sohn Unterwürfigkeit forderte, äußersten Gehorsam. Heinrich gehörte zu den Männern, die sich eine Autorität suchten und das Bedürfnis entwickelten, sich ihr zu unterwerfen: »Heinrich Himmler brauchte eine starke mächtige Führerfigur, um die eigene Schwäche zu kompensieren. Sein Vater war ein schwacher Mensch« (S. 275). Himmler, ein Bürokrat, ein Fanatiker, ein Werkzeug in den Händen Hitlers, der nie rebellierte. Hitler war für ihn der Gottmensch: »Himmlers Unterwerfung unter eine starke Vaterfigur geht Hand in Hand mit einer tiefen und intensiven Abhängigkeit von seiner Mutter, die diesen Sohn liebte und verhätschelte. Die Einsicht und Vorstellungskraft dafür, was ein heranwachsender Junge brauchte, ging ihr ab. Ihre Liebe war die einer Mutter für ihr kleines Kind, und sie änderte sich in ihrer Qualität nicht, als der Junge größer wurde. So verdarb ihn ihre Liebe, indem sie sein Wachsen blockierte und ihn von ihr abhängig machte.« Fromm führt weiter aus, daß Himmler sich nie erwachsen fühlte, weil er stets wie ein kleiner Junge blieb, der sich danach sehnte, von seiner Mutter geliebt, beschützt und getröstet zu werden, einer Mutter, die keine Ansprüche an ihn stellt: »So fühlt er sich nicht als Mann, sondern als Kind: schwach, hilflos und ohne Willen oder Initiative. Er wird sich daher oft nach einem starken Führer umsehen, dem er sich unterwerfen kann, der ihm ein Gefühl der Stärke gibt.« Himmler mag ein extremes Beispiel dafür sein, wie fatal sich das Fehlen eines kraftvollen Vaters für einen Sohn auswirken kann, aber im Ansatz gibt es viele Männer in dieser Kultur, die sich ähnlich fühlen wie Himmlers Vater.

Charakteristisch in der Beziehung zwischen Vater und Sohn ist, daß der Sohn von seinem Vater nicht ernstgenommen wird. Statt dessen vernachlässigt der Vater ihn und behandelt ihn schlecht, weil sein Sohn ihm nichts gilt, weil der Vater sich nicht vorstellen kann, daß der Sohn wirklich einen berechtigten eigenen Willen und eine eigene Persönlichkeit hat, die er entwickeln will. Sobald der Sohn es wagt, einen Wunsch zu äußern, erlebt der schwächliche Vater, der sich selbst nicht kennt, dies als eine Anordnung, die von seinem Sohn gestellt wird: der gegenüber fühlt er sich kräftig genug, die kann er abweisen. Der kraftvolle Vater würde sich in seinen Entschlüssen vom Sohn beeinflussen lassen, ihm erlauben, selbständig etwas zu bewirken und zu erreichen. »Schwerer durchschaubar, aber nicht weniger folgenschwer ist jenes Nicht-Ernstnehmen des Kindes, das sich hinter Verzärtelung und Verwöhnung versteckt. Solche Kinder werden gewiß beschützt und behütet, aber die Entfaltung ihrer eigenen Kräfte wird mehr oder weniger vollständig gelähmt. Sie erhalten alles, was sie brauchen, im Überfluß, sie dürfen sich auch alles wünschen, dürfen alles sagen, was sie wollen. Ihre Situation gleicht aber im Grunde der eines gefangenen Prinzen. Er kann zwar seinen Untergebenen befehlen, daß sie ihn aufs pünktlichste bedienen; wollte er ihnen aber gebieten, sie sollten das Tor des Schlosses öffnen, in dem er gefangen ist, so würden sie sich verhalten, als habe er überhaupt nichts gesagt. Ob nur so extreme Fälle der Verwöhnung oder der durchschnittliche Fall des »liebevoll« behandelten Kindes vorliegen, macht nur einen Unterschied im Grad des Nicht-Ernstnehmens aus. Gemeinsam ist in allen Fällen, daß das Kind aus eigenem Recht nichts anordnen, nichts vollbringen, nichts beeinflussen, nichts verändern kann. Es kann viel von dem, was es will, bekommen, wenn es lieb und brav ist, aber es kann nichts bekommen, was ihm nicht gegeben wird, und es kann nichts erreichen, ohne daß der Erwachsene sich einschaltet« (Erich Fromm, Zum Gefühl der Ohnmacht, Zeitschrift für Sozialforschung, 1937, S. 110).

Erich Fromm hat sich sehr eingehend mit dem Problem der Kriegsbereitschaft von Menschen befaßt. Er meint, daß auch im jeweils nächsten Krieg immer gehorsame Menschen dasein werden, die ohne ein persönliches Motiv, nur auf Befehl hin, Raketen starten, andere Menschen vernichten. Er vertritt außerdem die These, daß sich vor allem jener Mensch durch Akte des Ungehorsams weiterentwickelt hat, der zu den jeweiligen Machthabern nein sagen konnte, ungehorsam gegenüber Autoritäten war, die neue Ideen mundtot zu machen suchten (Erich Fromm, Über den Ungehorsam, S. 10 f.). Ein Sohn, der ungehorsam gegenüber seinem Vater ist, fühlt sich nicht sicher, sondern bedroht, nicht behütet, sondern in Frage gestellt: »Um ungehorsam zu sein, muß man den Mut haben, allein zu sein, zu irren ... Die Fähigkeit zum Mut ... hängt vom Entwicklungsstadium des Betreffenden ab. Nur wenn ein Mensch sich vom Schoß der Mutter und den Geboten des Vaters befreit hat, nur wenn er sich als Individuum ganz entwickelt und dabei die Fähigkeit erworben hat, selbständig zu denken und zu fühlen, nur dann kann er den Mut aufbringen, zu einer Macht nein zu sagen und ungehorsam zu sein« (S. 14).

Freiheitsbestrebungen und Ungehorsam sind nicht voneinander zu trennen. Fromm fügt hinzu, daß gerade in der hierarchisch organisierten Bürokratie unserer Zeit, in Verwaltungen und Gewerkschaften, das Individuum zu einer Nummer wird und sich in ein Ding verwandelt. Es gibt keine offene Autorität mehr, gegenüber der der einzelne etwa rebellieren könnte. Deshalb leben viele Männer in der Illusion, freiwillig zu handeln und nur ihrem eigenen Willen zu gehorchen. Statt dessen aber gehorchen sie zum Beispiel einer Computer-Bürokratie.

Sogenannte progressive Erziehungen schaffen Kinder, die nicht mehr bestraft werden, die aber große Angst haben, anders zu sein als die anderen, Angst auch, sich von den anderen zu entfernen. Erziehung zum Mord kann schon in der Familie beginnen. Adolf Eichmann ist der Prototyp des Organisationsmenschen, der sich, nachdem er verantwortlich war für den Tod Hunderttausender von Juden, trotzdem gutgläubig für unschuldig erklären konnte. Er hatte die Fähigkeit zum Ungehorsam verloren, er hat nicht einmal mehr gemerkt, daß er gehorcht hat.

In diesem Zusammenhang möchte ich eindrücklich darauf hinweisen, daß *jeder* Vater, der sich über diese Problematik, nämlich den Gehorsam seines Sohnes und die eigene Gewalt, nicht klar ist, in Gefahr ist, Erziehungsprinzipien rechtsextremistischer Prägung anzuwenden, Ordnung, Gehorsam zu fordern. Alice Miller hat in ihren Schriften mehrfach auf die Erziehungsprinzipien des Dritten Reiches hingewiesen: Widerspruch und Kritik sind undenkbar. Söhne werden sofort bestraft und bedroht. Dem Vater ist absolut zu gehorchen, die Mutter verschwindet hinter dem Vater. Das Kind wird zum sklavischen Roboter, ohne Bedürfnisse und ohne Gefühle. Wir wissen, diese Männer sind in allen Parteien, nicht nur in den rechtsextremistischen.

Ein Vater kann seinem Sohn helfen, rechtsextremistischen oder anderen extremistischen politischen Tendenzen etwas entgegenzusetzen, wenn er die Beziehung zum Sohn aufnimmt, so daß die Ichstärke des Sohnes wächst. Je intensiver der Gefühlsaustausch auf gewaltloser Basis zwischen Vater und Sohn ist, je verläßlicher die Beziehung zum Vater für den Sohn ist, desto eher wird er auch in der Lage sein, seine Angst anzunehmen, mit ihr umzugehen und nicht in Ohnmachtsgefühlen zu versinken.

Die Aufklärung über Rechtsextremismus oder andere radikale politische Tendenzen beginnt schon in der frühen Kindheit dadurch, daß der Vater seine Betroffenheit zuläßt, wenn er sich mit politischen Themen befaßt und sie seinem Sohn vermittelt. Er kann jeden Tag versuchen, sein Bewußtsein für politische Zusammenhänge zu stärken, seine eigene Mitschuld am politischen Geschehen und an der Behandlung seines Sohnes zu thematisieren. Wo bin ich Mitläufer? kann der Vater sich fragen, wo wehre ich mich selber nicht, wo lasse ich mich von anderen beeinflussen, ohne zu widersprechen? Die Beziehung zwischen Vater und Sohn sollte eine demokratische Institution werden. Das ist für den Vater eine lebenslange Aufgabe: die Weltanschauung zu problematisieren, den Rechtsextremismus, Faschismus, Antisemitismus, Machismus.

Der schwächliche Mann fühlt sich auf der Straße groß, wenn er auf wen anders draufschlagen darf. Auch das kann die Situation jeden Vaters sein. Besonders prekär wird sie, wenn ein Vater mit einem Sohn zu tun hat, der dem Rechtsextremismus zuneigt. Die meisten Väter kneifen, weil sie mit ihrer Angst nicht umgehen können. Wenn die eigenen Söhne rechtsextremistischen Institutionen und Organisationen nachlaufen, verblassen alle schlauen Analysen und Erklärungen. Dann geht es für den Vater nur noch um radikale Selbstkritik und Arbeit an sich selbst. Denn wenn er echt und ehrlich mit seinen eigenen Gefühlen umgeht, wird er auch mit seinem Sohn über diese Kalamitäten sprechen können. Der Vater sollte dann ein Mensch sein, der sich mit seinen Gefühlen zeigt, seinen Sohn ernst nimmt, indem er ihm die Auseinandersetzung zumutet, und zwar gewaltlos.

Für uns Väter wäre also wichtig, daß wir uns darüber klar sind, daß wir keine besseren Menschen sind, bloß weil wir uns für eine angeblich progressivere Weltanschauung entschieden haben. Auch wir sind in Gefahr, brutal und gewalttätig und primitiv zu reagieren, von unserer eigenen unbewältigten Vergangenheit ergriffen zu werden und nicht vernünftig zu bleiben. Väter wissen oft etwas und vergessen es wieder, können ihr schönes Wissen nicht in die Tat umsetzen, schon gar nicht ihren Söhnen gegenüber. Nur ein ganz geringer Teil unseres Wissens wird in unsere Praxis umgesetzt.

Eine wichtige Frage von Doris Lessing möchte ich aufgreifen: Wieweit weiß ich als Vater, daß ich in Gefahr bin zu regredieren, mich gewalttätig anderen Menschen gegenüber, Minderheiten, meinem Sohn gegenüber zu verhalten. Das ist nicht erst im Kriegsfall von Interesse, sondern vorher schon, wenn wir Väter selbst unzufrieden, unglücklich sind oder uns einfach nur langweilen, irgendeinen Sündenbock suchen.

Wenn die Gefahr da ist, die gewalttätige Situation nicht zu vermeiden scheint, dann sind alle Theorien über Vater-Sohn-Beziehungen vergessen, dann wird unter Umständen geschrien, eingeschüchtert oder sogar geschlagen. Väter tun das Beste für ihre Söhne, indem sie ihre eigenen Gefühlsregungen ernst nehmen und nicht abtöten, ihre Sensibilität schulen, gegen die Abstumpfung dieser Kultur etwas anderes setzen, sich empfindlich machen.

In welcher Weise sich Väter ihren Söhnen zuwenden können, wenn sie diese ernst nehmen wollen und an ihrem Überleben interessiert sind, zeigt Horst Petri in seiner Schrift »Angst und Frieden« (S. 111 ff.). Weil wir unsere Angst nicht aushalten, lassen wir unsere Söhne mit ihren Sorgen allein. Und auf die Situation des Sohnes beziehe ich mich ausschließlich, auch wenn ich mich mit den Gedanken von Horst Petri auseinandersetze.

Der Sohn hat Ängste vor der Trennung von seinem Vater und Ängste vor körperlichen und seelischen Schmerzen. Petri meint, daß die frühe psychische Militarisierung und die Herstellung der kollektiven Friedlosigkeit bereits in der frühesten Kindheit beginnt, daß Kriegsängste häufig verschobene Ängste sind, die aus anderen Angstursachen resultieren. Die Auseinandersetzung mit solchen Kriegsängsten führt den Vater immer an die unbewältigten, verdrängten Ängste seiner eigenen Kindheit. Der erste Schritt in der Erziehung beginnt daher bei uns selbst. Er ist mit der Zerstörung von Illusionen verbunden, zum Beispiel der Illusion über den Bewußtseinsstand und die psychische Befindlichkeit unserer Kinder, über unsere eigene Aggressionsfreiheit, Angstfreiheit und Sicherheit, die wir uns durch die Fähigkeit zur Verleugnung erkaufen (S. 118).

Der Prozeß der Zerstörung solcher Illusionen kann nur langsam gehen. Väter brauchen Ausdauer dafür.

LITERATUR

Alfred Adler, Heilen und Bilden, Frankfurt 1973.

Heinz und Rowena Ansbacher (Hrsg.), Alfred Adlers Individualpsychologie, München/Basel 1972.

Ellen Bass / Laura Davis, Trotz allem, Berlin 1990.

Cheryl Benard / Edit Schlaffer, Laßt endlich die Männer in Ruhe, Hamburg 1990.

Ingmar Bergmann, Mein Leben, Hamburg 1987.

Charlotte Bühler, Psychologie im Leben unserer Zeit, München / Zürich 1962.

Paul Bowles, Rastlos. Erinnerung eines Nomaden, München 1990.

Elias Canetti, Die gerettete Zunge, Frankfurt 1979.

Thorwald Dethlefsen, Krankheit als Weg, München 1983.

Charles Dickens, David Copperfield, Regensburg 1978.

Kirk Douglas, Wege zum Ruhm, Frankfurt 1988.

Colette Dowling, Der Cinderella-Komplex. Die heimliche Angst der Frauen vor der Unabhängigkeit, Frankfurt 1982.

Siegfried Rudolf Dunde, Positiv weiterleben. Seelische Selbsthilfe nach der HIV-Infektion, Frankfurt 1988.

Andrea Dworkin, Pornographie. Männer beherrschen Frauen, Köln 1987.

Lea Fleischmann, Dies ist nicht mein Land, Hamburg 1980.

Die Frauenfrage als Männerfrage. Dokumentation der Anhörung der SPD-Fraktion im Deutschen Bundestag vom 28./29. Juni 1989.

Sigmund Freud, Abriß der Psychoanalyse. Das Unbehagen in der Kultur, Frankfurt 1972.

Erich Fried / Erwin Ringel / Alfred Hrdlicka, Die da reden gegen Vernichtung, Wien / München / Zürich 1986.
Erich Fromm, Anatomie der menschlichen Destruktivität, Stuttgart 1974.
Erich Fromm, Zum Gefühl der Ohnmacht, in: Zeitschrift für Sozialforschung, München 1980, S. 95 ff.
Erich Fromm, Über den Ungehorsam, München 1985.
Hajo Funke, Republikaner – Rassismus, Judenfeindschaft, Nationaler Größenwahn, Berlin 1989.
Marina Gambaroff, Utopie der Treue, Reinbek 1984.
Nele Glöer / Irmgard Schmiedeskamp-Böhler, Verlorene Kindheit. Jungen als Opfer sexueller Gewalt, München 1990.
Peter Glotz, Die deutche Rechte, Stuttgart 1989.
Iwan Gontscharow, Oblomow, Leipzig 1981.
Sarah Haffner, Gewalt in der Ehe, Berlin 1976.
Horst Herrmann, Vaterliebe. Ich will ja nur dein Bestes, Hamburg 1989.
Walter Hollstein, Nicht Herrscher, aber kräftig, Hamburg 1988.
Irmgard Hülsemann, Berührungen. Gespräche über Sexualität und Lebensgeschichte im Patriarchat, Damstadt / Neuwied 1984.
Irmgard Hülsemann, Ihm zuliebe? Abschied vom weiblichen Gehorsam, Stuttgart 1988.
Irmgard Hülsemann, Mit Lust und Eigensinn. Die weibliche Eroberung des Glücks, Hamburg 1992.
Robert Jungk, Projekt Ermutigung, Berlin 1987.
Das Kafka Buch, herausgegeben von Heinz Politzer, Hamburg 1980.
Cornelia Kazis, Dem Schweigen ein Ende, Basel 1988.
Brigitta Kress, Was will der Mann? München 1989.
Yvonne Kroonenberg, Alle Männer wollen nur das eine, Hamburg 1991.
Ronald Laing, Liebst du mich? Köln 1978.
Salcia Landmann, Die klassischen Witze der Juden, Berlin / Frankfurt 1989.
Claus Leggewie, Die Republikaner. Phantombild der neuen Rechten, Berlin 1989.
Doris Lessing, Mit leiser persönlicher Stimme, Frankfurt 1991.
Daniel J. Levinson, Das Leben des Mannes, Köln 1979.

Thomas Mann, Der Zauberberg, Frankfurt 1967.
Klaus Mann, Der Wendepunkt. Ein Lebensbericht, München 1981.
Heinrich Mann, Der Untertan, München 1981.
Männer über Frauen. 20 persönliche Betrachtungen prominenter Zeitgenossen, herausgegeben von Anne Volk und Karsten Flohr, Hamburg 1991.
Männer. Auf der Suche nach einer neuen Identität, herausgegeben von Gotthard Fuchs, Düsseldorf 1988.
David Mark Mantell, Familie und Aggression, Frankfurt 1978.
Guy de Maupassant, Ein Leben, Frankfurt / Berlin 1981.
Alice Miller, Am Anfang war Erziehung. Frankfurt 1980.
Alice Miller, Du sollst nicht merken, Frankfurt 1981.
Alice Miller, Abbruch der Schweigemauer, Hamburg 1990.
Alexander Mitscherlich, Auf dem Wege zur vaterlosen Gesellschaft, München 1969.
Bernd Nellessen, Der Prozeß von Jerusalem, Wien 1964.
Robin Norwood, Wenn Frauen zu sehr lieben, Reinbek 1986.
Christiane Olivier, Jokastes Kinder, Düsseldorf 1987.
Joachim Parpat, Zur Veränderung des Männerlebens als Aufgabe für die Männergruppenarbeit, Diplomarbeit 1990.
Joachim Parpat, Der alltägliche Wahnsinn, in: Michel ohne Mütze, herausgegeben von Hinrich Matthiesen und Ulrich Steinmetzger, Leipzig 1991.
Horst Petri, Erziehungsgewalt, Frankfurt 1989.
Horst Petri, Angst und Frieden, Frankfurt 1987.
Volker Elis Pilgrim, Muttersöhne, Düsseldorf 1986.
Volker Elis Pilgrim, Zehn Gründe, kein Fleisch mehr zu essen, Frankfurt 1985.
Jirina Prekop, Der kleine Tyrann, München 1988.
Josef Rattner, Selbsterkenntnis und Menschenkenntnis, München 1973.
Josef Rattner, Verwöhnung und Neurose, Zürich / Stuttgart 1968.
Marcel Reich-Ranicki, Thomas Mann und die Seinen, Stuttgart 1988.
Lawrence le Shan, Psychotherapie gegen den Krebs, Stuttgart 1982.
Peter Sichrovsky, Krankheit auf Rezept, Köln 1984.

Barbara Sichtermann, Weiblichkeit. Zur Politik des Privaten, Berlin 1983.
Spiegel Spezial. Hundert Jahre Hitler, herausgegeben von Rudolf Augstein, Hamburg 1989.
Günter Schmölders, Psychologie des Geldes, Hamburg 1966.
Dieter Schnack / Rainer Neutzling, Kleine Helden in Not, Reinbek 1990.
Harald Schultz-Hencke, Der gehemmte Mensch, Stuttgart 1969.
Richard Stöss, Die extreme Rechte in der Bundesrepublik, Opladen 1989.
Christina Thürmer-Rohr, Vagabundinnen, Berlin 1987.
Georg Stefan Troller, Selbstbeschreibung, Bramsche bei Osnabrück 1988.
Erwin Wexberg, Individualpsychologie, Darmstadt 1969.
Wilfried Wieck, Männer lassen lieben. Die Sucht nach der Frau, Stuttgart 1987.
Wilfried Wieck, Wenn Männer lieben lernen, Stuttgart 1990.
Wilfried Wieck und Irmgard Hülsemann, Die geheimen Verbote. Moralische Konflikte in der Therapie, Stuttgart 1988.
Wilfried Wieck, Warum (Golf-)Krieg?, in: Männer lassen Federn, herausgegeben von Mathias Jung, Reinbek 1992.
Christa Wolf, Selbstversuch, in: Gesammelte Erzählungen, Darmstadt / Neuwied 1974.
Fritz Zorn, Mars, München 1977.

ADRESSEN

Aachen

Beratung, c/o Volker van den Boom, Wilhelmstraße 35, 52070 Aachen, Telefon 0241-534407.

Berlin

Mannege. Info und Beratung für Männer, Friedrichstraße 165, 10117 Berlin, Telefon 030-2082157 und 030-6817793.

Patriarchatskritische Tiefenpsychologische Männergruppe, c/o Joachim Parpat, Wartburgstraße 20, 10825 Berlin, Telefon 030-7811035, und Rainer Strotmann, Sprengelstraße 4/5, 13353 Berlin, Telefon 030-4535540.

Rundbrief antisexistischer Männer, c/o Eberhard Schäfer, Lindenstraße 82, 10969 Berlin.

Arbeitsgemeinschaft Humane Sexualität, Ohlauerstraße 30, 10999 Berlin, Telefon 030-6189039.

Männerkollektiv Dissens e. V., Sparrstraße 22, 13353 Berlin, Telefon 030-4543475.

Bielefeld

Männerbüro, Alfred-Bozi-Straße 10, 33602 Bielefeld, Telefon 0521-175569.

Bonn

Bundesinitiative Väteraufbruch für Kinder, Rheinweg 117, 53129 Bonn.

Bremen

Männerbüro Bremen e. V., Braunschweiger Straße 53 b, 28205 Bremen, Telefon 04 21-498 86 34.

Darmstadt

Männerbüro, c/o Erich Krichbaum, Gröbenweg 1, 64385 Reichelsheim-Beerfutz, Telefon 0 61 64-36 04.

Duisburg

Her Mann. Information und Beratung, c/o Heinz Aust, Max-Reger-Straße 15, 47057 Duisburg.

Frankfurt am Main

Informationszentrum für Männerfragen, Neuhofstraße 41 HH, 60318 Frankfurt am Main, Telefon 0 69-5 97 09 59.

Frille

Heimvolkshochschule, Alte Molkerei Frille, Freithof 16, 32469 Petershagen, Telefon 0 57 02-97 71.

Gießen

Männer-Initiative, c/o Heiko Batzer, Otto-Behaghel-Straße 25 d, 35394 Gießen.

Göttingen

Männerbüro e. V., Groner-Tor-Straße 16, 37073 Göttingen, Telefon 05 51-4 61 61.

Hamburg

Männer gegen Männergewalt, Mühlendamm 66, 22087 Hamburg, Telefon 0 40-2 20 12 77.

Hamburg Switchboard. Informationsdienst für Männer, Infoblatt monatlich, c/o Werner Blum, Veilchenweg 1, 22529 Hamburg.

Heidelberg

Männer gegen Männergewalt, Rohrbacher Straße 42, 69115 Heidelberg, Telefon 0 62 21-1 42 90 oder 41 14 69.

Kiel

Initiativkreis für ein Kieler Männerzentrum, c/o Johannes Steingräber, Christian-Kruse-Straße 4, 24118 Kiel, Telefon 0 43-56 98 42.

Köln

Männertreff, c/o Karl-Heinz Beyer, Vondelstraße 38, 50677 Köln, Telefon 0221-316979.

Männerbüro, Melchiorstraße 3, 50670 Köln, Telefon 0221-124327 oder 7607559.

Lehrte

Väter- und Männergruppe, Gartenstraße 7, 31275 Lehrte, Telefon 05132-53674.

Lüneburg

Männerarbeit im Sprengel Lüneburg, c/o Volker Heuer, Bahnhofstraße 18, 21337 Lüneburg.

Marburg

Männerplenum, c/o Franz Krolak, Rollwiesenweg 60, 35039 Marburg, Telefon 06421-42513.

München

Informationszentrum, Daiserstraße 22, 81371 München, Telefon 089-774465.

Neuss

Treff für Männer/Väter, Kapitelstraße 30, 41460 Neuss, Telefon 02101-274074.

Nürnberg

Kontaktmann Joachim Lenz, Rennweg 64, 90489 Nürnberg, Telefon 0911-559558.

Remscheid

Sozialdienst, c/o Stefan Baake, Schützenstraße 33, 42853 Remscheid, Telefon 02191-41408.

Wien

Männerbüro, c/o Peter Jedlicke, Burggasse 18/15, A-1070 Wien, Telefon 0043-1-9340543.

Zürich

Männer-Sache, Brohburgstraße 188, CH-8057 Zürich, Telefon 0041-1-3640030.

Wilfried Wieck

Männer lassen lieben
Die Sucht nach der Frau
Band 4734

In schonungsloser Offenheit beschreibt Wilfried Wieck die zerstörerischen Formen, mit denen die meisten Männer Frauen begegnen, zeigt, wie sie lieben lassen, anstatt selber zu lieben: »Ich hatte immer gedacht, daß der Mann in der Beziehung der Starke ist, daß er die Frau stützt und ihr hilft. Nun lernte ich, daß das Gegenteil stimmt.
Ein mutiges und unbequemes Buch, das den Weg der Provokation geht, um unser Bewußtsein zu verändern.

Wenn Männer lieben lernen
Band 11095

Männer lieben lassen – das war die Diagnose Wilfried Wiecks in seinem bekannt gewordenen Bestseller: Männer schenken, bringen und geben der Frau wenig. Sie nehmen und bezeichnen dieses Nehmen als Liebe. In seinem Buch wagt Wieck den Schritt von der Diagnose zur befreienden Therapie des Mannes in unserer Kultur, zur sehr konkreten Entwicklung seiner Liebesfähigkeit. Der Autor erzählt von seiner Arbeit mit Männergruppen, vom schwierigen Verzicht auf Verwöhnung und von der bejahenden Teilnahme am Sein und Leben der Frau: Dann dürfen wir die Frau, so Wieck, Geliebte nennen, bisher ist sie meist nur eine Genutzte.

»Marones Rat ist nicht nur nutzbringend, sondern auch mutmachend.«
Kirkus Review

Nicky Marone
Gute Väter – selbstbewußte Töchter

Die Bedeutung des Vaters für die Erziehung

Aus dem Amerikanischen von Erna Tom
287 Seiten. Broschur

Jüngsten Forschungsergebnissen zufolge läßt sich das Selbstbewußtsein von Mädchen zum Teil darüber messen, wie interessiert sie an Mathematik sind. Das entspricht der zentralen These dieses Buches: Mädchen müssen lernen, sich den traditionell männlichen Domänen zu nähern, ohne Angst um ihre Weiblichkeit zu haben – und dabei spielt der Einfluß des Vaters eine prägende Rolle. Beschrieben werden alltägliche Situationen, über die man sich normalerweise keine Rechenschaft ablegt. So ist es folgerichtig, daß ein Vater, der seine Tochter vor allem wegen ihres Äußeren lobt oder kritisiert, bei dem Mädchen den Eindruck hinterläßt, daß Schönheit das wichtigste Kriterium bei der Bewertung einer Frau ist. Dagegen wird bei einem Vater, der seine Tochter zu allen technischen Reparaturarbeiten hinzuzieht und ihr die Zusammenhänge erklärt, für die Heranwachsende deutlich, daß sich solche Fertigkeiten durchaus mit Weiblichkeit vereinbaren lassen. Mancher Vater wird sich durch dieses Buch selbst erst richtig kennenlernen und vielleicht sein Verhalten Frauen gegenüber einer generellen Prüfung und Wandlung unterziehen.

Wolfgang Krüger Verlag

fi 814 / 3

Woran erkennt eine Frau, daß ein Mann Angst vor ihr hat?

Wilhelm Johnen
Die Angst des Mannes vor der starken Frau
Einsichten in Männerseelen

Band 12269

Männer haben vielerlei Ängste. Diese Ängste werden geleugnet, kaschiert und verdrängt, denn sie widersprechen immer noch dem sozialen Anspruch an Männlichkeit. Es besteht eine Verbindung zwischen der Stärke der Frauen (die immer vorhanden war, die sich heute aber deutlicher zeigt) und den zunehmenden Ängsten von Männern. Das Buch zeigt, woraus die ›Stärke‹ der Frauen resultiert, und daß die Ängste der Männer große Hindernisse bilden auf dem Weg zu gleichberechtigten Partnerschaften. Ein unsicherer Mann braucht die Unterlegenheit der Frau, um seinen versteckten Selbstzweifeln zu entkommen. Hört eine Frau auf, dem Mann Signale ihrer Unterwerfung zu übermitteln, erlebt er dies als Liebesentzug - und ihm bleiben nur noch Flucht oder Aggression. Durch den Verfall typisch männlicher Werte wie Macht und Aggression in unserer Gesellschaft, die zunehmend ersetzt werden durch eher weibliche wie Kooperation und Kommunikation, entsteht bei Männern nicht nur Verunsicherung, sondern auch eine immer weniger verdeckte Rivalität zwischen den Geschlechtern.

Fischer Taschenbuch Verlag

fi 805 / 3